# 前　言

PREFACE

江泽民同志在党的十五大报告中曾经指出，金融是国家经济的命脉。胡锦涛同志在中共中央政治局第四十三次集体学习时也曾指出："金融是现代经济的核心。随着经济全球化深入发展，随着我国经济持续快速发展和工业化、城镇化、市场化、国际化进程加快，金融日益广泛地影响着我国经济社会生活的各个方面，金融也与人民群众切身利益息息相关。在金融对经济社会发展的作用越来越重要、国内外金融市场联系和相互影响越来越密切的形势下，做好金融工作，保障金融安全，是推动经济社会又好又快发展的基本条件，是维护经济安全、促进社会和谐的重要保障，越来越成为关系全局的重大问题。"习近平总书记在国家安全委员会第一次会议中首次提出"国家安全观"，并首次提出了"11种安全"，把国家安全体系概括为政治安全、国土安全、军事安全、经济安全、文化安全、社会安全、科技安全、信息安全、生态安全、资源安全以及核安全。由此我们可以看到的是：经济安全作为其中的一个序列，成为我们评价"国家安全"的一个重要指标。从上述国家领导人的讲话中，可以知道，在当前市场经济全球化的大背景下，金融安全作为国家安全的重要组成部分，其重要性可见一斑。一般来讲，金融安全泛指金融货币流通的安全以及整个金融体系的稳定。如果不加以防范，金融漏洞可能演变成金融风险，更有可能酿成金融危机。作为国民经济的血脉和社会发展的物质基础，通过合理的金融防控和法律规制，才能够捍卫好金融安全，为国民经济的有序运转以及社会的和谐发展作出有力的保障。经济安全是国家安全的重要组成部分，金融安全是经济安全的核心与支柱。经济安全，则国家安稳；经济危急，则国家动荡。因此，为了更加有效地保障国家金融安全，需要更多的专家学者加入其中，并对此进行深入细致的研究。

习近平总书记在党的十九大报告中指出，中国特色社会主义进入新时代，中国社会的主要矛盾已经转化为人民日益增长的美好生活需求和不平衡不充分的发展之间的矛盾，金融是现代经济的核心，金融服务实体经济的能力是解决我国经济发展不平衡、不充分问题的关键因素，解决不平衡、不充分的问题，必须深化金融体制改革，增强金融服务实体经济的能力，提高直接融资的比重，促进多层次资本市场的健康发展，健全货币政策和宏观审慎政策双支出的调控框架，深化利率和汇率市场化的改革，健全金融监管体系，要守住不法金融风险系统的底线。有关法治建设方面，报告也指出，全面推进依法治国的总目标是建设中国特色社会主义法治体系，建设社会主义法治国家，坚持全面依法治国，健全人民当家作主制度体系，发展社会主义民主政治，深化依法治国实践，并且成立了中央全面依法治国的领导小组，深化司法体制综合配套改革，全面落实司法责任，总之，努力让人民群众在每一个司法案件中感受到公平正义。



为保障国家金融安全，实现全面依法治国，要深入贯彻落实党的十九大报告关于金融问题和金融安全的具体精神，积极促进社会和谐与金融和谐，进一步深化对金融刑法学的研究，2017年11月18日，由中国行为法学会金融法律行为研究分会与西南政法大学法学院共同主办，由中国新兴建设开发公司重庆分公司协办的“金融安全与法治建设高端论坛”在西南政法大学渝北校区维也纳国际酒店召开。来自中国行为法学会、金融法律行为研究分会的领导和嘉宾以及北京、上海、广东、海南、浙江、湖北、安徽、江西、陕西、重庆等省市的高等院校和司法实务部门的专家学者共120余人参加了这次论坛。这次论坛共收到论文50余篇，为了将这次会议的成果提供给国家相应的金融机构与法制部门参鉴，从而更好地发挥这次论坛的智库作用，为国家的金融安全与“一带一路”建设服务，我们特从这次会议提交的论文中精选部分优秀论文结集出版，借以为我国的金融安全与法治建设做出应有的贡献。

最后，对参与本次论坛的代表和本书的作者以及中国法制出版社侯鹏编辑的大力支持和帮助表示最崇高的敬意。对大力支持和协助本书出版的中国新兴建设开发公司重庆分公司的王长胜总经理表示衷心的感谢！但愿本书的出版能够为保障我国金融安全、维护我国金融稳定以及金融刑法学的进一步发展尽到一份力量！

《金融安全与法治建设研究》编写组

2018年6月

# 目　录
CONTENTS

## 领导致辞



## 论文精选

### 第一编　金融经济与金融安全

## 第二编　金融科技与法治



## 第三编　金融刑法与司法适用

## 第四编　金融监管与风险防范



# 会议综述

# 领导致辞

# 朱小黄会长致辞

朱小黄*



各位同人、各位专家学者、各位理事：

大家上午好！

非常高兴和大家相聚在西南政法大学维也纳国际会议厅，西南政法大学和维也纳这两个地名放在一起，用北京话讲就是非常牛，西南政法大学是法学界的一面旗帜，出了很多有名的法学家。参加中国行为法学会金融法律行为研究分会2017年的研讨会，实际上是中国法学会领导下的研究会，叫作峰会，或者叫研究中心均可，我们正式决定要改原来的研究会名称，同时探讨金融安全和法治建设问题，在此，我代表中国行为法学会金融法律行为研究分会对本次的学术研讨会召开表示热烈的祝贺，对长期关注和大力支持金融法律研究会的诸位嘉宾和同志表示衷心的感谢！

2017年10月18日，中国共产党第十九次全国代表大会在北京顺利召开，这次会议标志着中国特色社会主义进入了一个新的时代，这场举世瞩目的盛会距今正好一个月，习近平总书记在开幕大会上所作的十九大工作报告，科学分析了当今世界和当代中国的发展大势，作出了中国特色社会主义进入新时代的科学判断，深刻阐明了新时代中国共产党的历史使命，中国特色社会主义的基本方面，规划了决胜全面建设小康社会，开启全面建设社会主义现代化国家新征程的宏伟蓝图，阐明了当前和今后一段时期，党和国家事业发展的大政方针和部署，为党和国家进一步的发展指明了前进方向。对中国金融法治建设来说，在新的历史时期，同样面临着新的机遇和挑战，十九大报告就法治建设和金融改革的各个方面提出了一系列新的判断和新的思想，习近平总书记在十九大报告中指出，中国特色社会主义进入新时代，中国社会的主要矛盾已经转化为人民日益增长的美好生活需求和不平衡不充分的发展之间的矛盾，金融是现代经

---

* 朱小黄，中国行为法学会副会长，中国行为法学会金融法律行为研究分会会长。

济的核心，金融服务实体经济的能力是解决我国经济发展不平衡不充分问题的关键因素，解决不平衡不充分的问题，必须深化金融体制改革，增强金融服务实体经济的能力，提高直接融资的比重，促进多层次资本市场的健康发展，健全货币政策和宏观审慎政策双支出的调控框架，深化利率和汇率市场化的改革，健全金融监管体系，要守住不法金融风险系统的底线。有关法治建设方面，报告也指出，全面推进依法治国的总目标是建设中国特色社会主义法治体系，建设社会主义法治国家，坚持全面依法治国，健全人民当家作主制度体系，发展社会主义民主政治，深化依法治国实践，并且成立了中央全面依法治国的领导小组，深化司法体制综合配套改革，全面落实司法责任，总之，努力让人民群众在每一个司法案中感受到公平正义。近年来，随着中国经济金融业的快速发展，财产关系和交易行为日益复杂，利益主体相互冲突又相互依存，金融业对法治建设的内在动力持续增强，建立起适应金融业深化体系改革要求、防范系统和风险要求的金融法律体系，已经成为相当长一段时间的重要议题。我们知道系统性风险问题在高层的话语中经常出现，系统性风险需要我们有一个科技组研究该风险的框架，其中很重要的问题是，它要找到行为边界，这些边界的背后实际上是整个金融结构和金融行为的边界，这个与我们的法律问题实际上是连接起来的，传统上我们都把金融和法律归结为两个层面的事情，实际上就像一枚硬币的两面，是同一事物的不同表达，这个是我们要清楚认识的。那么回顾金融法律行为研究分会 2017 年一年来的工作，在中国行为法学会的领导下，金融法律行为研究分会，全面贯彻党的方针政策，特别是十九大的精神，大力宣传依法治国的思想，深入研究推进各项改革的新举措，以全面深化金融业的改革，促进金融业的发展，防范金融风险的发生为研究主线，在金融法律行为研究领域取得了一些成果：

一是编写了中国金融法治建设年度报告。实际上我们从 2016 年开始编写研究报告，按年度讲是 2014 年到 2015 年的，这个报告编写完了之后，我们按照纯粹的学术规范做了一些调整和改进，交给了社会科学文献出版社，社会科学文献出版社也出完了，下一版正在操作，按照社会科学文献出版社的常规做法，据说他们是要开一个发布会，后来我们就说现在开发布会的话，发布 2014 年、2015 年的金融法律情况有点尴尬，我就说希望我们 2016 年、2017 年的报告能够合并，并按时出版，然后再做一个全面的发布，社会科学文献出版社在文献出版领域，在学术领域里面是非常正规的学术资源载体，意思就是我们出版的关于金融法律方面的一本书，出来一个报告，别的学术研究机构是不能再做这个题目的，学术研究引用的时候具有极大的权威性，如果在文献上引用我们的这个报告，在学术上是具有极高的支撑率的，所以这是意义很大的一件事情，在具体组织方面由刘建同志负责，框架上是我在调整，调整到一个学术框架上来，各位写作的同志付出了很大的努力，要求这一届出一本新的报告，我们还是要准时地行动，这个要按时交稿，当然我们要筹集资金进行奖励，以增加动力。该报告对金融立法、金融监管、行政执法、金融司法案件、金融犯罪方面等问题做了详细的报告，触及了一些大问题，如非法集资、互联网金融、金融欺诈、金融消费者权益保护这样一些法律问题；也归纳了中国十大金融法律事件。如果这个长期可以坚持，将成为中国金融法治方面一个有序的、规范的、学术化的时代进步。

二是我们举办一系列的高端学术论坛，社会反响强烈。2017 年 5 月 9 日，由中国政法大学国际法研究中心、北京联合大学首都法治研究中心、中国行为法学会金融法律行为研究分会、宏建仁和律师事务所涉外法律服务中心、全球法律联盟共同主办，北京联合大学承办，北京市中伦文德律师事务所协办，搞了一个“一带一路”涉外法律服务论坛，这个还是很有影响力的，论坛主要关注“一带一路”活动的一些法律保护。除搞了两场讲座之外，我们还举办了跟各个大学合作的一系列论坛活动，今天是关于金融安全的问题，上海过两天还有关于产权保护的一个黄浦区论坛，还有一个反欺诈的论坛，有一系列法律上的问题，做了一系列的高端论坛，效果都很不错。



三是希望平台运行效果软件能够逐渐深入大众的日常生活。目前，我们打造了几个平台，第一，研究会的公众号，得到全体理事一致认同，公众号已成为我们研究会的运转平台，可以交流经验，更多的还是进行学术交流。但是，说实在的，今天希望动员一下在座的各位，要运用这个公众号平台多发表一些文章，现在这个平台除了有时候我们转发一些消息和极个别同志的一两篇文章之外，其他的文章基本上都是我写的，我不知道是什么原因，不知是好酒不怕巷子深还是闺房女儿不欲示人，还是有很高端的学术机密不愿意分享的，这个我也想不透，我觉得发表是我们搞学问的人的一个最基本的欲望，如果你没有发表的欲望，那你写作是为了什么，这是个问题。而且非常不好的一个现象就是：我上次为了推动公众号的运行，特地设置了奖励，结果反映平淡，我知道大家都有自己的正事，或是这样那样的杂事，但是社团研究机构是一个志同道合的共享平台，从我个人角度看，我们是志同道合地去研究事情，去研究法律，另外，有的人到处发表文章也不提供给我们平台和这个公众号，那你也最好别参加我们的研究会了，学了那么多东西，你根本对这个公众号漠视，完全不理睬研究会的活动，我觉得都不应该是这个状态，我们这里有大量的法学精英，我喜欢写点东西，有时候就闲，最后成了我个人的公众号了，这不是个好现象。我希望大家要运用好这个公众号平台，把你的一些文章，不需要很长，即便是文章中截取的一段，把你的观点拿出来分享一下也好，有这个交流，也活跃，如我们有一个微信群，倒是很活跃，什么时候活跃呢，发红包的时候，但是更多的可以讨论一些问题，言论不要太出格，尽管是你个人的看法，学术思想还是要讲究规矩，所以我就说交流要用好一个交流平台，微信群也好，公众号也好，几大媒体都有人盯着的，也有人盯着我的文章，有好的文章会在社交平台去转发，像新浪、腾讯等跟我们都有合作关系。第二，反金融欺诈平台现在基本上有眉目了，原来叫作非凡烽火台，是我们跟公安大学侦查学院一起成立的反金融欺诈研究中心，该中心要落地，要建立一个互联网平台，来为大众提供反金融欺诈的服务，我个人也认为，我们中国的法律资源，包括金融资源，普通的老百姓运用金融、法律方面的这些资源渠道十分不通畅，为方便老百姓尽可能地运用到这些资源，我们这些法律工作者、金融工作者都应该做一些事情，这就是我们建立这个平台的出发点。希望大众能够在遇到困扰，特别是在欺诈方面遇到问题的时候，能够通过我们这个平台得到一些帮助、查询和解释，现在烽火台的 App 已经上线，App 的用户现在已经有八千多人了，还算不错，希望在座的各位也能下载一下我们的非凡烽火台 App，可以试用一下，体验一下，看看有什么问题，可以提供一些专项调查报告，一个企业，通过查询即可得到一个简单的报告。第三，“互联网 +”法律谷惠机器人已经上线运行，智能化是下一个产业的封口，行行业业的智能化，是经济结构调整和经济增长点的一个重要地带，我们希望能够在为大众提供服务的理念基础上，把“互联网 +”的概念在法律生活当中能够得到运用，我们云律通团队，讨论开发了法律机器人，一会儿让李长城律师团队来做介绍，这个就是以智能法律服务系统为特色的面向大众的为大众提供最基本的法律咨询的一个体系，而且也已经成功地在苹果和安卓市场上线，取名云律通。你们也可以在手机上下载 App，希望它能成为每一个人的法律云智囊，让优质的法律服务人人可及，实现这样一个理念。在国内虽然有不少打着法律机器人的概念来做这件事情，但我看了介绍之后发现其与我们想要考虑的并不是一回事，他们实际上仍然是传统的律师业务的延伸。我们所想要推行的为大众服务的这个理念，实际上是要在一定程度上颠覆或改变律师法律服务的生态，这与前者是不一样的。

四是西南政法大学金融刑法研究中心正式揭牌。今天有一个内容就是金融刑法研究中心的揭牌仪式。近年来金融犯罪案件日益增多，其特点不仅涉案金额高、案件发生频繁，而且已经成为犯罪的热点行业。我原来在金融机构工作的时候，并没有直接地感受到欺诈和金融犯罪，报到我这里的案子是比较少的，都是比较极端的案件。现在从社会一般的途径再看这件事，金融欺诈的各种案件太狠了！加上大数据环境下金融数据的安全保护问题，过两天我们的研讨内容就涉及数据的安全性，数据背后的产权意识，数据背后的隐私和个人知情权等都会带来法律上一系列新的问题。这一系列金融犯罪案件实际上严重威胁国家经济和金融安全，怎么运用好刑事法律手段保障国家的经济金融安全，这是一个题目。为防范金融不安全因素，保障金融经济稳定健康地发展，迫切需要利用刑法的一些手段来调节这种关系。经过中国行为法学会、金融法律行为研究分会和西南政法大学的长期筹划和安排，“金融刑法研究中心”今天就要正式挂牌。当然，我个人也反对把一些民事问题做刑事化处理，我认为在中国总体的法律结构上，“重刑轻民”的现象比较突出，由于历史的原因等多种问题积累到今天，在我们传统思维观念上，对一个现象发生的多了之后，动辄通过入刑来处理，好像通过入刑就能治理这种现象，但是从经济学、心理学、行为学等其他的方面来看，事情并没有这么简单。但是刑事手段确实是调整经济关系的一个重要手段，这需要深入地研究，我想这个研究会产生深远影响。当然还有很多其他工作，我们只是举例讲几个重要方面。



2018 年，金融法律行为研究会将继续在中国行为法学会的领导下，深入贯彻落实依法治国的理念，不断加强自身建设，完善内部规范，扎根学术研究，多出精品，举办适应社会发展需要的研讨论坛，加强与合作单位的联系，同时也欢迎社会各界与我们研究会开展某种形式的学术活动。以下是 2018 年研究会工作的几个大的方面，当然大家还可以提出建议，我们是一个群众团体不是行政管理单位，大家有各种想法都可以提出来，我们研究之后觉得可以作为研究立项的也会提供一些支持和帮助。学术研究方面，第一，就是写好年度报告，由刘建秘书长牵头，我们要能够在 2018 年年初召开金融法治建设蓝皮书的新闻发布会。第二，要做好课题的承接和研究工作，研究会要继续联合相关单位，自主设立或承接一些研究课题，如由中财大的几位教授正在研究的“贫富差距的公平指数”课题，希望在建模计算数据的基础上，能够找到贫富差距在合理界限下的一个公平的轨点，一个社会没有差异就没有动力，但差异太大公平失衡就会带来破坏力，需要找到其中的黄金点，过了这个黄金点我们就能收到提醒信号。另外还有一个是有关系统性金融风险的课题，基本上已经做完，过段时间我们会通过论坛发布。为整个金融系统性风险建立一个指数，找到周小川教授讲的发生系统性风险的临时性时刻，风险问题很复杂，今天就不展开介绍。风险的分散和集中有其规律，我们希望通过分散、集中、积聚、爆发找到它的 A、

B、C 几个点，通过观察、集中各个经济部门等的大量数据来找到爆发金融系统性风险的一些症状性的指标，在建模计算的基础上获得一个指数。有很多课题是可以研究的，但也希望我们的研究越来越技术化、越来越高档，而不是简单地写几篇文章说一下观点，这些都需要逐步提升。第三，就是召开年会、学术研讨和国际论坛。我们每年都要召开年会研讨本年度重大的金融发展和改革的问题，这次是有关金融安全的问题，这确实是当前的大问题，提出促进金融改革发展和中国金融国际化的意见和建议，这一惯例要坚持。2018 年我们要开展一些国际交流，要择机召开国际金融法律的高端论坛、调研，有可能的话还可以进行访问。加强各方面的交流和合作，特别是在“一带一路”的倡议下，有很多国别风险、地缘法律、地缘文化、地缘政治等问题都是值得研究的，希望我们研究的场域可以放宽视角。在平台建设方面，我们希望把这两个为大众服务的平台做得更好：像烽火台做的烽火指数，为金融类产品提供风险打分，该指数可以表明产品的安全度和危险度，提供一些分析报告，在金融诈骗和金融风险方面能够提供大数据的细化研究服务。也希望我们今天正式推出的云律通机器人能对整个中国社会的法律服务产生影响，虽然我们没有大张旗鼓地讲这件事，但实际上其具有深刻影响力，有可能改变整个法律行业的状态和生态。比如，传统的律师坐在办公室，老百姓需要找律师时，一个是底层的老百姓没有渠道直接找到律师，而现在只要通过云律通 App 就能和最优秀的律师资源和法律资源互惠，这就是让公平公正像阳光一样普照到大众的生活当中，不偏不倚不多不少，阳光是均匀的。另外，云律通机器人只要输入你的诉求，机器人就会自动生成一个报告并发到你邮箱，让你知道法律状态、环境、结果的基本情况，不需要花钱去咨询，就基本能解决你的问题，所有律师的智慧都在机器人里面。不需要担心机器人会智能化失控。另外，在建立研究基地方面，2017 年我们研究会做了一些准备，2018 年希望在金融大数据、互联网金融等专项细分领域，与高校合作建立一些研究基地，专门从事政策理论和实务问题的研究。实际上刚才讲的金融危机就是实务问题的研究，还有这次刑事中心的建立实际上就是理论问题的研究。我们与北京两所大学建立的大数据金融数据研究中心，也是一个数据化的模式，要加强这些研究基地建设，增加政策咨询和学术交流。第四，人才队伍建设方面，研究会现在的人员组成相对丰富，既有来自国内知名高校的法律专家学者，也有来自司法实践中的专家，以及银监会、证监会等监管机构的领导，也有银行、证券、保险业的精英，民营企业的老总以及金融科技创业公司的年轻创业者，相对丰富的人员组成让我们在多个角度、不同层面碰撞出火花。当然也给我们相对松散的组织管理带来难度，要通过公众号、微信群等公共平台加强交流和沟通。2017 年到 2018 年，我们还要加强法学人才队伍的建设和研究会自身的建设，不仅要进一步吸引金融法律领域的专家加入，同时也要加强专家学者的凝聚力和创造力，充分发挥专家的专业优势和研究会的组织优势，围绕十九大报告提出的金融法治理念和精神开展一些座谈会、专题报告会、系列讲座和学术讨论，以及专项课题的研究等学术活动，重点还是要培养和推出中青年学者，让他们成为学术领域的代表，我也希望打造出一些年轻的法学领域中的公众人物，通过我们平台的努力让他们成为有影响力的人。我也希望所有的研究要进行交流，不然我们也无从知道你的研究内容，将来也可以通过论文评选发现人才，通过我们研究会的平台、通道进行推荐。

各位理事，当前我国金融法治建设面临诸多的困难和挑战，从另外一个角度来看，这也是难得的历史性发展机遇，十九大报告提出的治国理政新思想新理念新战略，特别是习近平总书记提出的法治思想，是我们今后工作开展的方向。站在新的历史起点上，希望通过整合资源凝聚整体智慧，携手共同努力做出好的学术结果，为中国的金融法制建设做出我们的贡献！

谢谢大家！

# 李文燕副会长致辞

李文燕*





尊敬的朱小黄会长、尊敬的各位领导、各位副会长、各位常务理事、各位理事、各位来宾：

大家上午好！

非常高兴今天来到美丽的山城重庆，参加由中国行为法学会、金融法律行为研究分会和西南政法大学法学院联合举办，中国新兴建设集团重庆分公司承办的年会和论坛。首先我代表学会、代表江必新会长对这次年会和论坛的召开表示热烈祝贺，对向本次会议给予大力支持的西南政法大学法学院、中国新兴建设集团重庆分公司表示衷心的感谢。金融法律行为研究分会自成立以来先后在张穹会长、朱小黄会长的带领下，在各位常务理事、理事的共同努力下团结奋斗、深入研究，先后举办了多次有意义的活动，应该说金融法律行为研究分会是我们学会一支优秀的团队，近两年来工作更有起效，现任会长朱小黄同志，不仅是我们的会长，同时也是我们学会的专职副会长，按理说有他在就不用我来了，我知道让我来是给我提供一次学习的机会，我非常珍惜。大家知道中国已经进入了一个新的时代，这个时代就是要在习近平新时代中国特色社会主义思想指引下不忘初心，砥砺前行，为人民群众谋福祉，为中华民族谋复兴。金融是国家经济的命脉，是现代经济的核心，随着我国经济持续快速的发展和工业化、城市化、市场化、国际化的深入，以及"一带一路"的逐步展开和推进，金融对经济社会发展的作用越来越重要，国内外金融市场联系和影响越来越密切，我们要做好金融工作，保障金融安全，这是推动经济社会又好又快发展的基本条件，是维护经济安全、促进社会和谐的重要保障。当前，随着我国经济社会的发展，非法集资、信用风险、互联网金融风险等逐渐显现，各类金融欺诈案件大量出现，各种风险不断交织传染，严重影响到了金融改革的步伐。其

* 李文燕，中国行为法学会副会长，中国人民公安大学原副校长。

产生的原因既有过度的创新、监管的漏洞等客观因素，同时又有信心缺乏、底线失守等主观因素。面对层出不穷的金融欺诈案件，首先要保持定力，认真对待。我们有改革开放以来积累的丰富经验，有物质基础，有制度上的优势，一定能够渡过这些激流险滩；除了在思想上高度关注和心理上沉着应对，也要在自己的行动上加强管理，提高风险信息和统计资料，未雨绸缪，提前部署，严防风险。为贯彻落实党的十九大会议精神，我们适时地召开论坛，这无疑具有十分重要的意义，今天来参加我们会议的嘉宾还有重庆市高级人民法院、重庆市人民检察院的领导，以及金融法律行为研究分会的副会长、常务理事和理事们，以及新闻界的朋友们，我代表学会感谢你们的到来，感谢你们的大力支持，最后我预祝年会和金融安全与法治建设研讨会圆满成功。

谢谢大家！

# 梅传强院长致辞

梅传强 *



尊敬的各位领导、各位专家学者、各位与会代表：

大家上午好！

在党的十九大刚刚胜利闭幕不久，正值全党、全军、全国各族人民深入学习贯彻党的十九大精神之际，由中国行为法学会金融法律行为研究分会、西南政法大学法学院共同举办，中国新兴建设集团重庆分公司承办的 2017 年全国金融安全与法治建设研讨会在我校召开，首先我代表西南政法大学法学院对研讨会的顺利召开表示祝贺，对各位领导、各位专家学者、各位与会代表莅临我校指导表示热烈欢迎！

这次研讨会的主题是金融安全与法治建设，目的是深入贯彻学习党的十九大精神，全面推进依法治国，探索金融安全与风险防患工作，进一步深化对金融刑法的研究，保障和促进金融安全，努力加快社会主义法治国家建设的进程。作为这次会议主办方之一的中国行为法学会金融法律行为研究分会，汇集了全国众多的法学专家、法官、检察官、警官、律师、经济学家，学会的研究方向是中国行为法学，是以实现社会主义法治目标为行为导向，运用行为科学的一般理论和方法研究法学，特别是研究法行为及其发展变化的规律的一个崭新研究领域，学会从成立伊始曾开展过多层次、多领域的行为法学研究，不仅极大地丰富了法学理论研究的宝库，也极大地推动了社会主义法治建设的发展。我们西南政法大学是新中国建立的高等政法学府之一，其前身是 1950 年成立的、以刘伯承元帅任校长的西南革命大学，1953 年以西南革命大学政法系为基础，合并了当时西南地区所有高校的法学师资力量，共同组建西南政法学院。学院在“文化大革命”当中，由于受到极“左”路线思想影响被迫停办，1977 年在当时的最高领导者华国锋同志的批示下，学校得以复办，1978 年恢复招生，同

* 梅传强，西南政法大学法学院教授、院长，刑法专业博士生导师，博士后合作导师。

时当年也是国务院命名的全国重点大学，在此之后成为教育部和重庆市共建重点大学，同时成为国家三大法律人才培养基地。目前我们学校有三个校区，现在我们所在的校区是我们的新校区，也是我们的主校区，除此之外在沙坪坝还有我们的老校区，另外我们还有一个全资的利民高校，三个校区占地三千多亩，共十三个学院，在校学生中本科生有一万七千多人，研究生有八千多人，在校生共两万五千多人。在十三个学院里面，从教学科研水平、人才培养质量、师资队伍这些显性指标看，法学院是最基础、最核心的一个学院。目前我们学校已经形成了以法学、经济学、管理学、文学等全面发展的、多核心综合性的一个文科院校。长期以来，西南政法大学的发展得到了各级党委政府和兄弟单位、包括在座的各位专家学者的关心和支持，我们学校以及我们法学院取得的每一个进步、每一个成就，都是与全国理论界和实务界的支持分不开的，所以在此我受学校领导的委托代表学校对各位领导、各位专家学者、各位与会代表表示衷心的感谢。能够成功举办全国金融安全与法治建设学术研讨会是我们西南政法大学多年的夙愿，本次会议能够在我校我院召开，是中国行为法学会对西南政法大学的重视和肯定，也是对西南政法大学法学院，特别是刑法学科学术研究的宝贵支持，所以再次向中国行为法学会的各位领导、各位理事、各位代表，以及来自各兄弟院校的专家学者和来自实务界以及企业界的朋友表示感谢！为了办好这次会议，虽然我们在很多方面做了准备工作，但百密一疏，所以如果有不足之处，敬请各位多多包涵、谅解，各位专家学者汇集重庆、汇集西南政法大学共同探讨金融安全与法治建设当中的一些重大理论与实务问题，这是一次难得的交流机会，我相信会议定会取得应有的成果。

最后我衷心祝愿本次研讨会取得圆满成功，祝各位领导、各位专家、各位与会学者身体健康，心情舒畅，工作愉快，万事如意。

谢谢大家！

# 王长胜总经理致辞

王长胜*

尊重的朱会长、尊敬的各位领导、各位来宾、各位先生们女士们：

大家上午好!

我很高兴与各位朋友相聚在美丽的山城重庆，共同出席本届金融安全与法治建设研讨会，我谨代表承办方中国新兴建设开发公司重庆分公司，对来宾们的到来表示热烈的欢迎，对研讨会的开幕表示热烈的祝贺。中国新兴建设开发总公司，原来是部队的一个单位，以前属于总后勤部工程总队，创建于 1953 年，隶属中国新兴集团，1999 年开始改制，由国资委管理。我们公司是一家大型的建筑施工企业，拥有建筑资质和承包资质等，通过几十年的建设，获得了多项国家级大奖，而且获得了鲁班杯、长城杯全国文明单位等荣誉。重庆分公司始建于 2008 年，公司成立后参与了重庆的一些大型市政道路建设，得到了国家领导、专家学者、企业朋友的指导、关心和支持，同时也在重庆承建了很多桥梁、公路等重点项目，一年的生产产值有十多个亿，对重庆这十年的发展发挥了重要的作用。在多方的支持与努力下，我公司荣幸地取得了本届研讨会的承办权，公司一直坚信企业在发展的过程中与法律是密不可分的，法律为企业的持久健康发展起到了保驾护航的作用，我们也非常荣幸能借本次研讨会向各位法学专家、企业朋友学习交流，也希望通过此次盛会有更多朋友认识中国新兴集团重庆分公司，希望国家领导、专家学者、企业朋友一如既往地关心、支持和帮助我们取得更大的发展，最后预祝研讨会圆满成功，祝大家工作愉快，身体健康!

谢谢大家!



* 王长胜，中国新兴建设开发公司重庆分公司总经理，中国行为法学会金融法律行为研究分会副会长。

# 论文精选

# 第一编

# 金融经济与金融安全

# 金融秩序的稳定与否直接关系着我国经济能否可持续发展

朱小黄 *



中国行为法学会副会长、金融法律行为研究分会会长朱小黄在上海2016年金融法治建设反欺诈论坛上指出，金融体系的健康与否、金融秩序的稳定与否，直接关系着我国经济能否可持续发展。所有的市场都布满了盘根错节的利益，也相应充斥着失去节制的贪婪。随着我国金融市场的不断开放及金融产品逐渐多样化，金融领域内各种侵权、欺诈等不规范的现象也日益突出。尤其是随着互联网金融的迅猛发展，互联网金融犯罪案件呈现快速上升的趋势。据不完全统计，2016年上半年北京检察机关受理的互联网金融案件，已经相当于2015年全年的同类案件数量，其中金融诈骗案件占半数以上。

朱小黄会长指出，由于移动互联网的普及和支付的在线化，金融欺诈呈现以下演变的趋势：一是从线下延伸到线上。以往诈骗主要通过短信、电话来实施，如今金融诈骗的渠道已经开始延伸到互联网、移动互联网。二是呈现技术化、移动化的趋势，如伪装银行网站、400客服电话，利用二维码、各种App、快捷支付、免费Wi-Fi等新技术也逐渐被利用。三是诈骗流程更短、更快。互联网、移动互联网带来用户体验极便捷的同时，也使不法分子实施诈骗的“效率”大为提升。真所谓“道高一尺，魔高一丈”。

在实践中，如何准确区分金融创新与金融欺诈、民事欺诈和刑事诈骗，以及罪与非罪、此罪与彼罪，这也需要我们厘清相关概念，并在理论上不断进行完善。

在论及金融欺诈时，首先会碰到欺诈这一法律术语。从我国法律文本的表达来看，刑法上称为“诈骗”，民法上称为“欺诈”。从表面上看，刑事诈骗和民事欺诈的区别好像是罪与非罪的区别，但实际上民事上的欺诈也越来越多地

---

* 朱小黄，中国行为法学会副会长，中国行为法学会金融法律行为研究分会会长。

被规定为犯罪。而民事欺诈侵权与刑事诈骗犯罪还是有所不同的。传统意义上的刑事诈骗是以非法占有为目的的欺骗，是一种财产犯罪；而其他以虚假陈述为手段谋取不当利益的行为属于民事欺诈，不应涉及刑事责任，只是导致法律行为无效。由于这类无效法律行为造成的侵权和当事人的利益损失在民事法律程序中很难得到纠正或补偿，从而导致这种低违法成本的行为越来越层出不尽，令社会焦虑不安，治理方式很自然倾向于利用刑事政策，出现了混淆欺诈的民事性质与欺骗的刑事性质的立法趋势，本来是民事欺诈的行为越来越多地被规定为犯罪，尤其是在金融领域。长期来看，这不是好的趋势。

朱小黄会长强调，这种发展趋势也与我国治理领域长期表现出来的“重刑轻民”和“以刑代治”的司法理念直接相关，即所谓“乱世用重典”。然而，一个稳定的持续发展的社会应该是一个民事法律优先的社会。保护每个人的民事权益是消化社会矛盾，维护公平正义，减少刑事犯罪的法律结构基础。当今很多社会矛盾的产生和激化，其实跟社会违约成本低，受损害者得不到有效的法律救济密切相关，如合同纠纷、伪劣产品等，本质上都是源于民事权益与责任的模糊和民事违约追索的困难。而社会行政与司法体系对此并不以为然，因为司法被高度政治化，而刑法更能体现司法体系的政治价值。因此，社会转型也应包括法治结构上的由“重刑轻民”向民事优先的原则转换。我们所说的反欺诈，更多地要从风险揭示、技术防范、咨询核查、有效追索等方面研究。当然刑事打击也是重要手段。

# 关于金融安全的法律保障问题研究

李永升* 张 楚**

江泽民总书记在中国共产党第十五次全国代表大会的报告中曾经指出，金融是国家经济的命脉。胡锦涛总书记在中共中央政治局第四十三次集体学习时也曾指出："金融是现代经济的核心。随着经济全球化深入发展，随着我国经济持续快速发展和工业化、城镇化、市场化、国际化进程加快，金融日益广泛地影响着我国经济社会生活的各个方面，金融也与人民群众切身利益息息相关。在金融对经济社会发展的作用越来越重要、国内外金融市场联系和相互影响越来越密切的形势下，做好金融工作，保障金融安全，是推动经济社会又好又快发展的基本条件，是维护经济安全、促进社会和谐的重要保障，越来越成为关系全局的重大问题。"[1] 从上述国家领导人的讲话中，我们可以知道，在当前市场经济全球化的大背景下，金融安全作为国家安全的重要组成部分，其重要性可见一斑。一般认为，金融安全泛指金融货币流通的安全以及整个金融体系的稳定。如果不加以防范，金融漏洞可能演变成金融风险，更有可能酿成金融危机。作为国民经济的血脉和社会发展的物质基础，通过合理的金融防控和法律规制，才能够捍卫好金融安全，为国民经济的有序运转以及社会的和谐发展作出有力的保障。



## 一、金融安全的重要性概览

金融安全是经济学研究的基本问题，也是经济法学以及经济刑法学研究的

---

* 李永升，西南政法大学教授，博士生导师，博士后合作导师，中国行为法学会金融法律行为研究分会副会长。

** 张楚，西南政法大学法学院刑法专业 2015 级博士研究生，中国行为法学会金融法律行为研究分会理事。

[1] 胡锦涛：《充分认识金融重要性 推动金融业健康发展》，资料来源于中央政府门户网，2007 年 8 月 29 日访问。

重要难题。广义的金融安全是指金融体系的健全性和其运转的有序性，包括与金融货币相关的经济活动是否都处于安全的状态；狭义的金融安全主要指一个国家的金融主权和金融体制的安全，金融体系能够正常运行，金融货币不存在发生重大流失的隐患[1]。无论如何定义，金融安全的含义都包含着对金融体系、金融体制、金融主权等诸多方面的评价。金融安全的核心在于监管，金融安全保障理应强化，金融安全对国家安全、经济安全以及金融监管安全都具有重大的意义。

### （一）金融安全对于国家安全和经济安全的重要性

从宏观层面上讲，金融安全对国家安全以及经济安全起着至关重要的作用。金融流通作为国民经济架构的基本形态，以及国民经济体系的重要表现形式，对我国市场经济体系的健全和发展起着举足轻重的作用。

经济安全是国家安全的重要组成部分，金融安全是经济安全的核心与支柱。2014 年 4 月 15 日，习近平总书记在国家安全委员会第一次会议中首次提出“国家安全观”，并首次提出了“11 种安全”，把国家安全体系概括为政治安全、国土安全、军事安全、经济安全、文化安全、社会安全、科技安全、信息安全、生态安全、资源安全以及核安全。由此我们可以看到的是，经济安全作为其中的一个序列，成为我们评价“国家安全”的一个重要指标。经济安全，则国家安稳；经济危急，则国家动荡。经济基础决定上层建筑，上层建筑也可以反作用于经济基础。政治文明和精神文明的建设依赖于经济建设的繁荣和兴旺，而政治安全体系的建立也依赖于经济安全体系的完善。经济安全决定了政治安全、社会安全、生态安全甚至军事安全。有学者适时地在“11 种安全”的论述中派生出了“人民安全”或者“国民安全”，作为国家安全论证的出发点和落脚点[2]。总体的国家安全观必须以国民安全为宗旨，健全各类社会保障制度，而社会保障制度的构建，必须以资金流动作为支撑，因此，着力保护经济安全，应当从金融流通的动态安全以及金融监管的静态安全两个方面来开展。

比起经济安全关注的宏观性，金融安全更多以资金流通的安全、金融体制的完善来论述。只有保障好资金流通的安全性，我们才能够合法、合规、有序地搭建好经济输出平台，为社会保障制度的完善以及宏观调控的实施奠定一定

---

[1] 顾海兵、夏梦：《基于国家经济安全的金融安全指标的选取研究》，载《经济发展与改革》2011 年第 5 期。

[2] 刘跃进：《总体国家安全观视野下的传统国家安全问题》，载《当代世界与社会主义》2014 年第 6 期。

的经济基础。只有维护好金融安全，我们才能进一步加快金融流通的速度，让金融流通成为注入国家经济命脉的活水之源，为国家后备金的丰富、外汇储备的增加开辟良好的原渠。在经济体制的改革期和改革的攻坚期，简政放权和放权让利为众多小微企业的兴起提供了政策上的优惠，机遇与挑战并存，也为我国金融体系的监管以及金融安全的防控提出了新问题。市场经济体系的兴起，市场在资源配置中不仅起着基础性的作用，甚至还起决定性的作用。市场体系以及金融体系对个体投资者保护和监管，就如同一把“双刃剑”。市场经济的竞争性、开放性、平等性、自主性和有序性等特征丰富和充实了金融市场，然而市场经济的盲目性、滞后性和自发性等弊端也带来了金融监管新的问题。国家层面亟待对金融安全的监管和调控，但是金融监管应当如何介入以及介入的程度，仍然是当前国家调控的重要难题。金融监管以及金融安全，对经济安全的维护和捍卫起着尤为重要的作用。



### （二）金融安全对于金融防控与金融监管的重要性

从微观层面上讲，金融安全对我国金融防控体系的构建、金融监管措施的完善起着不可估量的重要作用，如果说金融监管体系的组织和布局是我们管控金融的重要手段，那么金融安全的实现就是我们追求的终极目标和价值指引。一般认为，金融监管的内涵大概可以分为三个方面：金融监管的目标、金融监管的主体以及金融监管的架构[1]。

金融安全的提高，对我国体系监管目标的明确有重要的意义。评价金融监管的目标，我们可以从三个方面的效果来评判：效率性、稳定性和公平性[2]。首先，金融安全的健全，有利于优化市场资源的分配，根据市场的供给、市场的需求以及市场的流向分配好市场资源，在以金融监管为后盾的保障下，让更多的管理从监管走向分配，进而提高金融监管的效率。其次，金融安全的健全，有利于提高金融监管的有效性，从管理学的角度上讲，任何积极性监督都会伴随着消极性监督的辅助，两者相辅相成，互为补充[3]。消极性监督的减少，会带来积极性监督的增加，将传统金融监管以核准手段、行政责任的主要模式，转变为新兴金融监管的以登记手段、行政引导为主的模式。金融安全的进一步提升，让金融监管以日常监管为主要手段，违法监管为补充手段，维护好金融市

[1] 张晓朴、卢钊：《金融监管体系选择：国际比较、良好原则与借鉴》，载《国际金融研究》2012年第9期。

[2] 蔡纯：《我国金融监管的目标和组织结构分析》，载《上海金融》2003年第7期。

[3] 郝少平：《基于标签理论的消极性班级非正式群体管理》，载《教育研究》2009年第1期。

场的稳定，丰富和维稳我国的金融秩序。最后，金融安全的健全，有利于提高金融管理分配的公平性。公平性是金融监管的终极目标，也必然以金融监管的效率性和稳定性为前提。随着金融安全重要性的确立，效率性和公平性的兼顾是金融监管问题中越来越注重的实效。以监管的效率性来保障监管的公平性，以监管的公平性来补强监管的效率性。

金融安全的提高，对我国监管主体的协调有着重大意义。在计划经济时期，中国人民银行作为唯一的金融监管机构，扮演着唯一的监管任务。但是随着计划经济向市场经济的转型，以及信贷市场自由化的需求，人民银行退出了信贷业务，以监管主体的身份出现在金融体制中。1992 年，国务院又成立了证监会。1998 年，保监会成立。2003 年，中国人民银行也从其职能中划分出了银监会。“一行三会”成了我国金融监管的四大主体。2017 年 11 月 8 日，国务院金融稳定发展委员会正式成立，作为国务院统筹协调金融稳定和发展重大问题的议事协调机构。2018 年 3 月，银监会和保监会合并组建为银保监会。至此，“一委一行两会”成了金融监管的崭新格局。纵观我国金融改革的路程，从“一把手”的金融监管模式，到分业化的监管模式，中央银行的调控模式逐渐被弱化，从微观管制逐渐调整为宏观调控，从直接干预逐渐调整为间接干涉，从命令性调控逐渐调整为指令性调控，从协调机制逐渐转变为监管机制，新成立的金稳委主要负责党中央、国务院的重大金融改革事项的牵头工作，银保监会和证监会与之配套联动。金融安全的提高，有赖于金稳委的牵头，也有助于中国银行的调控，其调控力度和协调力度的增强，金融安全的管理成本减少，逐渐实现从微观管制到宏观调控的过渡，化直接干预为间接调控，活跃监管主体的相互协调。

金融安全的提高，对我国金融监管的架构也有着重大意义。如前所述“一委一行两会”模式是我国当前金融监管的主要架构，金稳委做牵头和政策制定，央行把握宏观走向和总体调控，其他两会相互协调，相互制衡。金融安全的提高，有助于协调金融监管架构中的资源分配机制，优化管理资源。金融安全的提高，可以在有效微观管制的基础上，让央行的宏观调控更加灵便，也更加有效。在市场经济时代，地方需要增强市场的活跃，而中央也需要从强制性的监督机制，变更为有效性的监督机制，以此来架构“一委一行两会”的相互协调机制。央行作为金融监管体系架构的核心，一方面要注重宏观调控和微观管制的相互配合，另一方面也要注意国内改革与对外开放之间的衔接。在政企分开的环境下，四大商业银行成为真正意义上的“商业银行”。金融安全的提高，有利于强化商业银行的一级法人管理，完善统一协调的法人制度[1]。金融安全的提高，让中央银行有精力也有动力活跃自身的停滞资产，处理好商业银行的不良资产，以保障商业银行能够有序地开展信贷业务。金融安全的提高，也有利于反哺商业银行对市场的决策力，批准市场的准入和退出。金融安全的提高，有利于国家在有金融稳定的前提和金融保障的基础上加强外债的管理，处理好国际与国内的金融协调体系。

## 二、金融安全的法律保障探究



金融安全的提高，对国家安全、经济安全以及金融监管问题的反作用都起着至关重要的作用，而金融安全的提高，一方面依赖于行政手段的强制性、经济手段的有效性，还必须依赖于统一、完善的法律保障体系。法律保障体系的构建，需要从民事责任、行政责任以及刑事责任三个维度上来构建。从构建的层次上看，应当在四个层次上着力：加强中央银行对地方银行的监管力度，加强银行对内部人员的监管力度，加强国内有关人员的资金监控，以及银行对自身网银系统的监督力度。

### （一）上下关系：加强中央银行对地方银行的监管力度

金融安全的法律保障体系的构建，要求中央银行应当进一步加强对地方商业银行的监管，以防地方商业银行违规操作。这里的违规操作，一方面指的是资金的违规发放和资金的违规回收，另一方面指的是金融机构的违规设立。

在当前全面深化改革的攻坚时期，国有企业的改革，尤其是银行改革的不到位，导致大量的不良贷款发放。另外，商业银行为了自身的利益追求，违规调整本行利率以大量吸收公众资金。在经济体制大刀阔斧的试改期间，国民经济经历了从计划经济到市场经济的转型。国家金融监管总局对贷款权力的下放机制还没有得到较好的规范和整合。中央银行对贷款基金的发放，以及存款准备金率的设定，都应当以国民消费指数或者通货膨胀率为基础。中央银行对市场的宏观调控，对象在商业银行，但是作用在市场本身。只有进一步加强中央银行对商业银行的管理力度，我们才能通过银行利率、存款准备金率以及再贴现率等货币手段，加强中央银行对商业银行的管制和调控，营造良好的经济环境，也为金融安全的保障，提供一个良好的金融背景。一方面，合理地制定银

[1] 曹建明：《论我国金融安全的法律保障》，载《毛泽东邓小平理论研究》1999年第2期。

行利率和再贴现率，合理地收取银行准备金，通过紧缩性和扩张性货币政策，对商业银行进行政策性的指导。另一方面，通过行政手段，将故意违反，或者严重违反中央银行相关利率规定的股票、证券等的理财产品进行下架处理。以行政指导为导向，行政处罚为补充，加之以《刑法》第 186 条之规定对贷款的发放进行管制，完善银行体系的资金管理架构。

此外，对于民间金融，尤其是民间借贷的金融安全，我国当前一直处于“一放就乱，一管就死”的治乱循环[1]，因此法律法规以及刑事政策对于“金融安全”以及“金融管制”的力度偏重，也规定了过重的刑事责任。在当前市场经济的时代，民间金融的活跃以及民间借贷市场的活跃离不开贷款权利的下放，尤其伴随着 P2P 网络借贷的盛行，国家必须定位好一个决策的方向，对民间借贷权是进一步限制，还是进一步扩张。国家对民间借贷的限制会扩张国家金融垄断主义，有不少学者主张相应罪名的去罪化[2]。笔者认为，与其对民间金融的放贷权进行约束，不如从民间金融机构的设立上进行排查。国务院出台《非法金融机构和非法金融业务活动取缔办法》，《刑法》第 174 条第 1 款亦规定了擅自设立以商业银行为首的金融机构的法律责任。我们一方面要考虑到刑事法律的谦抑性，另一方面也要准确地划定金融机构的范围，界定“设立”行为的内涵。除了商业银行、证券期货交易所、证券公司、保险公司的典型金融机构，还应当对某些以“融资公司”“贸易公司”为名设立的非典型金融机构进行业务判断。对机构的设立通过形式标准和实质标准两方面来进行界定，对网络金融平台，尤其是以 P2P 为首的网络借贷平台资金筹备组织行为的性质进行判定，以“数额 + 情节”作为定罪量刑的标准，一方面对网络借贷行为进行合理规制，规范金融市场进出规则，另一方面合理缩小金融犯罪的犯罪圈[3]。

### （二）内外关系：强化银行系统对内外人员的监管力度

金融安全的法律保障体系的构建，要求银行系统对内外人员监管力度的巩固。无论是中央银行还是商业银行，都应当监管好单位内部的人员，以及单位外部的人员。具体来说，一方面加强对银行内部人员的监管，以防与外部犯罪

[1] 岳彩申、车云霞：《民间借贷法律监管的新进路》，载《河北法学》2016 年第 5 期。

[2] 比如，有学者主张非法吸收公众存款罪的去罪化，参见刘新民：《非法吸收公众存款罪的去罪论》，载《江苏社会科学》2012 年第 3 期；有学者主张高利转贷罪的去罪化，参见刘宪权：《论我国金融刑法的刑罚配置》，载《政治与法律》2011 年第 1 期。

[3] 李永升、胡冬阳：《P2P 网络借贷的刑法规制问题研究——以我国近三年的裁判文书为研究样本》，载《政治与法律》2016 年第 5 期。

分子内外勾结；另一方面防止银行外部人员对银行进行欺诈，造成资金流失。

近年来，银行、证券公司等金融系统内部频繁出现“萝卜章”事件，而“萝卜章”事件背后隐藏的是金融机构的风控难题，以及对内部人员管理不到位的弊病。2017 年 3 月，河北衡水银行因“内鬼”的违规操作兜底了一宗高达 2.2 亿元的信托类贷款，这是继国海证券、江阴银行被骗后，金融机构违规操作带来的又一次惨重的巨资诈骗案件，究其原因，正是金融机构对其在职人员的管理疏忽。在金融机构内部管理的时候，我们一方面要注重对从业人员职业素养的提高，另一方面要注重对从业人员廉洁性的培养，以此来净化金融机构的体系，提高金融体系配置的性能。具体而言，一要明晰金融机构内部的会计凭证、会计账簿以及财物会计报告，明确金融机构的资金明细，让金融资金的聚集渠道以及金融资金的流向渠道都有章可依。二要提高从业人员的业务能力，从签订以及履行金融合同，或者履行其他金融业务时进行审慎查验，减小金融风险，提高金融安全。三要宣传和加强从业人员的廉洁性教育，把贪腐现象扼杀在摇篮里，对单位忠诚，同时也对金融事业忠诚，对收受他人财产、给予他人财产的行为，除可以处以相应的行政责任外，情节严重的，我们视行贿者与受贿者的身份，以行贿罪、受贿罪论处，或者对非国家工作人员行贿罪、非国家工作人员受贿罪的规定加以规制，对利用金融职业便利实施犯罪，或者实施违背金融职业要求的特定义务的犯罪，根据犯罪情况和预防再犯罪的需要，可以适用《刑法》第 37 条之一的从业禁止令，净化金融市场队伍，健全金融安全的保障。

另外，有效地防止外部人员对银行进行的欺诈，防止外部人员对金融资金的不当使用，我们应当从资金流向、资金数额、借款人的还款能力等各个方面来进行审查。对金融流向的监管，一方面可以杜绝银行资金的违法使用，另一方面也可以对金融资金的投向市场有大概了解，避免国有资产或者民间资产因监管不力而减少。在金融诈骗罪逐渐废除死刑的刑事政策下，我们应当加强罚金刑和资格刑的适用，使得犯罪分子彻底丧失诈骗能力，以达到预防再犯的效果。具体而言，应当从银行和外部人员两类主体来进行加强。第一，对金融机构而言，对借贷方的资金项目引进等重大借贷理由应当进行严格审查，对借贷方所提供的经济合同、证明文件以及担保证明等书面材料的真实性进行实质审查，安全放贷，合法放贷。对用户与贷款相关的个人信息进行严格保护，追究故意泄露用户信息行为的法律责任，以此来防止第三人盗取用户信息，冒用他人身份实施金融诈骗，对无故严重超过还款期限或者规定限额进行信用透支的行为人，以黑名单的形式加以处理。第二，对外部人员而言，一方面，培养他们良好的信誉意识，对没有独立经济来源的低保户，或者低收入者进行宣传和教育，以法律法规，信用卡还款的期限、额度以及违规贷款的法律责任为宣传内容。另一方面，建立违法贷款发放配套的法律责任，以民事责任、行政责任以及刑事责任三个方面的维度来明确外部人员的还款义务，以合法化和合理化的标准明确银行资金使用的义务。

### （三）国内与国际关系：使国际国内的资金流向更加透明化

金融安全的法律保障体系的构建，亟待资金流向的透明化。国内以及跨国的洗钱行为，是不法收益的掩饰和隐瞒的重要渠道。我国现处于第二个五年期的中国反洗钱战略（2013—2018）阶段，处于由粗放到集约，由点到线逐渐到面，由“器”到“术”最后至“道”的演变[1]，在这个攻坚期，我们一方面要加强对国内人员和有关资金的监控，防止行为人利用投资等渠道到国外洗钱；另一方面要加强对国外可疑资金的监控，防止国外犯罪组织利用我国银行监管漏洞进行洗钱。

首先，我们应当对国内人员和相关资金的使用投向以及流向渠道进行把控。根据《刑法》第 191 条之规定，洗钱罪的上游犯罪有毒品犯罪、黑社会性质组织犯罪、恐怖活动犯罪、贪贿类犯罪、破坏金融管理秩序罪和金融诈骗罪几种，以金融诈骗罪为洗钱对象的重灾区，行为人为七种上游犯罪提供资金账户，协助违法所得进行现金、票据或者证券转化、协助资金转移来实现掩饰、隐瞒其犯罪所得，是国内洗钱的主要手段。在国内，洗钱的形式比较单一，行为人主要通过委托代理人、开办企业来伪装、开办地下钱庄等形式来进行，将犯罪收益通过存放、掩藏和整合，在整个金融体系内促成犯罪收益的形式转换，如将现金转换成支票等，经过清洗之后又重新融入金融体系。因此，在反洗钱工作由公安部转由中央银行负责的背景下，中央银行对不明资金的流向把控，是国内反洗钱工作的重要手段。在国内的反洗钱工作中，我们一要结合当前的网络金融时代，完善金融服务和信用制度，尽量减少现金交易的比重，让所有账目都有证可查，有据可依；二要进一步完善我国现有的银行存款以及银行账户的管理制度，对大额的可疑现金交易进行申报；三要成立反洗钱工作的专门机构，负责资金流向的分析，金融部门的协调以及对专业人员的培训。

其次，我们应当加强对国外可疑资金的监控，防止国内人员相互勾结，利用各自的便利条件从事洗钱活动。行为人协助七种上游犯罪的收益汇往外境，

[1] 严立新：《中国反洗钱战略（2013—2018）升级转型及其实施机制的建立》，载《管理世界》2013 年第 9 期。

是境外洗钱的主要手段。行为人主要通过离岸公司或者离岸银行的监管漏洞来实施，或者成立离岸金融空壳公司，一方面方便逃避税费，另一方面把收益分散在不同的国度和区域实施洗钱活动。国际反洗钱工作的部署，我们可以通过国际组织层面和国内层面来进行。在国际层面，我们应该做到的是：第一，加强各国的情报输出和信息交流。资金流通无国界，金融监管更是每个国家义不容辞的职责，金融情报交流事关一个国家的外交和主权，只有用各主权国家较为体系的金融证据交换，来取代当前对他国金融证据的零碎捕捉，我们才能够更加有力、有效地清除洗钱犯罪的根源，对国际洗钱活动进行有力打击。第二，加强国际司法合作。对金融犯罪，尤其是洗钱犯罪的犯罪分子加强引渡工作，让洗钱犯罪分子再无容身之处；在证据方面的收集，加强国际协助和委托，完善证据调查和证据送达等相关政策；对违规设立的金融公司、空壳公司进行查封，吊销其营业资格。第三，完善各国对洗钱罪的立法，统一洗钱罪的上游犯罪，使洗钱犯罪成为达成共识的国际犯罪，让每个国家对洗钱活动的打击面和打击力度都得到进一步扩大。在国内层面，我们应该设立与国外反洗钱部门的对接部门，进一步完善国内反洗钱活动与国外反洗钱活动部门的衔接机制。在政策上、执行上以及司法等几个方面与国际上的反洗钱部门有所对应。以打击洗钱犯罪，明确资金流向为重要手段，进一步保障国际国内的金融安全。



### （四）软件与硬件关系：加快银行系统和金融设施的升级与维护

金融安全法律保障体系的构建，我们应当进一步升级当前的银行系统，提升陈旧的金融设施。具体而言，一是搞好对银行内部网银系统的监管力度，防止黑客攻击给银行财产造成损失；二是搞好银行外部硬件的监管与维护，防止犯罪分子利用 ATM 机作案；三是加强对运钞车的保护工作，防止犯罪分子以银行运钞车作为犯罪对象。

一方面，银行内部系统的漏洞是金融安全的最大隐患，因此银行系统的升级和改良是金融安全法律保障首要的难题。银行内部网银漏洞主要包括储蓄操作系统安全漏洞、在线业务安全漏洞、电子个人信息安全漏洞、个人客户端登录漏洞、网银密码口令漏洞、手势笔迹密码漏洞，设备炸弹、逻辑炸弹、野兔、特洛伊木马和蠕虫病毒是攻克银行系统漏洞的主要手段[1]。因此，网银系统的与时俱进和系统革新，就是银行系统和金融系统对于金融安全应当强化的重要标配。首先，我们应当进一步提高网银操作系统的安全，精确查找操作漏洞，弥

---

[1] 杨正鸣：《网络犯罪研究》，上海交通大学出版社 2003 年版，第 189—190 页、第 331—332 页。

补系统漏洞，升级配套软件，应对纷繁复杂的网络漏洞；其次，我们应当加强个人电子信息的保护工作，对个人信息的登录、验证手段进行严格的保密化处理，防止客户个人信息的泄露，不给不法分子留下盗用身份的可乘之机；最后，我们应当建立有效的防御系统，有效应对黑客的网络攻击，从外部侵害上应对系统攻击，维护银行系统安全。

另一方面，我们应当监管和维护好银行的硬件措施，避免银行资金不必要的流失，合理预防以运钞车为对象的犯罪事件。

首先，我们应当科学管理银行的自动柜员机（ATM 机）。为银行或者金融机构的延伸，合理地管理和使用 ATM 机，以减小资金流水的隐患。2006 年，广州的许霆案件就是利用 ATM 机窃取金融机构资金的典型事例，虽然行为人最终被处以 5 年有期徒刑，但是案件背后留给我们的思考是 ATM 机操作失灵引发的一系列金融安全隐患。2016 年，全国各地多处出现假 ATM 机，套取客户身份密码的案件层出不穷，ATM 机的购买渠道的混乱和安装权限的不明晰是 ATM 机管理的另一窘境。ATM 机作为金融机构的一部分，承担着现金存储、汇款转账等重要金融职能，一台自动柜员机的失灵，可能引发银行的金融缺口，造成金融资产的流走；多台柜员机的失灵，轻则可能造成银行大量现金的丢失，重则可能造成银行转账程序、汇款程序的紊乱。因此，ATM 机的定期检修工作，是银行的日常工作，ATM 机的安全隐患报备和定期的置换工作，更是我们应当跟进的日常职责。做好 ATM 机的后勤保障工作，建立良好的用卡环境，是银行金融管理的重要职责。设置专门的 ATM 机管理部门，完善和制定配套的 ATM 机管理制度，垄断银行和金融机构对 ATM 机的购置和使用权限，是自动柜员机管理的一个改良方向。

其次，我们应当着力保护银行的运钞车，防止不法分子以运钞车作为犯罪对象，也减少其他市民对运钞车的无意侵害。运钞车作为银行金融运输和现金押送的重要工具，在市场经济的背景下，我国的运钞行业逐渐经历了一个从银行自运到专业押运的转化[1]。在当前，运钞车并不属于特种车，在国家允许的“大目录”下开展押运活动。在近 20 年，运钞车的被袭事件不一而足。1995 年，广东省番禺市发生 1500 万元运钞车大劫案，震惊全国；2000 年，湖南常德一辆运钞车遭持枪抢劫，造成多人伤亡；2001 年，浙江温州发生运钞车被骗事件；2016 年，广州东莞发生砸运钞车事件，安保人员无奈开枪击毙当事人。在此类案件中，多半属于犯罪团伙蓄意为之，另外也存在精神病人无意实施，给运钞工作带来了难以避免的麻烦。因此，我们在运钞过程中，应当保证好运输路径的顺畅，

[1] 方青：《对中国运钞车行业的几点思索》，载《中国保安》2007 年第 7 期。

在交接时应当仔细清理网点场所，在交接时设置安全隔离措施，在资金投入方面，我们应当加大银行，或者其他金融机构对运钞工作的投入，包括对车辆投入和装备的投入。配置高性能的车辆，同时配置好运送过程中的防护器材和通信工具，做好押运安全配备与防范工作，以免出现突发性袭击事件，从而全面而有力地保障银行资金运送安全，真正做到万无一失，避免银行资金因犯罪行为而落入犯罪分子之手，有力地维护国家金融安全。

## 三、总结

金融安全的健全，对国家安全的稳固有不可估量的作用，在习近平总书记提出“11 个安全”的历史背景下，大力强化金融安全，对金融监管的实施有着相辅相成的作用。金融监管是手段，而金融安全是目标，我们只能进一步完善金融安全的法律保障，以法律作为后盾，才能进一步强化金融安全。首先，从金融机构的设立以及金融机构的放贷政策上严格把控，加强中央银行对地方银行的垂直领导，杜绝地方银行滋生的各种违法犯罪行为，建立由上而下的综合治理体系；其次，加强银行内部与银行外部的双项监管，防止银行系统人员与外部不法分子的内外勾结，造成资金流失，从而有效地防范银行“内鬼”作祟，真正地切断银行系统内部人员与外部人员的沟通渠道，构筑银行内外有效防范堡垒；再次，我们应当明确国内人员和国外人员的资金流向，防止可疑资金进入银行渠道，及时将可疑资金拦截在银行系统之外，让洗钱活动无处遁形；最后，我们还应当维护和升级银行的内网系统以及网银系统，规范 ATM 机的购置和使用，加大银行运钞活动的保护力度，从银行软件系统与硬件系统两个方面双管齐下，确保我国金融活动的安全。

# 基于 VaR 模型对于我国证券市场的风险研究

周晓唯[*]　汪　洋[**]



## 一、选题研究背景

近 30 年来，经济全球化趋势加强，世界各国金融市场取得巨大进步。国际资本市场由分割到融合进而走向全球化的发展中，始终保持规模扩张和资本跨国流动不断增强的趋势；国际货币市场则从 19 世纪 80 年代美国经济地位相对下降，布雷顿森林体系瓦解以后，美元地位下降，各成员国自由选择汇率政策，加速了资本流通从而促进金融全球化进程。随之而来的是金融市场脆弱性加剧，波动频繁，金融风险管理日益成为各金融机构管理的核心内容。

西方主要发达国家因风险管理不善而导致巨额损失的金融机构和公司比比皆是，惨痛教训历历在目，从 1987 年全球股市暴跌的“黑色星期一”到 1994 年比索贬值、股价暴跌的墨西哥金融危机，从 1997 年东南亚金融危机到 2008 年美国由于金融监管制度的缺失造成的次贷危机，都充分说明了金融风险管理的重要性。

而到了 20 世纪 90 年代，金融市场的扩张、金融服务需求的扩大，金融创新理论随之出现，给金融管理体制带来了更大的冲突和挑战。传统经济理论认为，金融组织的信息优势是其存在的根本原因。但是在正常的交易市场上，因为信息的不完全和不透明导致存在普遍的逆向选择和道德风险，对金融交易契约的实施有很大的阻碍。我国的金融市场是一个新兴市场，还处于起步阶段，尽管近几年我国经济发展迅速，随之带动货币市场的发展，但是由于我国证券股票市场起步晚和计划经济的遗留问题，以及加入 WTO 后国际市场风险渗透到我国金融市场，加之迅速发展的经济导致金融衍生品不断增多形成的风险等诸多因素，造成我国金融市场独特发展和更加错综复杂的市场风险。所以国内很

* 周晓唯，陕西师范大学国际商学院科研副院长、博士生导师。

** 汪洋，陕西师范大学国际商学院硕士研究生。

多公司和机构纷纷学习引进国际先进的风险度量 VaR 方法作为风险监测工具。

## 二、研究方法概述

VaR 作为国际现行的先进风险测量方法，理论基础相对成熟，可以而且已经被很多国际金融公司和机构引进，作为企业内部风险控制管理的方法。国外的金融风险管理从一个理论雏形已经发展成为一门科学和先进的工程技术，而且 VaR 理论的研究方法和模型等在突破传统的资产负债管理和资本资产定价模型后仍在不断创新和发展，并且已经用于风险监测的管理中。

在 VaR 不断受欢迎的今天，很多国际机构等政策法规制定者将 VaR 风险价值作为会计报表公布的一项重要内容，不仅是因为 VaR 的风险度量是以严密的统计概率计算的精确性，还是因为 VaR 方法将抽象的风险具体化成以货币计量的数字，从而将市场风险这一抽象复杂的概念变得简单易懂，具有普遍性和推广性。然而国内学者的研究虽然也取得了很大进展，却只停留在 VaR 计算方法的改进等理论方面，从而需引进 VaR 的风险监测技术，为我国 VaR 方法的理论研究提供重要依据。并且，将其引入我国金融市场，把我国复杂的市场风险数字化，对我国的投资机构、公司和企业以及个体投资者具有极大的现实意义。

VaR（Value at Risk）是指在正常的市场条件和给定的置信水平下，在给定的持有期间内，投资组合所面临的潜在最大损失，或者说，在正常的市场条件下和给定的持有期间内，投资组合发生 VaR 损失值的概率仅为给定的概率水平（置信水平）。J.P.Morgan 给出的 VaR 的定义为：在一定的概率约束下和给定持有期间内，某金融投资组合的潜在最大损失值。

VaR 的数学表达式为：$\text{Prob}(\Delta p > \text{VaR}) = 1 - c$ （1）

其中，$\Delta p$ 为资产组合持有期内的损失，VaR 为置信水平 c 下的风险价值。在整个经济体系内，主要有以下三种分类方法。

1. 参数法也叫作方差—协方差法。进行 VaR 计算时一般都会用此方法，可以说是最常见的计算方法。它通过历史波动性和相关性来估计组合的市场风险。分析方法的关键因素在于资产组合价值函数的形式和市场因子服从的分布形式。根据投资组合的价值函数，分析方法可以分为两类：Delta 模型和 Gamma 模型。不同类型的市场因素和随机过程的假设的统计分布之间的差异，如 Delta—正态模型假定市场因子服从加权的多元正态分布，在假定组合中的金融资产价值函数与市场因子收益之间是线性关系，但是这两个基本假定与实际金融数据序列的尖峰厚尾、波动簇集的时变性等特征不相符，使这种方法的运用存在局限性，往往低估 VaR 值。GARCH 族模型具有良好描述金融时间序列的特性，即持续的方差和处理厚尾的能力，现在的研究倾向于用 GARCH 族模型描述市场因子。

2. 历史模拟法是根据市场因子的历史样本变化模拟投资组合的未来损益分布，利用分位数给出一定置信度下的 VaR 估计。这是一种较为简单的 VaR 计算方法，它根据每种资产的历史损益数据计算当前组合的历史损益数据，将这种数据从小到大排列，按照置信度 c 的水平找到相应的分位点，从而计算出 VaR 值。历史模拟法计算简单方便、概念直观、容易实施，而且它是一种非参数法，不需要对收益率的分布作出假设。在应用历史模拟法时不必对收益率分布作出假设，也不需要假设收益率之间相互独立。因此，历史模拟法能够有效地避免应用正态分布及独立性假设时的局限性。但它是假定市场因子未来的变化完全按照历史趋势发展，这与实际的市场表现不一致，而且它需要大量的历史数据，数据的选择也存在困境。




3. 蒙特卡罗模拟方法也叫随机模拟方法。它的根本思想是，为了解决经济金融、工程科学、数学统计等方面的问题，首先需要构建一个概率模型或随机过程，使参数的值等于问题的解；然后计算模型或随机过程得到的观察统计特征参数，最后可以得到问题的近似值，提供解决问题方案的估计标准误差值。蒙特卡罗模拟法计算 VaR 时，可以产生大量的情景，是一种全值估计方法，比历史模拟法更加精确和可靠。该方法可以处理大幅波动及“厚尾”问题；可以较好地处理非线性问题，并且估算精度好。但这种方法产生的数据序列是伪随机数，随机过程取决于特定的选择的历史数据，这样不仅计算烦琐，时间长，而且可能浪费大量观测值，降低效率并且导致错误的结果。比方差—协方差和历史模拟法更复杂；具有模型风险，一些模型（如几何布朗假设）不需要限制市场因子的变化过程是无套利的。

## 三、实证分析

### （一）数据选择

近几年来，尽管世界金融市场秩序稳定，发展态势良好，但是与其良好的趋势发展方向相悖的事件仍然不断发生，影响到世界金融市场的稳定，引起包括证券股票市场已经很成熟的西方发达国家和正在积极寻求进一步发展的发展中国家的广泛关注，因此各方都深切感到加强市场风险监管的必要性和紧迫性。而且股票市场时时刻刻都是变化的，股票市场本身的风险大、产品种类多并且各自不同的风险特点让股票市场风险更具复杂性，所以在数据选择方面更加谨慎。本文选取了沪深 300 指数在 2011.01.04—2016.10.04 共 1041 个交易日收盘价作为研究对象，看其规律分布，如表 1 所示。

**表 1　2011.01.04—2016.10.04 沪深 300 指数日收盘价及收益率**

| 指数名称 _IdxNm | 交易日期 _TrdDt | 收盘价（元 / 点）_ClPr | 收益率 |
|---|---|---|---|
| 沪深 300 | 2011-01-04 | 3189.68 | |
| 沪深 300 | 2011-01-05 | 3175.66 | -0.0044 |
| 沪深 300 | 2011-01-06 | 3159.64 | -0.00504 |
| 沪深 300 | 2011-01-07 | 3166.62 | 0.002209 |
| 沪深 300 | 2011-01-10 | 3108.19 | -0.01845 |
| 沪深 300 | 2011-01-11 | 3124.92 | 0.005383 |
| …… | …… | …… | …… |
| 沪深 300 | 2016-05-05 | 3213.92 | 0.00139 |
| 沪深 300 | 2016-05-06 | 3130.35 | -0.026 |
| 沪深 300 | 2016-05-09 | 3065.62 | -0.02068 |
| 沪深 300 | 2016-05-10 | 3069.11 | 0.001138 |
| 沪深 300 | 2016-05-11 | 3082.81 | 0.004464 |
| 沪深 300 | 2016-05-12 | 3090.14 | 0.002378 |
| 沪深 300 | 2016-05-13 | 3074.94 | -0.00492 |
| …… | …… | …… | …… |

注：数据均来自锐思数据库

选取沪深 300 指数主要基于以下考虑：

**1. 选取样本的严格标准，定位于交易性成分**

沪深 300 指数的两个根本标准是规模和流动性，而流动性占有更大的比重，这也符合该指数的定位特点。在对上市公司进行全新的指标排序后，制定更为严苛的入选条件，如新股上市的很多股票和经营状况或财务报表出现严重问题等股票被排除在外。所以，沪深 300 指数更具代表性，可以给投资者提供可靠的投资指导意见。

**2. 采用自由流通量为权数**

自由流通量是只保留上市流通上的股本，排除不上市流通的股本后的流通量，这样做是为了保证指数可以充分反映市场股价的综合变动，不受长期流动性小的股本对股价的影响，便于投资者进行套期保值等投资。

**3. 成分股的权重由分级靠档法来确定**

沪深 300 指数根据各成分股的比重分为九级靠档。这样排除市场结构特殊性以及未来可能变动的影响，避免了股价的非正常波动。分级靠档技术主要的优势在于对具体数值和比例做了明确规定，排除因股本频繁变动造成的跟踪投资成本增加，便于投资者进行跟踪投资。

**4. 缓冲区的调整设置增强样本股稳定性**

沪深 300 指数每年调整两次样本股，根据新样本和老样本的综合排名来决定是否进入和保留以及哪些新样本股适合进入指标和哪些老样本适合保留或者剔除，被剔除的退市股票用近期候选排名最高的代替，如此适当的调整幅度既可提高样本股的稳定性和可操作性也能增强指数管理透明度。

**5. 指数行业分布状况与市场行业分布比例保持一致**

指数的行业占比指标是为了度量指数的行业结构，市场的行业占比指标具有同样的功能，即衡量市场整体的经济结构，只有两者趋于一致才能说明该指数的行业结构保持稳定，若两者差别过大，很有可能该指标的样本股行业分布与市场行业分布状况偏离，指数的行业结构失衡。而沪深 300 指数尽管没有制定确定的行业选择标准，但是指数的两个占比指标十分接近，具有较好的代表性。

### （二）数据整理

本文为描述其波动性选取的是沪深 300 指数的算数收益率，即

$$R_a = \frac{P_t - P_{t-1}}{P_{t-1}} \tag{2}$$

其中 $R_a$ 表示的是沪深 300 指数的价格收益率序列，$P_t$ 表示第 $t$ 日股市交易的沪深 300 指数的收盘价。本文借助 Eviews 6.0 数据分析工具对选取的数据绘制直方图，如图 1 所示。

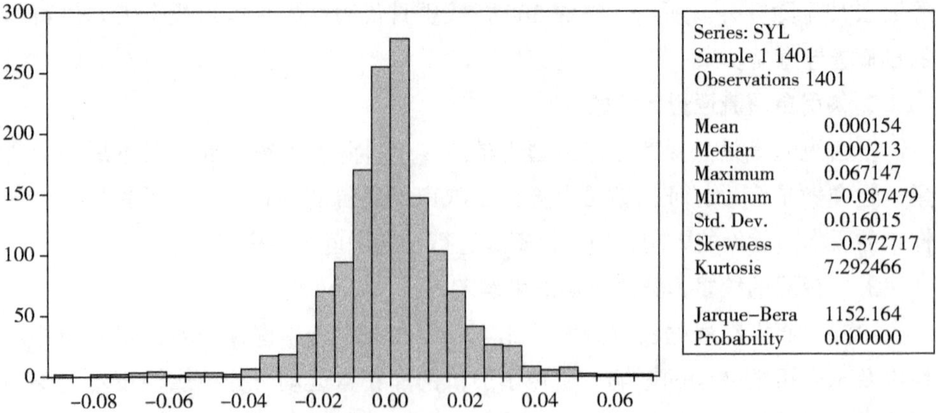


**图 1　沪深 300 指数 2011—2016 年日收盘价收益率直方图**

分析图 1 我们可知，收益率分布图呈现出非正态分布特征而是尖峰厚尾的特征，即沪深 300 指数收益率存在左偏（$-0.572717<0$）和过高的峰度（$7.292466>3$），而且 JB 统计量的值很大（1152.164），根据 1982 年恩格尔提出的 ARCH 模型中的观点可知，JB 统计量的伴随概率 P 的值小于 0.05 就要拒绝原假设，也就是说，该收益率的分布不是正态分布，不满足线性拟合的条件。

为了进一步验证本文的观点，本文试图用 GARCH（1，1）简单拟合此对数差分方程，

$$r_t=\mu+\varepsilon_t$$

$$\sigma_t^2=\omega+\alpha_1 * \varepsilon_{t-1}^2+\beta_1 * \sigma_{t-1}^2 \quad (3)$$

得到如下统计量：

Equation: UNTITLED　Workfile: UNTITLED::Untitled\

View | Proc | Object | Print | Name | Freeze | Estimate | Forecast | Stats | Resids

Dependent Variable: SYL
Method: ML - ARCH (Marquardt) - Normal distribution
Date: 11/10/16　Time: 21:53
Sample: 1 1401
Included observations: 1401
Convergence achieved after 10 iterations
Presample variance: backcast (parameter = 0.7)
GARCH = C(1) + C(2)*RESID(-1)^2 + C(3)*GARCH(-1)

| Variable | Coefficient | Std. Error | z-Statistic | Prob. |
|---|---|---|---|---|
| Variance Equation | | | | |
| C | 2.50E-06 | 6.77E-07 | 3.687323 | 0.0002 |
| RESID(-1)^2 | 0.052935 | 0.006375 | 8.303008 | 0.0000 |
| GARCH(-1) | 0.936784 | 0.006845 | 136.8651 | 0.0000 |

| | | | |
|---|---|---|---|
| R-squared | -0.000092 | Mean dependent var | 0.000154 |
| Adjusted R-squared | 0.000621 | S.D. dependent var | 0.016015 |
| S.E. of regression | 0.016010 | Akaike info criterion | -5.654437 |
| Sum squared resid | 0.359115 | Schwarz criterion | -5.643205 |
| Log likelihood | 3963.933 | Hannan-Quinn criter. | -5.650238 |
| Durbin-Watson stat | 1.932710 | | |

由 $R_2$ 的负值我们可以看出，此次拟合的效果并不显著，故我们认为，近 5 年内的样本数据不足以支撑我们运用 GARCH 模型进行日收盘价收益率拟合，故我们采用了历史模拟法。

### （三）数据分析

历史模拟法是先用 Excel 将用于预测的历史数据用公式（3）计算出日收益率，然后将其按升序排列，接下来根据置信水平的选择，找到相对应的预期收益率，最后用当前收盘价乘以对应的收益率得到预期风险值即潜在的最大损失。

本文将得到的包含 1401 个数据的收益率序列按升序排列，给定置信水平 95%，所求的预期收益率为第 1401 × 95%=1331 位的收益率，从表中查看得知 0.025697664044498。那么得到的预期风险值为 VaR（0.95）=3189.68 × 0.025697664044498=81.97。

我们通过可以综合反映市场股价变动等诸多优点的沪深 300 指数从 2011 年 1 月到 2016 年 10 月收盘价的 1401 个数据的收集、处理和分析得出此收益率序列并非服从正态分布，并借助历史模拟法算出其风险值 VaR。

## 四、政策建议

对我国目前的证券市场来说，股权分置改革完成，现代企业制度基本建立，利率市场化和资本项目化水平提高，越来越多的金融机构和公司开始注重风险的规避，从而对于有效测量风险的 VaR 方法越发受到关注和引用。我国的金融市场处于一个正在发展的时期，其间股市振荡，态势并不平稳，需要相关监管机制加强监管。VaR 方法对于其在我国市场中风险监测和控制、绩效评估、资产配置、投资组合决策等方面的用途并没有很好地发挥其作用，所以不断探索适用我国市场的先进的 VaR 方法并将其引入我国证券市场具有重要意义，同时也是我们今后研究的重点。

在相关部门的监管重点来看，以往的金融监管侧重于信用监管，对其市场风险和经营风险等潜在的风险并没有足够的重视，但是随着资产结构市场化的复杂化，金融衍生工具的增多，从而传统的管理技术局限性也暴露了出来。所以针对市场的变化，相应的风险应对措施也应该加强。从监管范围上来看，国际金融监管也从单纯的资本充足率的监管转向了最低资本标准、监管当局的检查及市场自律三个层次全方位的监管。我们也要吸取国外成功的经验并予以吸收和改进，在拓宽视野的前提下，从法制化上向金融衍生品等深度推进、监管范围法定制度化的扩展，采用更积极科学的方法进行计量。

# 金融发展理论下民间金融的市场准入路径优化*

熊进光**　王奕刚***



"市场准入"是一个经济学和法学的概念，源自英文"Market Access"，产生于"二战"后各国间的关贸谈判，在我国"入关"时期被直译成"市场准入"并被广泛使用。市场准入原本仅用于评价一国对外国货物、服务和资本的开放程度，后经不断扩充，内涵扩展到了一国内部对某行业和领域进入者的规制和管理制度。在国内的市场准入中，根据市场准入的宽严程度的不同，市场准入制度可分为：一般市场准入制度和特殊市场准入制度。

金融行业作为国家宏观调控的重要工具及个人资产管理和增值的工具，其发展上关乎实体经济资金供给和国民经济的健康发展，下关乎国民的生活幸福和民众的信心，在国民经济中处于重要地位。同时，金融业具有复杂性、专业性以及信息不对称性的特点。若不通过市场准入工具将不合格的市场主体排除在外，易造成市场失灵、不稳定，又由于金融行业自身的脆弱性，使得金融市场的失灵和不稳定易扩散，进而影响国民经济的运行和发展。因而，国家有必要运用市场准入这一规制工具，将不合格的市场主体排除在外。

## 一、我国现有金融业准入制度的特点

现阶段有关民间金融的金融市场准入规范散见于我国法律（《民法通则》《刑法》《合同法》《公司法》《人民银行法》《商业银行法》等）、行政法规、部门规章（《非法金融机构和非法金融业务活动取缔办法》《关于调整放宽农村地区银行业金融机构准入政策的若干意见》等）以及各类司法解释和司法意见中。综观各类法规中的准入制度，我们不难总结出，我国金融行业对民间金融的准入

* 本文系江西财经大学2015年度横向课题"民间金融发展法律问题及对策研究"的研究成果。
** 熊进光，江西财经大学法学院教授、博士生导师。
*** 王奕刚，南昌城市建设投资集团总工程师，南昌城建集团有限公司董事长，法律经济学博士。

有以下特点：

## （一）准入门槛高

基于对金融行业脆弱性的恐惧，我国金融行业对民间资本的准入门槛非常高，以典当行注册资金最低要求为例：浙江省2015年申请设立典当行要求的最低资本为：设区市市区和县级市原则上要求3000万元人民币以上，其他县原则上要求2000万元人民币以上，注册资本仍实行实缴制。而相对应地，我国台湾地区仍然实行2001年"内政部"规定的新台币150万元（约合30万元人民币）。日本商法典对典当行的最低资本金要求也仅为1000万日元（约合58万元人民币）。[1] 不仅如此，准入的实际执行过程中，还存在地方监管部门"层层加码"的问题，根据银监会发布的《关于小额贷款公司试点的指导意见》的规定，有限责任公司形式的小额贷款公司的注册资本不得低于500万元，股份有限公司的注册资本不得低于1000万元。而仅江苏省一省就分为苏南、苏中和苏北三个不同最低注册资本的地区，苏中地区规定的最低注册资本高达5000万元，而实际执行时至少需要1.5亿元才能达到注册门槛。[2]

在资本的高要求之上，对权益性投资、资产负债率、利润率等财务指标的限制进一步增加了准入难度，以广州市越秀区民间金融街的《广州民间金融街小额贷款公司监督管理暂行办法（试行）》为例，其中规定在民间金融街设立小额贷款公司必须满足主发起企业须为连续经营三年以上、注册地在广州的企业，在工商、税务和公安等部门没有违规记录等要求。此外，其财务指标需符合以下条件：注册资本不低于6000万元，申请前一个会计年度净资产不低于1亿元、资产负债率不高于60%，申请前连续3个会计年度连续盈利且利润总额在1500万元人民币以上，其中最末年度净利润500万元人民币以上；权益性投资（含设立小额贷款公司出资）比例不超过净资产的50%（合并会计报表口径）。该准入条件在部分条件下甚至较《巴塞尔协议Ⅲ》[3] 更为严苛，让众多民间资本望而生畏。

## （二）准入断层大

我国金融行业针对民间金融准入不仅门槛高，而且存在断层问题。理想中

[1] ［日］木島康雄：《起業の法律と手続き　リサイクルショップ・ネットオークション・質屋業：開業手続き・許認可申請　実践マニュアル》，三修社2007年版，第104页。

[2] 王承萍：《主要省市小额贷款公司监管制度比较》，载《上海金融》2014年第2期。

[3] 根据《巴塞尔协议Ⅲ》的规定，商业银行的核心一级资本充足率被要求为7%，计算公式为：资本净额/表内、外风险加权资产期末总额≥8%。

的准入制度应根据民间金融机构规模设置不同的区间，随着规模的不断增加，准入标准、监管力度也不断增加。但现阶段我国的准入制度在各类民间金融形态间存在较大的断层。在现有的准入制度中，300 万元以下不存在任何合法的民间金融形态，而在小额贷款公司原本严苛的准入条件之上，亦不存在进一步上升的空间。以现有的民营银行为例，浙江网商银行核准注册资本 40 亿元，深圳前海微众、上海华瑞、天津金城注册资本 30 亿元，注册资本最低的温州民商银行注册资本亦有 20 亿元。在“十亿元级”的金融机构和“千万元级”的小额贷款公司之间亦不存在任何合法的金融形态。

### （三）不予认可合会等传统民间金融形式



合会是民间盛行的一种互助性融资形式，集储蓄和信贷于一体。合会是民间金融运作中一种比较普遍的形式。其适合于一个流动性较弱的、范围有限的熟人社会。它依靠非正式的社会关系和信任关系建立，依赖非正式的制裁（道德观念、风俗等）来维系其运营体系。归根结底，民间合会是以对人信用为主体的合作金融组织。[1] 私人钱庄是以合伙制和股份制成立的，为借贷双方提供担保，以中小企业为放款对象的组织。合会以及私人钱庄的存在和发展正如众多民间金融形式一样，有其充分的必然性和合理性，它折射出了正规金融体系存在的不足并进行了很好的弥补，形成了互补效应，若承认其法律地位并进行规范引导将能成为我国基层金融体系中一种重要的形式。但在《非法金融机构和非法金融业务活动取缔办法》等法规的限制下，合会以及私人钱庄等传统的民间金融的形式无法以合法身份进行金融活动。

现阶段我国的法律法规从不同角度筑起一堵围墙，将大部分的民间金融组织和形式排除在合法之外，从制度上确立并长期维护了我国二元金融结构。

## 二、我国现有金融业准入制度的不足

对于发展中国家工业化进程中的二元经济结构和二元金融结构，学术界已经进行了长期而深入的研究，[2] 而现有的金融准入制度无疑造就了发展中国家当

---

[1] 姜旭朝：《中国民间金融研究》，山东人民出版社 1996 年版，第 56 页。

[2] Pei-Kang Chang, *Agriculture and Industrialization*, Harvard University Press, 1949, p. 257. Lewis, W. Arthur, *Economic Development with Unlimited Supplies of Labor*, The manchester school, February 1954. Hayami, Yujiro, and Vernon W. Ruttan, *Agricultural Development: A International Perspective*, Baltimore, Md/London: The Johns Hopkins Press, 1971, p. 309.

前的“二元金融体系结构”。而“二元金融体系”同中国特色的“城乡二元结构”结合，共同形成了我国特有的“双重二元金融结构”——其中第一层二元对立结构是城市和农村金融体系的二元对立；第二层二元对立结构是正规金融体系和非正规金融体系的二元对立。[1] 在现有的双重二元金融结构中，一方面是正规金融机构受到法律的保护以及国家政策的支持，但其对民营中小企业的信贷歧视以及对农村等经济不发达地区的地域歧视使其信贷需求得不到满足。另一方面民间金融机构虽然能够在一定程度上满足中小企业及农户的信贷需求，但不被法律保护甚至是禁止，提高了其融资成本，并在一定程度上积累了风险，这种对立在我国农村地区则显得更加尖锐。目前我国金融市场对民间金融的准入限制造成二元金融结构在我国长期存在并带来如下几方面问题：



## （一）造成城乡“系统性负投资”

所谓“系统性负投资”，是指银行或其他金融机构从一个地区的居民中获得储蓄，而没有以相应比例向该地区发放贷款。[2] 在现有金融市场准入制度下，民间金融机构无法向公众公开募集存款，规模也受到限制，致使在金融市场中只有正规金融机构能够向公众募集存款。在农村等不发达地区的农民和中小企业由于规模小、缺乏信用记录等因素，无法达到正规金融机构的贷款审批条件，而正规金融机构也存在信贷歧视，主观上并不愿意将贷款资金投向农民和中小企业。正规金融机构在农村等不发达地区吸收了大量存款后并未以同样的比例将其投放到当地的信贷市场，而是转而投向其他地区的大型企业或国有企业。系统性负投资造成了农村和不发达地区的资金大量外流，使得该地区的家庭和企业无法从事高风险、高投入、高收益的生产活动，只能从事传统生产活动。进而造成基尼系数不断升高，城乡收入差距以及贫富收入差距恶化。

## （二）造成民间金融市场混乱

当前，大部分的民间金融形式都被贴上了非法的标签而被排除在正规金融市场之外，但具有悠久历史以及广泛需求的民间金融并不会因为法律的禁止而消失。不论是对个人及中小企业闲散资金的利用，还是对个人日常生活以及中小企业经营上短期资金需求的解决，民间金融一直发挥着自己的作用，具有极

[1] 王曙光等：《普惠金融——中国农村金融重建中的制度创新与法律框架》，北京大学出版社 2013 年版，第 26 页。

[2] 王曙光等：《普惠金融——中国农村金融重建中的制度创新与法律框架》，北京大学出版社 2013 年版，第 26—27 页。

强的自发性和内生性。但这并不意味着现有的准入制度并不会对民间金融造成不良影响。首先，由于大部分的民间金融机构都无法取得合法资质而受到法律保护，致其法律地位不明确，随时会有被取缔的风险；风险的增加一方面造成了民间金融机构的经营困难，另一方面提高了民间金融机构的运营成本，间接地导致了民间借贷的高利化。其次，无法取得合法地位的民间金融机构易产生道德风险。近年来，诈骗、洗钱等大量金融犯罪在民间金融中滋生，一方面是由于监管的缺失和利益的驱使，另一方面也是由于现有准入制度给民间金融造成的"破窗效应"[1]——民间金融机构被宣布为非法而转入地下后，他们认为自己所从事的一切业务都是非法的，这必然降低他们的自我期许，久而久之导致开展洗钱等非法业务时逐渐无负罪感。[2]"破窗效应"使民间金融机构更加倾向于短期经营和不规范经营，在自身的利益保护和风险控制上，更加倾向于采取私力救济，甚至是非法手段救济，造成多方面的社会问题。



### （三）抑制市场竞争，导致市场不公平、低效率

我国现行经济发展中的金融抑制政策和人们对资金产生的巨大需求形成了尖锐的矛盾，李建军的研究显示（见表 1）：民间借贷在我国农户和小企业的借贷中具有不可替代的作用，以表 1 中的 2003 年三大地区金融指数为例，正规金融对中小企业的信贷比例不足 1/3，而农户贷款该比例更是不足 1/2，且随着地区的经济不发达程度的提高，正规金融对农户及中小企业的满足程度越低。[3]

**表 1　我国三大地区金融指数**

| 地　区 | 地下金融规模指数 | 农户非正规金融指数 | 中小企业非正规金融指数 |
|---|---|---|---|
| 东部地区 | 28.7 | 55.47 | 33.98 |
| 中部地区 | 25.2 | 56.45 | 39.80 |
| 西部地区 | 29.0 | 62.43 | 43.18 |

数据来源：李建军：《中国地下金融规模与宏观经济影响研究》，中国金融出版社 2005 年版，第 83 页。

[1] 破窗效应（Broken windows theory）：又译作破窗理论，系犯罪学的理论，指在恶劣的情况发生的过程中，"第一扇破窗"常常是事情恶化的起点。See James Q. Wilson，George L. Kelling. Broken Windows：The police and neighborhood safety，*The Atlantic*，Mar. 1982。

[2] 王曙光等：《普惠金融——中国农村金融重建中的制度创新与法律框架》，北京大学出版社 2013 年版，第 123 页。

[3] 李建军：《中国地下金融规模与宏观经济影响研究》，中国金融出版社 2005 年版，第 83 页。

可见，现有的正规金融机构完全无法满足我国农户及中小企业的融资需求，尤其以中西部地区为甚。正规金融机构在政府的管控之下将有限的信贷以低利率投入高收益低风险的国有企业及大中型企业中，而面对信贷条件不足、议价能力弱的农户及中小企业，在没有民间金融机构以合法的身份同其竞争的情况下，便产生了逆向选择：在农户及中小企业向正规金融机构申请贷款时，往往在贷款的获得与否、额度和利息等问题上无法同正规金融机构进行合理的议价，农户及中小企业往往很难从正规金融机构成功借款，即使获得贷款，也不得不忍受正规金融机构低下的办事效率并接受正规金融机构给出的不合理条件。[1]

## 三、金融发展理论的内涵



金融发展理论是为了解决发展中国家政府对金融市场过度干预而形成和发展起来的，是金融市场从金融压抑到金融自由化转变的内在要求。其理论内涵是指政府应放弃对金融体系的过多干预，实行一系列的金融自由化政策，从而形成金融发展与经济发展的良性循环。[2]要达到金融发展的一个必要条件是金融自由化，即金融部门运行从主要由政府管制转变为由市场力量决定的过程。管制越少，留给资本的利润空间就越大，就更能激发创新。[3]金融自由化一般包括：价格自由化、市场准入自由化、业务经营自由化、资本流动自由化。在金融自由化的历史进程中，都伴随着政府行为随经济发展的实际要求不断加以调整，政府管制方式和范围不断变迁，政府逐渐向市场进行金融控制权力让渡。[4]

根据麦金农的分析，发展中国家普遍存在“经济结构的分割性”和“金融抑制”现象，表现为：一是发展中国家经济的分割性主要表现为小型私有企业同大型公有企业的并存和农村与城市的经济分割；[5]二是金融体系的“二元化”，即现代化金融机构与非正式金融机构并存；三是政府对金融实行严格管制。由于发

[1] 在2012年2月银监会下发《中国银监会关于整治银行业金融机构不规范经营的通知》确立“七不准四公开”规则前，正规金融机构通过“以贷转存”“理财费”“顾问费”等名目变相增加中小企业和农户的借款成本，亦存在经办客户经理向借款人“吃拿卡要”等现象，抬高了借款人的实际融资成本。

[2] 参见殷剑锋：《我国财政金融体制改革亟需“顶层设计”》，载吴敬琏主编：《中国未来十年的改革之路》，译林出版社2013年版，第173—175页。

[3] 陈雨露、杨栋：《世界金融3000年》，野人文化股份有限公司2014年版，第352页。

[4] 诸葛秀：《民间金融——基于温州的探索》，中国经济出版社2007年版，第9页。

[5] ［美］罗纳德·I.麦金农：《经济发展中的货币与资本　麦金农经济学文案》（第1卷），李瑶、卢力平译，陈雨露校，中国金融出版社2006年版，第5页。

展中国家政府对于国家主权强烈的控制欲望以及对高利贷、通货膨胀的恐惧也促使其对金融活动强制干预，最终形成受抑制的金融体系。正规金融机构往往只看重国有企业和大型企业，对“不入流”的中小企业看不上眼，从而忽略了大量中小企业的力量以及它们对经济发展的贡献。这样一来，正规金融机构对中小企业的资金供给不足，而市场需求却很大，导致中小企业不得不寻求其他途径的资金。

而随着金融发展的深化，金融社会化、普惠性金融的概念也应运而生。即金融发展成果不能只由少数人独享，而应当普惠至整个社会，由所有社会成员共享金融发展之福利。[1] 发展普惠金融，首先应坚持民生金融优先，让金融改革成果惠及所有人群，尤其是贫困地区；其次应适度放宽市场准入标准，支持小型金融机构发展；再次应拓宽中小微企业融资渠道，规范民间借贷；最后应鼓励金融产品和工具创新，扩大金融服务的覆盖面和渗透率。[2]



既然金融抑制是欠发达国家经济发展的一大障碍，要想解决金融抑制的问题，实现经济迅速增长，就必须取消对金融活动的过多干预、实现一系列的金融自由化政策，从而形成金融发展与经济发展的良性循环，这就是肖（Edward S.Shaw）在《经济发展中的金融深化》（1973 年）中提出的金融深化理论。所谓金融深化理论，就是指政府放弃对金融体系的过多干涉，放松对利率汇率的管制，在有效地控制通货膨胀后，使市场利率和汇率能有效地反映资金和外汇的供求情况。[3] 我国学者李纪建结合中国国情提出金融分化概念，金融分化是指金融体系中金融组织分工多样化，在结构和功能上由一般演变为具体特殊的过程。金融深化和金融分化实际上是金融发展，不仅包括金融活动的广度、深度的扩大，还意味着经济活动中金融作用的增强。金融发展是指整个金融体系的发展，包括了金融工具的创新、金融市场和金融中介的建立与健全，以及这些金融因素的总量和构成的变化。[4] 金融发展的程度一般用以下指标来衡量：（1）金融相关率指标（FIR）；（2）金融中介比率指标（FM）；（3）金融结构指标（FS）。[5] 金融深化理论系统地阐述了发展中国家的货币与金融和经济发展之间的关系并

---

[1] 参见焦瑾璞、陈瑾：《建设中国普惠金融体系：提供全民享受现代金融服务的机会和途径》，中国金融出版社 2009 年版，第 34—36 页。

[2] 周小川：《全面深化金融业改革开放加快完善金融市场体系》，载《中共中央关于全面深化改革若干重大问题的决定辅导读本》，人民出版社 2013 年版，第 91—92 页。

[3] 王淑敏、徐捷：《申瑞涛金融深化创新论》，中国金融出版社 2003 年版，第 1 页。

[4] 诸葛秀：《民间金融——基于温州的探索》，中国经济出版社 2007 年版，第 8 页。

[5] 杜佳、蓝海荣：《对我国金融发展与经济增长相关性的实证研究（1978—2001）》，2003 年中国经济学年会论文。

揭示了促进经济落后的发展中国家的重要因素是货币和金融。

金融深化的本质在于放松管制，金融自由化要求在金融市场中必须由市场主导，随着市场经济体制的建立和完善，金融市场自我调节资源、配置资源的能力逐渐增强，金融抑制越来越显现出其对市场进一步深化的阻碍。在金融深化、金融自由化的现实要求下，以金融发展理论为指导，各国开始进行金融改革。在金融发展理论的指导下，我国金融改革所要实现的目标主要体现为改革大而不倒的银行、推进利率市场化、建立弹性汇率制度、资本账户开放、人民币国际化。[1]

## 四、金融发展理论下的市场准入优化



当前，利率浮动限制的取消、人民币加入 SDR、民营银行试点的落地等实质性成果标志着我国金融改革已取得了阶段性进展。但从长远来看，若不解决金融市场主体缺乏多样性的问题，将会降低改革的边际效益，无法从真正意义上实现金融普惠化、自由化和金融发展。因此，建立多元化的市场准入，让更多的主体参与到金融市场的竞争中，不仅能够激发市场的活力，也能够降低金融服务的门槛，有助于"普惠金融"的实现。另外，金融行业自身的性质决定了其脆弱性。在金融改革的背景下，管制的放宽以及金融创新将会把该脆弱性放大。同时，金融脆弱的内生性直接导致了金融投机的多发性和金融危机传染的扩散性，使金融行业的任何危机往往牵一发而动全身，小到全行业性质的危机，大到全国性的经济萧条乃至世界性的金融危机，将严重威胁我国金融系统的安全，并进而威胁我国经济的发展。因此，有必要运用金融发展理论，科学优化我国现有市场准入制度。笔者认为，当前我国金融市场的准入制度优化路径应当从以下路径进行：

### （一）降低小规模民间金融组织准入门槛

如前文所述，在现有准入制度中，小额贷款公司、典当行等小规模民间金融组织的准入门槛仍然过高，这一方面体现在注册资本和财务指标要求过高且地方政府层层加码，另一方面也体现在设立时的申请审批手续烦琐且易遭遇政策性阻碍。因此，优化小规模民间金融组织的准入门槛应当从以下两个方面着手：

[1] 魏尚进：《中国下一步的金融改革》，载吴敬琏主编：《中国未来十年的改革之路》，译林出版社 2013 年版，第 224 页。

第一，调整注册资本要求，全面降低小额贷款公司、典当行等小型金融机构资金规模。作为服务城乡居民和中小企业的小额贷款公司和典当行，其业务规模较小，单笔业务不过数万元，动辄千万元的注册资金规模显然是多余的。但现有的高额注册资本要求正扭曲小额贷款的这一特点：一方面，小额贷款公司由于注册资本的“层层加码”动辄千万元级别，在经济发达地区注册资金过亿元的小额贷款公司也并不罕见。这些资本规模庞大的“小贷公司”一方面资本规模过大，在小额贷款上经营维运成本过高而将资本集中进行大额的借贷，违背小额贷款公司服务城乡居民和中小企业的目的。另一方面，高额单笔放贷会放大小额贷款公司的运营风险，当数笔借款出现逾期的情况将直接威胁到小额贷款公司的生存。降低小规模民间金融组织的注册资本要求不仅能够让这种扭曲复原，恢复其“小额、分散”的运营原则，也能够增加市场的参与主体，确保充分的竞争，保证市场活力。



第二，取消小规模民间金融组织设立过程中的行政批准程序，改为由监管部门进行核准。以广州小额贷款公司的申请流程为例：在当地工商局进行小额贷款公司的设立登记之前，都必须经过县（区）政府金融工作部门初审、市金融办复审、省金融办核准。要求发起人的申报材料需要有完整的可行性研究报告，报告中需要包含完善的风险评估（预测）报告，以论证小额贷款公司设立的合理性。虽然严格地设立审批可以防止由于小额贷款公司发展过快带来的系统风险，但该举措不仅违反市场规律，不能真正地反映市场对于小额贷款公司的需求，不利于市场的竞争和供需平衡，且在严格的行政审批中，易滋生监管寻租、地方保护主义等问题，在长期发展中不利于民间金融的健康、可持续发展。因此，将批准改核准制，用市场竞争和更加先进的监管手段进行风险控制，更加符合市场规律。

现行监管法规已将众多小规模民间金融组织的经营方式限制在了“只贷不存”的经营形式内，其无法进行任何形式的内外部集资和吸收公众存款，仅能用自有资金进行借款，一旦亏损，损失的是经营者的自有资金。现有的市场准入制度应当在防范风险的前提下，引导这些机构按照“小额、分散”的原则经营，避免盲区的“求大、求强”。

### （二）民间金融组织的升级转型

所谓升级转型是指将符合条件的民间金融机构转型或升级为银行类金融机构等更高一级别的金融组织，当民间金融机构在资产规模、业务数量质量、内控风控制度等条件达到一定标准后，可以通过部分适用审慎经营规则而允许其有条件地吸收公众存款，转变成更高级别的民间金融形态。这种转变应当是平滑、线性的，随着民间金融机构规模的不断扩大，其准入门槛、监管要求应当不断提高，当民间金融机构规模不断扩大到足够规模后，将其升级为正规的民营银行或乡村银行。

从1984年方兴钱庄的创办到1989年的陨落，到2014年3月首批5家民营银行试点方案确定并公布，再到2014年12月12日深圳前海微众银行从监管部门拿到开业批复及金融许可证，中国民间银行从无到有的30年艰苦历程终于完成。但笔者认为，现有的5家民营银行并非民间金融意义上升级转型而来的民营银行。

现有的5家民营银行分别为前海微众银行、天津金城银行、温州民商银行、上海华瑞银行、浙江网商银行。但我们应当看到，现有5家民营银行并非由传统的民间金融机构升级转型而来，而是由腾讯、阿里巴巴、均瑶、正泰、麦购等大型集团公司发起设立的。5家银行的业务重心也各有不同，以天津金城银行为例，其总部设于天津自贸试验区滨海新区中心商务片区，以“公存公贷”为主要业务，零售业务和对公业务大致为“三七开”，具体根据不同时期的战略选择而定。服务的目标为天津自贸试验区内及周边的财政金融、汽车金融、医疗卫生、旅游养老、节能环保、航空航天6大细分市场。[1]此外，浙江网商银行和前海微众银行的运营方式皆采取直销银行（Direct Bank）的模式，将不设置物理网点，达到完全的“云端运营”模式。由此可见，不论是天津金城银行处于降低运营风险的目的而选择具有抗经济周期特点的6大行业，还是以直销银行模式拓展其集团业务的浙江网商银行和前海微众银行，试点中的5家民营银行除温州民商银行外，其余4家民营银行不论从其资本背景还是其运营思路和理念仍然系传统金融机构的延续，虽然现有民营银行在打破我国二元金融体系中起到了不可替代的作用，但其不具备民间金融所特有的“草根性”以及“普惠性”等重要特质，是“自上而下”而布局的民营银行，不是本文所称的由民间金融机构“升级转型”而来的银行金融机构。

中国银行业监督管理委员会于2015年6月26日公布了《关于促进民营银行发展的指导意见》（以下简称《指导意见》），其中明确了民间资本发起设立民营银行的五项原则，分别为有承担剩余风险的制度安排；有办好银行的资质条件和抗风险能力；有股东接受监管的协议条款；有差异化的市场定位和特定战略；

[1] 佚名：《五家民营银行起底：不碰高净值客户　玩转小微企业》，资料来源于搜狐财经网，2015年11月15日访问。

有合法可行的恢复和处置计划。[1] 我国民间金融机构自下而上的升级转型为民营银行的制度正式确立。

《指导意见》的出台标志着我国民间金融机构的升级转型之路正式开始。因而现阶段金融市场准入制度优化应着眼于《指导意见》的落实以及配套法规政策的完善，引导民间金融机构在法律框架内实现正规化，使得现有非正规金融可以升级转型，让金融业的供给真正契合民营经济发展和民生的需要仍然是首要目标。当前准入制度的优化应在现有《指导意见》的基础上进一步明确民营银行的法律地位、机构类别、组织形式、法律责任、内控制度和市场退出机制。根据不同民营银行的组织不同、规模大小、业务范围、市场定位、财务状况和资质高低不同，灵活适用审慎性监管和非审慎性监管等手段，设置多段位的业务指导方针和宽紧有度的监管制度。此外，还应建立对民间金融机构自身信誉和信用评级的制度，由监管部门或委托权威中介机构定期发布民营银行的评级报告，让公众及投资者对民营银行的资信及风险状况有及时、清晰的了解。



最后，在完善准入制度后，也应在破产制度中增加民间金融机构的破产和解及清算制度，为准入制度配套相应的退出制度，明确各方在民间金融机构资不抵债以及发生其他风险情况下的权责，结束近年来政府为非法集资兜底埋单的情况。

### （三）部分民间金融形态的合法化

现阶段，我国的民间金融机构形式主要有合会（钱会）、地下钱庄、典当行、民间集资四种形式，典当行由其自身的特点决定了其安全系数大、社会震荡小，且较少地干扰国家产业政策，[2] 已被法律认可为合法的民间金融形式，在我国各地广泛分布。地下钱庄和民间集资如前所述，需要通过升级转型成为正规的民营银行。

在我国台湾地区，合会同样广泛地存在，以台湾“民法典”增订第十九节中“合会”规定的1999年为例，当年台湾地区参与互助会的比率占全家庭比例的51.6%。[3] 不仅有广泛的社会基础，也在“民法典”中对该民间习惯予以法典化，

[1] 《关于促进民营银行发展的指导意见》，资料来源于银监会官网，2015年11月22日访问。

[2] 王曙光等著：《普惠金融——中国农村金融重建中的制度创新与法律框架》，北京大学出版社2013年版，第98页。

[3] 《台湾省家庭贮蓄与貸借意向調查報告》1999年2月，转引自陳足英，張務華：報酬とリスクについて、「会仔」と「ファンド」の比較，パーソナルファイナンス学会年報（11），46-53，2011-07-20。

给台湾地区的居民生活及小企业融资带来了极大的便利。作为同宗同源的海峡两岸，我们可以对台湾地区的合会法律规制进行借鉴和移植：

第一，给予合会、合会金汇款以法律定义，确定合会会员之间的法律关系。

第二，对会首及会员的资格进行限制，规定会首和会员都“必须以自然人为限”，将有限责任的法人排除在合会之外，避免以法人的有限责任性进行恶意倒会。

第三，置顶合会运作规则，对诸如订立会单、记载事项、保存方式、标会方法、合会金的归属、会首及会员交付会款的期限、会首及会员转让权利的限制以及如何处理倒会等操作规程进行明确的规定。

第四，明确规定会首、会员的权利和义务，将合会由无名契约转变成有名契约。[1] 通过法典将合会的运作典型化、统一化，让合会在我国经济建设和发展中以合法的身份发挥更加重要的作用。

除了合会的合法化外，也应尽快出台《放贷人条例》[2] 让为数庞大的民间借贷“放贷人”群体获得法律地位。虽然中国人民银行已于 2008 年 11 月将《放贷人条例》草案提交到国务院法制办，但截至目前该条例仍未出台。

现有准入制度造成的二元金融结构不仅压抑着民间金融，且危害我国实体经济的发展和民生。通过制度的优化改变现有的金融行业准入制度，能让民间金融获得其应有的法律地位，参与到金融市场的竞争中去，成为搅动金融市场的“鲶鱼”[3]，为整个金融市场带来活力。



[1] 萧芍芳：《台湾合会经验及其对中国大陆的启示》，载《中国农村经济》2005 年第 8 期。

[2] 该草案在民间借贷的市场准入方面允许符合条件的个人注册后从事放贷业务，并规定符合条件的企业和个人都可以开办借贷业务，并拓宽了抵押品范围。这些规定对于民间金融规范化、阳光化发展具有重要作用。

[3] 鲶鱼效应：由捕捞沙丁鱼渔民的一个经验（在长途运输活沙丁鱼过程中，通过在运输器皿中放入其天敌——鲶鱼，增强沙丁鱼的活力进而提高其在长途运输中的存活率。）而总结出的一个现象，指通过引入外界竞争者来激发内部的活力和人们的潜力。

# 论金融消费者权益的法律保护

刘远生* 王邱云**

## 一、金融消费者的概念界定



《消费者权益保护法》[1]第2条规定："消费者为生活消费需要购买、使用商品或者接受服务，其权益受本法保护……"这一规定确立了"消费者权益保护法"本身的调整范围，同时也对"消费者"的概念作出了明确的界定。金融领域的消费形式主要有以下几类：一是传统意义的金融消费，包括存款、贷款、结算、担保、金融理财等。二是特别性金融消费、包括以证券、期货、保险、信托等特别种类金融产品交易为核心的消费。三是金融衍生产品消费。关于金融消费者概念的界定，对传统意义的金融消费没有争议，但对特别性金融消费和金融衍生产品消费是否纳入金融消费者范畴，理论界和实务界认识不一，争议的焦点集中在是否将高风险的投资性消费纳入金融消费者范畴。笔者认为，金融消费者是指在金融市场上购买、使用金融产品或接受金融服务的自然人，包括投资风险产品的自然人。

## 二、金融消费者的保护现状

金融消费者权利是金融消费者在购买、使用金融产品或接受金融服务时享有的权利。在金融消费者权利的分类上，主要包括安全权、知情权、隐私权、选择权、公平交易权、收益权、损害赔偿权、受教育权、监督权等。近年来，我国金融市场发展迅速，消费者接受金融产品和服务日益多样化。但是对消费

---

* 刘远生，海南省现代法律科学研究院院长、教授、法学博士。

** 王邱云，海南省现代法律科学研究院编辑部文员、法学学士。

[1] 根据2013年10月25日第十二届全国人大常委会第五次会议《关于修改〈中华人民共和国消费者权益保护法〉的决定》第二次修正，自2014年3月15日起施行。

者保护的相关制度、机制却不健全，侵害消费者权益的现象时有发生。主要有以下几种表现形式：

## （一）侵害消费者的安全权

金融消费者的财产安全权，是指金融消费者在进行金融交易时，享有人身、财产安全不受损害的权利。包括人身安全权和财产安全权两个方面。现实生活中金融消费者人身安全权受到侵犯的情形比较少见，而财产安全权则常常会受到侵犯。例如，金融机构少计利息、储户存款被冒领、股票被低价卖出、ATM机取出假币、金融机构未按照规定义务确保金融消费者的存款账户、股票账户等资金的安全，导致客户资金损失、保险赔付或在结算过程中造成消费者资金损失，直接损害金融消费者的财产利益等。

## （二）侵害消费者的知悉真情权

互联网金融下的金融消费者只能在网络上与金融服务的提供者进行交易，金融交易活动需要较为专业的知识，一般消费者只是停留在知晓基本国家政策、基金利率等基本概念的水平上，对金融理财产品风险、金融市场风险等方面并不精通，金融机构在营销金融产品和提供金融服务的过程中为自身利益往往会不根据消费者自身情况擅自向普通消费者推荐高风险金融产品，擅自夸大金融产品的投资收益，不实宣传、虚假陈述现象。金融消费者由于信息缺乏，无法完全清晰地掌握金融交易的操作流程，金融机构又没有尽到善良管理人的职责，对事关金融消费者重大利益的事项，没有向金融消费者主动告知、提供咨询，尽到提示、告知义务，致使缺乏专业知识的消费者对金融产品的风险性无法完全理解，从而不能够对金融产品有全方位知识而导致作出错误判断，最终导致消费者利益受损。

## （三）侵害消费者的隐私权

互联网金融中的隐私权具有财产权利的性质，受信息主体的支配，信息的持有者对其持有的信息享有财产权。[1] 与传统的金融服务方式相比，互联网金融涉及消费者的个人信息更多。互联网金融服务提供者由于缺乏专门的监管机构和监管制度，加上保密机制的不健全，金融消费者的个人信息会被部分人员出卖或商家恶意盗用或不当使用。比如，商家盗用了消费者的信息后会与其他商家共享这些信息，网络上的商家会将这些信息资源与其他商家进行交换以便获

[1] 于春敏：《金融消费者的法律界定》，载《上海财经大学学报》2010 年第 4 期。

得对自己有用的信息。而消费者的个人信息一旦被网络黑客所掌握，黑客们将会利用消费者的个人信息实施不法侵害。如今通过身份证号码、住地等个人信息和电话号码套取消费者银行卡密码，盗取消费者的钱财事件时有发生；或通过消费者个人身份信息、存贷款信息、信用卡信息以及股票等财产信息来博取消费者的信任，从而骗其钱财的案件频频发生。例如，《每日经济新闻》2016 年 8 月 31 日报道的清华大学一老师被电信诈骗 1760 万元事件、《沂蒙晚报》2016 年 8 月 23 日报道山东准大学生 9900 元学费被骗光等事件。

### （四）侵害消费者的公平交易权

《消费者权益保护法》第 10 条规定，消费者享有公平交易的权利，是消费者在购买商品或者接受服务时所享有的与生产经营者进行公平交易的权利，包括获得质量保障和价格合理、计量正确等公平交易条件的权利。而在实践中，金融机构为提高办事效率，多事先就印制好格式化的保险合同、贷款合同、担保合同等，格式条款是经营者一方事先拟定的，未与消费者进行过协商，往往会对消费者的权利作出种种限制或者加大了消费者的义务，此时金融消费者由于法律知识有限，大多数时候无法判断其中是否含有不公平或欺诈条款，而互联网金融服务提供者又未履行说明和提示的义务，这样消费者的公平交易权就存在着巨大隐患。

### （五）侵害消费者的财产安全权

消费者的安全保障权主要包括人身安全和财产安全两个方面，而互联网金融背景下的金融消费者的安全保障权主要是涉及消费者的财产安全。互联网金融服务的提供者与消费者之间进行交易的最终目的都是获取经济利益，也就是取得财产的所有权，可以说财产安全权是“权利中的权利”。市场存在风险，金融市场也不例外。金融市场的风险有两种：一种是市场本身就具有的、天然的、无法克服的风险，如市场环境的变化；另一种是人为风险，这种风险对消费者权益的侵害非常巨大。这种风险本可以克服，但由于人为原因而存在。因为互联网金融服务的提供者负有向消费者披露真实信息的义务，然而，为了追求经济利益的最大化，金融服务提供者披露的信息不真实，夸大投资收益、回避风险等行为都客观存在着。也有一些不法分子利用互联网这一平台，进行非法集资和诈骗犯罪活动，骗取广大金融消费者的财产，严重损害金融消费者的财产安全权。[1]

[1] 杨悦：《金融消费者权益保护的国际经验与制度借鉴》，载《现代管理科学》2010 年第 2 期。

### （六）侵害消费者权益的其他情形

《消费者权益保护法》对于交易行为有“三包”的法律规定，在这个期限内，由于商品或者服务的质量造成消费者损害的，消费者可以要求退、换商品或者改变服务要求，从而维护自己的利益，一定程度上保证了消费者的求偿权利，但在金融消费领域由于金融商品或服务的特殊性并不适用“三包”规定。例如，淘宝“双十一”预购中未付尾款定金不返还、“照片仅作参考，消费者请以实物为准，物若售出，概不退换”的规定，明知道其不合法性，但由于金融消费者经不起耗时耗财的漫长求偿之路而忍气吞声最终放弃求偿，这是侵犯了消费者的求偿权；又如，银行在贷款过程中捆绑收费、强制收费、附加贷款条件等问题，还要求消费者在银行消费时必须接受其强制搭配的银行卡，否则不予办理银行业务等，这都损害了金融消费者的自主选择权；[1] 再如，互联网金融服务提供者具有出具消费者消费凭证或单据的义务，然而现实中部分互联网金融消费者由于权利意识不强往往不向金融服务提供者索要，而金融服务提供者更没有主动向消费者提供，甚至故意以各种理由拒绝提供，回避承担责任。致使消费者合法权益受到损害时，很难得到维护等其他侵权行为。



## 三、我国消费者权益受侵害的原因分析

### （一）现行立法体系在保护金融消费者方面存在不足

《消费者权益保护法》欠缺对金融消费者权益保护的针对性。《消费者权益保护法》只是一般性的规范，针对的是一般商品和服务的法律规定，对于消费者的概念没有明确界定，金融消费者具有特殊性，有别于一般的消费者，在《消费者权益保护法》中并无明文规定金融消费的情况。金融领域现有立法欠缺对金融消费者权益的倾斜性保护。[2] 例如，《中国人民银行法》《银行业监督管理法》等金融领域的立法宗旨大都是维护金融行业的正常运行秩序和提高市场效率，并没有对金融消费者提出统一的概念规定，只有很少一部分涉及本行业消费者保护的原则性规定，并未全面深入地规定对金融消费者的权益保护；而《民法通则》《合同法》《侵权责任法》《商业银行法》《证券法》《保险法》等法律虽有部分条文规定了对金融消费者的保护条款，但其都是原则性强，针对性差，适用

[1] 王汉君：《互联网金融的风险挑战》，载《中国金融》2013 年第 24 期。

[2] 谢平：《互联网金融：融合与变革》，载《博鳌观察》2014 年第 2 期。

性弱，在金融消费者权益保护方面显得不足。

### （二）金融消费者仍处于相对弱势地位

金融消费者作为消费者中的一类，在金融市场中同样处于相对弱势地位。社会分层导致不同的阶层获取社会资源的能力和机会不一样。在复杂的社会中，人们都属于一定的群体，而群体中生活的人们具有“排他性”竞争本能，任何合作的过程都伴随着与之相对立的冲突。社会分层理论在经营者与消费者中体现得特别明显，两者之间权利义务的不对等使利益的天平出现了倾斜，经营者阶层与消费者阶层的冲突加剧。互联网金融交易产品会大量使用到格式条款，而这些格式条款往往是由互联网金融服务的提供者事先拟定，处于弱势一方的消费者为了获得产品或者服务，并没有能力和机会寻求对其有利的契约条款，对由强势一方提出的格式条款只能选择屈从和接受，这样的屈从和接受掩盖了消费者真实意思表示。互联网金融中的格式条款由互联网金融服务提供者事先拟定，其必然是以追求自己利益的最大化为最终目标，会忽略甚至直接就不考虑消费者的权益，同时互联网金融中包含着诸多专业性很强的术语，在风险分担方面，金融消费者购买金融产品或接受金融服务时不仅在信息获取上依赖于金融机构，在选择产品时也没有充分的自主选择权，甚至没有商讨合同条款的权利，而与消费者交易的金融机构却拥有明显的信息、技术、资金以及专业优势，以上均构成了对等式的不平等。

### （三）行业自律机构对金融消费者保护作用不够

行业自律机制无法实现对金融消费者的保护，目前金融行业协会自律机构虽成立多年，但是对行业的约束力不强，且主要致力于机构间相互协调，可以说在保护金融消费者方面一直无所作为且也无意于此，因此，没有相关的制度安排来促进金融机构与消费者纠纷的减少和解决，不能为金融消费者权益保护提供一个有效的平台。由于行业协会具有协调金融机构、颁布行为准则等方面的优势，建议在消费者保护机制中应当发挥更大的作用。

### （四）处理消费者投诉和解决纠纷的机制相对缺失

目前，我国还缺乏专门的互联网金融监管机构。当消费者的合法权益受到侵害时，往往会求助于“一行三会”，而现实中“一行三会”相互推诿扯皮的现象时有发生，甚至推给公安、工商或其他部门，致使消费者的合理诉求迟迟不能得到解决。[1] 另外，金融消费者要维护自己的权益就必须证明自己权利受到侵害的事实，但实践中要在互联网金融领域调查取证非常困难，因为网络虚拟化的特点，导致消费者的消费凭证等一些关键证据不易保存，有些互联网金融服务提供者甚至根本就不为消费者提供消费凭证。在司法维权成本过高的背景下，许多互联网金融消费者不愿意花费大量的时间成本和人力成本走司法途径来维护自身的合法权益，只好自认倒霉。

### （五）金融消费者自身金融知识匮乏，风险意识差

金融消费者由于自身的局限性，对金融产品的复杂性、专业性的知识认识有限、掌握信息不对称，而互联网金融服务提供者采用微妙隐蔽的手段，藏匿有关信息，转嫁成本或风险，谋取不当利益，致使金融消费者认识滞后、判断滞后，对自己享有的权利还不十分明确，对一些金融产品的性能、用途以及相关的服务等信息缺乏了解和认知。一旦合法权益受到侵害，许多金融消费者缺乏维权意识，甚至不知如何维护合法权益。有些金融消费者则考虑到请求法律援助、聘请律师代理诉讼以及向人民法院提起诉讼等程序相对复杂，费时耗力，因此望而却步，使合法权益得不到有效维护。

## 四、完善金融消费者保护机制建议

### （一）进一步完善金融消费者保护的法律法规

法律法规是金融消费者维护其权利的最重要制度保障。例如，在立法上强化监督和保护原则，制定《互联网个人信息保密法》等相关法规，明确个人信息特别是金融信息的收集和使用范围，加大对违法使用个人信息的惩罚力度，禁止个人金融信息被用于法律规定以外的其他目的。另外，要完善配套法律、法规的建设，加强政策的可操作性，如修改《商业银行法》《证券法》《保险法》等法律，进一步增加和完善对金融投资者权利保护的内容。

### （二）完善互联网金融消费者权益保护的监管制度

金融消费者相对于网络服务提供者而言处于弱势地位，如何能较好地保护金融消费者的合法权利，这就需要强有力的监管制度。监管制度应当遵守打破

[1] 高腾忠：《金融消费者权益保护制度研究》，河北经贸大学2014年硕士学位论文。

分业监管模式，建立统一的监管机构原则；统一的机构与“一行三会”之间协调监管原则；明确监管规则，降低互联网金融风险原则。因为互联网金融作为金融领域的第三次科技革命，将互联网精神、互联网技术和金融功能集于一身。互联网金融所依靠的高新技术为其带来的不仅是发展，更多的是随时可能危害互联网金融消费者权益对互联网金融领域造成深远影响的风险。而我国互联网金融监管者仅关注其优势，却忽视了互联网金融消费者权益保护问题。在互联网金融交易双方冲突频发的今天，监管者必须正视互联网金融监管存在的问题，并对互联网金融的监管重新进行审视。为互联网金融监管制定新章程和完善监管体系，从而推动互联网金融领域的高速发展。



### （三）发挥行业自律组织的作用

互联网金融的本质还是金融，而由于互联网的特性，其风险的波及面更广、扩散速度更快、溢出效应更强。建立良好的行业生态，监管和自律缺一不可。行业自律是对监管的补充，2015 年 7 月 18 日发布的《关于促进互联网金融健康发展的指导意见》当中明确提出“人民银行会同有关部门，组建中国互联网金融协会”，如 2016 年 3 月 2 日成立的中国互联网金融协会和中国银行业协会召集工、农、中、建等多家商业银行，商讨统一银行理财产品的产品说明书模板、客户协议模板、个人客户风险评估问卷模板以及理财产品风险评级标准事宜。由此可见，银行业协会等协会组织应当根据当地金融机构的特点和金融业务发展的现状，就金融消费者对金融产品的满意度和问题反馈进行调研，对金融机构提出一定的建议，并对国家出台保障措施提供相关建议和支持。

### （四）完善金融消费纠纷处理机制

现代社会纠纷解决的方式主要包括协商、调解、仲裁和诉讼。在消费者保护领域，强调纠纷解决的效率性，因此，协商、调解、仲裁等非诉讼方式以其特有的灵活性受到广泛重视。金融监管部门应当推动非诉讼纠纷解决方式的制度化，降低诉讼成本，使消费者合法权益得到及时的救济。第一，加强金融消费者的司法保护，建议设立消费案件专门法庭，对金融消费侵权案件速立案、速审理、速执行。第二，在仲裁救济方式上，基于金融消费者纠纷通常涉及金额较小的特点，应当创立小额金融消费者仲裁机制。第三，在诉讼救济方式上，应当着眼于金融消费者的弱势诉讼地位，建立区别于一般民事诉讼程序的消费者诉讼制度和证据规则。

### （五）加强宣传教育，提高维权意识

金融消费者应当提高自我防范意识，自觉学习相关法律，近来校园贷款成为社会的热门问题，尽管各大高校均在进行网络安全教育，可从大学生校园贷款案件量增加的情况来看，显然大学生对金融知识的认识还是远远不够的，这就应当加强对社会公众的金融宣传。充分利用新闻媒体等渠道广泛宣传金融知识，适时提示潜在的行业风险、操作风险、市场风险、信贷风险等，积极引导金融机构和公众的投资理财行为。另外，要倡导社会诚信建设。加强对金融消费者诚信道德观念的宣传教育，提高其诚信意识，增强其法律意识，自觉抵制违法金融行为。

# 论我国绿色金融法律的完善

刘春彦 * 乐蒙梦 **



经济全球化的过程中，环境污染、全球变暖、能源消耗等问题日益突出，可持续发展面临诸多挑战。我国经济的高速增长，付出的代价是环境和能源。当前，我国经济面临转型升级，进入了经济结构调整和发展方式转变的关键时期，发展绿色金融成为国家战略。

绿色金融是指为支持环境改善、应对气候变化和资源节约高效利用的经济活动，即对环保、节能、清洁能源、绿色交通、绿色建筑等领域的项目投融资、项目运营、风险管理等所提供的金融服务。与传统金融相比，绿色金融是对金融供给侧进行的一种结构性改革，更强调对生态的保护和环境利益，一方面，引导资本投入绿色产业以实现经济转型；另一方面，重视金融行业本身的长远发展。为了履行我国在气候变化框架公约中的承诺，推动经济结构优化升级，抓住发展机遇，迎接来自国际金融市场的挑战，我国需要改善在金融制度、市场、工具、机构、监管等方面的不足。借鉴美、日、英等国的成熟经验，加强顶层设计，完善绿色金融“软法”“硬法”及配套制度，不断创新金融产品。

## 一、绿色金融概述

### （一）绿色金融的概念及含义

绿色金融是实践先于理论构建的领域。“绿色金融”的概念出现于20世纪末，但在此之前，国际市场上便已有实践：1988 年 5 月开始营业的西德法兰克福艾科银行，是世界上第一个以环境保护为服务对象的银行。该行将存款者的本金和利息作为贷款专门提供给环境保护与污染治理项目。此后，国际组织、开发

---

* 刘春彦，同济大学法学院教授。

** 乐蒙梦，同济大学法学院硕士研究生。

性银行等国际金融机构，以及各国政府、商业银行成为推动绿色金融规模化发展的主要力量。

这些机构的职能中，最为核心的一项便是为全球和所属地区的经济、社会和环境的可持续发展提供融资——从语源来看，这构成了“绿色金融”最初的含义，即“为绿色发展提供融资的途径和方法”（Finance Green Growth）。[1] 但由于绿色金融涉及生态环境、节约资源、可持续发展等多方面，其内涵和外延较为开放，因此并没有一个统一的概念，甚至与“可持续金融”“环境金融”等概念互相混用。

在二十国集团（G20）绿色金融研究小组发布的《G20 绿色金融综合报告》中将“绿色金融”定义为：能产生环境效益以支持可持续发展的投融资活动。[2] 同时，对“环境效益”的范围加以界定，包括减少空气、水和土壤污染，降低温室气体排放，提高资源使用效率，减缓和适应气候变化并体现其协同效应等。

在央行、财政部等七部委联合印发的《指导意见》中提出，绿色金融是指为支持环境改善、应对气候变化和资源节约高效利用的经济活动，即对环保、节能、清洁能源、绿色交通、绿色建筑等领域的项目投融资、项目运营、风险管理等所提供的金融服务。[3] 同时，也对绿色金融体系作出了定义：指通过绿色信贷、绿色债券、绿色股票指数和相关产品、绿色发展基金、绿色保险、碳金融等金融工具和相关政策支持经济向绿色化转型的制度安排。

### （二）绿色金融的特征

绿色金融作为一种寻求可持续发展的金融创新，其本质和目的是资金通过金融市场引导金融资本和社会资源向保护环境、促进可持续发展相关领域集聚。因此，绿色金融是手段，最终目的是实现可持续发展，而非片面的经济利益。

首先，绿色金融更强调对生态的保护和环境利益。绿色金融将环境的友好和资源的合理利用作为重要评价标准，并降低对高能耗、高排放、高污染行业客户的依赖，主动压缩对这些客户的信贷投放，倒逼企业加快转型发展，最终推动经济社会绿色发展。传统的金融市场以货币收益为引导，绿色金融要求金

[1] 鲁政委、汤维祺：《绿色金融的涵义及相关概念辨析》，资料来源于兴业研究网，2016 年 9 月 2 日访问。

[2] G20 绿色金融研究小组：《G20 绿色金融综合报告》，资料来源于证券时报网，2016 年 6 月 22 日访问。

[3] 中国人民银行、财政部等七部委：《关于构建绿色金融体系的指导意见》（银发〔2016〕228 号）。

融机构转变投资理念，为绿色产业提供金融服务。

其次，绿色金融除了指金融业促进环保和经济社会的可持续发展，也包含金融业自身的可持续发展理念。这要求金融行业本身要秉持可持续发展的理念，重视长远利益，完善内部风险控制机制。

最后，绿色金融是对金融供给侧进行的一种结构性改革，欲优化产品的供给结构，须先优化要素的供给结构。这为绿色经济领域存在小微绿色创新型企业融资难问题提供了一种解决方案，在利用公共资金之外，充分动员私人资本。

### （三）建立绿色金融体系的必要性



我国的经济增长方式已经开始从资源消耗型经济向绿色环保型转变，政治、经济、理念的改革都对完善绿色金融体系提出了要求。

1. 应对全球气候变化、承担大国义务要求完善绿色金融体系。2015 年 6 月，我国向《联合国气候变化框架公约》（UNFCCC）秘书处提交《强化应对气候变化行动——中国国家自主贡献》。承诺单位国内生产总值二氧化碳排放比 2005 年下降 60%—65%。要实现我国制定的环境保护标准，目前的公共财政、私人投资的绿色投资额与资金需求量之间还存在较大资金缺口，发展绿色金融，利用市场与政策工具为公共和私营部门提供融资支持是有效的方法。因此，构建绿色金融体系，是我国应对气候变化，达成自主贡献的目标，承担大国义务的必然要求。

2. 构建绿色制造体系要求完善绿色金融体系。制造业是国民经济的支柱产业，制造业是否具有“绿色基因”对整个国民经济的持续健康发展意义重大。2015 年国务院发布的《中国制造 2025》基本方针之一就是“绿色发展”，更提到要实行绿色制造工程。但目前的金融体系不能很好地满足制造业升级转型的资金需求，造成一些环境友好的产业无法得到投资。因此，推动实体经济向绿色经济转型要求加快完善绿色金融体系。

3. 增加环境效益、走生态文明发展道路要求完善绿色金融体系。生态文明建设不仅影响经济持续健康发展，也关系政治和社会建设。绿色金融体系的完善通过绿色投融资、碳排放权交易等活动，有助于增加环境效益。加快建立完整的生态文明制度体系，要求完善绿色金融体系。

4. 抓住发展机遇、应对国际金融市场的挑战要求完善绿色金融体系。绿色金融向具有较高市场潜力的绿色行业提供资金，以此促进绿色产业发展，推动科技进步和创新。同时，全球绿色债券的发行量已经由 2012 年 26 亿美元激增到 2015 年的 418 亿美元。我国只有完善绿色金融体系，才能在国际金融市场的竞争中把握先机。

5. 参与国际金融体系改革需要完善绿色金融体系。只有完善本国绿色金融体系，才能在国际金融改革中掌握更多主动权。绿色金融或将成为我国参与和推进国际金融体系改革的重要契机，为推动人民币国际化带来更多机遇，改善我国在环境和气候变化国际谈判中的被动局面，维护负责任的大国形象，在国际事务中得到更多话语权。

## 二、境外绿色金融法律发展状况

### （一）各国绿色金融发展的法律框架





#### 1. 美国绿色金融法律发展历程

美国《1933 证券法》（Securities Act）便要求上市公司对潜在的环境负债、环境成本进行披露。1970 年制定了《清洁空气法》（Clean Air Act）等一系列联邦环保法律后，各地方也开始制定相应的规则。1980 年 12 月美国颁布实施的《超级基金法》（Comprehensive Environmental Response，Compensation，and Liability Act，又称《综合环境反应补偿与责任法》）明确了污染者责任原则，设立了危险物信托基金和责任信托基金，要求已有行业不再对环境造成进一步损害。

目前，美国共有四个州成立了正式的州立绿色银行，分别是康涅狄格州绿色银行（CEFIA）、纽约绿色银行（NYGB）、夏威夷绿色能源市场证券化项目（GEMS）和新泽西州能源适应力银行（ERB）[1]，帮助吸引私人资本投入绿色产业，还有十几个州正在探索建立相似的机制。2009 年，美国众议院通过了旨在降低美国温室气体排放、减少美国对外国石油依赖的美国《清洁能源安全法》（American Clean Energy Security Act），要求逐步提高来自清洁能源的电力供应，这促进了美国清洁能源技术的发展。

美国已建立起比较完善的绿色金融制度体系，主要包括联邦制政府与州政府制定的绿色金融法律法规。该体系是在美国传统环境保护法基础上结合美国国内经济发展与环境保护的实情而构建的[2]。美国按照民事责任为主，刑事、行政责任为辅的原则，进一步明确银行对所提供融资项目环境影响的法定审查义务，确立金融机构环境法律责任。

---

[1] 中国人民银行杭州、湖州市中心支行联合课题组：《美国地方性绿色银行的发展及启示》，载《中国金融论坛》2016 年第 4 期。

[2] 倪宇霞：《美国绿色金融制度研究》，湖南师范大学 2011 年硕士学位论文。

2. 日本绿色金融法律发展历程

鉴于大部分能源依赖进口的实际情况，为了确保有效利用能源，日本政府决定对工厂、建筑物及机械器具采取能源使用合理化必要措施，因而于1979年制定了《关于能源使用合理化法》（Energy Utilization Reasonability Law），其内容包括政府加强法律的指导和监督的要求、建立能源管理负责人制度的要求等。本法将节能工作的重要性及其作用用法律形式固定下来。推动了日本的节能工作，使日本成为世界上产值能耗最低的国家之一，减少了对进口能源的依赖，为国民经济的健康发展作出了贡献。1998年，日本对《节能法》（Energy Conservation Law）进行了修订，增加了"领跑者制度"，对达到"领跑者"能效指标的产品设立了较高的补贴标准。此外，《循环型社会形成推进基本法》（Basic Law for Promoting the Creation of a Recycling-Oriented Society）、《资源有效利用促进法》（Law for Promotion of Effective Utilization of Resources）、《绿色采购法》（Green Procurement Law）等政策法规进一步推动了日本绿色环保立法体系的形成，为绿色金融体系提供了基础法律支持。

在银行实践方面，日本政策投资银行（DBJ）是在日本开发银行的基础上重新组建的政策性银行，目前由政府财政部全资控制。它于2004年4月开展推动环境友好经营融资业务，在2006年年初，引入了"推动实现京都议定书目标"的新评分项，在2007年，再次推出了环境评级贴息贷款业务[1]。这些绿色金融的相关业务，充分发挥出政策银行的指导作用，给绿色产业的发展创造出更多条件。

在亚洲，日本拥有赤道银行最多，社会责任投资最发达，已有大约11个此类基金，市场价值为大约1亿美元。同时，日本政策投资银行能很好地实现政府政策意图。

3. 英国绿色金融法律发展历程

英国是世界上最早实现工业化的国家，同时也是最早遇到环境污染事件的国家。由于1952年伦敦烟雾事件，政府陆续颁布了《公共卫生法》（Public Health Act）、《放射性物质法》（Radioactive Material Act）等法律，同时大力推动能源结构调整，强调发展清洁能源等措施。

进入21世纪，英国在绿色金融实践方面也处于领先地位。2002年英国首相宣布了公私部门合作的"可持续发展伦敦原则"。同时，英国的银行界也在进行各种努力以回避贷款企业的环境风险[2]，还成立了绿色投资银行来支持节约能源

[1] 李溪：《国外绿色金融政策及其借鉴》，载《苏州大学学报》2011年第6期。

[2] 何杨彪：《论我国绿色金融法律制度的完善》，湖南大学2010年硕士学位论文。

以及环保产业的发展。近年来，英国大力推广“绿色金融项目”，为个人提供“绿色车险”“绿色旅游”项目。英国汇丰银行在过去几年一直是可持续产业融资的领导者之一，也是绿色债券全球领先的三大全球承销商之一。它为客户提供选择是否使用“绿色选择”账户，即是否以电子邮件取代纸质的账单。这些举措为立法提供了良好的实践基础和公众基础，而且也对环境保护带来了益处。

### （二）国际条约及惯例

#### 1.《联合国气候变化框架公约》

《联合国气候变化框架公约》（United Nations Framework Convention on Climate Change，UNFCCC 或 FCCC）是联合国环境与发展大会通过的世界第一个为全面控制温室气体排放，以应对全球气候变暖给人类经济和社会带来不利影响的国际公约。UNFCCC 规定缔约方应采取措施限制温室气体排放，同时向发展中国家提供资金以支付发展中国家履行 UNFCCC 所需增加的费用，并采取一切可行的措施促进和方便有关技术转让的进行。

我国是 UNFCCC 1992 年最早的十个缔约方之一，公约确定了“共同但有区别的责任”这一核心原则。如今已有包括英国、美国、日本等 190 多个国家批准了 UNFCCC。

1997 年在日本京都举行的 UNFCCC 第三次大会通过了具有法律约束力的《京都议定书》，为发达国家设立了在 2008 年至 2012 年《议定书》第一承诺期强制减排温室气体的目标。我国于 1998 年签署，以发展中国家身份履行义务。英国于 2002 年签署了《京都议定书》。美国于 1998 年签署该议定书，但 2001 年布什政府以减少温室气体排放将增加美国经济负担和发展中国家未参与减排为由，宣布退出。日本不响应《京都议定书》中心内容的削减义务，并明确不参加第二承诺期。

2009 年哥本哈根气候大会通过《哥本哈根协议》，它虽不具有法律约束力，但表达了各方共同应对气候变化的政治意愿。我国宣布了到 2020 年的减排目标，并将其作为约束性指标纳入国民经济和社会发展中长期规划。2012 年，多哈气候大会通过《京都议定书》修正案，从法律上确保了《京都议定书》第二承诺期在 2013 年实施。

2015 年 12 月，近 200 个缔约方在巴黎气候变化大会上一致同意通过《巴黎协定》，为 2020 年后全球应对气候变化行动作出安排。国家主席习近平在大会开幕式上发表讲话，指出“中国正在大力推进生态文明建设，推动绿色循环低碳发展”。同时承诺“中国将于明年启动在发展中国家开展 10 个低碳示范区、

100 个减缓和适应气候变化项目及 1000 个应对气候变化培训名额的合作项目”。

目前，日本已完成《巴黎协定》批准案的国内程序。英国将兑现承诺在今年结束之前批准。作为减排关键的美国，虽然签署了《巴黎协定》，但新当选的总统特朗普（Donald Trump）在选战之中，曾表示在胜选后要退出《巴黎协定》，这为美国是否会退出增加了不确定性。

**2. 赤道原则**

2003 年 6 月 4 日，花旗银行（Citigroup）、巴克莱银行（Barclays）、荷兰银行（ABNAMRO）、西德意志州立银行（West LB）和英国汇丰银行（HSBC）等世界十大银行为确定、评估和管理项目融资过程中所涉及的环境和社会风险签署了一项重要原则——“赤道原则”。同时，汇丰银行还是中国绿色金融专业委员会的成员。最新公开数据显示，目前全球范围内接受“赤道原则”的金融机构共计 79 家，覆盖了全球 80% 的项目融资。而我国仅有兴业银行于 2008 年采纳了赤道原则。



赤道原则的核心内容在于：为赤道银行作出融资决定时设定了需依据的特别条款和条件。包括环境影响评估、社会影响评估和健康影响评估以及更深层次的要求，并对项目融资中的环境和社会问题尽到审慎性审核调查义务。采纳该原则的银行，更加强调专业评估、信息披露与信息追踪、资产负债管理、信用担保等能力。这提升了绿色金融项目的安全性，有利于绿色金融的发展。

赤道银行将为绿色产业发展和传统产业的绿色改造提供有利的资金支持和监督、引导。对银行业来说，接受“赤道原则”意味着受到该原则的约束及来自社会的监督，提高绿色发展的自觉性。但它也使我国银行践行世界先进理念，为海外发行绿色债券等提供便利。

### （三）境外绿色金融法律发展经验总结

综合对比三个国家及国际公约等，不难看出它们有着共同特点。首先，主要国家都参加了《联合国气候变化框架公约》，各国商业银行广泛参与实践，积极采纳赤道原则。其次，绿色金融立法层次分明，体系完整，内容配套，严格规定了各主体在绿色金融体系中的责任和义务。例如，美国的联邦立法以及州政府配套法规，英国政府立法和各金融部门项目相配合。再次，充分发挥政策银行的指导作用。日本的政策投资银行、英美的绿色银行能协调发挥政府、金融机构在绿色金融领域的作用。最后，注重法律的现实可行性，充分考虑国情。美国有针对性地提出减少对外石油依赖性，日本则大力发展循环经济。

## 三、完善中国特色的绿色金融法律体系

### （一）我国绿色金融发展现状及不足

我国作为绿色金融的新兴市场国家，起步晚但发展迅速，已取得不错的成绩。

绿色信贷方面。目前我国是全球三个建立了“绿色信贷指标体系”的国家之一，绿色信贷已经占国内全部贷款余额的10%。1995年，央行颁布了中国人民银行《关于贯彻信贷政策和加强环境保护工作有关问题的通知》。2004年，银监会为要求银行业对产能过剩、“两高”行业实行严格贷款审批，发布《关于认真落实国家宏观调控政策　进一步加强贷款风险管理的通知》。2007年，国家环保总局、央行、银监会联合下发了《关于落实环境保护政策法规　防范信贷风险的意见》。银监会先后下发了《节能减排授信工作指导意见》《绿色信贷指引》《绿色信贷统计制度》，为商业银行发展绿色信贷，提供方向和细化指标。

绿色保险方面。1991年，大连开始实施环境损害责任保险，2012年浙江嘉兴制定了扶持绿色保险的政府支持政策。2006年国务院发布了《关于保险业改革发展的若干意见》提出了“采取市场运作、政策引导、政府推动、立法强制等方式，发展安全生产责任、建筑工程责任、产品责任、公众责任、执业责任、董事责任、环境污染责任等保险业务”。2013年环保部与保监会联合颁布了《关于开展环境污染强制责任保险试点工作的指导意见》，指导各地高环境风险行业推进环境污染强制责任保险试点。

绿色债券方面。2015年12月，央行发布了《绿色债券支持项目目录》，发改委发布了《绿色债券发行指引》。2016年3月16日，上交所发布《关于开展绿色公司债券试点的通知》。截至2016年8月底，上交所绿色公司债券试点已经覆盖公司债、ABS、可续期债、熊猫债等多种产品。央行研究局首席经济学家马骏预测“2016年，中国有望发行3000亿元绿色债券，成为世界上最大的绿色债券市场”。

顶层设计方面。2015年9月，中共中央、国务院发布《生态文明体制改革总体方案》，首次明确了建立我国绿色金融体系的顶层设计。2016年8月，七部委联合发布《指导意见》，为构建绿色金融体系提供了指引。该意见首次给出绿色金融“官方”定义，成为支持我国绿色投资强有力的政策信号。三处提及宏观审慎评估，为金融体系稳定保驾护航。提出要立足国情，探索研究贷款人尽职免责要求和环境法律责任，为未来发展指明立法方向。明确要“支持设立各

类绿色发展基金，实行市场化运作”，是设立国家绿色发展基金的信号。同时，鼓励投资人发布绿色投资责任报告，鼓励第三方专业机构评估企业环境信息，提出开展环境压力测试。该意见规划了我国绿色金融发展的路线图，也彰显了引领全球绿色金融发展的决心和信心。

尽管绿色金融已成为国家战略的一部分，但我国绿色金融体系仍处于初始阶段，在如下几个方面存在一些问题：

1. 金融制度方面。现有绿色金融相关法律体系仍存在立法层次低、责任归属不明确、可操作性不强等缺陷。其表现为：一是现有绿色金融规范性法律文件的制定主体主要是国务院有关部委，法律效力较低，缺乏法律应有的强制力和权威性。在监管中，不同层级的政府、不同政府部门和市场间在对政策的理解和发展意愿上存在偏差，具体操作执行不能统一。二是这些文件多是以建议和宣示性的声明要求，而非强制性规范，属于促进性的“软法”，缺少法律后果的表述，追究违法较为困难，气候变化的国际条约也没有为发展中国家设定强制减排的目标。三是可操作性差，政策法规中有原则性表述而无具体性规定。金融主管部门和环保部门也还未能建立起统一和清晰的环境评估标准，缺少具体的指导目录、环境风险评级标准等，商业银行难以制定相关的监管措施及内部实施细则。四是相关法律规定缺失，缺乏“绿色”的界定，这当然是全世界面临的问题；世界上多数国家已经将环境污染责任保险列为强制保险，但目前我国法规虽部分体现了绿色保险的相关规定，但针对绿色保险的相关问题尚缺乏系统的规定。没有充分发挥税收政策对绿色产业的激励作用，尚需要配套构建环保产业的税种和优惠税率。绿色金融政策支持体系尚未建立，政策比较零散且滞后于市场的发展。

2. 金融市场方面。绿色金融层面的政府和社会资本合作模式（PPP 模式）仍处于发展中，尚未形成统一规范的多层次绿色金融市场。银行绿色化转型、绿色债券、绿色基金、绿色保险、绿色担保体系仍需完善，债券、股权、基金、保险市场建设，排污权、碳交易市场的发展还有待努力。市场整体竞争力不足，未形成“绿色”引领行业发展趋势。

3. 金融工具方面。首先，目前还只有很小比例的银行贷款被明确界定为绿色贷款。贴标的绿色债券在全球债券市场中的占比低于 1%，全球机构投资者持有资产中的绿色基础设施资产占比也低于 1%。融资产品设计上重视融资渠道而忽视融资对象，主要面向大型环保企业，对中小型绿色企业支持不足。其次，融资产品的覆盖对象范围有待进一步拓宽至家庭和个人。各类金融产品的发展速度不均衡，不同类别产品融资规模差异大，这在一定程度上限制了我国绿色金融的发展。我国的绿色金融产品和服务还主要停留在浅层次，绿色金融产品也多为低附加值产品。

4. 金融机构方面。虽然银行业已意识到发展绿色金融业务是未来的方向，然而金融的商业性与环保的公益性之间存在一定矛盾，在信贷和债券领域，过分强调"绿色"，会导致银行失去一些客户资源，于是当前绿色金融依然处于人民银行主推，而商业银行参与意愿不强烈的状态。如何有效地将环境外部性内部化，如何应对期限错配带来的挑战，如何提高环境风险的专业分析能力，识别和量化由环境因素引致的信用和市场风险都是金融机构迫切需要解决的问题。

5. 金融监管方面。绿色金融作为新兴事物，对其监管还处于探索阶段。其中还存在诸多需要考量的问题：相关信息披露制度和监管制度不够完善，绿色债券认证和披露带来的额外成本加重负担，缺乏有能力对环境因素进行风险分析评估的第三方机构，"一行三会"、民间NGO组织和舆论媒体的监督职能如何协调配合等。




## （二）完善绿色金融法律体系的建议

发达国家较早步入工业化的改革，在20世纪就因为严重的环境污染和生态破坏，引发了对环境保护的关注。因此，它们构建绿色金融体系的起步早、经验丰富。结合我国国情和国外绿色金融体系发展的经验。试对我国完善绿色金融体系提出如下建议：

**1. 加强执行绿色金融体系顶层设计**

国家高度重视我国绿色金融的发展，中共中央、国务院《关于加快推进生态文明建设的意见》《生态文明体制改革总体方案》、"十三五"规划纲要和党的十八届五中全会公报等一系列文件，均对我国落实绿色发展、构建绿色金融体系作出了战略安排，为绿色金融事业发展提供了重要指引。七部委联合刊发的《指导意见》，标志着我国的绿色金融发展迎来了更为完善的顶层设计。

《指导意见》定义清晰、内容完善，具有很强的指导性和现实意义。应当充分落实意见中提到的建议，同时，仍有几个方面可以加强和完善。

一是厘清中央和地方政府、中央各部门机构在促进绿色金融发展中的权责，做到充分调动各方积极性，同时又保证监管到位。

二是加强绿色金融领域的人才培养，通过业务培训、改进技术等途径，提高金融机构的能力和水平，培养人才。

三是在深化国际绿色金融合作交流领域，需要充分发挥G20、"一带一路"等机制的重要作用，进一步参与国际绿色金融发展。

#### 2. 完善绿色金融“硬法”

完善具有强行性的绿色金融法律法规。单纯依靠传统的行政干预方法已经明显不足以解决现阶段生态环境领域面临的突出问题，必须出台更合理、更全面的法律。

一是要进行环境税和“税制绿化”为代表的绿色财税制度改革，争取环境税尽快落地，对应大气污染物、水污染物、固体废物和噪声征收环保税，税额可浮动，但各地差异也不宜过大，防止污染的转移。

二是推广无锡等地强制绿色保险做法。根据环保部门的要求，在无锡有三类企业必须强制购买“绿色保险”，其中包括在太湖流域一级保护区范围内存在环境污染风险的所有工业企业，饮用水源地二级保护区范围内的所有工业企业，医院、学校、大型居民住宅区等环境敏感区300米范围内的所有工业企业等。绿色保险能够有效防范环境风险，无锡推进这一保险的做法，值得其他地区借鉴。可以先在全国范围内开展试点，再根据实际情形出台全国性的法律推广该制度。



三是加快对《商业银行法》《证券法》《保险法》的修改，在其中加入绿色信贷、绿色证券和绿色保险制度的相关规定。在法律责任上，可以借鉴美国的经验，以民事责任为主，辅之行政、刑事责任对违反义务的主体加以处罚。

#### 3. 完善绿色金融“软法”

在立法路径上采取绿色金融促进法和金融法生态化并行不悖的方式[1]。

第一，可以由全国人大出台包裹式立法《绿色金融促进法》，其中应当包括绿色金融部门法律（可细化为银行、证券、保险类法律制度）、绿色金融监管法律、绿色金融法律责任制度，注重公平原则、生态保护原则、效益原则。

第二，完善正向激励机制及配套政策。国际经验显示，通过建立健全社会责任体系、提供财政税收支持、完善担保机制等措施，在降低绿色项目融资成本、撬动私营部门绿色投资等方面取得了较好的效果。为此，需要立足国情，建立健全市场驱动和政府引导的双重激励约束机制，改善绿色项目的收益性和现金流，切实降低绿色项目的融资成本，提高绿色金融项目的商业可持续性。

第三，完善绿色金融配套法律体系。绿色金融具有正外部性，要将外部性内部化，政府应结合现阶段我国绿色金融发展的实际，制定一系列配套政策，形成激励机制，引导有关各方积极参与绿色金融，如可以通过公共财政资金，以包括但不限于利率政策、财税政策、授信额度等多种方式鼓励中小企业参与

[1] 张承惠：《以法治建设推动绿色金融》，载《人民日报》2016年8月30日，第8版。

到绿色金融活动中；对商业银行开展绿色金融业务制定补偿政策。通过 PPP 模式等引导社会资本进入绿色金融投资领域。但同时要严格审核把关，杜绝假借绿色金融项目为名获得国家政策优惠的行为。对违反义务的主体，将相关数据纳入征信系统。构建绿色信贷与环境污染责任保险的联动机制，严格落实环境影响评价制度，推动建立上市公司环境信息强制披露制度，建立将绿色 GDP 作为地方经济社会发展考评指标的制度。

第四，加强金融和环保部门的信息交流，建立信息共享机制。环保部门、金融机构、司法部门与监督部门之间应当完善信息交换共享机制，加强信息交流。通过信息共享，建立起统一的绿色金融指标体系，使环境风险评价、资源利用效率、金融环保要求等方面具体化、可量化，提高可操作性和效率，加快推动绿色金融的健康有序发展。建议借鉴韩国经验，成立常设的跨部门机构——国家绿色发展领导小组，并建立专门的办公室为领导小组提供日常运作支持[1]。

第五，创新绿色金融产品，构建多元化的产品体系。金融机构需要根据市场反馈、企业需求，借鉴外国成熟的经验，开发绿色金融产品。调动私人资本投入绿色行业的积极性，如创新绿色消费品的贷款以鼓励个人的绿色消费行为。考虑为绿色企业开辟一个上市的方便通道。考虑到绿色项目比传统项目往往更加依赖长期融资，因此，所面临的期限错配问题更加严重，可以开发绿色债券、绿色基础设施投资信托基金，以及以未来绿色项目收益为抵（质）押的贷款等[2]。

完善绿色金融体系是系统性、综合性的工程，除了法律方面的问题，还需考虑理念、标准、监管、政策、配套设置等。相信在绿色金融日益受到社会各界的重视，成为国家政策的背景下，我国未来在绿色金融领域的发展将产生全球性的影响，有望成为世界的绿色金融中心。



[1] 张承惠、王刚：《以法治建设推动绿色金融》，载《上海证券报》2014 年 11 月 6 日，第 6 版。

[2] G20 绿色金融研究小组：《G20 绿色金融综合报告》，资源来源于证券时报网，2016 年 6 月 22 日访问。

# 我国民营银行试点现状、面临问题与政策建议

王　刚[*]　吴　飞[**]



党的十八届三中全会提出，“在加强监管的前提下，允许具备条件的民间资本依法发起设立中小型银行等金融机构”。这是以服务实体经济为导向，推进金融领域供给侧结构性改革的重要举措。民营银行的设立与发展现状引起社会高度重视，为此，国务院发展研究中心金融研究所自 2015 年 4 月起先后组织对首批 5 家试点银行和属地银监局进行了调研。本文基于试点现状，梳理当前民营银行面临的主要挑战，提出推进民营银行可持续发展的政策建议。

## 一、试点现状

### （一）业务基本情况

2014 年年底，首家民营银行前海微众银行成立。截至 2015 年年底，5 家试点民营银行资产总额 794.3 亿元，贷款余额 236.04 亿元；负债总额 650.9 亿元，存款余额 199.43 亿元；不良贷款余额 0.18 亿元，不良率 0.07%；资本充足率、拨备覆盖率、流动性比率等主要监管指标符合要求。天津金城、上海华瑞和温州民商银行目前不良贷款为零，温州民商银行实现当年盈利。

**表 1　首批试点民营银行 2015 年度经营业绩比较**

单位：亿元

| 银行名称 | 总资产 | 总负债 | 存款余额 | 贷款余额 | 不良贷款 | 盈　亏 |
|---|---|---|---|---|---|---|
| 天津金城 | 157.23 | 127.52 | 90 | 45 | 0 | −0.29 |
| 上海华瑞 | 208.08 | 178.12 | 97.33 | 70.23 | 0 | 盈亏平衡 |
| 浙江网商 | 301.99 | 262.61 | 未公布 | 74.11 | 0.13 | 亏损 |
| 温州民商 | 30.82 | 10.71 | 10.33 | 8.08 | 0 | 盈利 0.1 |

* 王刚，国务院发展研究中心金融所副研究员。
** 吴飞，上海财经大学法学院博士研究生。

续表

| 银行名称 | 总资产 | 总负债 | 存款余额 | 贷款余额 | 不良贷款 | 盈　亏 |
|---|---|---|---|---|---|---|
| 前海微众 | 96.21 | 71.94 | 未公布 | 38.62 | 0.046 | 亏损 |
| 合　计 | 794.32 | 650.90 | 199.43 | 236.04 | 0.176 | |

资料来源：中国银监会年报（2015）。罗毅、沈娟：《市场化之基因，特色化之道路》，华泰证券民营银行发展专题研究报告，2016 年 5 月 9 日。

## （二）市场定位与业务模式

5 家试点银行立足特色经营，发挥比较优势，探索实践差异化市场定位。迄今各项业务开展基本符合设立初衷：金城银行侧重“公存公贷”，微众银行坚持“个存小贷”，网商银行秉承“小存小贷”，华瑞银行和民商银行定位于“特定区域”。

华瑞银行、金城银行和民商银行接近传统的区域性银行，目前主要借助线下网点为区域内客户提供传统的存贷汇金融服务，同时积极探索差异化业务模式。

### 1. 华瑞银行

一是打“自贸区”牌，突出定位于上海自贸区的全面金融服务，覆盖“结算、投资、融资、交易”的专属金融产品和服务系统。充分利用自贸试验区内法人银行优势，加快自由贸易（FT）账户服务体系建设，强化跨境金融专业服务能力；

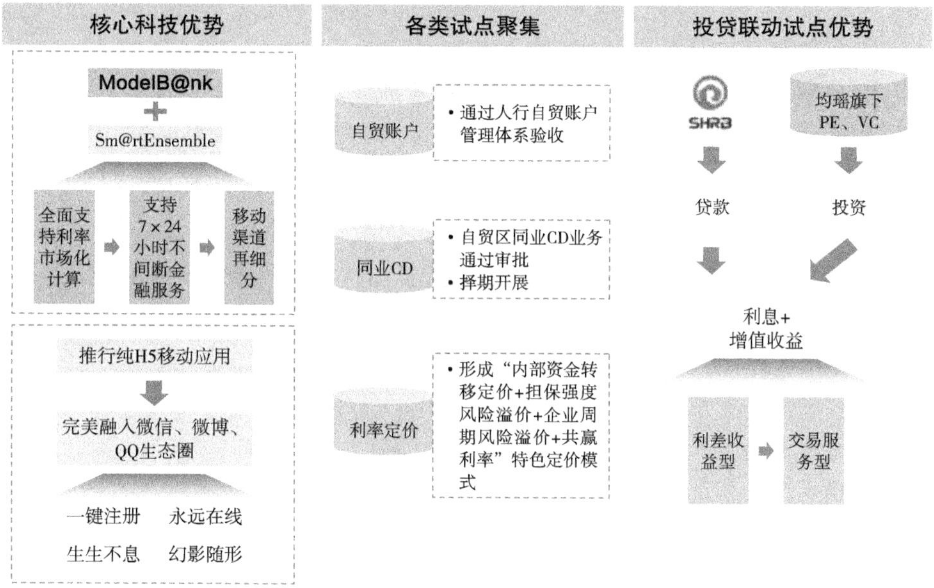


图 1　上海华瑞银行业务特点与优势

二是打“科技金融”牌，以纳入投贷联动试点为契机，与股东均瑶集团通力合作，实现利息加投资增值的双收益模式，积极打造交易服务型银行。

**2. 金城银行**

定位为公存公贷业务，对接京津冀协同发展战略，积极发展对公供应链业务，并确立财政、旅游、汽车、物流、医疗卫生、节能环保、航空航天、电子商务 8 个细分市场，建立事业部体制，深化细分领域专业度。同时将“一主两翼”作为主要发展战略目标（一主为传统业务，两翼为创新业务和互联网金融），着力打造资产驱动、主动负债型的轻资产银行。

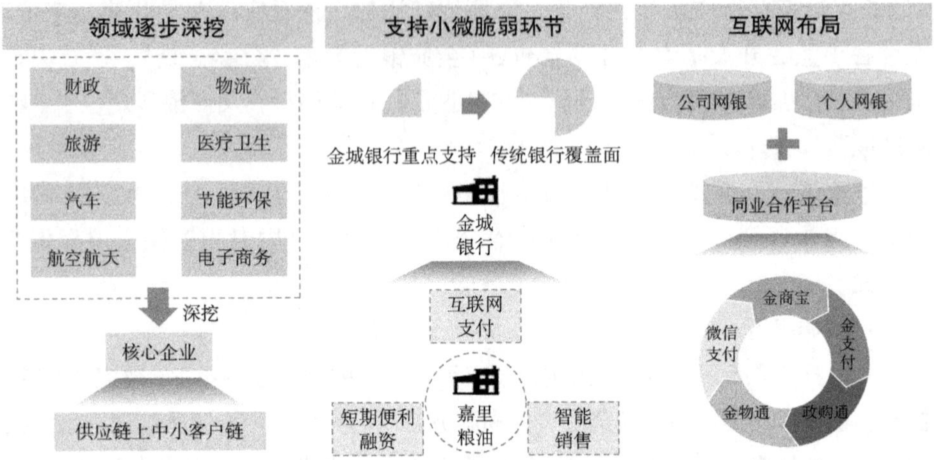


**图 2　金城银行业务特点及优势**

**3. 民商银行**

充分发挥地头熟和人头熟的优势，13 家股东单位拥有上万家上下游企业。利用股东产业链优势，着力推进“一带一群、一带一圈、一带一链”批量营销模式，通过与当地产业圈合作，为小微创业园、商圈、供应链内的成批小微企业提供批量化金融服务。推出“旺商贷”“商人贷”“益商贷”“信惠贷”等特色产品。确立“家庭稳固、经营稳定、投资稳健”的客户准入标准，采用“问人品、问流量、问用途”的信贷调查模式，强化信贷业务管理。

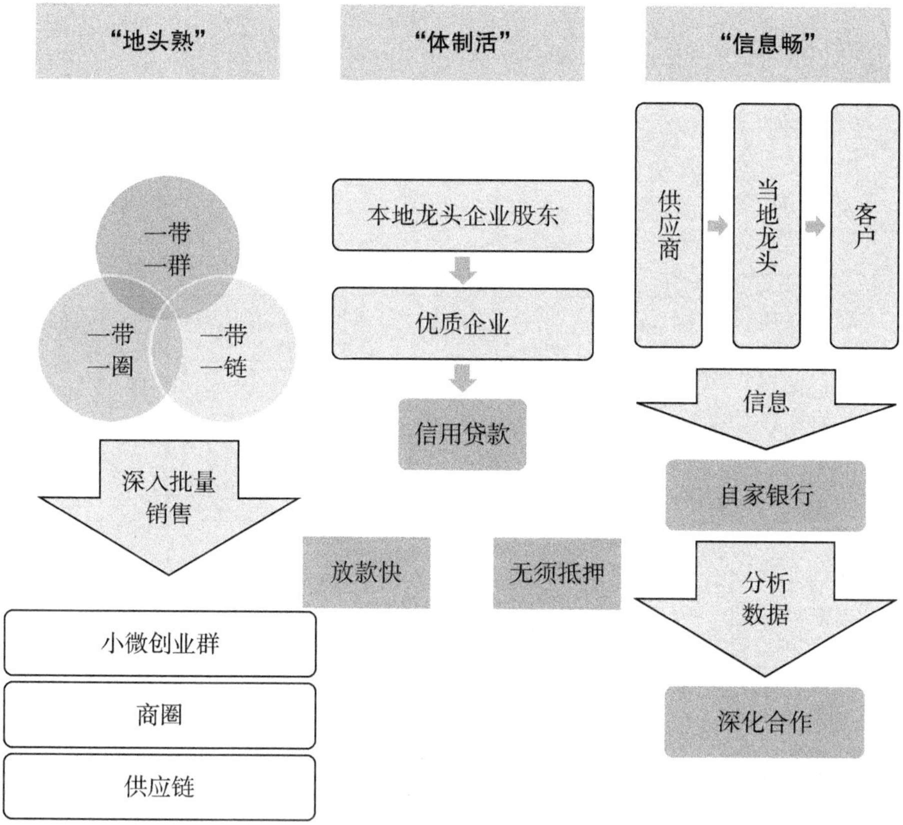


**图 3　温州民商银行业务特点及优势**

**4. 微众银行**

依托大股东腾讯在科技平台、用户基础、数据获取和分析能力上的优势，搭建国内首家"去 IOE"化自主可控的科技平台，账户运行维护成本降至传统银行的 20% 以下。将互联网作为唯一服务渠道，将自身定位为"持有银行牌照的互联网平台"：向目标客户普罗大众和微小企业提供金融产品，向其他银行和非银行金融机构提供经数据模型筛选过的客户。通过与其他金融机构分享客户，降低金融业整体营销成本；通过向同业提供风控相关数据，降低信贷业务坏账成本；通过提供科技支持，降低自身运营成本，推动社会融资成本逐步下降。目前，微众银行已形成零售信贷类"微粒贷"、代销理财类 App、嵌入生活服务场景的平台金融三大产品主线。截至 2015 年年底已开通业务客户近 400 万人，"微粒贷"累计放贷 128 亿元，户均贷款余额低于 1 万元。

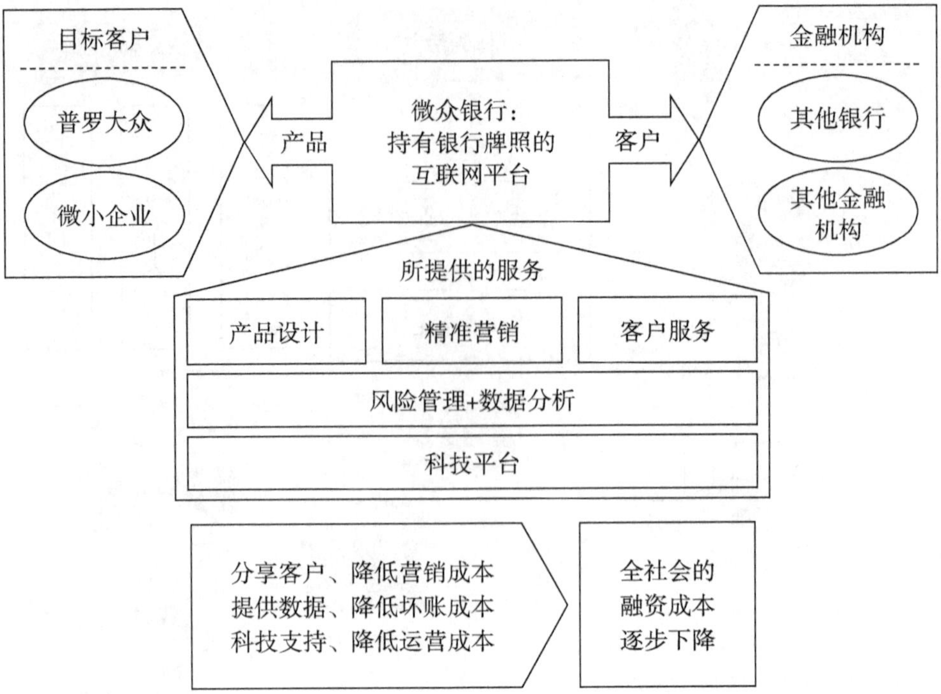


**图4　微众银行业务模式图**



### 5. 网商银行

利用互联网技术、数据和渠道创新，一是形成系统批量化、低成本的流水线式信贷审批放款模式，为线上客户提供“310”金融服务体验。[1] 二是大力拓展农村金融服务。基于依托阿里巴巴千县万村计划和村淘项目、蚂蚁金服农村网点支付渠道，为农村商户提供经营性贷款。小额信用贷款产品“旺农贷”，上线不到半年已覆盖全国4852个村庄，农民户均贷款4.4万元。[2] 截至2016年6月25日开业一周年，网商银行已累计服务小微企业突破170万家，目前贷款余额230亿元。该行小微企业数量每月环比增幅在12%以上，贷款余额每月环比增幅维持在30%左右的高位，贷款利率在7%—12%，根据企业征信情况浮动。

[1] 即3分钟申贷、1秒到账、0人工干预。

[2] 陈月石：《五问网商银行俞胜法：没有挑战传统银行，盼远程开户放行》，资料来源于澎湃新闻网，2016年6月29日访问。

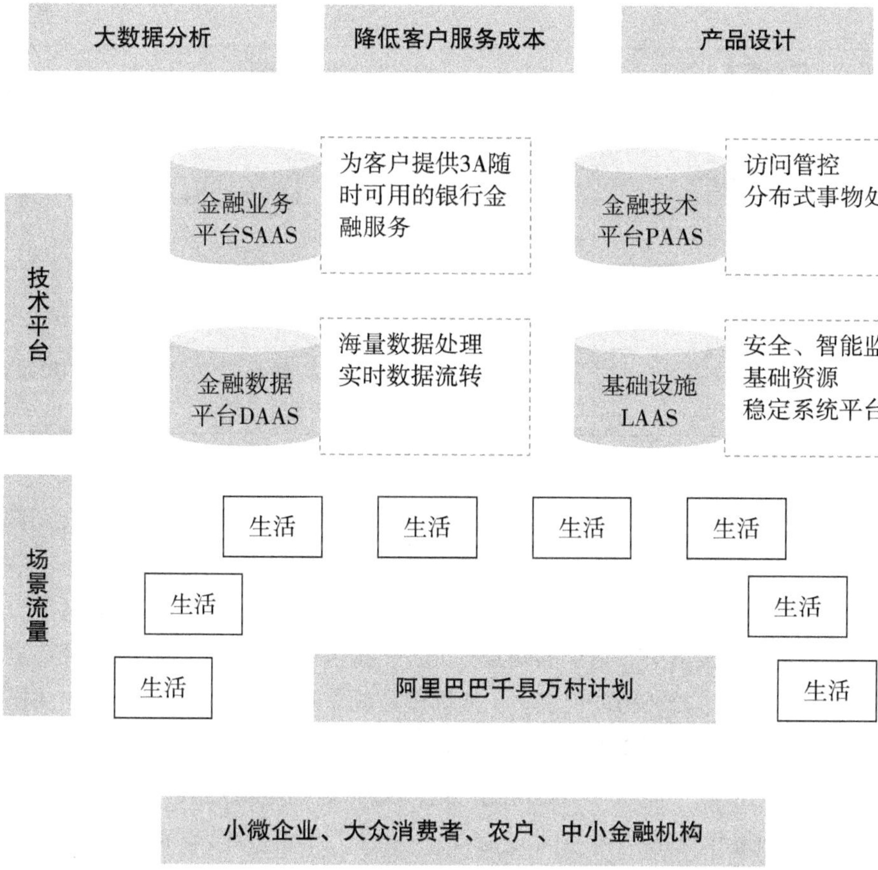


图 5　网商银行业务特点及优势



## （三）公司治理架构落地运转

一是形成了相互制衡的股权结构。分析 5 家民营银行的股权结构，总的来看都体现了相互制衡的原则，单一股东持股比例不超过 30%，控制权由 2—3 个大股东分享。此种股权结构下任何一个股东都无法单独控制民营银行决策，实现股东之间相互监督，由此既确保股权相对集中，决策相对高效的优势，又能抑制大股东侵害公司利益，剥夺中小股东权利。

表 2　首批试点民营银行股权结构比较

| 民营银行 | 注册资本 | 股东家数 | 股权结构 |
|---|---|---|---|
| 微众银行 | 30 亿元 | 10 家 | 第一大股东腾讯 30%，百业源 20%，立业集团 20%，其余 7 家均在 10% 以下 |

续表

| 民营银行 | 注册资本 | 股东家数 | 股权结构 |
|---|---|---|---|
| 华瑞银行 | 30 亿元 | 12 家 | 第一大股东均瑶集团 30%，美邦服饰 15%，其余 10 家均在 10% 以下 |
| 民商银行 | 20 亿元 | 13 家 | 第一大股东正泰集团 29%，华峰氨纶 20%，其余 11 家均在 10% 以下 |
| 金城银行 | 30 亿元 | 16 家 | 第一大股东华北集团 20%，麦购集团 18%，其余 14 家股东均在 10% 以下 |
| 网商银行 | 40 亿元 | 6 家 | 第一大股东蚂蚁小微 30%，复星工业 25%，万向 18%，金润资产 16%，其余两家不足 10% |

资料来源：作者整理。



二是按照《商业银行公司治理指引》的要求，5 家银行各自建立了较为完善的“三会一层”治理架构，董事会、监事会分别下设专门委员会支持履职。

三是落实监管要求，加强关联交易管理。例如，微众银行明确画下两条红线：（1）银行不为股东及其关联企业的融资行为提供担保；（2）发起人股东以及各自的关联公司不得从本行获得任何贷款。网商银行股东承诺不与银行发生任何违反法律法规的关联交易且不谋求优于公司其他股东的关联交易。民商银行制定关联交易管理办法，明确了关联方主要情况申报、关联交易遵循原则、审批程序和标准、关联董事回避和表决程序、关联交易审计、报告及信息披露、法律责任等内容。华瑞银行建立诚信公允的关联交易管理体系，以“控制实质性风险，把握业务机会，规范审批流程，严守监管底线”为管理原则，严格交易额度、审批层级和审批程序，构筑面向全行、覆盖主要产品和涉及业务全过程的关联交易管理架构。

**表 3　首批试点民营银行董监事会构成情况对比**

| | | 微众银行 | 华瑞银行 | 民商银行 | 金城银行 | 网商银行 |
|---|---|---|---|---|---|---|
| 董事会 | 股东董事 | 4 | 6 | 7 | 12 | 4 |
| | 执行董事 | 2 | 3 | 1 | 2 | 2 |
| | 独立董事 | 3 | 3 | 1 | 3 | 3 |
| | 合计 | 9 | 12 | 9 | 17 | 9 |
| 监事会 | 股东监事 | 1 | 2 | 1 | 1 | 1 |
| | 职工监事 | 1 | 2 | 1 | 1 | 1 |
| | 外部监事 | 1 | 3 | 1 | 1 | 1 |
| | 合计 | 3 | 7 | 3 | 3 | 3 |

## （四）监管制度框架初步确立

从2013年起，国家相继推出一系列政策法规，鼓励民间资本发起设立民营银行。2015年5月《存款保险条例》出台后，首批试点民营银行均已加入存款保险体系。2015年6月，银监会发布《关于促进民营银行健康发展的指导意见》，从指导思想、基本原则、准入条件、许可程序、促进发展、加强监管和营造环境七个方面加强顶层制度设计。2015年8月，银监会发布《市场准入工作实施细则》，对民营银行准入条件和审核要求作出细化规定。同时推行限时审批制，受理时长从6个月压缩到4个月。目前第二批14家民营银行完成论证，重庆富民银行、四川希望银行和湖南三湘银行已获准筹建。



**表4　民间资本发起设立民营银行相关政策一览表**

| 时　间 | 政策名称 | 发布机构 | 核心内容 |
|---|---|---|---|
| 2013年8月 | 《关于金融支持小微企业发展的实施意见》 | 国务院办公厅 | 推动尝试由民间资本发起设立自担风险的民营银行、金融租赁公司和消费金融公司等金融机构 |
| 2013年11月 | 《关于全面深化改革若干重大问题的决定》 | 党中央 | 在加强监管的前提下，允许具备条件的民间资本依法发起设立中小型银行等金融机构 |
| 2015年3月 | 《政府工作报告》 | 国务院 | 推动具备条件的民间资本依法发起设立中小型银行等金融机构，成熟一家，批准一家，不设限额 |
| 2015年6月 | 《关于促进民营银行健康发展的指导意见》 | 国务院办公厅转发 | 推动具备条件的民间资本依法发起设立中小型银行的顶层政策设计 |
| 2015年8月 | 《中国银监会市场准入工作实施细则》 | 银监会 | 对民营银行市场准入条件及审核要求作出具体规定 |
| 2016年2月 | 《关于银行业进一步做好服务实体经济发展工作的指导意见》 | 银监会 | 通过民营银行常态化申设等途径提高信贷资金供给和配置效率 |
| 2016年3月 | 《政府工作报告》 | 国务院 | 发展民营银行 |
| 2016年3月 | 《关于2016年深化经济体制改革重点工作的意见》 | 国家发改委 | 深化金融机构改革，进一步扩大民间资本进入银行业，发展民营银行 |

资料来源：作者整理

## 二、存在问题

总的来看，民营银行试点取得了初步成效，但效果并不尽如人意。特别是准入监管整体上仍偏审慎，民营银行开展业务中实际存在的限制过多。事中事后监管制度亟待细化，加上内部治理水平有待提高，民营银行发展中还面临诸多挑战。

### （一）准入环节依然存在诸多限制

#### 1. 远程开户面临实质性限制



远程开户是微众银行、网商银行等不设线下网点的民营银行商业模式成功的前提。唯有如此，才能发挥互联网银行少网点、少人工的特点，在降低产品和服务成本的基础上实现融资利率降低和优化，并由此实现规模快速发展，顺利打开新市场。

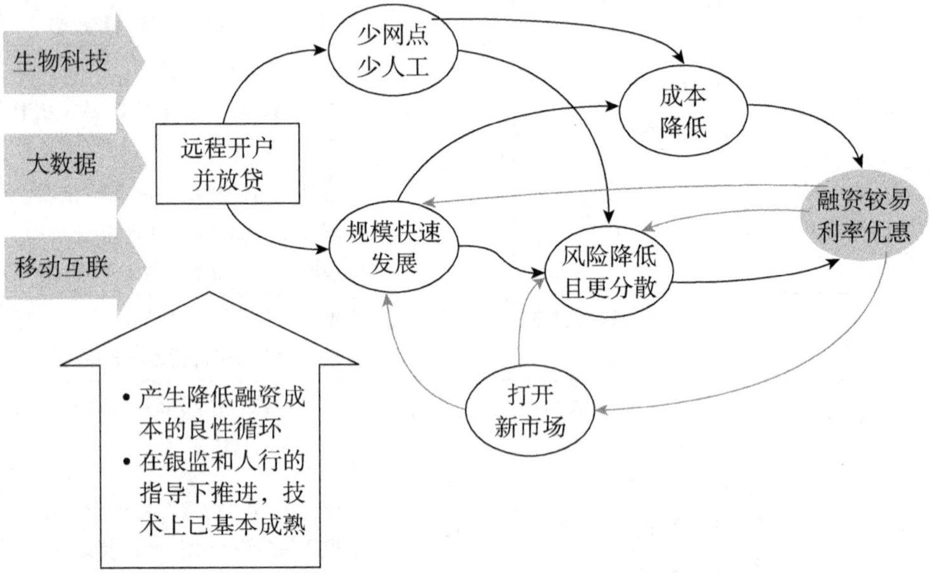


图 6　远程开户与互联网银行业务模式

根据人民银行 2015 年年底发布的《关于改进个人银行账户服务加强账户管理的通知》，目前仍未放开远程开立全功能的 I 类账户，使两家互联网民营银行吸纳存款能力受到严重制约。截至 2015 年年底，微众、网商银行存款余额不足 2 亿元，仅占负债总额的不足 1%。

2. 单一网点限制

《中国银监会市场准入实施细则》明确规定，民营银行应坚持“一行一店”模式，在总行所在城市仅可设1家营业部，不得跨区域。虽然民营银行比照城商行监管，但《中国银监会市场准入实施细则》仅针对民营银行网点设置提出了明确的数量要求，上述单一网点限制实属歧视性待遇，非常不利于民营银行拓展业务、服务客户，也不利于吸引民间资本投资银行业。

3. 负债来源渠道单一

由于民营银行设立初期信用尚待检验，加上限制远程开户和单一网点要求，导致现阶段民营银行负债只能依赖股东和同业，资金来源集中。截至2015年年底，民营银行同业负债占负债总额接近三分之二。



4. 业务资格受限

根据2007年《同业拆借管理办法》和2017年8月修订的《全国银行间同业拆借市场业务操作细则》的规定，民营银行成立两年之内无法进入同业拆借市场开展流动性管理；根据《全国银行间债券市场金融债发行管理办法》的规定，民营银行至少在成立三年内（恰是最急需的时段）难以通过发行金融债解决资金来源。此外，根据央行2016年6月发布的《市场利率定价自律机制成员名单》，由于不是全国性市场利率定价自律机制正式成员，现阶段民营银行也没有资格发行大额存单吸揽存款，目前也只有华瑞银行、微众银行和网商银行获得同业存单发行资格。



## （二）事中监管亟待细化完善

1. 针对性的风险防控措施

当前，民营银行经营中的风险防控压力逐步显现。一是贷款仅占总资产的不足30%，投资类资产占比远高于贷款，对小微企业等实体经济的支持力度有待加强，同时部分收益较高的非标投资风险隐患值得关注。二是通过互联网发放的小额贷款，具有额度低、客户分散、贷款用途难以监测等特点，对银行预防和处置欺诈风险、防控信息科技风险提出更高要求。三是需要关注微众、网商等网络银行24小时不间断运营模式可能带来的流动性错配风险。

2. 差异化发展模式的考核机制

差异化的市场定位和发展战略是民营银行市场准入的重要筛选标准。从开业一年多来的实践看，在负债成本上升、优质资产缺乏、小微企业不良率攀升的背景下，民营银行特色化发展过程中面临生存压力。面对激烈竞争，民营银行在坚持特色发展定位方面面临挑战，部分业务偏离之前的市场定位，如吸揽居民存款有限、资金运用以投资类资产为主，非标资产规模较大等。需要建立必要的考核机制，引导民营银行“不忘初心”，坚持特色化发展战略，不走同质化竞争老路。

**3. 审慎监管指标和评级体系**

在5家试点银行常态化运营背景下，为落实《促进民营银行发展的指导意见》中有关“加强事中、事后监督和风险排查，加强对重大风险的早期识别和预警”的要求，应充分考虑民营银行战略定位、差异化经营模式和风险特点，细化审慎监管指标体系和监管评级框架。

**4. 股东延伸监管措施**

有股东接受监管的协议条款是允许民间资本发起设立民营银行的五项原则之一。实践中各家民营银行主要股东均按要求将接受延伸监管的承诺列入《发起人协议》和《公司章程》。当前应进一步明确对主要股东的延伸监管措施。一是强化信息披露要求，要求主要股东及时向监管部门报告重大事项，并按年度向监管部门报送组织架构、关联机构、公司治理、风险管理、关联交易等信息；二是明确主要股东违反承诺事项的监管措施，包括但不限于责令转让股权、限制股东权利等。



### （三）市场退出机制不健全

如果金融市场没有健全有效的退出机制，监管当局就很难在前端真正放宽市场准入，并将重点转向加强事中事后监管。没有实现设计好银行的退出机制是20世纪90年代我国台湾地区民营银行改革最重要的失误之一。[1] 当前我国民营银行已进入常态化审批阶段，第二批12家银行已进入申请论证阶段，其中3家已获批筹建。《促进民营银行发展的指导意见》虽然要求地方政府与监管部门就民营银行市场退出建立协调机制，并提出不断完善金融机构市场退出机制，但在相关金融立法尚未出台的背景下，现阶段民营银行市场退出缺乏高位阶法律依据。

### （四）内部治理仍需完善

一是温州民商银行成立一年多来，大股东正泰集团董事长南存辉兼任银行董事长，可能带来大股东和银行利益冲突等内部治理问题。[2] 同时民商银行9人董事

[1] 宗先主：《民营银行：台湾案例》，社会科学文献出版社2005年版，第369页。

[2] 直到2016年5月5日，温州民商银行新任董事长陈筱敏才正式上任。

会中仅有独立董事 1 人，难以充分履行《商业银行公司治理指引》赋予独立董事的各项职责。《商业银行公司治理指引》第 22 条规定，商业银行应单独或合并设立，如战略委员会、审计委员会、风险管理委员会、关联交易控制委员会、提名委员会、薪酬委员会等。第 24 条规定，各专门委员会负责人原则上不宜兼任。审计委员会、关联交易控制委员会、提名委员会、薪酬委员会原则上应当由独立董事担任负责人，其中审计委员会、关联交易控制委员会中独立董事应当占适当比例。仅有一名独立董事的民商银行客观上无法同时满足上述监管要求。二是高级管理层不稳定。个别银行高管变换频繁，说明民营银行的企业文化、经营理念仍需磨合。高管班子相对稳定，才能坚守战略定位，才能一张蓝图绘到底。办银行是打造"百年老店"，要从容一些，保持战略定力。不是"看谁跑得快"，而是"看谁跑得远"，实现长期稳健发展。三是主要股东风险自担机制的范围和条件各不相同，在《存款保险条例》出台后效力需要澄清。有承担剩余风险的制度安排是允许民间资本发起设立民营银行的重要前提，其实质是对主要股东赋予的超越有限责任之上的限制加重义务。5 家试点银行的主要股东分别在《发起人协议》和《公司章程》中明确了风险自担的内涵。例如，华瑞银行自担风险承诺包括持续补充资本、对银行进行流动性救助、配合实施恢复和处置计划、在存款保险制度出台前，在出资额 1 倍范围内对 50 万元以下的小额储蓄存款进行赔付等。但该承诺附有条件，即存款保险出台后，按照届时有效的法律法规要求承担保证责任。金城银行的承诺更为严格，当金城银行以其自有资产承担责任后仍存在未清偿债务时，股东应当以其自有资产为天津金城银行对存款人及其他债权人的债务承担连带清偿责任，当股东的资产仍不足以追偿债务时则由股东的控股股东或 / 及实际控制人（受益人）以其财产承担连带清偿责任。上述承诺明确界定了股东两个层级无限连带责任的法律属性，但责任范围并不清晰。网商银行规定，在存款保险制度实施前，股东（或各股东的母公司或实际控制人）按照持股比例承担个人存款人的部分剩余风险，即对单户个人存款人在最高不超过人民币 20 万元的限额内先行赔付。在存款保险制度实施后，当网商银行出现资不抵债、面临破产的情况，按存款保险制度规定流程进行处置。

从提升监管公平性的角度，应当提升"风险自担"的立法层级，同时就其内涵与责任范围统一监管标准。

## 三、政策建议

民间资本发起设立民营银行是金融领域供给侧结构性改革的重要内容。建议有关部门及时总结三年多来的试点经验，与时俱进完善法律制度和政策框架，创造更加公平、更有效率的市场竞争环境。

### （一）在平等待遇基础上将“风险自担”机制纳入金融法律框架

学界和市场普遍认为，要求主要股东承担剩余风险的制度安排在法律性质上属于无限连带责任，是我国独有的对民营银行股东的歧视性待遇。事实上这是一种误解：首先，风险自担机制从法律性质上属于限制加重义务，是对股份公司股东有限责任制度的修正，是在坚持银行股东有限责任基础地位的前提下，在银行处于危机状态下扩张主要股东责任界限的一种制度安排，意在通过主要股东自力承担风险和自力救济来维护单体银行稳定。其次，美国、日本、俄罗斯和我国台湾地区在银行法、金融控股公司法、信贷机构破产法等金融立法中都明确赋予控股股东追加资本、放弃红利、提供担保等加重义务，有国际经验可资借鉴。最后，银监会近年出台的《商业银行资本管理办法》（试行）和《商业银行公司治理指引》都赋予主要股东持续注资、提供流动性救助等义务，这种加重义务普遍适用于所有持股 5% 以上的主要股东，不论其资本属性。对民营银行主要股东而言，这是一种平等而非歧视性待遇。

**表 5　部分国家（地区）对控股股东“限制加重”义务的法律规定**

| 国家（地区） | 法律条文 | 内容 |
| --- | --- | --- |
| 美国 | 《金融服务现代化法》第 730 条 | “实力来源”原则。当参加存款保险的存款机构处于资本不足状态，且受联邦银行管理机关书面指示，要求增加其资本时，则对于由参加存款保险的存款机构的控股股东或联营机构转让给该机构的资产、或为该存款机构的利益而转让的资产，任何人不得向联邦银行管理机关提出返还这些资产的要求或货币损失的索赔，或其他法律或公平税务方面的减免要求 |
|  | 《联邦存款保险公司法》第 38 条 | “立即纠正”措施和“资本回复”方案。规定了参保商业银行股东保证银行恢复资本正常状态的主体、标准、方式等具体措施，可看作对“实力来源”原则的具体化 |
| 日本 | 2001 年《银行法》修正案第 5 条 | 持股超过 50% 以上的大股东，在银行经营状况危机、资本不能达到法定资本要求时，大股东应当通过向银行增资，以及采取其他措施帮助银行改变资本状况 |

续表

| 国家（地区） | 法律条文 | 内容 |
| --- | --- | --- |
| 俄罗斯 | 《信贷机构破产法》第7条、第8条 | 为了预防信贷机构破产，俄罗斯银行可以对银行采取下列财务重组措施，包括要求信贷机构创立者、参加人和其他人对信贷机构实施财务援助，具体包括：一是为信贷机构的延期付款计划提供担保；二是股东放弃股息红利分配并将其用于重组；三是股东向信贷机构增加注册资本 |
| 中国台湾地区 | "金融控股公司法"第66条 | 当子公司陷入危机状态，金融控股公司应协助其恢复正常经营状态。当金融控股公司现有资本实力无法帮助子公司恢复正常经营时，则金融控股公司必须处分其经营以获得资本为子公司纾困，或者金融控股公司降低对子公司的持股，为引入其他市场救助措施扫除障碍 |

资料来源：根据杨松、宋仪林《民营银行股东自担风险立法模式借鉴与选择》整理，华东政法大学金融法治方阵研讨会论文集。

考虑到银监会现有规定属于部门规章，立法层级较低，为从源头上抑制民营银行主要发起人股东的道德风险和负外部性，真正落实"风险自担机制"，建议借鉴国外金融立法经验，在修改后的《商业银行法》中增加股东加重义务的概括规定，同时在公司法中规定银行等特殊类型公司股东特殊义务的概括条款，保证公司法与商业银行法适用衔接。同时在《存款保险公司条例》中规定具体操作内容，以此有效衔接商业银行危机自救机制和存款保险制度。

## （二）进一步放宽准入，取消不必要的限制

一是在坚持技术可靠、风险与行业影响可控、实名认证、交叉复核的前提下，适时推进包括新设民营银行在内的银行业金融机构远程开立全功能Ⅰ类账户试点，为互联网银行模式的落地奠定基础。操作中可以考虑先对特定地区、特定类别客户试点，按不同识别方式，分权限开立个人账户。同时通过增加身份识别的步骤，逐步提升账户权限。二是修改《中国银监会市场准入工作实施细则（试行）》，取消现行对民营银行"一行一店"的歧视性限制规定。三是尽快修订现行《同业拆借管理办法》和《全国银行间债券市场金融债发行管理办法》，为新设民营银行进入同业拆借市场开展流动性管理和通过发行金融债获得资金来源提供便利，逐步缓解民营银行负债来源单一的问题。四是明确新设民营银行加入存款保险的条件。应吸取20世纪90年代放开民间资本设立城市信用社、

农村金融服务社和合作基金会无序扩张、违规经营乃至引发倒闭风潮的教训，注意防止“一放就乱”“一哄而起”。为有效防范道德风险，避免民营银行“风险自担”原则落空，建议银监会与人民银行加强协调，对新设民营银行设置为期 2 年的过渡期，待新设民营银行建立起独立商业信用，主要监管指标达标后再批准其加入存款保险制度，并根据实际风险程度缴纳存款保险费。

### （三）充实细化事中监管制度

一是加强对民营银行公司治理的监督。总结试点经验，对接《存款保险条例》及其实施细则的相关规定，尽快统一主要股东“风险自担”的范围与内涵。注重对民营银行股权结构的指导，推动形成适度集中的股权结构。加强股东行为监管，适时评估承诺履行情况，强化股东约束。按照各治理主体独立运作、有效制衡、相互合作、协调运作的原则，推动健全民营银行公司治理机制。二是完善审慎监管工具。建议选取民营银行资本充足率、流动性、杠杆率、拨备覆盖率、拨贷比等关键监管指标，设置更加审慎的量化触发标准，区分监管值（监管底线）、触发值（预警值）、关注值三个层次，一旦达到触发值，迅速启动风险对冲、流动性救助和资本补充、机构重组等监管措施，有效控制各类风险。同时要求民营银行管理层针对不同的指标值区间制定相应的风险应对措施，并结合经营中的特殊风险制定专门的风险管控措施。例如，网商银行、微众银行要针对 24 小时不间断运营的特征，更加注重科技信息风险和资金期限错配风险的管理，并尝试开展对民营银行的监管评级工作。三是探索民营银行牌照动态考核、分级管理制度。按照激励相容的原则，对民营银行选定的经营模式设立定性和定量相结合的考核标准体系，确保其市场准入环节承诺的差异化市场定位和发展战略在持续经营过程中得到落实。在此基础上，允许达到一定经营年限（如 3 年以上），形成独立商业信用的民营银行在符合监管部门事先确定的标准基础上（包括但不限于经营状况、财务状况、风险状况、履行社会责任等指标），向上申领高等级牌照；同时对持续未达到监管要求的民营银行则采取限制其业务范围和经营品种等惩罚性措施。四是督促各民营银行注册地银监局配备充足合理的监管资源，以此确保差异化监管框架落地，真正实现民营银行有人管、管得住。具体而言，首先以主监管员为核心形成专门的监管团队，并提供必要的专业支持；其次不定期对民营银行董事、高管开展监管会谈，指出其经营问题和主要风险；再次定期跟踪量化触发监管指标，严格落实相应监管举措；最后适时开展年度监管评级和全面现场检查，提升监管针对性。五是总结监管实践，加强制度顶层设计，尽快制定《民营银行监管指导意见》。

## （四）完善市场退出机制

基于公平执法、平等适用的考虑，民营银行市场退出行为应纳入统一的银行业金融机构市场退出法律予以规范。建议银监会会同相关部委加快推进银行业金融机构市场退出制度立法，一是建立健全撤销、并购、重组、破产等风险处置机制，明确存款保险制度下民营银行退出市场的路径选择；二是结合我国金融监管架构的调整与完善，明确民营银行市场退出的主导者；三是明确民营银行风险自担原则、恢复和处置计划在市场退出过程中的落实方式。以此真正实现常态化的有进有出，优胜劣汰，为包括民营银行在内的银行业供给侧结构性改革切实托底。可以将民营银行市场退出纳入存款保险制度框架，按照“识别—接管—处置—退出”的过程建立自身的退出机制：当民营银行出现问题并被识别后，首先应努力通过重组的模式处置民营银行风险，避免过高的处置成本和处置风险；其次如果问题民营银行在短期内难以找到接管人，则启动过桥银行模式，在规定时间内继续寻找接管人；最后确定问题民营银行在市场内无法找到接管人时，再启动直接偿付模式，对问题银行进行破产清算，偿付相关债务，使问题民营银行完全退出市场。同时，建议适时组织外部专家对民营银行试点情况开展第三方评估，以回应民间资本诉求，进一步改善监管政策环境，促进民营银行健康发展。

# 银行理财产品信息披露标准化原则的立法研究

颜　苏*



银行理财产品的销售过程，是一个信息沟通的过程。银行理财产品[1]本身，实际上是一系列信息和数据的组合。而要加强消费者的保护，必须加强对消费者知情权的保护，强化银行信息披露的义务。与隐私权、救济权等权利相比，知情权具有更重要的地位，尤其是在销售阶段，保护知情权是为了保证消费者作出正确选择，使消费者的利益最大化。多年来，国际金融监管组织对金融产品的信息披露规则极其重视，究其原因，在于消费者知情权保护的意义重大。2013年，巴塞尔银行监管委员会联合国际证券监管联合会和国际保险监管联合会，针对集合投资产品的信息披露要求提出建议，信息披露的标准和规则，尤其是销售阶段的信息披露，是促进金融消费者保护的重要监管工具，可以增强金融产品和市场的透明度。完善的信息披露机制，可以有助于减少存在于产品发售者和消费者之间的信息不对称，可以使消费者更好地作出知情决策。[2]而欧盟等国家和地区，也陆续提出了金融产品信息披露的规范和法律法规。

我国银行监管机构，对消费者知情权保护和银行理财产品的信息披露同样十分重视，中国银行业监督管理委员会（以下简称中国银监会）为规范银行理财业务的发展，2005年相继出台了《商业银行个人理财业务管理暂行办法》《商业银行个人理财业务风险管理指引》，2011年出台《商业银行理财产品销售管理办法》（以下简称《销售管理办法》）。其中，诸多规定着眼于保护消费者的利益，规范和改进商业银行的信息披露。但是在实际中，还是出现大量因信息披露规则的不完善，而导致消费者与商业银行对簿公堂的诉讼案件。究其原因，是因

---

* 颜苏，北京工商大学法学院/马克思主义学院国际法教研室研究员。

[1] 我国目前的银行理财产品业务，实质是国际上比较通行的银行资产管理业务，银行理财产品，在众多金融产品中，应该归为集合投资产品。

[2] See Basel Committee on Banking Supervision，*Point of Sale disclosure in the insurance，banking and securities sectors*，August 2013，pp. 5-6.

为银行在销售理财产品的过程中，信息披露存在严重缺陷，这已经成为阻碍银行理财产品市场发展的重要原因。

## 一、当前商业银行理财产品信息披露中的缺陷

目前，商业银行理财产品信息披露的实践和立法，都不够完善。实践中商业银行在销售理财产品时，常常发生误导性的披露，披露内容不真实，披露的模式不统一，造成消费者在获取信息和使用信息时存在障碍，以至在实践中，信息披露无法发挥作用，没有起到保住消费者选择产品，提供依据的功能。

### （一）实践中的信息披露存在缺失





目前，商业银行在理财产品的信息披露中，存在诸如专业术语难以理解、披露内容庞杂和披露格式不统一等问题，消费者无法获得相应的信息。即使获得部分信息，也可能无法作出判断。过于深奥的专业名词，对一般的消费者而言，无法获知其准确含义。以年化收益率为例，没有多少消费者能够理解其真实含义，多数人甚至将其直接与年利息的概念直接等同，岂不知，在商业银行普遍采取资金池操作的模式下，对于非保障收益的理财产品，年化收益率仅仅是消费者可能获得的最大收益率而已。

实践中普遍存在没有统一的披露格式，商业银行根据自身习惯采取不同的披露格式。没有统一的披露格式，消费者根本无法对获知的信息进行对比，没有可比性的信息，对于消费者的决策，几乎没有价值，消费者获取的仅仅是冰冷的毫无意义的数据而已。以银行理财产品的风险披露格式为例，风险是所有消费者在购买银行理财产品时的重点考虑因素，但是对于这一重要的信息，各家银行的实际做法，却是大相径庭。甚至是同一个银行的不同产品之间，采用的风险分级也不同。

有的银行采取★多少来表示风险，★越多代表风险等级越高，如表 1 所示：

**表 1**

| 产品风险星级 | 风险程度 | 适合的投资人 | 适合投资策略 |
|---|---|---|---|
| ★ | 低 | 谨慎型 | 风险控制 |
| ★★ | 较低 | 稳健型 | 稳健发展 |
| ★★★ | 中 | 平衡型 | 均衡成长 |
| ★★★★ | 较高 | 进取型 | 积极进取 |
| ★★★★★ | 高 | 激进型 | 风险承受 |

而有的银行采取 ABCD 四档的分类，来表示风险等级，如表 2 所示：

**表 2**

| 理财产品风险评级 | 理财产品评级含义 |
|---|---|
| A | 本产品本金安全，投资收益水平的波动性较小 |
| B | 本产品本金安全，投资收益水平有一定的波动性 |
| C | 本产品存在本金遭受较小程度损失的可能性，投资收益水平有一定的波动性 |
| D | 本产品存在本金遭受一定程度损失的可能性，投资收益水平的波动性可能较大 |



从以上两种风险等级的表示方式来看，这两种表述的风险级别，根本无从进行比较。试想如果消费者同时面对选择不同银行标为★★★和 C 的两款理财产品，根本无法分辨各自代表的风险程度。

## （二）法律法规的规定不适宜消费者的选择

实践中产生的乱象，根源在于现有法律法规不完善。银监会出台大量规范的初衷，目的在于规范银行理财产品的健康发展。但是规定中存在的制度性的缺陷，导致银行理财产品信息披露存在大量的问题，在实践中没有发挥应有的作用。

### 1. 传统信息披露原则无法适应需求

金融机构向消费者，全面、充分、准确地披露非误导的信息是金融机构应该遵循的法定义务，也是信息披露的基本原则。[1] 多年以来，我国法律法规中都遵循了这一原则，《销售管理办法》也不例外。但是这些看来绝对正确的标准，在现实世界中，却不能完全发挥作用。信息披露的目的，在于为消费者提供选择购买理财产品时所需要的具体信息和数据，消费者要根据获得的信息，来挑选产品，作出决定。而在实践中，消费者不仅要决定是否购买一款产品，还要决定具体买哪家的产品，由此必然带来选择的困惑。设计产品信息披露的目的，可以概括为以下两点：第一，向消费者提供必要信息，供其作出知情决策（informed decision），确定是否购买产品；第二，促进产品间进行比较，鼓励消费者在产品间进行挑选，促进产品竞争。[2] 简言之，信息披露的功能包括两点：

[1] 例如，有学者将我国银行理财产品信息披露原则，归纳为四条：真实性原则、准确性原则、完整性原则和及时性原则。叶林、黄爱学：《论商业银行理财业务中的信息披露义务》，载《法治论坛》2010 年 3 月（第 17 辑）。

[2] See U.K. Financial Service Agency，*The development of more effective product disclosure*，March 2003，p. 8.

知情和比较。而在两者之间，比较更加重要。只有能够比较，才能让消费者作出合理的选择。传统上信息披露的重点，是基于消费者知情的需求，更多地强调需要消费者了解产品的基本情况，却忽略了不同产品之间的比较，忽视了消费者进行决策的具体过程；而比较是在知情的基础上，方便消费者在购买产品时进行选择，进而作出决定。没有一个消费者在进行决策的时候，缺少比较的过程，真实的产品销售，必然是消费者进行比较的过程。因此，无法进行比较的信息，实际价值大打折扣，消费者还是一头雾水，无从选择。然而遗憾的是，由于法律法规缺乏相应规范，我国目前银行理财产品的信息披露，忽视了信息比较的功能，阻碍了消费者进行比较，也一定程度上限制了市场优胜劣汰功能的发挥。

**2. 关键信息规定在法律法规中缺失**



无论信息披露的原则如何确定，最终目的是将消费作出决策最需要的信息，提供给消费者。而任何一款银行理财产品都拥有大量的信息，但是在所有的信息中，只有最关键的信息，是决定消费者选择的依据。然而如前文所述，我国目前法律法规中，并没有重点关注关键信息的披露。根据《销售管理办法》第13条的规定，理财产品宣传销售文本应当全面、客观反映理财产品的重要特性和与产品有关的重要事实，语言表述应当真实、准确和清晰。但是，对于何为理财产品的重要特性和重要事实，并没有进一步明确的规定，需要各商业银行决定。有的银行的产品说明书，分为特别提示和基本信息。特别提示包括风险和收益情况，对最不利情况进行说明，还包括了产品的风险评级、流动性评级和适合客户类别。虽然已经具备了一定的关键信息披露的雏形，但是还需要进一步的改进。实践中，如何落实理财产品的重要特性和重要事实的披露，成为保护消费者知情权的关键。反映理财产品重要特性和重要事实的信息，将是消费者进行挑选不同产品的重点，是消费者作出决定的最重要依据。正如欧盟经过研究认为，许多国家现有的金融产品信息披露体系存在问题，现有体系更多关心如何使得发售者免除自身的法律风险，而不是为消费者提供有效的信息。[1]

## 二、金融产品信息披露规则的国际经验

目前我国的金融体制，已经更多地与国际接轨，银行理财产品业务的发展，本身就是借鉴国际经验的探索。为促进金融产品信息披露规则的改进，许多国

[1] See European Commission, *Proposal for a Regulation of the European Parliament and of the Council on key*, March 2016, p. 34.

际组织和国家，已提出信息披露的标准化原则。同时，重点通过开发和完善关键信息的标准化披露，达成信息披露标准化的目的。

## （一）国际社会对信息披露标准化的探索

在金融产品信息披露方面，有关国际组织和国家，已进行了大量的研究和总结，很多国家和地区已经进行了相关的立法。巴塞尔委员会认为，不同金融产品之间，应该采取相同的信息披露范围和模式，便于消费者进行产品比较。应该采用平实的语言，增强金融产品信息的可理解性。[1]2012年，欧盟出台的《投资产品关键信息披露监管指引建议稿》，其目的在于方便消费者了解投资产品的关键信息和风险，并且可以比较不同产品之间的特点。尽量使信息披露更加标准化，使消费者可以获得关键信息。[2]英国金融服务局（FSA）对信息披露标准化进行了长期的研究，认为信息披露应该遵循标准化原则。简单和标准格式的信息披露能够帮助消费者比较不同金融机构之间的产品。这种比较能够使消费者获得符合其需要的产品，也能够促进金融机构在透明的原则下进行竞争。[3]并且形成了一系列的实践成果，以抵押贷款领域为例，包括消费者抵押贷款信息披露文件（Consumers and mortgage disclosure documentation）、抵押贷款标准化初始披露文件（Standard Mortgage Initial Disclosure Document，IDD）、标准化抵押贷款负担能力宣传册（Standard Mortgage Affordability Leaflet）、抵押贷款标准化关键信息说明（Standard Mortgage Key Facts Illustration，KFI）。美国联邦储备委员会理事会总结了不同金融产品的信息披露标准化的经验和做法。根据有关信用卡的测试表明，标准化可以帮助消费者理解信息披露的内容。在现实中，可以将金融产品信息，用一种更加标准的方式和概念来披露，采取这种方式可以有助消费者对金融产品信息的理解。[4]

通过对不同国家和国际组织经验的考察，可以总结出两条有益的经验：一是信息披露的标准化；二是关键信息披露，通过关键信息披露的标准化，来落实信息披露的标准化原则。实际上，标准化的目的是可比性，要求标准化的过程中，



---

[1] See Basel Committee on Banking Supervision，*Point of Sale disclosure in the insurance，banking and securities sectors*，August 2013，p. 3.

[2] See European Commission，*Proposal for a Regulation of the European Parliament and of the Council on key information documents for investment products*，March 2012，p. 2.

[3] See U.K. Financial Service Agency，*The development of more effective product disclosure*，March 2003，p. 6.

[4] See Federal Reserve，*Designing Disclosures to Inform Consumer Financial Decisionmaking：Lessons Learned from Consumer Testing*，Federal Reserve Bulletin Vol. 97，No. 3，August 2011，pp. 18–20.

需要通过适当性和可读性，来达成可比性。因为即使格式一致，但是文字晦涩难懂，也无法进行比较。适当性是因为消费者不可能将全部信息一一比较，只能是对最重要的内容进行比较，因此应该防止重要信息淹没在大量无关紧要的信息中。也正因为以上的原因，需要将标准化固定在一个可实行的范围中，由此产生了关键信息披露，要求对消费者最重要、需要进行比较的最关键的信息按照规范、标准化的格式进行披露。可以说，信息披露的标准化原则是总的原则，而关键信息披露就是落实这一原则的途径。

### （二）信息披露标准化原则的内涵

标准化原则是促进金融产品按照同样的规范进行信息披露，促进相互之间进行比较，进而促使消费者作出正确决策的有效方法。要求金融产品的信息披露标准化，必须明确标准化所具有的内涵。总结和研究各国的经验，可以将标准化的内涵分为以下三个方面：可比性、可读性和适当性。

1. 可比性。所谓可比性，是要求金融产品之间具备基本统一的披露规范，使得消费者可以在不同产品之间进行比较。许多国家和国际组织，对信息披露的可比性都有规定。例如，澳大利亚的金融产品信息披露规则规定：及时、相关和完整、促进对产品的理解、促进产品间的比较、重点表述重要信息和充分考虑消费者的需求。[1] 经济合作组织提出的有关《金融消费者保护原则》中，所有的金融信息都应该准确、真实、可理解和非误导性。应该尽最大可能，采用销售前的格式化信息披露，以利于相同类型的产品之间的比较。[2] 巴塞尔委员会认为，完善的信息披露应该促进产品间的对比，使得消费者在不同产品中间，更容易选择符合自己需求的产品。尤其当产品非常近似，不一致的信息披露规则可能给包括保护消费者在内的监管目标带来风险。[3] 为达成金融产品所披露信息的可比性，需要更多的格式规范，需要更多的规则来统一同类金融产品的信息规范的途径、格式、内容。消费者获得统一格式的信息披露文件，必然会带来进行比较的便利性和可行性。

2. 可读性。所谓可读性，是指所披露的信息，应该考虑大多数消费者的理

---

[1] See Australia Securities & Investment Commission，*Regulatory Guide168-Disclosure：Product Disclosure Statements*（*and other disclosure obligations*），September 2010，p. 4.

[2] See Organisation for Economic Co-operation and Development，*G20 High-Level principles on financial consumer protection*，October 2011，p. 6.

[3] See Basel Committee on Banking Supervision，*Point of Sale disclosure in the insurance，banking and securities sectors*，August 2013，pp. 5-6.

解和接受程度，能够被消费者所理解。金融产品设计比较复杂，即使是专业人士也很难判断其蕴藏多少潜在风险。大多数消费者欠缺金融知识，很难真正了解复杂和高深的金融术语。而为了逻辑严密，又很可能出现用一个术语去解释另外一个术语的情况，造成的结果就是消费者无法理解具体含义。为了达到可读性的目的，采用的表达方式不仅要能够准确地反映专业含义，同时要使得即使是没有经验的消费者也能够理解其含义。巴塞尔委员会提出，销售信息披露文件应该是明确、公平、非误导的，以平实的语言表达，使得消费者能够理解。[1]金融服务和产品是非常复杂的领域，对于一些金融领域的专家，有些数据非常有价值，但是对于普通的消费者，这些数据可能是无法理解的，对其作出决定没有什么价值。信息披露的文字，在兼顾含义准确，逻辑严密的前提下，必须考虑消费者的接受和理解程度，应该将目标着眼于消费者的可理解性。因为无法被消费者所理解的信息，无论其披露的内容如何真实，如何全面，最终的效果都是不尽如人意。



3. 适当性。所谓适当性，主要是指信息的数量和范围应该适当，应该将最受消费者关心，对决策最具意义的关键信息，重点披露给消费者。银行所披露的信息的重要性，对于消费者应该有所区分，总有一些信息具有决定性的意义。英国金融服务局（FSA）根据信息重要性，将向消费者披露的信息分为三类：最重要的信息、次重要的信息和非重要信息。[2]重要性不同的信息，对于消费者作出决策的影响自然不同，消费者所需要的程度也不同。有学者指出："披露核心信息的基本考虑在于，虽然银行向消费者披露了产品或服务的所有方面，包括产品的特点、风险、条件等，但不强调消费者作出决策最需要的信息，或者说把消费者作出决策最需要的信息淹没在产品或服务的各种重要或非重要、有意义或无意义的信息中，许多消费者照样会将银行披露的信息束之高阁。"[3]

### （三）关键信息披露的价值和内容

如何落实标准化的原则，关键在于将产品的关键信息和重要事实反映在信息披露中，消费者比较金融产品的信息，重点也是比较能反映产品主要特征的信息。标准化应该集中在最反映特性、最受消费者关心的信息方面。这就是国

---

[1] See Basel Committee on Banking Supervision, *Point of Sale disclosure in the insurance, banking and securities sectors*, August 2013, p. 3.

[2] See U.K. Financial Service Agency, *The development of more effective product disclosure*, March 2003, p. 9.

[3] 周仲飞：《银行法研究》，上海财经大学出版社 2010 年版，第 431 页。

际上比较通行的关键信息披露的做法。

**1. 关键信息披露的价值**

基于金融产品关键信息的重要作用，众多国际组织和国家，在自身的研究或者立法中，都赋予关键信息披露足够的重视。经济合作组织提出的有关《金融消费者保护原则》中，其中第 4 条涉及信息披露和透明度。该原则认为，金融服务提供，应该向消费者提供关键信息，使消费者了解产品的基本优势、风险和条款。应该提供有关金融产品的实质性方面（material aspects）的信息。[1]为解决重要事项披露的具体方式问题，有学者提出了一个解决方法，即采用关键事实说明（Key Facts Statement），以简单平实的语言提供所有金融服务和产品的关键条款和条件。关键事实声明的要求可以由行业协会制定，并建议金融机构使用。该文件需要使用平实的语言，在一页或两页纸的篇幅内概括金融合同的主要条款。[2]英国早已开始实行"重要事实文件"（Key Features Documents，下称 KFD）的制度，重要事实文件（KFD）在销售产品前提供。欧盟 2012 年发布《投资产品关键信信文件监管指引建议稿》，这份监管指引建议稿目的在于尽量使信息披露更加标准化，使消费者可以获得关键信息。[3]让零售投资者了解投资产品的关键信息和风险，并且可以比较不同产品之间的特点。[4]

**2. 关键信息披露的内容**

一般情况下，消费者最关心三个问题：付出成本、获得收益、可能损失。对一款具体的金融产品而言，这些关键信息主要应包括产品性质、收益（利息）和支出（费用）。巴塞尔委员会认为，集合投资产品的信息披露，应该包括产品关键信息，以精准的书面语言表达风险、优势和其他特征。[5]巴塞尔委员会提出，应该考虑要求销售信息披露文件提供关键信息，包括成本、风险、收益以及其他特征。销售信息披露文件应该精确，并且列明产品的关键信息，也包括其他

[1] Organisation for Economic Co-operation and Development，*G20 High-Level principles on financial consumer protection*，October 2011，p. 6.

[2] Susan L. Rutledge，*Consumer Protection and Financial Literacy Lessons from Nine Country Studies*，World Bank Policy Research Working Paper 5326，p. 19.

[3] European Commission，*Proposal for a Regulation of the European Parliament and of the Council on key information documents for investment products*，March 2012，p. 2.

[4] European Commission，*Proposal for a Regulation of the European Parliament and of the Council on key information documents for investment products*，March 2012，p. 5.

[5] Basel Committee on Banking Supervision，*Point of Sale disclosure in the insurance*，*banking and securities sectors*，August 2013，p. 3.

需要的信息。其中不能包括垃圾信息（exhaustive information）。[1] 英国金融服务局（FSA）于 2000 年对金融机构的重要事实文件进行梳理分析，所有的重要事实文件必须包括描述产品的关键标题、风险、消费者的承诺、费用。在金融机构向消费者出售产品时，必须向消费者提供重要事实文件。[2] 重要事实文件规定了一系列的信息，包括产品目标，风险因素，收费和费用，未来受益的范例或者阐释，收费的效果影响。

## 三、我国银行理财产品信息披露规则的立法建议

通过分析我国目前实践和立法中存在的问题，结合国际经验的思考，我国应改进目前的银行理财产品的信息披露立法规则，采纳标准化和关键信息的做法。



### （一）促进信息披露标准化

在确保真实有效全面的基础上，遵循标准化原则，围绕关键信息，统一格式和范围，促进不同金融产品之间的比较。中国银监会可以通过修改规章，确立信息披露的标准化原则。可以考虑将产品信息披露，划分为两个部分：一是关键信息；二是基本信息。标准化不能是全部信息的标准化，各银行产品之间要竞争，必须有各自的特色，否则同质化的竞争，最后就只剩下了价格的竞争，不利于整体的发展。但是要让各个产品之间能够进行比较，必须要有比较的基础，将需要比较的信息，限定在一定的范围之内，同类型的产品，要将进行比较的内容进行统一。不同产品之间，可以有不同的关键信息。关键信息披露文件，应该完全标准化，不允许增加，不允许私自改变。如果消费者感兴趣，或者要了解更多信息，才需要进一步去查阅各个销售文件的内容。而基本信息，应该具有最低限度的一致，各银行可以有自主权，可以更加详细，更加体现各自的风格。但是，同一家银行内部的这些销售文件，必须采用同样的格式。借鉴中国证券业监督管理委员会规范上市公司信息披露的一系列公司信息披露内容和格式准则，可以将一系列信息披露的内容、格式，用范本进行统一，确保不同银行的理财产品，都能够遵循同样的格式进行披露，建立起银行理财产品信息披露的规范。

---

[1] Basel Committee on Banking Supervision，*Point of Sale disclosure in the insurance，banking and securities sectors*，August 2013，p. 3.

[2] U.K. Financial Services Authority，*Good and poor practices in Key Features Documents*，September 2007，p. 5.

### （二）规范关键信息披露

监管规则应该将金融产品需要披露的关键信息予以明确，确定必须进行披露的内容。为同类金融产品，设置最低的关键信息披露标准。所谓最低程度的关键信息，应该是社会上绝大多数消费者，在选择金融产品时，所需要的信息。同时，关键信息的披露必须以规范的模式来进行，这也是落实信息披露标准化原则的重点。因此，应该明确关键信息的披露范围，同时要规范关键信息披露的标准格式。例如，欧盟《投资产品关键信信文件监管指引建议稿》第二章详细规定了关键信息文章中的格式和内容。[1] 我国可以通过在中国银监会公布的规章中，具体规范关键信息的披露形式，达成银行间关键信息披露的一致。另外，可考虑借鉴中国证券业监督管理委员会规范上市公司信息披露的做法，具体出台信息披露的指引和模板，规范关键信息披露。

## 四、结语

强化银行理财产品的信息披露，是保护消费者的知情权的重要举措，对促进银行理财业务的健康发展，维护金融市场秩序，将起到至关重要的作用。我国银行业以往的实践所暴露出的种种问题亟待解决。通过借鉴国际经验，完善信息披露的标准化原则和加强关键信息的披露，必然会改进我国银行理财产品的信息披露的质量，也将会对消费者权利的保护发挥重要作用。




[1] European Commission，*Proposal for a Regulation of the European Parliament and of the Council on key information documents for investment products*，March 2012，pp. 21–27.

# “去杠杆”背景下的金融创新

## ——“名股实债”的性质认定及法律风险分析

余德厚[*] 程进飞[**]



当前，“去杠杆”是金融领域的热门话题，并且是中央经济工作会议提出的2016年五大任务之一。杠杆指的是一种加乘效应，即一个因素变动时，另一个因素会以更大的幅度变动。“加杠杆”的重要方式就是借债，即债务融资。在“去杠杆”呼声日高的情况下，融资企业（包括地方各级政府融资平台）倾向于采用股权融资的方式进行外部融资。但对投资人而言，股权投资的风险高，难以保证到期获得收益，更有甚者本金都可能无法收回。为了满足融资企业“低杠杆”（低资产负债率）的要求，又迎合投资人获得定期收益并收回本金的需要，同时，又符合监管机构的要求，需要在投融资领域进行金融工具创新。

## 一、什么是“名股实债”？

“名股实债”是指投资人参与融资企业增资或受让融资企业股东所持有的融资企业的股份，成为融资企业的股东，投资人在约定的投资期限内定期获得按预期收益率计算的收益，名为行权费、股权维持费等，投资到期后，融资企业或其股东或其他第三方对投资人持有的融资企业股份进行回购。在投资期限内，投资人仅是名义上的股东，定期获得固定收益，到期收回本金，不参与融资企业的管理决策，不享受融资企业的利润分红。

创新是金融行业发展的动力，在促进金融发展的过程中不断试图突破监管规定和法律限制，甚至游走于法律的边缘。“名股实债”作为一项金融工具创新，不可避免地存在认识分歧。

---

* 余德厚，海南省高级人民法院法官，云南大学法学硕士研究生。

** 程进飞，中国政法大学法学学士、诉讼法学硕士研究生，曾任北京市大兴区人民法院代理审判员，现就职于光大永明资产管理股份有限公司法务合规部。

## （一）会计税务上的分析——债权性投资

实质重于形式是会计信息质量要求的重要方面，要求企业应当按照交易或者事项的经济实质进行会计确认、计量和报告，而不仅仅以交易的法律形式为依据。同时，税法中的实质课税原则要求应当根据客观事实确定是否符合课税条件，并根据纳税人的真实负担能力决定纳税人的税负，而不能仅考虑相关外观和形式。因此，可以从会计和税务的角度对“名股实债”进行分析。

2013 年国家税务总局《关于企业混合性投资业务企业所得税处理问题的公告》（2013 年第 41 号）对企业混合性投资业务作出规定，混合性投资业务是指兼具权益性投资和债权性投资双重特征的投资业务，并满足以下五个条件：（1）被投资企业接受投资后，需要按投资合同或协议约定的利率定期支付利息（或定期支付保底利息、固定利润、固定股息，下同）；（2）有明确的投资期限或特定的投资条件，并在投资期满或者满足特定投资条件后，被投资企业需要赎回投资或偿还本金；（3）投资企业对被投资企业净资产不拥有所有权；（4）投资企业不具有选举权和被选举权；（5）投资企业不参与被投资企业日常的生产经营活动。可见，国家税务总局所界定的混合性投资业务本质上就是“名股实债”。关于混合性投资的企业所得税处理，国家税务总局规定“（1）对于被投资企业支付的利息，投资企业应于被投资企业应付利息的日期，确认收入的实现并计入当期应纳税所得额；被投资企业应于应付利息的日期，确认利息支出，并按税法和国家税务总局《关于企业所得税若干问题的公告》（2011 年第 34 号）第 1 条的规定，进行税前扣除。（2）对于被投资企业赎回的投资，投资双方应于赎回时将赎价与投资成本之间的差额确认为债务重组损益，分别计入当期应纳税所得额”。根据上述规定，国家税务总局认定混合性投资归属于债权投资业务，并要求按照债权投资业务进行企业所得税处理。

## （二）法律上的认定——股权投资的外表下追求固定收益

“名股实债”具备股权投资的形式要素，融资企业通过增资吸纳投资人成为新股东，或者投资人通过受让融资企业的股东所持有的股权成为新股东。但与通常意义上的股权投资不同，股权投资的收益主要来自企业利润分配，是不确定的，“名股实债”下的投资人却追求固定收益。因此，对“名股实债”下的投资人获得的固定收益进行法律上的分析能更清晰地了解“名股实债”。

### 1.“名股实债”的本质是保证投资人的最低收益

1990 年最高人民法院《关于审理联营合同纠纷案件若干问题的解答》第 4 条

第 1 款、第 2 款规定："（一）联营合同中的保底条款，通常是指联营一方虽向联营体投资，并参与共同经营，分享联营的盈利，但不承担联营的亏损责任，在联营体亏损时，仍要收回其出资和收取固定利润的条款。保底条款违背了联营活动中应当遵循的共负盈亏、共担风险的原则，损害了其他联营方和联营体的债权人的合法权益，因此，应当确认无效……（二）企业法人、事业法人作为联营一方向联营体投资，但不参加共同经营，也不承担联营的风险责任，不论盈亏均按期收回本息，或者按期收取固定利润的，是明为联营，实为借贷，违反了有关金融法规，应当确认合同无效……"因此，在很长时间内，约定固定收益类的财务型投资被视为"明为联营，实为借贷"而被认定为无效。直至 2012 年最高人民法院通过海富公司案[1]确立两条规则：一是投资人的投资可以取得相对固定的收益，该收益脱离了融资企业的经营业绩，损害了公司利益和公司债权人利益；二是融资企业的股东向投资人的补偿承诺不违反法律法规的禁止性规定，即目标公司的股东可以向投资人进行保底承诺。而在 2014 年，中国国际贸易仲裁委员会裁决投资人与融资企业签订的因约定业绩目标未达成，由融资企业按固定的比例对投资人进行补偿的约定有效。[2]但尚未见到支持该种观点的法院判决。因此，如由融资企业以外的第三方向投资人支付固定收益，已获得司法判例的认可；但如由融资企业向投资人支付固定收益，且其法律效力尚有争议。



**2."名股实债"中固定收益的支付与固定股利政策有本质区别**

利润分配是企业按照法律、法规及企业章程的规定，在兼顾股东与债权人等其他利益相关者的利益关系基础上，将实现的利润在企业与股东之间、股东之间进行分配。其中向股东分配股利是利润分配的重要方面。固定股利政策是将每年发放的股利固定在某一相对稳定的水平上并在较长的时期内不变。[3]股东每年获取固定的股利额，与"名股实债"中投资人每年获得固定收益具有形式上的相似性。如果"名股实债"中固定收益的支付可以视为固定股利支付，那就为认定"名股实债"属于股权投资扫清了障碍。但遗憾的是，二者之间有本质区别，理由如下：

（1）固定股利政策与"名股实债"的本意不符

创设"名股实债"的本意，在投资人而言，投资需要获得稳定的收益，且

[1] 《苏州工业园区海富投资有限公司与甘肃世恒有色资源再利用有限公司、香港迪亚有限公司、陆波增资纠纷（2012）民提字第 11 号民事判决书》，资料来源于中国裁判文书网，2016 年 6 月 20 日访问。

[2] 于晖：《"甘肃世恒对赌案"后的一起"逆转"裁决》，载《投资与合作》2014 年第 5 期。

[3] 中国注册会计师协会编：《财务成本管理》，中国财政经济出版社 2015 年版，第 271 页。

具有可靠的退出保障机制，通过投资获得股权不是目的，规避监管或者说获得税收优惠更为重要；对融资企业而言，融资的目的仅仅是解决资金缺口，而不是引入新的股东，同时，投资人也不能因获得股权而影响融资企业的日常经营，也不能对企业利润及剩余财产享有权利。但采取固定股利支付则意味着投资人进行股权投资，对于股利分配需要召开股东大会，投资到期后被投资企业对股权进行回购的，同样需要召开股东大会，并履行减资手续。因此，不管是对投资人还是融资企业而言，均不能达到各自的目的。

（2）固定股利政策与“名股实债”的适用情况不同

虽然固定股利支付政策是公司每股每年支付固定的股利，但支付股利的前提是公司有可分配利润，因此固定股利政策一般适用于成熟的、生产能力扩张的需求减少、盈利充分并且获利能力比较稳定的企业，从企业发展的生命周期来考虑，稳定增长期的企业可用稳定增长股利政策，成熟期的企业可借鉴固定股利政策。而对那些规模比较小，处于成长期，投资机会比较丰富，资金需求量相对较大的公司来说，这种股利分配政策并不适合。而恰恰相反，“名股实债”中的融资企业一般为刚刚成立的企业或资金需求量大，生产规模扩张，但利润与现金流增长需要长时间才能显现的企业，这种企业在短时期内需要大规模的内部和外部融资，可能因没有足够的企业利润向股东分配股利。



## 二、到底该如何认定“名股实债”？

### （一）来自一则司法判例的启示

最高人民法院对范安禄与北方国际信托股份有限公司、云创（天津）投资有限公司等股权转让纠纷申请再审一案所作的民事裁定书[1]，是现在通过公开渠道可以查询到的司法机关对“名股实债”性质的最新、最权威的分析。该案的基本事实如下：

2012年6月11日，北方国际信托股份有限公司（以下简称北方信托公司）作为受托人与委托人天津滨奥股权投资基金有限公司（以下简称滨奥公司）签订《单一资金信托合同》，约定滨奥公司将14000万元人民币作为信托资金划款至北方信托公司指定账户，北方信托公司将信托资金用于向滨奥公司指定的企

[1] 《范安禄与北方国际信托股份有限公司、云创（天津）投资有限公司等股权转让纠纷申请再审民事裁定书（2015）民申字第1198号民事裁定书》，资料来源于中国裁判文书网，2016年6月20日访问。

业禹丰投资控股有限责任公司（以下简称禹丰公司）进行股权投资。北方信托公司与禹丰公司、禹丰公司的股东云创（天津）投资有限公司（以下简称云创公司）及范安禄签订《增资入股协议》。2012 年 6 月 11 日，北方信托公司作为甲方与乙方云创公司签订了《股权转让协议书》，协议写明，北方信托公司已将信托计划项下的信托资金 14000 万元用于向禹丰公司增资，相关增资手续已全部完成，现持有标的公司 58.33% 的股权。为保证北方信托公司及时对信托计划进行清退，乙方（云创公司）愿意受让甲方（北方信托公司）所持有的全部标的公司 58.33% 的股权并支付行权费（15.4%/ 年）及股权转让价款。

该案中，双方的主要分歧是北方信托公司的行为属于股权投资还是企业之间的借贷。最高人民法院的分析可以分为以下三个层次：

**1. 本案的案由应确定为股权转让纠纷**

最高人民法院认为，基于增资的事实以及增资手续已经全部完成，北方信托公司持有禹丰公司股权，因此，本案是基于北方信托公司发起的信托计划，在北方信托公司以信托资金对禹丰公司增资入股、信托期限届满后，对信托资金进行清退而引发的股权转让纠纷。由于本案的案由确定为股权转让纠纷，因此可以推导出北方信托公司先前的投资行为应属于股权投资，不然也就不存在以后投资退出时的股权转让问题了。

**2. 股权投资的清退与借贷有本质区别**

紧接着，最高人民法院论述，中国银监会《信托公司私人股权投资信托业务操作指引》第 15 条第 1 款规定："信托公司在管理私人股权投资信托计划时，可以通过股权上市、协议转让、被投资企业回购、股权分配等方式，实现投资退出。"北方信托公司依据信托计划进行股权投资和清退，在清退出资时采取协议出让股权的方式，符合相关规定。根据信托计划进行股权投资和清退与企业之间借贷并不相同。北方信托公司将案涉资金投入禹丰公司完成增资入股、登记为股东后，即应承担持股期间出资人的责任。而企业之间借贷，出借人只是借款人的债权人，并非股东，不承担出借款项期间借款人股东的责任。而且，在本案中，接受增资方为禹丰公司，受让股权方为云创公司，接受资金方和给付资金方并非同一主体，不能因股权转让事实认定北方信托公司与禹丰公司之间实质为企业之间借贷法律关系。

**3. 即便实质上认定为借贷关系，只要约定利率未违反相关规定，也属合法**

最高人民法院认为，退一步而言，即使本案实质为企业之间借贷法律关系，但由于其约定的 15.4% 的行权费并不高于中国人民银行规定的同期同类贷款基准利率的 4 倍，故也不能认为出借人非法收取高息。上述"退一步而言"是裁定书原文，由于裁定书之前的论述已经明确北方信托公司属于股权投资，本无须再讨论是否属于借贷关系，最高人民法院通过“举重以明轻、举轻以名重”的推理方式，回答再审申请人关于对北方信托公司以信托的合法形式掩盖发放高利贷的非法目的的质疑。但最高人民法院的推理同时引发了另一个疑问，“名股实债”是可能被认定为借贷关系的，那么在符合何种条件的情况下应当认定“名股实债”实质为借贷？

## （二）认定“名股实债”性质的核心是区分固定收益的来源

通过以上分析，可以得出结论，对“名股实债”的性质认定应当区分情况。因“名股实债”具备股权投资的形式要素，投资完成后，投资人可以获得融资企业的股东身份，因此所谓“区分情况”就是区分固定收益的来源，即由谁承担向投资人支付固定收益的义务。

**1. 如支付固定收益的义务由融资企业的股东或其他第三方承担，“名股实债”应当认定为股权投资**

如融资企业不承担支付固定收益的义务，而由融资企业的股东或其他第三方承担支付固定收益的义务，由于法律法规并不禁止企业的股东相互之间承诺并保证收益，更不禁止股份在股东之间转让、回购。正如范安禄与北方国际信托股份有限公司、云创（天津）投资有限公司等股权转让纠纷中一系列增资、取得股权、转让股权的操作，不违反《公司法》《合同法》的规定。

**2. 如支付固定收益的义务由融资企业承担，“名股实债”应当认定为债权投资，即应当认定为借贷**

融资企业承担支付固定收益的义务的方式通常是，融资企业定期（每年）按照固定收益率向投资人支付收益，投资到期后按照投资人投入的本金金额回购投资人持有的融资企业股份，或者投资期内融资企业不向投资人支付收益，投资到期后融资企业按照事先约定的溢价率回购投资人持有的融资企业股份。现代企业制度中的资本保全原则，要求企业在利润分配中不能侵蚀资本，利润分配应该是对经营中资本增值额的分配，而不是对资本金的返还。按照资本保全原则，企业如果存在尚未弥补的亏损，应首先弥补亏损，再进行其他分配。[1]因此，不管企业是否有可分配利润，仍定期向投资人支付收益，违反了资本保全原则，且融资企业回购本企业股份应履行减资程序，而不得擅自回购本企业股份，否则违反《公司法》的规定。所以，如由融资企业承担支付固定收益的义务，则该投资将不再符合股权投资的特征，应当认定为借贷。

[1] 中国注册会计师协会编：《财务成本管理》，中国财政经济出版社2015年版，第262页。

### （三）“名股实债”的法律效力

法律效力是对一项行为是否具有合法性的判断，即行为能否按照当事方的意愿产生法律拘束力。对“名股实债”性质的分析，最终的落脚点是判断“名股实债”是否具有法律效力。对于认定为股权投资的“名股实债”，不违反法律、行政法规的强制性规定，应当赋予其法律效力。对于认定为借贷的“名股实债”，如投资人为自然人，自然人与法人、其他组织之间的借贷行为属于民间借贷的范畴，符合法律规定。需要特别分析的是，对于认定为借贷的“名股实债”，如投资人为企业，其法律效力如何判断。



对于企业之间借贷的法律效力，根据 1996 年中国人民银行《贷款通则》第 61 条“企业之间不得违反国家规定办理借贷或者变相借贷融资业务”的规定，一般以违反金融监管为由而被认定为无效。2015 年最高人民法院《关于审理民间借贷案件适用法律若干问题的规定》第 1 条第 1 款规定：“本规定所称的民间借贷，是指自然人、法人、其他组织之间及其相互之间进行资金融通的行为。”第 11 条规定：“法人之间、其他组织之间以及它们相互之间为生产、经营需要订立的民间借贷合同，除存在合同法第五十二条、本规定第十四条规定的情形外，当事人主张民间借贷合同有效的，人民法院应予支持。”因此，企业之间为生产、经营需要而订立的民间借贷合同法律效力的认定获得突破。但需要指出的是，对于不能从事贷款业务的金融机构，即除银行、信托公司之外的证券公司、基金公司、资产管理公司向融资企业借贷的行为是否有效呢？

最高人民法院原副院长奚晓明 2013 年 9 月在《当前商事审判中需要注意的几个法律适用问题》中指出，“对不具备金融从业资质的企业之间的资金拆借行为，应当区别认定不同借贷行为的性质与效力。对不具备从事金融业务资质，但实际经营放贷业务、以放贷收益作为企业主要利润来源的，应当认定借款合同无效；对为生产经营需要所进行的临时性资金拆借行为，如提供资金的一方并非以资金融通为常业，不属于违反国家金融管制的强制性规定的情形，不应当认定借款合同无效”。[1] 最高人民法院审判委员会专职委员杜万华对《关于审理民间借贷案件适用法律若干问题的规定》进行解释说明时指出，“在我国，借贷市场主要由金融机构借贷和民间借贷组成。《关于审理民间借贷案件适用法律若干问题的规定》对民间借贷的界定体现出了民间借贷行为特有的本质和主体范

[1] 奚晓明：《当前商事审判中需要注意的几个法律适用问题》，载《人民法院报》2013 年 9 月 25 日，第 6 版。

围。从称谓的形式上明晰了与国家金融监管机构间的区别，也从借贷主体的适用范围上与金融机构进行了区分”。[1] 同时，深圳市中级人民法院《关于民间借贷纠纷案件的裁判指引（试行）》对民间借贷的定义为“自然人之间，自然人与从事非金融业务的企业、其他组织之间，以及从事非金融业务的企业、其他组织相互之间借贷资金”。[2] 综上，可以得出结论，即金融机构，无论是否经金融监管部门批准从事贷款业务，相互之间或向非金融企业的借贷均不是民间借贷行为。也就是说，未经金融监管部门批准从事贷款业务的金融机构不得向非金融企业进行借贷，否则不仅面临中国人民银行、中国银监会的行政处罚，且借贷行为可能被认定为无效。

综上所述，对于认定为借贷的“名股实债”，如投资人为非金融企业，且为生产、经营所需，则应认定为有效。否则，如投资人以放贷为主业，或者以放贷收益为主要利润来源的，则可能被认定为无效。如投资人为不具有贷款资格的金融企业，则应认定为无效。



## 三、“名股实债”存在哪些法律风险？

“名股实债”兼具股权投资和债权投资的优点，既可以降低融资企业杠杆（资产负债率），投资人又可以获得固定收益。但与传统的股权投资不同，投资人作为股东不参与融资企业的管理决策，对融资企业的可分配利润没有分配的权利。因此，在操作中可能存在法律风险，产生如下法律纠纷。

### （一）投资人股东身份确认及登记纠纷

获得股东身份是股权投资的重要标志，也是参与公司经营管理、获取投资收益的依据。出资或股权转让完成后，公司应修改公司章程，向股东签发出资证明书，将股东登记在股东名册中，并在工商行政管理部门登记。其中修改公司章程、向股东签发出资证明书，并将股东登记在股东名册中属于公司内部确认投资人股东身份的方式，但不能对抗公司股东以外的善意第三人；将变更后的股东身份、出资情况及公司章程在工商行政管理部门登记具有对抗第三人的法律效果。“名股实债”中，因投资人的目的并非获得融资企业的股份，而仅仅是

[1] 杜万华：《统一裁判标准正确适用法律规范民间借贷——杜万华详解〈关于审理民间借贷案件适用法律若干问题的规定〉》，载《人民法院报》2015 年 8 月 7 日，第 3 版。

[2] 《关于民间借贷纠纷案件的裁判指引（试行）》，资料来源于深圳市中级人民法院，2016 年 6 月 20 日访问。

获得固定收益，且融资企业的目的也不是引进投资人作为股东。因此，双方关于融资公司内部股东变更登记及工商行政管理部门登记均不太重视，如未及时进行登记，则埋下了发生股东确认及登记纠纷的隐患。

### （二）名义股东与实际出资人的纠纷

实际出资人又称隐名投资人，是指虽然投资人实际出资，但公司章程、股东名册、记名股票、出资证明书或证券结算登记机构和工商行政管理部门的登记材料等却显示他人为股东的一种投资方式。隐名投资出现的原因一般有规避法律规定、投资人不愿意公开信息、融资企业故意或过失未办理登记。在“名股实债”中，因投资人获得的固定收益与融资企业的经营状况没有必然关系，投资人也不参与融资企业的日常经营及决策。因此，投资人与融资企业在股东变更登记方面均不积极，虽然在增资协议或转让协议中明确投资人认购 / 受让融资企业的股份，且约定投资人占有的股权比例，但融资企业并不对增资、股权转让、新股东认购出资等行为变更公司章程并在工商行政管理部门作变更登记，也不向新股东出具出资证明书，股东名册及工商登记信息中仍保留原股东的名称及出资比例。



### （三）股权转让纠纷

#### 1. 瑕疵股权转让纠纷

瑕疵股权，是指因出资者在履行出资义务、股权记载、登记程序等环节存在违法、违规或者违约等瑕疵因素导致权利本身存在缺陷的股权，也即瑕疵股权未具备或者未完全具备《公司法》有关股权取得的形式要件和实质要件。[1] 其中一类典型的瑕疵股权就是虚假出资、出资不实及抽逃出资情况下的瑕疵股权。一方面，由于在“明股实债”投资中，投资人不参与融资企业的实际经营决策，也不按照出资比例分配收益，因此，在股权转让过程中怠于核实所受让股权的实际出资情况；另一方面，客观上存在部分地区工商行政管理缺位、股权转让方或融资企业守法诚信经营的观念淡薄、股权转让当事方真意认定难度大。以上两个方面的原因共同导致在“明股实债”中，瑕疵股权转让出现的可能性大，一旦出现纠纷，解决的难度将会很大。

#### 2. 未经审批、评估、进场交易转让国有股权纠纷

《企业国有产权转让管理暂行办法》（以下简称《暂行办法》）规定，国有股

[1] 陈立斌主编：《股权转让纠纷》，法律出版社 2015 年版，第 62 页。

权转让的，需报经有关机关进行审批。同时，《暂行办法》第 4 条规定：“企业国有产权转让应当在依法设立的产权交易机构中公开进行，不受地区、行业、出资或者隶属关系的限制。国家法律、行政法规另有规定的，从其规定。”另外，国务院《国有资产评估管理办法》第 3 条规定：“国有资产占有单位（以下简称占有单位）有下列情形之一的，应当进行资产评估：（一）资产拍卖、转让……”同时，《暂行办法》第 12 条第 1 款规定：“按照本办法规定的批准程序，企业国有产权转让事项经批准或者决定后，转让方应当组织转让标的企业按照有关规定开展清产核资……”第 13 条第 1 款规定：“在清产核资和审计的基础上，转让方应当委托具有相关资质的资产评估机构依照国家有关规定进行资产评估。评估报告经核准或者备案后，作为确定企业国有产权转让价格的参考依据。”根据上述规定，除非存在特殊规定，国有股权转让中，审批、评估及进场交易均按标准程序。审批、评估及场内交易均着眼于股权实际转让及防止国有资产流失，但这与“明股实债”的目的不符，因为在“明股实债”中，投资人并没有实际受让股权的意思，融资企业或转让方也没有实际转让股权的意思。于是，为了简便，在“明股实债”中，审批、评估及进场交易未严格执行，甚至被忽略，但这直接影响到股权转让合同的效力。一旦股权转让合同被确认无效，投资人期望得到的固定收益将没有合同依据。

综上所述，虽然投资人期望获得的是固定收益，且不参与融资企业的经营，但是仍然有必要取得形式上的权利凭证，这不仅仅是为了应对可能出现的纠纷，更是对投资人获得预期收益的一种保护。因为在投资内，融资企业或其股东不能按约定支付固定收益并回购股份，那么投资人所持有的股份将是实现收益的重要保障。同时，投资人在进行投资前的尽职调查时，不仅需要核实融资企业及其股东的经营情况、信用状况，还需要对所受让股份的出资情况及附在股份之上的权利限制进行详尽的调查，避免受让瑕疵股份给投资带来隐患。

## 四、结语——金融创新抑或规避监管？

“名股实债”作为一项金融工具创新，难以对其进行价值判断，其所起的作用完全取决于使用者的目的。当前，“去杠杆”已经上升到供给侧结构性改革的高度，“名股实债”之类的金融工具创新有广泛的市场，但为完成监管机构的要求而盲目推行“名股实债”“债转股”之类的措施，只是推迟了问题爆发的时间，积聚的不仅仅是其中的法律风险，更可能是席卷全社会的危机。

# 第二编
# 金融科技与法治

# 互联网金融犯罪：一个概念的界定

姚建龙* 王江淮**



概念界定是理论研究的基本起点。近年来，学界关于互联网金融犯罪的研究成果逐年增多，但在最基本的研究起点——互联网金融犯罪的概念界定上，仍然缺乏详细的论证，也尚未得到足够的重视。

## 一、互联网金融犯罪：现象、研究、术语的使用

### （一）从现象到研究：互联网金融犯罪研究的兴起

2015 年，上海市检察机关共受理金融犯罪审查逮捕案件 1387 件 1725 人，金融犯罪审查起诉案件 2140 件 2684 人。[1] 上海作为我国的金融中心，其金融犯罪人数的基数之大，反映了我国金融罪的严峻态势。另外，最高人民检察院新闻发言人肖玮表示，从检察机关办案数量来看，金融犯罪整体呈现快速上升趋势。2014 年，全国检察机关共批准逮捕金融犯罪案件 12883 件 16645 人，同比分别上升 59.4% 和 66%；受理移送审查起诉金融犯罪案件 21101 件 29483 人，同比分别上升 22.6% 和 25.69%；提起公诉 16591 件 22015 人，同比分别上升 13.46% 和 12.25%。[2] 这又表明了金融犯罪案件呈现急速增长的趋势。

2015 年，上海市检察机关办理的金融犯罪案件具有如下特点：涉互联网金融犯罪骤增。集中表现为涉 P2P 网络借贷案件集中爆发。例如，2014 年上海市检察机关受理涉 P2P 网络借贷刑事案件仅 1 件 1 人，涉案金额 105 万余元，投资者 20 余人。而 2015 年受理涉 P2P 网络借贷刑事案件共 36 件 139 人，其中集

---

* 姚建龙，上海政法学院刑事司法学院院长、教授、博士生导师。

** 王江淮，上海拱北海关缉私局科员。

[1] 肖凯等：《上海：发布 2015 年金融检察白皮书》，资料来源于新华网，2016 年 8 月 15 日访问。

[2] 王小伟：《最高检：保持对金融犯罪高压打击态势》，资料来源于搜狐网，2016 年 8 月 15 日访问。

资诈骗罪 4 件 19 人，非法吸收公众存款罪 32 件 120 人，涉案金额逾 12.83 亿元。[1] 互联网金融犯罪日益严重、普遍，与之相伴的是互联网金融犯罪研究的兴起。

### （二）互联网金融犯罪术语的使用

#### 1. 刑法中的表述

在我国刑法中，并不存在“互联网金融犯罪”这样的术语。我国刑法关于金融犯罪的规定基本位于第二编第三章第四节的“破坏金融管理秩序罪”和第五节的“金融诈骗罪”中。而关于互联网犯罪的专门规定，主要见于第二编第六章“妨害社会管理秩序罪”中的第 286 条——破坏计算机信息系统罪。互联网与金融犯罪的结合在刑法条文中尚未体现。





#### 2. 学界表述

学术界对于互联网金融犯罪的术语使用多种多样，既有“互联网金融犯罪”“金融互联网犯罪”，也有“计算机金融犯罪”“金融计算机犯罪”，还有“网络金融犯罪”或者“金融网络犯罪”等。值得注意的是，在 2005 年以前，学界习惯于使用计算机金融犯罪这一术语，而在近些年，该术语几乎完全被互联网金融犯罪或网络金融犯罪所取代。

#### 3. 官方表述

官方倾向于使用“互联网金融”这样的表述。例如，2013 年国务院《关于促进信息消费扩大内需的若干意见》指出：“推动互联网金融创新，规范互联网金融服务。”2014 年第十二届全国人民代表大会二次会议的工作报告指出：“促进互联网金融健康发展，完善金融监管协调机制……”2015 年十二届全国人大代表会三次会议的政府工作报告中也使用“互联网金融”一词。

#### 4. 本文的立场

“计算机”“网络”“计算机网络”“互联网”的具体含义并不相同。但事实上，上述不同主体借助这几个术语所表述的都是同一种事物，即金融领域的信息化、网络化及其所面临的风险（包括犯罪）。为避免术语的杂乱，本文统一采用“互联网金融犯罪”的术语。

## 二、互联网金融犯罪概念界定的现实：争议与分歧

尽管有关互联网金融犯罪的研究成果越来越多，但互联网金融犯罪的概念

[1] 肖凯等：《上海：发布 2015 年金融检察白皮书》，资料来源于新华网，2016 年 8 月 15 日访问。

界定尚未引起实务界与学界的应有的关注。既有的研究成果对于该概念的界定主要有以下几种模式。

### （一）工具说

所谓工具说，是指在界定互联网金融犯罪时，将互联网视为该类犯罪的工具，并将其作为核心要素进而对互联网金融犯罪进行界定。例如，有的学者认为，互联网金融犯罪的本质是金融犯罪，犯罪行为的事实或者犯罪目的的实现必须借助互联网媒介，这也是它与传统的金融犯罪的区别所在。[1] 有实务工作者也指出，金融领域的计算机犯罪，主要是以计算机为作案工具，以窃取、篡改、破坏以及非法输入数据，或非法修改软件程序为手段，来达到诈骗金钱，破坏金融机构正常运转的目的。[2] 计算机金融犯罪是指利用计算机实施金融诈骗、盗窃、贪污、挪用公款，在主观上具有以非法占有或挪用公私财产为目的的犯罪形式。[3]

工具说是一种较为直接的互联网金融犯罪概念界定方式。早年（尤其是2000年前后），学术界与实务界对于互联网金融犯罪的界定基本上都采取这种模式。时至今日，这种界定模式仍然有一定的市场。这种界定模式将“互联网”视为犯罪工具并作为互联网金融犯罪的最主要特征，进而进行概念的界定。其主要优点是：简洁明了的概念界定有利于学术研究、实务工作迅速、准确地掌握互联网金融犯罪的外延，明晰互联网金融犯罪的概念边界。然而，其缺点也非常明显——这种概念的内涵不够明确。在对一种犯罪进行界定时，仅对其犯罪工具进行确定，显然是片面的。因为犯罪工具只是互联网金融犯罪的要素之一，其无法揭示互联网金融犯罪的本质。

### （二）领域说

所谓领域说，也可以称为业务说，是指将金融领域或业务（包含互联网金融领域或业务）视为互联网金融犯罪概念的核心特征，主张互联网金融犯罪是指发生于互联网金融业务、领域中的犯罪行为。具体而言，这种领域说又可以分为“领域＋法益”说和“领域＋工具”说。

第一，“领域＋法益”说。这种学说主要是将互联网金融犯罪界定在互联网金融领域中，再通过刑法所保护的法益来确定互联网金融犯罪的范围。例如，

---

[1] 傅跃建、傅俊梅：《互联网金融犯罪及刑事救济路径》，载《法治研究》2014年第11期。

[2] 朱学明：《金融领域计算机犯罪与控制防范》，载《理论月刊》2004年第10期。

[3] 张志新、刘新平：《金融领域计算机犯罪特点与预防》，载《计算机安全》2002年第4期。

有的学者认为，所谓互联网金融犯罪，是指互联网金融业务活动中各类侵害金融秩序的犯罪行为。[1]

第二，“领域＋工具”说。这种学说在确定互联网金融犯罪的领域为金融领域（含互联网金融），再通过描述其犯罪手段或者工具来确定概念。比如，有学者认为，金融领域计算机犯罪，是指发生在金融领域内的通过使用计算机系统或者计算机网络侵害金融业务的犯罪行为。[2] 领域说的主要特征是先对互联网金融犯罪的发生领域进行确定，相当于一种空间上的范围确定，再辅之以其他特征描述，完成对概念的界定。这种以某种行业、领域作为犯罪空间，并作为概念中心进行界定的方式，在其他类型的犯罪概念界定中是较为少见的。其比纯粹以犯罪工具为互联网金融概念核心的工具说要更为明确。但其缺点与“工具说”一样，难以揭示互联网金融犯罪的本质。



## （三）其他学说

除了上述的工具说和领域说外，学界和实务界还存在其他模式的定义，但主要围绕上述概念界定中所用的“工具”“法益”“领域”等要素。

例如，“工具＋法益”说。有学者认为，所谓金融领域计算机犯罪，是指在金融电子时代，行为人以计算机资源为作案工具或者侵害对象而实施的，危害金融领域正常交易秩序、管理秩序，侵害公私财产所有权，情节严重的行为。[3]

再如，有的学者认为，从刑法学的角度，计算机犯罪是指违反国家规定，利用计算机系统的特性，侵犯计算机信息系统，危害社会信息交流安全，严重危害我国刑法所保护的各种社会关系，而应该负刑事责任的行为。而金融领域计算机犯罪是计算机犯罪中的一类，与其他计算机犯罪相较，具有两个特征：一是仅限于发生在金融领域范围内的计算机犯罪。这里的金融领域是指金融电子化环境下的银行、证券、投资公司、电子商务认证授权中心等金融业及其相关行业；二是它仍然属于计算机犯罪，具有计算机犯罪的共性，可能侵犯涉及金融领域的各种社会关系，不仅包括金融领域的正常交易秩序、管理秩序，公私财产所有权，还包括其他社会关系。[4]

上述关于互联网金融犯罪的概念界定模式划分，基本上涵盖了学界和理论

[1] 王铼、姜先良、宋宇：《互联网金融犯罪和刑法干预机理》，载《中国检察官》2016 年第 3 期。
[2] 王品：《金融计算机犯罪探析》，山东大学 2008 年硕士学位论文。
[3] 张竹英：《金融领域计算机犯罪的特征及法律对策》，载《社会科学家》1998 年第 4 期。
[4] 皮勇：《论金融领域计算机犯罪》，载《法学评论》2000 年第 2 期。

界在此问题上的各种观点。尽管概念界定存在多元观点，但这些分歧与争议尚没有引起学界对相关概念界定的重视，各种观点也缺乏详细的论证。当然，也有学者转换研究思路，忽略对互联网金融犯罪这个概念的定义，直接对一些类型化的互联网金融犯罪行为进行论述。例如，有的学者在对互联网金融犯罪专著中进行论述时，并不直接界定其具体概念，而是通过对互联网金融进行界定之后，在此范围内讨论互联网金融违法犯罪的样态。[1]

## 三、互联网金融犯罪概念界定的困境

理论上认为，给一个法律概念下定义时必须做到：其一，精确性；其二，客观性；其三，概括性；其四，周延性。[2] 这些应然的要求与现实的实践、研究之间存在一定的出入，也即互联网金融犯罪的概念界定所面临的困境。

### （一）概念界定精确性要求与构成要素模糊性之间的矛盾

概念界定的精确性，是指在界定某种概念时，必须准确无误，定义与所指对象一一对应，而不能含混不清。

互联网金融犯罪由互联网、金融、犯罪三个异质的词汇构成。这是一种复合型的概念，即由多个概念组成的一个新概念。在这当中，互联网是作为工具存在还是作为互联网金融的空间存在尚存争议。而金融犯罪更没有明确、权威公认的概念。学界存在“金融要素相关标准说”“行业或主体标准说”“目的、手段标准说”和“金融业务标准说”。[3] 在国外同样存在这种情况，“无论在荷兰还是在欧盟的法律文件里都没有金融犯罪的概念。在其他国家也不容易找到一个令人信服的定义。金融犯罪和许多其他类似的概念一样，人们只知道概念的核心，然而却无法确定其边界。”[4] 此外，犯罪的定义也存在不同语境、不同国境的区别。因此，当三个基本构成要素都存在一定的分歧、模糊性时，由其构成的互联网金融犯罪这个整体性的概念更加难以被精确定义。这就与界定概念时所要求的“精确性”存在矛盾。

[1] 郭华：《互联网那个金融犯罪概说》，法律出版社 2015 年版，第 78—88 页。

[2] 刘宪权：《金融犯罪刑法理论与实践》，北京大学出版社 2008 年版，第 2 页。

[3] 毛玲玲：《金融犯罪的实证研究——金融领域的刑法规范与司法制度反思》，法律出版社 2014 年版，第 4 页。

[4] 刘明祥、冯军主编：《金融犯罪的全球考察》，中国人民大学出版社 2008 年版，第 38—41 页。

## （二）概念界定的客观性要求与行业主导的概念界定之间的矛盾

尽管学术研究不可避免地会与研究者的主观想法密切相关，但作为概念界定，应当具备较强的科学性。这种概念界定的科学性应当体现为可重复性——不随个别研究者的偏好的改变而改变。

在互联网金融犯罪概念界定中甚至整个金融犯罪的刑事政策制定、刑事立法与司法中，金融行业和金融监管机构的主导性不容小觑。有学者指出，近年来，金融监管部门、金融行业积极促成、推动金融刑法资源的投入。他们利用专业知识优势、业务优势积极建言完善刑法修正案、帮助出台司法解释等，试图充分利用刑罚资源减轻自身压力、维护行业利益。[1] 金融行业的相关机构自然希望尽一切可能打击有害于金融机构的行为，并将金融监管责任转嫁给刑事司法，试图通过刑法来分担其监管压力。在有较大的利害关系的行业、机构的推动下，互联网金融犯罪概念的界定往往带有浓厚的行业色彩，包藏行业利益取向，而使概念界定缺乏客观性。在互联网金融犯罪的概念界定中，这种不客观性主要表现为概念的扩大化。例如，近年来，金融行业相关机构极力主张将部分新型的互联网金融不法行为纳入刑法规制。



## （三）概念界定的概括性、周延性与概念碎片化的现实之间的矛盾

对一个概念进行界定，应当具有概括性。所谓概括性，是指概念应当体现其所指向的对象的基本特征。当前对于互联网金融犯罪的概念界定所截取的“手段特征”“工具特征”“所侵害的法益特征”都是片段式的、碎片化的，即当前的概念界定往往只选择互联网金融犯罪的某个或者某两个特征进行定义，这在概括性上显然是不足的。

对一个概念进行界定也应当具备周延性。所谓周延性，是指在概念确定的外延范围内，应当涵盖全部情形。2013 年被称为互联网金融的元年，可见其是一种新生的事物。互联网金融犯罪往往与当前的金融创新密切相关。例如，P2P 行业、余额宝等金融创新的产物，伴随着不少金融风险，一旦这种风险转化成为实害，往往被界定为互联网金融犯罪。然而，互联网创新日新月异，很难通过一个既有的概念将其全部涵盖。互联网金融犯罪的定义也不例外。

---

[1] 毛玲玲：《金融犯罪的实证研究——金融领域的刑法规范与司法制度反思》，法律出版社 2014 年版，第 149—159 页。

## 四、互联网金融犯罪概念界定的新思路

正是因为在现实的环境中，互联网金融犯罪的概念界定面临着上述诸种矛盾，因此应当采取新的思路来解决矛盾。笔者认为，可以采取的新思路包括：概念界定和使用的前提是区分不同的语境；超越概念法学范式、超越部门利益、回归概念体系，并采用要素分析的方法进行概念界定。

### （一）互联网金融犯罪概念界定和使用的前提：区分不同语境

#### 1. 刑法学语境与犯罪社会学语境

在理论上，犯罪可以分为刑法学上的犯罪与犯罪社会学上的犯罪。刑法学上的犯罪是指我国《刑法》第 13 条所确定的具备社会危害性、触犯刑法、应受刑罚处罚的行为。而犯罪社会学上的犯罪的定义则较为宽泛，包括一切互联网金融中的不法行为、越轨行为。两种语境下的互联网金融犯罪所关注的重点并不相同，因此在概念界定和使用中应当注意区分这两种不同的语境。

#### 2. 本土语境与域外语境

在我国，危害社会的行为分为违法与犯罪两个层次。我国《刑法》第 13 条规定："一切危害……社会的行为，依照法律应当受刑罚处罚的，都是犯罪……"显然，我国判断犯罪的一个重要标准是"触犯刑法，应受刑罚处罚"。而危害社会但尚未触犯刑法的行为在我国不视为犯罪，而是将其视为违法行为，纳入行政处罚体系中。可见，我国将实质上危害社会的行为附加了"应受刑罚处罚"的形式要件而形成犯罪之概念，并建构出违法与犯罪两个实质相同而形式不同的层次。然而，国外大多数国家对于犯罪进行了广义上的定义，类似于我国的行政违法行为，在国外也被往往定义为犯罪行为。例如，德国 1871 年的《德国刑法典》还是按照传统的"三分法"，将重罪、轻罪、违警罪规定在同一部刑法典中，并规定对违警罪处以自由刑、罚金及拘役等刑罚。可见，中外关于"犯罪的概念"是存在较大的分歧的。

在对互联网金融犯罪概念进行界定和使用时，应当注意区分域外语境（刑事司法一元化）和本土语境（刑事司法二元化）。

### （二）互联网金融犯罪概念界定的新思维：超越与回归

#### 1. 超越概念法学范式

概念法学兴盛于 19 世纪的大陆法系，其信奉法律适用采取三段论的形式逻

辑操作即可胜任。[1] 在概念法学的形式逻辑下，罪刑法定是最高原则。然而，法律语言本身存在一定的局限性，如果按照形式主义地方式机械界定、解读，将难以反映互联网金融市场的实质。因此，在对互联网金融犯罪进行概念界定时，应当超越概念法学范式，以实证为依据，适当加入实质性要素，以满足动态的互联网金融犯罪的司法需求。

**2. 超越部门利益**

如前所述，部门利益下的概念界定具有较强的行业色彩，客观性不足。在对互联网金融犯罪进行概念界定时，不能仅仅站在金融机构的角度或者金融机构监管者的角度，也应从刑法谦抑性角度、金融创新角度出发，平衡不同角度的关系，避免使刑法资源沦为金融部门的利益代言工具。



**3. 体系化的回归**

在对互联网金融犯罪进行概念界定时，应将目光投掷于金融犯罪体系、经济犯罪体系甚至整个犯罪体系中。在具体的犯罪体系中找到其位置。这种体系化的回归能够避免金融犯罪相关概念的碎片化。在此，有必要指出的是，互联网金融犯罪宜作为金融犯罪的一种新类型，而不宜作为互联网犯罪的新类型。换言之，将金融犯罪作为互联网金融犯罪的上位概念更为合适。

## （三）互联网金融犯罪概念的具体界定：构成要素分析

互联网金融犯罪的要素大体包括以下几个：空间要素，即行为发生于何处；主体要素，即互联网金融犯罪的实施者；心理要素，即罪过形式；被害要素，即危害结果是什么；行为要素，即以什么样的方式实施。

**1. 空间要素**

绝大多数人认为，互联网金融犯罪都是发生于互联网空间内的。这种观点是建立在这样一种假设之上：互联网是一种空间。这种假设并没有错误，但是片面的。“以第三方网络支付、P2P 网络借贷、众筹融资、虚拟货币为代表的网络金融创新模式得以不断普及，网络金融改变了消费者的支付习惯、投资者的理财渠道以及资金的借贷融资方式，也改变了互联网媒介仅仅作为技术工具的传统角色，使其成为促进资源市场化配置的调控平台。”[2] 可见，互联网首先是一种技术工具，慢慢演变成为平台、空间。因此，在虚拟空间之外的现实社会中，

[1] 毛玲玲：《金融犯罪的实证研究——金融领域的刑法规范与司法制度反思》，法律出版社 2014 年版，第 7 页。

[2] 上海市浦东新区人民检察院课题组：《互联网金融犯罪治理研究》，载《山东警察学院学报》2016 年第 1 期。

也会存在互联网金融犯罪，不能说互联网金融犯罪的空间就是互联网。

笔者认为，互联网金融犯罪的空间应该为金融领域，而非互联网。将金融领域作为互联网金融犯罪的空间的理由是：无论是在犯罪的整个活动中的“互联网”还是“犯罪行为”，都必须发生在金融领域、围绕金融业务而展开，否则称不上是互联网金融犯罪。

**2. 主体要素**

主体要素，即指互联网金融犯罪的实施者。互联网金融犯罪的实施者既可以是自然人，也可以是单位。

值得注意的是，在金融犯罪中，人们往往把金融机构作为受害者而忽视其作为犯罪主体的情形。在互联网金融犯罪中，情况也是一样的。事实上，互联网金融机构作为犯罪主体的情况是较为普遍的。有的学者对当前互联网金融机构作为犯罪主体常见情形进行了归纳：第一类是相当普遍的“理财—资金池”模式引发的涉及资金池的犯罪；第二类是不合格借款人导致非法集资风险而引起的犯罪问题；第三类是典型的庞氏骗局引发的犯罪。[1]

**3. 心理要素**

与一般的金融犯罪一样，互联网金融犯罪中的心理要素基本上都是故意，过失不构成此类犯罪。此外，在互联网金融犯罪中，部分罪名要求行为人以非法占有为目的。

**4. 被害要素**

作为一种特殊类型的金融犯罪，互联网金融犯罪所侵害的对象一般是金融机构或者金融消费者。其所侵犯的客体既包括金融管理秩序（尤其是互联网金融管理秩序）也包括他人的财产权。例如，利用网络技术的疏漏，攻击互联网金融系统，窃取个人账户上或者金融机构的资金，个人或者金融机构因此成为受害对象。

**5. 行为要素**

行为要素是属于互联网金融犯罪的客观方面、外在事实特征之一。行为要素在互联网金融犯罪的概念界定中居于主要地位。互联网金融犯罪的行为要素在具体的罪名中有具体的规定，只要通过互联网形式实施的金融犯罪都属于互联网金融犯罪。

发生上面五个要素的结合时，只要上述的空间要素、主体要素、心理要素、被害要素、行为要素中的一个或多个要素涉及互联网的，即可界定为互联网金

[1] 郭华著：《互联网金融犯罪概说》，法律出版社 2015 年版，第 78—81 页。

融犯罪。

综上所述，本文认为，一般而言，互联网金融犯罪是指发生在金融领域内的，在空间要素、主体要素、心理要素、被害要素或行为要素中的一个或多个要素涉及互联网的犯罪行为。具体在刑法的语境中，互联网金融犯罪是指发生在金融领域内的，在空间要素、主体要素、心理要素、被害要素或行为要素五个要素中的一个或多个要素涉及互联网的、具备社会危害性和刑事违法性、应受刑罚处罚的行为。但情节显著轻微危害不大的，不认为是互联网金融犯罪。

# 我国互联网金融风险法律监管体制初探*

朱绵茂**

## 一、互联网金融解析



互联网金融是传统金融机构与互联网企业利用互联网技术和信息通信技术实现资金融通、支付、投资和信息中介服务的新型金融业务模式。它的主体通过依法合规设立互联网支付机构、网络借贷平台、股权众筹融资平台等方式来实现对互联网金融业务的创新。它有三个主要特征：一是以大数据、云计算、社交网络和搜索引擎为基础的客户信息挖掘和信用风险管理；二是以点对点直接交易为基础进行金融资源配置；三是第三方互联网支付在资金划转上起基础性作用。近几年我国的互联网金融业务量呈井喷式发展，以第三方支付、P2P网贷、余额宝、众筹、网络销售基金、金融机构创新平台等多种形式的互联网金融业务竞相发展，中国市场规模已是世界第一，但互联网金融可能引发的风险及法律问题还未引起足够关注，还基本处于无门槛、无标准、无法律、监管难的状态。新华社刊发的“e租宝”非法集资案真相调查称，从2014年7月“e租宝”上线至2015年12月被查封，“e租宝”是钰诚集团及其关联公司下属的金易融（北京）网络科技有限公司运营的网络平台，“钰诚系”以高额利息为诱饵，虚构融资租赁项目，持续采用借新还旧、自我担保等方式大量非法吸收公众资金犯罪，涉案金额达500多亿元，受害人90多万人[1]。公安机关数据显示，2015年全国P2P、融资担保等领域非法集资犯罪较上年上升48.8%。一些“财富机构”打着“网络理财”的招牌，线下大量揽客，更把很多不明就里的老年人的养老积蓄

---

* 本文系2016年国家社会科学基金项目（批准号16BFX130）《互联网金融市场准入和风险法律监管研究》的阶段性成果。

** 朱绵茂，海南政法职业学院副校长、教授、法学博士后。

[1] 白阳、陈寂：《“e租宝”非法集资案真相调查》，资料来源于新华社，2016年3月16日访问。

“圈”了进去。[1] 由于“e 租宝”事件，全国除江西和陕西由于互联网金融刚刚起步外，都暂停了互联网金融平台的申报注册，给我国互联网金融的发展带来很大影响，作为创新业务，互联网金融相比传统金融，显得自由、开放，然而其在市场准入、信息安全、信用评估和风险控制等方面的制度设计却不能及时跟上，制度缺漏可能淤积风险。我国互联网金融监管法规明显滞后于业务创新，仅制定了2010 年《非金融机构支付服务管理办法》和 2013 年《支付机构客户备付金存管办法》，央行最近向多家机构下发《支付机构网络支付业务管理办法》和《手机支付业务发展指导意见》，《互联网保险业务监管暂行办法》2015 年 7 月 27 日正式出台，这是互联网金融指导意见发布后面世的首份行业配套文件。2015 年 7 月 18 日，中国人民银行、工业和信息化部、公安部、财政部、国家工商总局、国务院法制办、中国银行业监督管理委员会、中国证券监督管理委员会、中国保险监督管理委员会、国家互联网信息办公室联合印发了《关于促进互联网金融健康发展的指导意见》，《关于促进互联网金融健康发展的指导意见》按照“依法监管、适度监管、分类监管、协同监管、创新监管”的原则，确立了互联网支付、网络借贷、股权众筹融资、互联网基金销售、互联网保险、互联网信托和互联网消费金融等互联网金融主要业态的监管职责分工，落实了监管责任，明确了业务边界。但是由于没有法律规定无法解决 P2P 网贷、众筹行业的法律定位、监管内容、监管原则和法律依据等问题，在现有金融监管体制和法律制度下，存在严重的法律真空而无法做到有法可依，立法和监管滞后，监管真空或监管重叠并存，使得我国互联网金融风险不断积聚，这一课题提出立法建议，制定良好的法律填补空白和建立完善的市场准入及其监督机制，改善和加强对其的法律监管已是当务之急。



## 二、我国互联网金融存在的主要风险

互联网金融在提高效率、提升用户便捷性等方面，交易成本更低，资源得到了更有效快捷的配置，在一定程度上弥补了传统金融服务的不足，但是也不能忽视互联网金融存在的潜在风险。目前我国互联网金融存在的主要风险有：

### （一）技术风险

由于互联网金融依托的是计算机网络，网络系统自身的缺陷、管理漏洞、

[1] 吴雨、张遥：《互联网金融：创新与监管难两全》，资料来源于经济参考报，2016 年 4 月 8 日访问。

计算机病毒、黑客攻击等都会引起技术安全风险。随着数据的爆炸式增长，海量数据集中存储，能够方便数据的分析、处理，但安全管理不当，易造成信息的泄露、丢失、损坏，在互联网金融业务中，技术风险可能导致整个金融系统出现系统性风险，进而导致体系的崩溃，在互联网金融业务中，技术风险可能导致整个金融系统出现系统性风险，进而导致体系的崩溃，同时TCP/IP协议自身的安全性面临较大非议，而当前的密钥管理与加密技术也不完善，这就导致互联网金融体系很容易遭受计算机病毒以及网络黑客的攻击。互联网和信息技术日益发达，对信息的窃取已不再需要物理地、强制性地侵入系统，因此对大数据的安全管理能力也提出了更高的要求。互联网金融涉及国家金融体系的重要内容，大量的互联网金融数据既能反映一个国家的政治、经济等方面的状态，还可能被利用以直接影响公众的日常生活和民众意识。这些系统一旦出现漏洞，国家金融经济体系都将陷入瘫痪状态，国家安全也将因此受到损害。我国互联网金融业作为一个新兴产业，海量大数据关乎国家利益，应更加重视互联网金融的信息安全问题。



### （二）信用风险

由于网上“刷信用”“改评价”的行为仍然存在，网络数据的真实性、可靠性会受到影响。互联网理财产品能否实现其承诺的投资收益率。在全球经济增长低迷、中国经济潜在增速下降、国内制造业存在普遍产能过剩、国内服务业开放不足、影子银行体系风险逐渐显现，从而产生信用违约风险，同时不少互联网平台缺乏长期的数据积累，风险计量模型的科学性也有待验证。随着互联网金融平台的增加，近年来也发生了大量的互联网金融平台卷款跑路的风险事件。互联网金融领域的部分业务之所以频发风险，除了因为相关针对性监管措施缺位以外，还与企业自律意识不强、失信成本太低、征信制度尚未建立起来等方面的问题息息相关。

### （三）互联网金融监管风险

在理财领域，不少网络理财平台“混业”经营，既做P2P网贷撮合业务，也代售基金、保险等金融产品。究其实际，多为“无牌”经营，没有任何代销牌照，有的业务之间没有设立好“防火墙”，风险极易传染。互联网金融当中的网络银行、手机银行等的交易和支付过程均在互联网或者移动互联网上完成，交易的虚拟化使金融业务失去了时间和地理限制，交易对象变得模糊，交易过程更加不透明，金融风险形式更加多样化。由于被监管者和监管者之间信息不对称，金融监管机构难以准确了解金融机构资产负债实际情况，难以针对可能的金融风险采取切实有效的金融监管手段。在“一行三会”都无法有效监管互联网金融机构的同时，地方金融局办则苦不堪言，他们确实难以事先监管那些在外省简单工商注册，在本省并无法人机构落地，却广泛展开玄虚业务的所谓互联网金融机构。

互联网金融还使得金融监管更加扑朔迷离。因为，从混业经营模式来看，网络金融超市就是一个典型的混业经营模式。在互联网金融模式下，金融机构不仅在网站上推出储蓄、融资、证券、保险、基金、外汇、结算、托管、理财等一站式金融服务，创建网上商城为广大企业和个人提供专业化的电子商务和金融支持服务，而且还加强与电子商务平台之间的合作，远远超越了在传统金融运行模式下所能经营的业务品种和模式，如交通银行（601328，股吧）和阿里巴巴合作推出交通银行淘宝旗舰店，国华人寿通过淘宝聚划算网络平台出售万能险团购产品。尽管包括央行、证监会、银监会、保监会和工信部在内的相关部门此前已注意到互联网金融潜在的风险，但深入、全方面的风险监管方式和机制尚未到位，从而产生一系列的监管风险。[1]



### （四）法律风险

我国有关金融的法律法规的规制对象主要是传统金融领域，由于无法涵盖互联网金融的众多方面，更无法贴合互联网金融的独有特性，势必会造成一定的法律冲突，如有关互联网金融市场的企业准入标准、运作方式的合法性、交易者的身份认证等方面，尚无详细明确的法律规范。互联网金融企业极易游走于法律盲区和监管漏洞之间，进行非法经营，甚至出现非法吸收公众存款、非法集资等现象，累积了不少风险。网民在借助互联网提供或享受金融服务的过程中，将面临法律缺失和法律冲突的风险，容易陷入法律盲区的纠纷之中，不仅增加了交易费用，还影响互联网金融的健康发展。[2]

当前互联网支付行业法律体系尚未健全，尤其是监管体制并不完善，特别是《反洗钱法》及中国人民银行《金融机构反洗钱规定》等法律、规章对于互联网支付机构的反洗钱行为并未有相应的规范和约束，这也在一定程度上为犯罪分子实施洗钱犯罪提供了可乘之机。互联网金融面临的擅自发行股票风险主要发生在股权众筹领域。我国开展股权众筹的大部分平台为规避法律风险采用

---

[1] 杨勇：《浅议互联网金融风险控制与监管》，载《中国经济时报》2014年12月29日，第6版。

[2] 董伟：《互联网金融面临四大风险》，载《中国青年报》2014年3月17日，第2版。

了“线上 + 线下”的运行模式。平台首先展示融资方的融资金额与股权转让比例等信息，吸引感兴趣的投资者。在意向投资人与意向投资金额达到预期后，所有的活动转入线下，意向投资人按照《公司法》等法律法规进行股权投资操作，股份的转让则采取投资者凑满融资额度后成立有限合伙企业，以有限合伙的名义入股公司的模式进行。如此一来，由于融资方并不直接发行股票而是采用转让股权的方式，并且名义上的股权受让者只有一家有限合伙企业，远未达到超过 200 人的标准。根据我国《证券法》第 10 条、《刑法》第 179 条以及相关司法解释的有关规定，向不特定对象发行股票或者向特定对象发行股票累计超过 200 人的均为公开发行，而公开发行股票的，必须依法报经有关部门核准，否则擅自发行股票，数额巨大的，可能构成擅自发行股票罪，一旦发生问题会带来一系列法律风险。[1] 同时部分互联网金融产品（尤其是理财产品）游走于合法与非法之间的灰色区域，稍有不慎就可能触碰到“非法吸收公众存款罪”或“非法集资罪”的高压线而构成犯罪。



## 三、我国互联网金融的监管方式

由于网络交易速度快、交易成本低，基于互联网金融这一创新模式将在今后的 20 年中成为金融运行系统的主流，加强互联网金融风险的法律监管研究非常迫切。

### （一）我国互联网金融发展现状和监管基本原则

近年我国互联网金融发展迅速，正日益成为正规金融的补充。互联网金融具有开放、共享、平等、普惠、去中心化等特点，是一种更加民主化、而非少数专业精英控制的金融模式，比正规金融机构更加草根化，更加贴近大众，更加注重客户体验，更加符合小微企业发展的需要，互联网金融主要还是一种适应供给变化（即信息技术的发展）的普惠金融创新。对新兴互联网金融监管应当有所包容。但是，要防止在制度、主体、行为等各个层面形成割裂，要构建符合公开、公平、公正原则的金融市场。互联网金融有助于更好地服务实体经济和金融消费者，对于这样一类新出现的金融业态，在金融监管上采取什么样的金融监管理念和原则将严重影响到我国金融创新和互联网金融的迅速发展，这是本节研究的重点和难点。

[1] 佚名：《互联网金融的两大风险》，资料来源于高顿网，2015 年 9 月 10 日访问。

### （二）第三方支付之监管

第三方支付是指非金融机构作为收、付款人的支付中介所提供的网络支付、预付卡、银行卡收单以及中国人民银行确定的其他支付业务，央行支付业务许可证已经下发了近300张第三方支付牌照，每一张《支付业务许可证》都对业务覆盖范围和业务类型做了具体的界定，持证企业必须在规定范围之内开展业务。其业务覆盖范围明确了业务开展的地域范围，有全国、多省市和单省市的；业务类型包括银行卡收单、互联网支付、移动电话支付、固定电话支付、预付卡发行与受理中的一项或多项，但是具备什么条件发什么样的支付牌照没有明确的规定，市场准入门槛不明确。



第三方支付机构是在商业交易人与银行之外通过互联网提供资金支付服务的商业主体，通过对支付宝和微信支付的分析，当支付不再利用银行的支付体系进行而通过第三方在互联网上作为媒介进行支付，便出现了这些第三方支付所衍生的大量的金融风险，从而产生一系列如何监管、是否有法律适用以及如何适用的问题，如根据人民银行等部门出台的《关于促进互联网金融健康发展的指导意见》，网络平台只进行信息中介服务，不能自设资金池，不提供信用担保。在“e租宝”事件中据警方调查，“e租宝”将吸收来的资金以“借道”第三方支付平台的形式进入自设的资金池，相当于把资金从“左口袋”放到了“右口袋”。我国央行下发的《支付机构网络支付业务管理办法》，如一石激起千层浪；在不存在管制的情况下，第三方支付机构几乎能够完成当前银行所完成的一切业务。因此，第三方支付行为的边界，可以和银行画等号，可见第三方支付机构的性质并不完全是一个商业运行的问题，更多的是一个法律管制的问题。如果我们将第三方支付视为金融机构甚至银行，那么我们完全可以向合乎要求的第三方支付发放银行牌照，进而对其适用银行的管制，而如将第三方支付视为中介服务机构，那么如何对其资金的托管安全进行保障才是立法的重点。遗憾的是我国目前对第三方支付认定的角色是非金融机构，《非金融机构支付服务管理办法》开明宗义地将第三方支付界定为非金融机构，禁止支付机构从事除资金转移之外的任何行为。笔者认为，对第三方支付的监管应当追求两个目标：（1）保障第三方支付按约进行支付的能力；（2）盘活第三方支付所掌握的资金与信息。在互联网上，由于信息都是以极低的成本被发布与被获取，因此计算机可以直接将供需信息进行配对，形成全民贷款给全民的民主金融——“草根”金融。传统中金融的“一对多”被互联网金融的“多对多”所取代。这种极强的信息处理能力是有效地处理金融风险的前提。互联网金融比传统金融业对风险的分散能力更强，而不是更弱，信息更透明。当第三方支付通过支付交易形成的信息得到比银行更为精准的金融数据之后，其所掌握的大量沉淀资金必然会产生强烈的投资冲动，但我国网络第三方支付企业性质的模糊、支付资金的沉淀利息归属、监管机构缺失、偷税漏税及犯罪现象频发等，都是第三方支付领域面临比较凸显的法律问题，因此必须要明确第三方支付平台的法律地位和互联网第三方支付参与主体的法律关系，明确各参与方的权利义务及法律责任。中国人民银行正式下发了《非银行支付机构网络支付业务管理办法》，为网络支付的账户分类与监管及法律责任等进行了明确的规范，《非银行支付机构网络支付业务管理办法》已于 2016 年 7 月 1 日正式实施。本节研究的重点难点是第三方支付是否应当被限制在小额支付领域和资金转移者角色中，还是依据第三方支付机构的金融属性赋予第三方支付以金融机构的身份，在允许它从事更多投资活动的同时，加强资金的流动性监管，能够更好地发挥第三方支付机构对金融和我国经济的促进作用，以及如何制定什么样的法律对它的业务和产生的风险进行有效的监管。



### （三）P2P 网络贷款监管

P2P 网络贷款监管（peer to peer），即点对点信贷，这一网络贷款是由于互联网技术脱离对银行等金融中介的依赖由个人与个人之间直接进行资金借贷。我国的主要模式有：拍拍贷：无抵押无担保模式；宜信：无抵押有担保模式。截至 2015 年 10 月底，全国 P2P 平台历史累计成交量突破万亿元大关，达到 10983.49 亿元。

P2P 网贷存在以下风险法律问题：一是 P2P 平台无准入门槛、无行业监管，买个模板，召集几个人就可以建立 P2P 平台，这给很多违法分子以可乘之机。二是资金池问题，平台没有第三方资金托管或者表面有托管但实际是伪托管，资金依然控制在平台手中，平台可以随意挪用客户资金。三是平台自融问题，平台欺骗投资人而虚构借款人，实际是借 P2P 名义进行自我融资，引起流动性风险。四是信用问题，我国的征信体系不完善，P2P 平台没有接入央行的征信系统，而且对于小微个体，央行的征信也不能完全覆盖。五是流动性风险，有的平台实际上行使了金融机构的职能，变相吸储放贷，且产生的信贷存量没有存贷比、准备金等“防火墙”设置，杠杆极度放大，造成流动性问题。在网贷平台的监管方面，美国证券交易委员会已宣称其将对 P2P 进行监管，要求 P2P 公司依据证券法的要求作为发行人予以注册。然而我国网贷平台业务基本上处于零监管状态，通过对我国“宜信”模式存在的法律问题和法律关系进行分析，同时提出的对策性监管主体和法律解决方案，除应加强立法、完善监管外，行业自身的自律与规范至关重要。2015 年 1 月，银监会宣布进行机构调整，新设普惠金融工作部，P2P 将划归普惠金融工作部监管，12 月 28 日，银监会携手工信部、公安部、国家互联网信息办公室等部门共同研究起草了《网络借贷信息中介机构业务活动管理暂行办法（意见征求稿）》，《网络借贷信息中介机构业务活动管理暂行办法（意见征求稿）》明文规定了 12 种网络借贷信息中介机构的 12 种禁止行为，以负面清单的形式，正式为网络借贷划定了业务边界但该办法没有生效，有了明确的监管机构和部门则如何制定良好的法律进行监管成为研究重点。



### （四）众筹监管

众筹是指个人或小企业通过互联网向大众筹集资金或者商品的一种项目融资方式，其项目投资人可能来自世界各地。根据众筹的筹集目的和回报方式，可以分为商品众筹和股权众筹两大类。一个众筹项目的完整运作往往包括三类角色：筹资人、平台运营方和投资者。筹资人，又称项目发起人或项目创建人，在众筹平台上创建项目介绍自己的产品、创意或需求，设定筹资模式、筹资期限、目标筹资额和预期回报；平台运营方，负责审核、展示筹资人创建的项目，提供各种支持服务；投资者，选择投资目标，根据项目设定的投资档位进行投资后，等待预期回报。盈利来源可以分为三个部分：交易手续费、增值服务收费、流量导入与营销费用。商品众筹多以产品预售形式开展，遇到的法律问题较少，发展速度也比较快。股权众筹的问题比较复杂，在不同国家受到不同的监管待遇，甚至为现行法律所禁止，不得不采用各种变通方法规避风险。众筹在我国可能面临的风险主要有：一是众筹模式的参与对象十分广泛，如果引发诉讼，波及面很大，甚至是集团诉讼。二是可能存在资金池风险和项目发起者的违约等风险。若众筹平台在无明确投资项目的情况下，事先归集投资者资金，形成资金池，然后公开宣传、吸引项目上线，再对项目进行投资，则存在非法集资的嫌疑；若平台在投资人不知情的情况下将资金池中的资金转移或挪作他用，更有导致集资诈骗罪的可能。三是法律规定，未经中国人民银行许可，任何非金融机构和个人不得从事或变相从事支付业务。众筹平台没有取得支付业务许可证，但实际上一些平台往往充当支付中介的角色，众筹平台来掌控资金，没有合法依据。四是项目发起者在募集成功后不兑现承诺甚至把资金挪作他用，众筹平台后期的监督缺乏，导致众筹人的违约诉讼甚至欺诈犯罪。五是部分股权众筹平台未经批准直接向普通民众发售股份涉嫌违反《证券法》，投资者权益的保护极其薄弱。众筹同时具有吸收公众存款、公筹资金、出售股权、跨市场理财等性质，同时涉及中国人民银行、银监会、证监会等三大机构的监管范围，此外众筹本身还涉及创意项目发起人的知识产权，显而易见，任何一个单独的监管部门都不可能全面有效地监管众筹，而我国现有的《证券法》和《公司法》等法律存在针对股权众筹的制度障碍，这就直接阻碍了股权众筹在我国的正常发展，如何确定我国股权众筹监管机构、如何制定法律建立投资者准入门槛以及如何能够保护投资人的利益成为研究难点。

### （五）互联网金融消费者保护和涉及犯罪问题

我国互联网金融消费者面临资金被盗、交易欺诈、个人信息被窃取、隐私泄露的风险，金融消费者的合法权益频繁遭受侵害，互联网金融消费者权益保护，应当加强互联网金融消费者权益保护的立法。日本 2006 年实施《金融商品交易法》、我国台湾地区 2011 年实施“金融消费者保护法”，而我国大陆的《消费者权益保护法》主要针对的仍是普通商品和服务，对金融商品和服务这一特殊形式，仅有修改后的第 28 条一个条款不能满足金融消费者保护的需要。鉴于金融产品的复杂性和高风险性，一般消费者的专业知识不足，往往处于弱势地位，因此加强对消费者的财产权、信息权、隐私权、公平交易权、诉讼权的保护显得非常必要。



第三方支付主要涉及的是信用卡诈骗罪和洗钱罪。信用卡套现是指持卡人以虚构交易的方式，将信用额度以内的资金以现金方式套取，逃避支付银行费用的行为。第三方支付平台由于存在交易匿名性、隐蔽性的问题，不注意会滋生洗钱犯罪。P2P 网贷在刑事方面主要涉及两类刑事犯罪：《刑法》第 176 条规定的非法吸收公众存款罪和第 192 条规定的集资诈骗罪。众筹可能涉及三类刑事犯罪，即《刑法》第 176 条规定的非法吸收公众存款罪、第 192 条规定的集资诈骗罪和第 179 条规定的擅自发行股票、公司、企业债券罪，政府机关要对互联网金融机构和参与者构成犯罪的行为进行打击。

## 四、我国的整体监管机制和法律对策

### （一）依法清理整顿并建立良好的市场准入制度

一是对存量网络金融平台公司进行清理整顿和登记管理，对增量实施市场准入管理。制定管理规定网络信贷机构申请牌照的注册资本要求以及对申请人资格、运营规则和内控制度建设方面的标准，以此限定经营主体范围、防止网络信贷平台盲目无序发展引发各种各样的金融危机。同时，建立市场退出机制，实现市场自然整合与优胜劣汰。在此基础上，允许满足监管要求的存量机构继续经营，不满足监管要求的勒令整改，整改合格的可以继续经营，不合格的依法予以关闭。新设立的网络金融平台公司按照监管要求实施审批管理，合格的允许开展经营，不合格的不得经营。二是明确要求网络金融平台公司拿到地方主管部门和国家主管机关的批文后，才能并且必须在银行开立资金账户，明确要求自有资金账户和客户资金托管账户独立封闭运行，从而建立良好的市场准入制度。



### （二）加快建立我国统一的征信系统

成熟的征信系统对整个金融行业甚至实体行业的风险控制、健康发展都有着重大作用，支撑金融发展的根本要素即为“信用”，因此完善征信体系的建设、利用大数据分析和云计算等技术对信用筛选机制的建立也有重要意义。目前，我国互联网企业的数据积累是各自独立完成的，与中国人民银行征信系统的信用记录也是相互隔离，独立开发的。为了进一步提高金融市场资金配置效率，有必要建立一个统一的、详尽的综合性征信体系。同时，中国人民银行可以提供的征信记录范围仍然有限，未能覆盖众多小微企业以及个人。而互联网金融机构拥有众多小微企业和网络个人用户的行为数据，常年的用户信用积累是其发展壮大的核心支撑力量，目前比较难以与其他机构实现信息互通共享。央行2016年1月印发《关于做好个人征信业务准备工作的通知》，商业化个人征信机构正式进入监管视野，芝麻信用、腾讯征信等8家征信机构准备工作已基本完成，只待央行颁发“准生证”，征信是金融的基础设施，大数据征信则是互联网金融的基础设施，个人征信市场的开放意义重大，也有利于防范金融风险的发生。同时应将正规行政部门登记的个人纳税、交通违章、房屋租赁、水电费用缴纳、电话网络登记、司法判决等各方面的记录纳入个人信用系统中，编制成《个人信用报告》；同时将企业在工商部门的工商信息，在税务部门的纳税信息，在司法部门的诉讼记录等也一并纳入企业信用系统中，编制成《企业信用报告》[1]，并依托央行征信系统建立覆盖第三方支付、P2P网贷、余额宝、众筹、网络销售基金、金融机构创新平台以及小微企业、互联网金融投资人和消费者等的面向

[1] 杜丽群：《互联网金融创新发展重在防范和规避信用风险》，资料来源于新浪财经网，2015年3月11日访问。

全球的征信系统，让广大的互联网金融参与者能够迅速地了解互联网金融平台，参与企业和个人的信用记录从而尽可能地减少各种信用风险，严防信用缺失和网上欺诈行为乃至于犯罪行为等风险的发生。通过这些信用保障制度的建立可以为互联网金融提供信用保证，该制度便利小微企业融资，为小微企业健康发展提供有效的制度保障。

### （三）建立我国良好的互联网金融监管模式和机制

针对我国互联网金融大发展趋势，中国原有的金融监管模式是以机构监管为导向的分业监管模式，在这种监管模式下，互联网金融的跨界业务融合，我国的监管部门将会建立基本的市场准入及其监管制度和标准，把互联网金融按照第三方支付、网贷（P2P）、众筹、互联网保险等进行分类，要明确监管机构的监管手段和职责，对这些金融机构创新平台采取功能监管的方式进行监督，央行、银监会、证监会、保监会等各部门对互联网金融机构协作监管。在互联网发展初期，一是要采取央行牵头，统一各部门协调监管的协同监管的理念和模式，同时要建立互联网金融网站市场准入审批备案制，严格最低注册资本要求，建立信息披露制度，明确风险提示，建立合格投资者制度，加强网络信息安全，加强反洗钱，加强及重视消费者权益保护，加强行业自律和信用基础设施的建设，加强数据统计工作，加强财税扶持政策，互联网金融监管的重点将为互联网支付、P2P 网络借贷、众筹、互联网基金销售和互联网保险五大领域。二是要解决现行金融监管体系无法完全覆盖，互联网金融监管处于法律真空地带，目前情形下要积极推进机构监管和功能监管的结合，并逐步转向以功能为导向的分业监管模式，才能将互联网金融业务纳入现有监管体系中，实施有效的监管。三是解决互联网金融交易的虚拟化、交易对象的全球化和交易时间缩短、交易频率较快导致金融监管手段欠缺这些问题。四是应在互联网金融行政许可、内控制度、规范运行等方面建立适应互联网金融发展，有助于防范和控制风险的监管指标体系的建立。五是互联网金融是一种跨界业务融合，不仅涉及金融领域内各业务的混业经营，还涉及金融与信息、科技等领域的业务融合，建立良好的监管协调机制，才能避免监管漏洞，实施有效监管。

通过对第三方支付、P2P 网贷、余额宝、众筹等互联网金融平台的功能、业务流程、经营模式、存在风险以及法律调控的缺失的详尽分析，针对这些金融创新提出明确监管机构，在互联网发展初期可以采取央行牵头，统一各部门协调监管的协同监管的理念和模式。

## （四）要通过科技投入防范技术风险

要通过科技投入防范技术风险，确保信息的完整性、准确性和真实性。建立安全可信的互联网金融网站认证体系，大力发展具有自主知识产权的信息技术设备，提高计算机系统关键技术的水平和关键设备的安全防御能力，以防止客户资料被窃取、客户资金被盗用及来自网络内外部的恶意攻击等事件发生，同时应采用安全监测及安全控件等方式保证互联网金融交易平稳进行，并在开展互联网金融业务时引入电子认证和签名技术，保证参与各方信息的真实性、完整性和准确性，因此，互联网企业必须对自身的交易系统、数据系统等进行持续的高投入以保障安全。



## （五）借鉴域外立法制定互联网金融监管的统一法律

美国不断加强互联网金融基础法律立法工作。2012 年 4 月 5 日，美国前总统奥巴马正式签署生效了《工商初创企业推动法案》（Jumpstart Our Business Startups Act，JOBS 法案），承认众筹作为企业直接融资的方式。适用于 P2P 行业的联邦借贷与消费者金融保护法案有《真实借贷法案》（Truth Lending Act）、《平等信贷机会法案》（Equal Credit Opportunity Act）等共计 10 余个，这些法律详细规定了披露信贷条款、禁止歧视、监管贷款回收方式、禁止不公平交易或者欺骗性条款和做法、保护消费者个人金融信息、采取反洗钱措施等。欧盟针对电子货币及电子货币机构的监管专门制定了相应法律法规，2001 年颁布的《电子签名共同框架指引》。同年颁布的《电子货币指引》和《电子货币机构指引》，规定了第三方支付主体的营业执照问题，即非银行的电子支付服务商必须取得与金融部门有关的营业执照。2013 年 7 月，欧盟委员会发布《支付服务指令管理规定（修订版）》，在加强支付领域消费者权益保护、加强支付机构监管，强化客户支付认证等方面提出政策措施。英国金融行为监管局（FCA）发布了《关于众筹平台和其他相似活动的规范行为征求意见报告》，对规范众筹业务提出了若干监管建议。2014 年 3 月 6 日，发布了《关于网络众筹和通过其他方式发行不易变现证券的监管规则》（以下简称《众筹监管规则》），并于 2014 年 4 月 1 日起正式施行。法国 P2P 信贷和众筹都属于“参与融资”的范畴，法国金融审慎监管局（ACPR）对行业中的机构准入、个体行为等进行监管，金融市场管理局（AMF）对行业规范和涉及金融市场和产品的部分进行监管。

在互联网金融中，“P2P 网络借贷平台”“股权众筹融资平台”并不是提供信用的主体，而仅仅是传递信息的平台，这样的平台仅仅为投资方和融资方提供信息交互、撮合、资信评估等中介服务，并不吸收公众存款，平台具有信息中介性质，不提供增信服务，坚持平台功能才能防止各种金融风险的发生。根据互联网金融这一金融创新给已有法律造成的挑战，我国应修改《商业银行法》《证券法》《票据法》《担保法》《保险法》等法律中不适合互联网金融发展的部分，要借鉴欧美国家立法制定我国统一监管法律——《互联网金融监督管理法》，对该法的立法原则、监管机构、监管内容和方法，整个法律框架力争制定出草案。对互联网金融的司法问题主要集团诉讼问题。由于交易简便，投资门槛低，互联网金融呈现出参与者众多的特点，如果平台出现系统性风险，使大量投资者的财产造成损害，有可能会引发集团诉讼。我们必须做好相关的立法和司法准备，建议由最高人民法院通过司法解释的方法建立针对互联网金融纠纷的集团诉讼制度和借鉴美国、韩国、法国的 ADR 制度，并结合本国实际情况，探索替代诉讼纠纷解决方式，建立针对互联网金融的多种纠纷解决机制。

法律法规是国家实施金融监管、保障金融安全的根本依据，建立健全互联网金融监管法律法规体系是我国互联网金融持续健康发展的重要保证。我国现行金融法律，如《商业银行法》《证券法》和《保险法》等，其立法基础是传统金融行业和传统金融业务，鲜有涉及互联网金融相关内容，需要及时修订金融法律、补充相关条款。解决我国互联网金融机构合法性难以确定，互联网金融机构平台的市场准入也无国家标准，法律没有针对互联网金融的专门立法，投资者合法权益难以得到保障，而引导金融业规范发展是控制风险的关键，应建立完善监管法规体系。

# 互联网金融第三方支付平台的法律基础分析

李政辉* 张宁人**

## 一、引言



互联网金融的迅速发展离不开电子支付的兴起与金融行业自身业务发展的需要，同时其基础设施，如网上银行、电子商务平台等的建成反向促使了第三方支付业务的飞跃式增长。根据中国互联网络信息中心的统计数据显示，截至2016年6月，我国使用网上支付的用户规模达到4.55亿人，较2015年年底增加3857万人，增长率为9.3%，我国网民使用网上支付的比例从60.5%提升至64.1%。手机支付用户规模增长迅速，达到4.24亿，半年增长率为18.7%，网民手机网上支付的使用比例由57.7%提升至64.7%。[1]而来自中国支付清算协会的数据显示，2015年互联网支付业务中非银行支付机构业务笔数为333.99亿笔，同比增长55.13%，交易金额为24.19万亿元，同比增长41.88%，移动支付业务中非银行支付机构业务笔数为398.61亿笔，同比增长160.00%，交易金额为21.96万亿元，同比增长166.50%。

第三方支付的发展方兴未艾，我国也已经出台了若干法律规范第三方支付业务的主体资格、交易规则与责任承担。但现行法规尚未清晰界定第三方支付的法律关系与法律属性，给规范第三方支付埋下了隐患与风险，一旦出现第三方支付纠纷，可能导致监管缺失或适用法律错误。因为唯有厘清了法律主体间的法律关系，才能明确该法律关系由何种法律调整；而在明确法律调整对象后，方能清晰界定法律主体的属性。基于此目的，本文对第三方支付的法律关系和第三方支付平台的法律属性进行探讨，并对第三方支付立法提出若干意见，以供参考。

---

* 李政辉，浙江财经大学法学院教授，民商法博士。

** 张宁人，浙江财经大学法学院民商法硕士研究生。

[1] 佚名：《中国互联网络发展状况统计报告》，载《国家图书馆学刊》2016年第2期。

## 二、互联网金融与第三方支付平台

### （一）互联网金融的特性

传统金融业服务于实体经济的重要性毋庸置疑，而支付业务则是金融业之基石。支付业务中的交易、清算和结算是为了实现交易者、金融机构及其他组织之间货币债权债务关系的履行清偿，从而保障经济活动的有序进行。随着互联网技术的飞速发展，尤其是大数据、云计算、搜索引擎等技术的更新迭代，以移动支付、网上银行、手机银行和云金融等应用为代表的互联网金融也成为互联网产业中的重要领域。但显而易见，互联网金融并不只是因为信息技术进步而促使其产业化。究其根本，则是由于日益繁荣的电子商务催生的支付需求，以及传统金融行业不能满足现阶段金融业务的需要。

传统商业活动受到物理上空间限制与时间限制较多，从交易双方主体来看，也往往受限于区域性的因素。但自依托于信息网络技术的电子商务的成功发展，商业活动便摆脱了上述限制，买卖双方可以在不相识不谋面的情况下，在全世界范围内开展各种商贸活动。由此，商户之间的网上交易和消费者的网络购物应运而生，并逐渐成为电子商务活动的主要领域。然而，网上交易和网络购物的实现是需要相应平台配套的，即电子商务平台，也就是指在电子商务活动中为交易者提供交易机会信息以及相关交易服务的网络平台，如阿里巴巴、淘宝网、京东网等。在有了电子商务平台为依托，商家进驻平台展现宣传产品，提供交易机会，开展交易活动，而依据交易双方的对象不同，电子商务发展为企业对企业的电子商务（B2B），企业对消费者的电子商务（B2C），消费者对消费者的电子商务（C2C）等几种主要模式。但无论是何种交易模式，都脱离不了传统商业活动最基本的部分内容，也就是在交易过程中一方交易主体实际履行了交付货物的义务，另一交易主体需要履行支付或清算货币债务。在电子商务过程，由于交易双方是在网络平台上缔结交易内容的，在现实中交易双方的实际物理距离往往相距甚远，对承担货物交付义务的主体来说，能够通过物流运输将货物交付，但对承担支付对价的主体来说，不可能通过传统的支付方式（现金或票据）来达到支付清算的目的。因此，传统商贸活动的支付方式在电子商务环境下已然不能满足需求，在实践中催生了新型电子支付方式。

根据我国《电子支付指引（第一号）》，电子支付被定义为“单位、个人直接或授权他人通过电子终端发出支付指令，实现货币支付与资金转移的行为”。

上述定义基本表现了电子支付与传统支付方式相比独有的几个特征。

首先是支付的数字化，电子支付是通过数字化信息流转来实现货币支付与资金转移的，交易者在线上即可完成支付，而传统的支付方式则依赖于现金流转，票据转让以及银行汇兑等物理实体方式完成支付清算，需要交易者在线下较为封闭的区域性空间来完成。

其次是支付的技术化，电子支付依赖计算机技术、互联网技术以及移动设备技术，脱离这些技术支持，电子支付过程会受到影响或阻碍，而传统支付方式无须复杂的支持。

最后是支付的高效化，交易者于电子支付时无须携带现金或票据，不仅避免了现金或票据因保管不当或遗失所造成的风险，更免去了大额支付时携带大量现金给交易者带来的累赘；且电子支付不受时间空间限制，资金转移速度快，只需要在连接互联网的计算机或移动设备上简单操作，即能立刻完成整个支付过程，相比较传统支付方式，无疑电子支付成本更为低廉。

电子支付方式种类多样，在符合上述基本特征的情况下发展为多种形式，中国人民银行在《电子支付指引（第一号）》中按电子支付指令发起方式分为网上支付、电话支付、移动支付、销售点终端交易、自动柜员机交易和其他电子支付。

互联网金融的兴起也得益于传统金融行业在互联网产业中的转型。传统金融产业最基本的功能就是融资，即为了实现从储蓄到投资的过程。目前在传统金融产业内，资金供需双方之间进行融资的模式主要有两类：一类是商业银行，对应着间接融资模式；另一类是资本市场（股票和债券市场），对应着直接融资模式。[1] 但传统金融业在互联网产业的冲击下，金融模式发生了颠覆性的影响。传统金融业中，决定资金供需双方之间融资金额、期限和风险收益配置的关键是金融信息，金融机构通过其自身专业能力分析处理此类信息，冀望在降低融资的交易成本的同时，在其认可的风险可控范围内达成融资。可见资金融通的两个重要环节是金融信息与金融专业能力，传统金融业中掌握上述要素的往往是商业银行等专业金融机构，但互联网金融却打破了上述垄断，金融信息和金融专业能力已经被互联网技术和信息处理技术取代。

从金融信息方面来看，传统金融信息处理方式主要是两种类型，一类是金融信息由商业银行、证券公司或其他金融机构搜集和评估资金需求者的资信状况，并出售给资金供给者；另一类金融信息则是资本市场因政府监管的要求，针对公

[1] 谢平邹、邹传伟：《互联网金融模式研究》，载《金融研究》2012 年第 12 期。

众公司尤其是上市公司作为资金需求方，应当按照相应法律法规披露公司信息。然而互联网金融模式下的信息处理方式则迥然不同。具体来说，首先大量个人与机构的信息由生活服务类和社交类的计算机应用或手机应用记录并传输，其次再由搜索引擎将上述海量信息进行检索排序，并筛选出用户需求信息，最后通过云计算将资金需求、双方的信息进行模块化匹配，同时能够保持信息的及时、高效。在上述技术的支持下，个体或机构只要是处在互联网社会中，一旦其成为资金需求者，资金供给者就能以极低的交易成本获知违约概率与风险收益。

在金融专业能力方面，传统金融业中银行、券商和交易所等金融机构是掌握金融专业能力的寡头，它们有完善的基础设施和足够的人力资源去处理专业金融问题，因此金融交易的机会也大多被这些金融机构所垄断。但互联网金融无疑从根本打破这种垄断，在计算机信息处理技术支持下，风险评估、资金期限匹配和电子支付清算都是通过网络化模式处理，且处理金融交易相关问题的成本较传统模式相比明显低廉。由此也使得金融中介的功能被边缘化，资金融通、股票债权的发行交易都能够在互联网上由交易者自己完成，无须金融机构配置资源，撮合交易。这种去专业化的金融模式势必带来金融交易的繁茂，其中交易成本的降低自然是主要原因，另一个因素是个人和企业能够直接通过互联网来进行各种金融交易。金融交易的复杂性被互联网和计算机技术简化，市场参与者因此更为大众化。金融普惠性的提高促进了个人消费型金融的发展，也在一定程度上解决了中小企业融资问题。

### （二）第三方支付的法律属性

第三方支付从支付方式来说，是属于电子支付方式的。但其区别于传统电子支付方式的最主要特征，即为支付机构是属于“第三方”独立机构。在电子商务交易过程中，虽然通过互联网技术和计算机技术突破了交易地域限制，但同时也带来了交易信任问题。传统商品经济中的交易往往是发生在熟人之间或者是凭借良好的商业信誉展开的，且货物的交付与款项的交付是互为条件同步进行的，保证了等价交换的原则。电子商务交易中消费者与商家不仅无法知晓对方的信用状况，同时标的物的交付验收需要过程，这也致使货物和现金支付异步的矛盾难以避免。而异步交换问题中，先接收对价的交易方则有发生道德风险和违约的可能性，先支付对价的交易方不得不承担非等价交换的风险。商家担心因无法收回货款而不愿先发货，消费者也担心因支付款项后无法收到商品或商品质量有瑕疵而不愿先支付。交易双方博弈的最终结果便是交易无法进行，故电子商务需要一种提供信用保障的交易方式，第三方支付机构应运而生。

第三方支付方式从本质上来说是分步支付。分步支付的核心就是货币的支付到所有权转移不是一次完成的，而是增加了货币中介托收环节，由原来的直接付款转变为可控二次结算，从而解决了货物和现金支付异步的问题。具体到第三方支付环境下，商家与消费者达成交易合同后，消费者将货款先交付至买卖双方之外的第三方机构开设的清算账户，第三方机构提供安全的交易环境并保障资金安全，第三方机构收到款项后通知商家发货，消费者于验收货物后向第三方机构发出支付指令完成与商家的货款清算。第三方机构在整个支付环节内充当资金保管和按指令支付的角色，提供的此种中立第三方服务，基本控制了资金与商品在流转过程中的风险，保障了交易的公平公正，故进而对电子商务的发展起到了积极作用。





第三方支付业务的核心特点即上文所述的“信用担保，二次结算”模式，但具体到整个支付流程，并非只有消费者、商家和第三方支付平台三者，还包括商业银行和中国人民银行等多个主体（此处中国人民银行的存在是由于现行支付体系中，各商业银行之间的资金转移不能直接进行，需在央行开设清算账户来结算，其主要目的是货币监控）。以国内使用人群最多的第三方支付平台支付宝为例，买卖双方完成一笔交易，货款资金的流向是按照如下途径进行的：买方向开设有其资金账户的商业银行 A 发出支付指令，给付货款于支付宝；商业银行 A 则将此货款与开设有支付宝资金账户的商业银行 C 进行结算；卖方交付货物并于买方查验收货后，买方向支付宝发出支付指令，给付货款于卖家，商业银行 C 便将货款与由卖家提供的开设有其资金账户的商业银行 B 进行结算，卖家由此收到货款。上述资金流向的过程不包含先于交易前买卖双方于各自支付宝账户存入结算备付金的情形，也不包括交易双方货款结算只通过各自开设于支付宝内账户进行的情形。可见，在第三方支付业务中，第三方支付服务提供商与各方主体的法律关系复杂，其自身法律地位模糊。

第三方支付平台的发展如火如荼，其主要推动力无疑是市场经济的内在需求，但同时也要建立完善的法律法规体系规制支付清算行业，若缺乏有效的外部制度支撑会对第三方支付行业的良性发展埋下隐患。目前，国家在第三方支付领域已颁布多项法律法规，不仅有早先实行的上位法《中国人民银行法》《商业银行法》《电子签名法》等法律，也包括陆续颁布和实施的《非金融机构支付服务管理办法》《非金融机构支付服务管理办法实施细则》《电子支付指引（第一号）》《非金融机构支付服务业务系统检测认证管理规定》《支付机构客户备付金存管办法》《支付机构预付卡业务管理办法》《银行卡收单业务管理办法》《支付机构反洗钱和反恐怖融资管理办法》等部门规章和规范性文件。上述法律法规已初步界定第三方支付等网上支付业务的法律性质，对支付行业的资质设立了相应的门槛，同时也细化了相关配套制度。但作为新兴领域，法律对第三方支付平台的规制不可能一蹴而就，尚有较多的法律问题亟待解决，如用户数据保密性问题、第三人侵权风险。但根本的是第三方支付平台的法律性质。根据《非金融机构支付服务管理办法》第 2 条的规定，“本办法所称非金融机构支付服务，是指非金融机构在收付款人之间作为中介机构提供下列部分或全部货币资金转移服务：（一）网络支付；（二）预付卡的发行与受理；（三）银行卡收单；（四）中国人民银行确定的其他支付服务”。第三方支付平台发展至今，提供的服务已远不止网络支付，还包括手机充值、城市一卡通、保险服务等，服务范围大大超出了原先的支付业务。第三方支付平台业务扩张是市场经济的需求，支付行业作为商贸业发展的基础，“搅局”商业服务业自然有其天然优势，但部分业务已涉及商业银行传统金融领域，此时若仍将第三方支付平台定性为非金融机构，那么第三方支付平台的部分业务属于超越经营范围的违法地带。



## 三、第三方支付平台在复合法律关系中的地位

从上文对第三方支付业务中资金流动的分析可见，第三方支付平台与用户、商业银行、监管机构多方主体存在法律关系。在这种复合法律关系内，第三方支付平台的法律地位决定了其享有的权利与应负的义务，也确定了其责任承担的方式。欲正确认定支付平台的法律地位，则应当回归到第三方支付业务多方主体的法律关系来分析。

### （一）第三方支付平台和用户的法律关系

第三方支付平台和用户的法律关系界定在当前学界中争议较大。《非金融机构支付服务管理办法》第 2 条明确规定了非金融机构在收付款人之间是作为中介机构提供服务的，部分学者认为第三方支付平台和用户的法律关系即为信用中介的关系。但“中介说”不能涵盖两者间的所有法律关系范畴。中介的概念从民法理论上来说，其基本特征为居间行为。根据《合同法》第 424 条的规定：“居间合同是居间人向委托人报告订立合同的机会或者提供订立合同的媒介服务，委托人支付报酬的合同。”因此，居间是指居间人向委托人报告订立合同的机会或者提供订立合同的媒介服务，换言之，居间人提供的是传递信息、撮合交易的服务，而并不代用户委托人实际进行民事法律行为，也不参与收款人与付款人之间的法律关系。但是从第三方支付业务来看，付款人实际是先将自己

的财产转移至支付平台名下，并在收付款人对于资金流向的意思表示达到一致前由支付平台以其名义管理该财产。根据《支付机构客户备付金存管办法》的规定，支付机构对客户备付金行使的是存放、归集、使用、划转等存管活动，故第三方支付平台是以其名义实际保管付款人的备付金。另外，在收付款人之间发生纠纷时，第三方支付平台往往有权代双方进行处理争议，既充当裁决者的角色，又行使代理人的权利。由此可见，第三方支付平台的行为完全超出了居间的范围，因此单纯以"中介说"来涵盖第三方支付平台的法律地位显然不妥。

要厘清第三方支付平台与用户的法律关系，不应只以第三方支付平台在电子商务中担保交易安全从而促使交易完成这一功能为限，应从第三方支付业务的支付流程入手，分析其在支付业务中的性质。支付流程始于买卖双方对交易达成合意，可以是买卖合同，也可以是借贷合同或是投资合同，这取决于双方的交易类型，而买方与卖方此时仅为债权债务这一基础法律关系。但由于电子商务的特殊性，即上文所述的货物与资金款项异步交换的固有矛盾，买卖双方遂通过第三方支付的方式来提升交易信用。买方将交易的资金款项转移至第三方支付平台后，该资金款项即为此笔交易的备付金，等待买方后续的支付指令来决定其流向。仅就备付金而言，法律关系的双方只限于买方和第三方支付平台，先前的交易行为并非引起此法律关系发生的法律事实。买方基于对第三方支付平台的信任，将备付金转移至第三方支付平台的名下，而买方最终要达到的效果是，备付金仅由第三方支付平台暂时保存，在买方验收货物或达成交易目的后，第三方支付平台应将此笔款项交付给卖方，以履行买方的付款义务。从备付金暂存于第三方支付平台名下这一行为特征来看，近似于民法上的保管合同关系。寄存人交付保管物的行为并未有放弃所有权的意思表示，保管人仅为有权占有保管物并无所有之权利，寄存人享有对保管物的物上请求权。然而依据传统民法学理，货币是一种特殊的种类物，所有权随占有的转移而变更。《合同法》第 378 条也规定了保管人保管货币的，可以返还相同种类、数量的货币。如果按上述理论分析，买方将备付金交付第三方支付平台由其占有后，第三方支付平台即对备付金享有所有权，买方仅有债权请求权，这显然与事实不符，《非金融机构支付服务管理办法》第 24 条明确规定，支付机构接受的客户备付金不属于支付机构的自有财产，支付机构只能根据客户发起的支付指令转移备付金，并禁止支付机构以任何形式挪用客户备付金。

买方基于信任将备付金交付于第三方支付平台，其欲达成的目的并非单纯将备付金予以寄存，而是在卖方履行完交易合同项下的义务且买方验收货物后，买方以支付指令的方式通知第三方支付平台，由第三方支付平台备付金存管银行与收款人的银行完成资金划转。买方最终要实现目的，是以第三方支付的方式达成交易的安全进行。买方基于对第三方支付平台的信任，将备付金委托给第三方支付平台，由第三方支付平台按买方的意愿以自己的名义，为买方达成安全交易的这一特定目的，进行管理和处分的行为，恰好符合商事法上信托的一般特征，可以认定买方和第三方支付平台的法律关系应为信托关系。

第三方支付的信托法特征可从如下方面作出分析：

第一，信托是以委托人对受托人的信任为基础，受托人应具有良好的信誉。买方选择第三方支付平台进行支付业务，本就是出于对第三方支付平台资信的信任，而这种信任的来源，来自第三方支付平台申请《支付业务许可证》的严苛标准。依据《非金融机构支付服务管理办法》的规定，《支付业务许可证》的申请人应当具备法定的公司形式，有多名熟悉支付业务的高级管理人员，有健全的组织机构、内部控制制度和风险管理措施，有符合要求的营业场所和安全保障措施，有符合要求的反洗钱措施与支付业务设施，申请人及其高级管理人员最近3年内未因利用支付业务实施违法犯罪活动或为违法犯罪活动办理支付业务等受过处罚，等等。更为严苛的是，在全国范围内从事支付业务的，第三方支付平台的注册资本最低限额为1亿元人民币，在省（自治区、直辖市）范围内从事支付业务的，第三方注册资本最低限额为3000万元人民币，且注册资本最低限额为实缴货币资本。用户正是基于支付业务许可证申领的高门槛以及部分第三方支付平台对资金安全的信用保证，才与其签订第三方支付服务协议。

第二，信托成立的前提是委托人要将自有财产委托给受托人。这是信托关系成立的主要标志，买方如果没有将其自有的备付金委托给第三方支付平台，那么哪怕已通过电文数据的形式签订支付服务协议，该信托也是有瑕疵的信托，第三方支付平台不能对买方的备付金行使相应权利。在《支付机构客户备付金存管办法》第23条中有同样要求："支付机构应当在收到客户备付金或客户划转客户备付金不可撤销的支付指令后，办理客户委托的支付业务，不得提前办理。"

第三，信托财产具有独立性。买方将备付金转移至第三方支付平台名下，由于备付金作为货币的性质，即丧失了货币的所有权。而按照信托法的制度设计，信托财产的所有权和受益权相分离，第三方支付平台对备付金享有的，是信托法意义上的所有权，备付金不因此成为第三方支付平台的固有财产，也不能与其固有财产混同。《非金融机构支付服务管理办法》规定，支付机构接受的客户备付金不属于支付机构的自有财产；支付机构接受客户备付金的，应当在商业银行开立备付金专用存款账户存放备付金。该条款明确认定了备付金的独立财产属性。

第四，受托人为受益人的最大利益管理信托事务。第三方支付平台保障备付金安全，提供高效稳定的支付风险防范技术服务，以及按照在买方验收货物后发出的支付指令向收款人交付备付金，都是为了买方的最大利益管理和处分信托财产。在《非金融机构支付服务管理办法》的条文里同样要求了支付机构只能根据客户发起的支付指令转移备付金。

基上所述，《非金融机构支付服务管理办法》与《支付机构客户备付金存管办法》虽未界定第三方支付平台与用户的法律关系，但从对第三方支付业务的具体规定中已明确表现了信托法律关系的各个特征，故第三方支付平台与用户应为信托法律关系。



### （二）第三方支付平台和商业银行的法律关系

第三方支付平台与商业银行之间依据签订的服务协议不同，呈现为多种法律关系。第三方支付业务的开展，依赖于商业银行的网上银行服务。付款人从其开户银行将备付金转移至第三方支付平台的备付金存管银行下，以及第三方支付平台按照付款人支付指令将货款资金支付至收款人开户银行，主要是通过网上银行进行的。按照《非银行支付机构网络支付业务管理办法》第 10 条的规定，支付机构向客户开户银行发送支付指令，扣划客户银行账户资金的，支付机构应当事先或在首笔交易时自主识别客户身份并分别取得客户和银行的协议授权，同意其向客户的银行账户发起支付指令扣划资金。同时第 12 条也规定了支付机构办理银行账户与支付账户之间转账业务的，相关银行账户与支付账户应属于同一客户。因此，第三方支付平台根据上述法规以及“服务协议”的约定，有权要求收付款双方的开户银行对客户的身份信息以及银行账户信息进行验证，商业银行确认信息后有义务按照支付指令及时、安全地将资金转移至第三方支付平台的备付金存管银行账户或转移至收款方的银行账户。而商业银行则有权对第三方支付平台发出的错误支付指令或不符支付规程的支付指令要求更正，也有权拒绝执行无效支付指令。

从第三方支付业务的模式来看，第三方支付平台既是实际从付款人开户银行直接收取备付金，也是实际向收款人开户银行直接支付货款的。尤其是第三方支付平台推出的快捷支付功能，该支付模式为用户无须以开通网银为前提，只需提供户名、证件信息、银行卡卡号、此卡在银行的预留手机号码等信息，验证手机号码正确性后，由第三方支付平台发送手机动态口令到用户手机号上，用户输入正确的手机动态口令和相关验证信息，即可完成支付。在快捷支付模式中，可将第三方支付平台视为商业银行的代理人，第三方支付平台代理商业银行与买卖双方开展收付款的服务。故第三方支付平台与商业银行也是代理法律关系，受民法代理制度和合同法的调整。

商业银行在第三方支付业务中还承担着监督第三方支付平台客户备付金的职责。依据现行法规，第三方支付平台接受的客户备付金，应当在商业银行开立备付金专用存款账户予以存放。为第三方支付平台提供存管备付金服务的商业银行包括备付金存管银行和备付金合作银行，其中备付金存管银行应当且只能选择一家，备付金合作银行则可依业务需要来任选合作。第三方支付平台与备付金银行签订服务协议对资金划拨方式予以确认，但除合同对双方权利义务的约定外，备付金银行根据《支付机构客户备付金存管办法》，还有权对第三方支付平台存放在所有备付金银行的客户备付金信息进行归集、核对与监督。若备付金银行在核对账务时发现备付金异常的，有义务立即督促支付机构纠正，并立即报告第三方支付平台所在地的中国人民银行分支机构等。因此，商业银行有权行使中国人民银行赋予其一定程度上的行政监督职能，第三方支付平台与商业银行（备付金银行）也是一种监督与被监督的法律关系。



## 四、第三方支付平台的法律属性

法律主体的属性决定了应由什么样的法律来规制。针对第三方支付平台的法律属性的争论，学界和实务界观点相左，主要分为非金融机构说和金融机构说。就目前现行已颁布施行的《非金融机构支付服务管理办法》等法规来看，第三方支付平台被定性为非金融机构，但学界依据民商法原理认为其应被界定为金融机构。

### （一）非金融机构说

绝大多数的第三方支付平台倾向于将自己定义为非金融机构，这是由于我国金融机构的设立程序烦琐、审批标准严格、准入门槛较高，而第三方支付平台资质参差不齐，组织管理模式混乱，资本实力远不能和传统金融机构比肩，因此几乎很难获得金融机构的行政许可。金融机构，也称金融经营主体，是指依法设立并以自己独立的名义获准进入金融市场，以实现一定的经济利益为目标而经营金融业务的主体。[1] 目前金融机构在我国现行法规内主要分为银行类金融机构和非银行类金融机构。银行类金融机构主要包括商业银行、城市信用合

[1] 徐孟洲：《金融法》，高等教育出版社 2014 年版，第 421—425 页。

作社、农村信用合作社等吸收公众存款的金融机构以及政策性银行，此类金融机构主要按《商业银行法》《银行业监督管理法》《金融机构管理规定》等法律法规申报材料，接受监管；非银行类金融机构主要包括金融资产管理公司、企业集团财务公司、金融租赁公司、汽车金融公司、货币经纪公司、消费金融公司、证券公司等以发行股票和债券、接受信用委托、提供保险等形式筹集资金进行投资的金融机构，此类金融机构除同样受到《银行业监督管理法》《金融机构管理规定》的规制外，还应按《中国银监会非银行金融机构行政许可事项实施办法》等法律的规定向银监会等部门提交机构设立、变更及终止的申请材料。而第三方平台显然并不属于上述任何金融机构，第三方支付平台只需满足《支付业务许可证》的申请条件即可进行支付业务，并不需要在平台设立之初按如此严苛的金融机构设立程序向央行或银监会提交材料。因此，第三方支付平台在服务协议或公司章程内，都避免将其称为金融机构。



《非金融机构支付服务管理办法》制定时借鉴了美国和欧盟等国家或区域的立法经验。美国将此类第三方支付平台与非银行金融机构统一界定为货币服务机构，各州参照《统一货币服务法案》制定法律进行规制，而货币服务机构依法是被禁止从事存贷款业务，禁止擅自留存、挪用客户交易资金。《非金融机构支付服务管理办法》在第三方支付平台提供的服务内容上做了限制，即为在收付款人之间作为中介机构提供部分或全部货币资金转移服务。虽然第三方支付机构在提供资金转移中介服务时会涉及备付金的沉淀，但依法规的精神，该货币资金的聚积行为以及转移行为，并不等同于银行业金融机构的吸收存款与货币清算业务。第三方支付业务的开展依赖于银行业的支付清算系统，第三方支付平台聚积的货币资金必须存放在商业银行账户内，未经许可不得擅自使用，且资金的移转也只能通过支付指令的形式，实际的资金流通都是在商业银行体系下运作。第三方支付平台提供的只是电子商务的交易担保，属于非金融服务，故其应为非金融机构。

### （二）金融机构说

单纯以第三方支付平台在电子商务中作为中介机构提供的“信用担保，二次支付”服务来看，法律的初衷是将其限制在非金融服务领域的，但第三方支付平台实际业务并不只限于此，除信用担保和保管备付金外，还包括电子货币发行、货币基金发行、资金结算、消费金融贷款等多方面领域。按照《公司法》要求，法人应在已登记的经营范围内开展业务活动，经营范围属于法律法规须经批准的项目，则应依法经过批准。第三方支付平台注册申请时其许可的经营范围只包括中介服务和支付服务，上述其他服务均属须经审批的金融业务，已经远远超出了许可经营的范围。因此，第三方支付平台属金融机构的法律特性可从其业务领域进行分析论证。

首先，第三方支付平台以和商业银行的合作为基础，参与传统金融业务的竞争。传统金融中介机构的存在，是由于投资方与融资方借此能够获得更相匹配的资金期限与风险分担。商业银行作为传统金融机构代表，因其有足够的资本实力承担金融风险，法律特许其从事吸收公众存款、发放贷款和办理结算等金融业务。依据我国《商业银行法》的规定，未经银监会的批准任何单位和个人都不得从事吸收公众存款和发放贷款等商业银行业务。而第三方支付业务因其支付流程的特有核心环节，即由第三方支付平台保管备付金，致使大量备付金在第三方支付平台开设的存管账户内沉淀，这与吸收公众存款的行为具有极为相似的外观表现。该沉淀资金因其作为交易活动的备付金，并不完全等同于银行存款，至少从立法初衷上来说该货币的所有权与“占有即所有”的传统民法货币所有权理论不同，应当仍为付款人所有。备付金的孳息所有权自然也应归属于付款人，同时出于保护资金安全的考量，第三方支付平台是被禁止以任何方式挪用备付金的，第三方支付平台只需严格依法存管客户备付金并依客户支付指令转移资金，其行为并不属于非法吸收公众存款。

但已颁布施行的部分法规却在上述立法初衷下仍给第三方支付平台挪用备付金留足了“灰色地带”，乃至提供了制度支持。《非金融机构支付服务管理办法》第 28 条规定了第三方支付平台调整不同备付金专用存款账户头寸时，备付金存管银行应履行复核与告知之职责。该条款与其说是使备付金存管银行负担监督义务，不如说是对第三方支付平台调整备付金存款账户头寸行为的允许。如果备付金存款账户内客户的资金是被单独保管并保证只被用于货款支付这一服务，第三方支付平台则不可能在对备付金管理阶段需要调拨资金来弥补收入款项与支付款项之间的不平衡，这意味着第三方支付平台可以挪用客户的备付金以其名义进行除保管货款外的其他行为。在此后颁布的《支付机构客户备付金存管办法》更明确了第三方支付平台使用客户备付金的方式，即《支付机构客户备付金存管办法》第 16 条第 1 款规定：“支付机构在满足办理日常支付业务需要后，可以以单位定期存款、单位通知存款、协定存款或中国人民银行认可的其他形式存放客户备付金。”该办法第 25 条还就第三方支付平台的存款行为制定了具体标准，只要其每月在备付金存管银行存放的客户备付金日终余额合计数不低于上月所有备付金银行账户日终余额合计数的 50%，即可通过备付金收付账户转存存放期限不超过 12 个月的非活期存款。从前文的数据显示，2015 年第三方支付平台全年交易规模为 46 万亿元，按 50% 备付金即 23 亿元可用于存款业务，无论是以定期存款利息还是活期存款利息计算，12 个月的孳息额都是极为巨大的。但对客户来说，因只就单笔交易的备付金金额较少且期限短，具体摊到每个客户的利息金额极其之少，故对此笔利息往往忽略不计，任由第三方支付平台获取此类收益。而第三方支付平台以上述收益和其他如向用户收取手续费等盈利收入为资金池，或甚至通过违规调整备付金存管账户头寸的形式，针对平台用户以与“壳公司”或关联公司合作形式发放各类型的贷款来创造衍生收入，如消费型贷款、小额贷款等。一旦第三方支付平台的业务具备了吸收公众存款和发放贷款的行为特质，第三方支付平台从事的即为传统金融业务，这无疑违反了法律强制性规定。法律之所以对从事吸收存款和发放贷款业务的主体予以资格限制，是因为吸收存款与发放贷款业务虽然能够促进金融市场的资金流通，但该业务本身具有高风险性，如果第三方支付平台从事此类业务遭遇风险，有可能对其自身的生存构成威胁，影响到其核心的支付业务，给用户带来严重资金安全风险或损失。且第三方支付平台发生的风险所带来的后果往往超过对其自身的影响，有可能对整个金融支付系统的稳健运行造成“多米诺骨牌效应”。法律在特殊许可金融机构开展该类业务时，对金融机构规定了严苛的法定义务，并要求其接受相应行政主管单位的监管。第三方支付平台虽然从事传统金融业务，但因其法律主体身份为非金融机构，便无须负担金融机构的义务和接受银监会等部门的监管，这无疑对金融系统来说是巨大的安全隐患。

其次，第三方支付平台的支付业务因其属商事信托，应履行作为金融机构信托公司的法定义务。上文对第三方支付业务中第三方支付平台与用户（付款方）法律关系的论证，表明第三方支付平台作为商事信托受托人的法律属性。传统商事信托的法律规制是以《信托法》为上位法来规制的，但由于我国商事法律体系继受大陆法系，因此我国《信托法》是以民事信托关系为核心建立的。商事信托与民事信托虽未有较大区别，但就适用性来说，民事信托的应用范围远大于商事信托。商事信托因受商事法的规范，其作为商事行为具有商事外观主义的特征，商事信托法出于保障交易安全的初衷，更注重规范商主体在从事信托活动中的企业资质，以及应承担的信息披露、公示公告、严格责任等诸多法定义务。正是由于商事信托比民事信托受到更多强制性规范的约束，我国商事信托的受托人不仅由《信托法》规制，还应符合银监会颁布的《信托公司管理办法》中的各项规定。《信托公司管理办法》第 7 条明确要求“设立信托公司，应当经中国银行业监督管理委员会批准，并领取金融许可证；未经中国银行业监督管理委员会批准，任何单位和个人不得经营信托业务，任何经营单位不得在其名称中使用‘信托公司’字样”。信托公司作为非银行类金融机构须经特殊许可方能开展业务，由于信托公司自身行业特质，在法定经营范围内其不仅能够从事资产信托类业务，还可从事投融资类业务，居间、咨询、资信调查类业务，保管类业务以及租赁类业务等各类金融业务。而第三方支付平台开展的业务，暂且毋论其是否从事上文所述的通过违规调整备付金存管账户头寸并以与“壳公司”或关联公司合作形式发放贷款等投融资业务，只就第三方支付业务来说，虽然第三方支付平台作为受托人只管理委托人用户交付的货款备付金，不存在投资、融资的情形，与从事金融商事信托的信托公司在业务上有着较大的区别，但是因第三方支付是以接受备付金代委托人支付货款为业的，是一种持续性、反复性的财产管理行为，非民事信托所能涵盖，所以应将其界定为财产管理类的商事信托。[1] 鉴于商事信托的专业性以及第三方支付业务的资质要求，第三方支付平台从事的该类业务应当纳入商事信托法体系予以调整。以商事信托法为第三方支付业务上位法的法律体系观念，不仅是为避免法律适用上的错误，更是出于保护用户权利的考量，建立对第三方支付平台的有效监管。第三方支付平台应同信托公司一样，依《信托公司管理办法》申请金融许可证，作为非银行类金融机构接受银监会的监督和管理，履行法定义务。

最后，第三方支付作为电子支付类业务，虽然天然享有发行电子货币的权利，但该权利行使的主体应限于金融机构。在第三方支付业务的日常开展中，用户为方便电子商贸交易的高效进行，往往会提前将货币资金转入第三方支付平台的存管账户内。该货币资金在暂无交易的情况下，第三方支付平台只履行作为保管人的义务，用户仍旧是该货币资金的所有权人。用户将货币资金存款至商业银行，商业银行会签发存款凭证给用户，同样，用户将货币资金转移至第三方支付平台的账户内，第三方支付平台以电子形式将与货币资金相等价值的电子货币储存在用户于第三方支付平台开设的电子账户内。电子货币是法定货币的一种转化形式，必须以货币现金的现有价值为前提，以加密存储信息的方式通过电子设备等载体，凭借一定的技术设施条件及软件的支持进行流通和使用。电子货币一般分为两类，一类是初级电子货币，该种类电子货币仅是在信息技术下依托于传统货币，作为查询和转移银行存款的电子工具或者是对现存货币进行支付的电子化工具，与传统货币本无本质上的不同；另一类是现金模拟型电子货币，持有此种电子货币的用户能够购买发行者自己或签约服务商以及其他用户提供的各类商品或服务，能

[1] 张军建、余蒙：《第三方支付的信托法研究——兼论央行〈非金融机构支付服务管理办法〉对支付机构的法律定性》，载《河南财经政法大学学报》2015年第5期。

够在发行者的电子商务平台内自由流通、结算，具有可兑换性。第三方支付平台发行的电子货币属于现金模拟型电子货币。

在互联网时代，电子货币无疑对电子商贸的发展与支付结算的高效起着至关重要的作用，因其具有安全、便利的特性而被广泛使用。但电子货币毕竟不是以中央银行和国家信用为担保的法定货币，因此大部分电子货币并非由中央银行发行的，其发行主体为银行类金融机构与非银行类金融机构，甚至是非金融机构，且数量更多的是后者。由中央银行垄断电子货币的发行权能够保证支付系统的可靠性，降低电子支付的违约风险，同时也有助于政府对电子货币进行监管，避免因货币政策的调整对其产生消极影响，但不利的一面是会阻碍金融创新，抑制电子支付的市场活力。商业银行发行电子货币是其传统业务的延续，由于商业银行从事存款和贷款业务，有完善的通信网络进行资金结算，可以利用较低的成本和长期建立起的良好信用来发行电子货币，且有专门的法律法规监管商业银行的运作，但这样一来，电子货币就等同于存款，抑制了电子货币的发展空间。[1] 参考国外立法经验，就电子货币发行主体这一问题美国与欧盟的立场相左，美国允许由非银行类金融机构来发行电子货币，并认为非银行类金融机构由于开发及使用电子货币所承担的高成本迫使其开发高安全性能的产品；欧盟则认为只有货币主管机构或其监管的信贷机构才能作为电子货币的发行者，即一般只能由中央银行和银行类金融机构发行。可见，虽然欧盟与美国略有分歧，但两者对于发行主体范围的交叉地带，是认可金融机构作为发行主体的。就目前金融市场发展趋势来看，第三方支付在电子商务的推动下已经逐渐成为主要电子支付手段，第三方支付平台发行电子货币是其开展支付业务的基础，若第三方支付平台在已颁布的法律框架下因其作为非金融机构的身份而限制其发行电子货币，那么势必会遏制支付业务的发展，阻碍电子货币的流通。但发行电子货币的主体仍应受到现有较为完善的金融法规制度约束，否则会扰乱金融市场稳定，影响央行对货币供给的管理，故第三方支付平台作为电子货币发行者理当被纳入金融机构体系予以监管。




## 五、结语

法律天然就具有滞后性，这是社会发展所致。第三方支付业务的迅猛发展与相关立法的程序繁复、耗时冗长之间的矛盾，使得法律的滞后性在互联网金

[1] 孙占利：《电子商务法》，厦门大学出版社 2013 年版，第 394 页。

融领域更为显现。但这并不意味着第三方支付可以在无法律的规制下运行，没有法律的市场就如同没有铁轨的火车，极易导致混乱与崩溃。法律的基础是明确被规范主体的法律性质和法律关系内各方的法律地位，否则依错误的基础建立的法律体系无异于空中楼阁。

从2010年颁布施行的《非金融机构支付服务管理办法》作为首个明确规范第三方支付业务的法规，到2013年央行颁布施行《支付机构客户备付金存管办法》，再到2016年7月始施行的《非银行支付机构网络支付业务管理办法》，虽然立法的脚步稍慢于第三方支付业务的发展，但目前已经建立起较为完善的法律体系。然而仍需承认的是，因第三方支付法律基础界定的不准确，致使尚存在诸多法律风险与法律漏洞，且无法通过法律解释与法律适用填补漏洞或避免风险。因此，需要从立法层面对第三方支付业务的基础法律关系与主体法律性质予以确认，故提出以下两点建议。

第一，在第三方支付相关法规中对第三方支付业务的商事信托法律特征予以认定，并明确第三方支付平台与用户之间为商事信托法律关系，应受上位法《信托法》的调整，进而要求第三方支付平台应同时符合《信托公司管理办法》的设立要求，履行相应的法定义务。

第二，在第三方支付相关法规中，废改第三方支付平台被认定为非金融机构的规定，将其准确界定为非银行类金融机构，并将第三方支付的相关法规纳入金融监管法体系，统一金融机构监管标准，使第三方支付平台在中国人民银行和银监会的管理下开展支付业务。

# 互联网金融消费者权益保护制度研究

薛 妮*



随着我国社会经济的飞速发展、科学技术的日新月异，互联网金融的规模进一步扩大，淘宝、美团等互联网金融平台开始进入人们日常生活，以年轻人为主的消费者逐步习惯于网络交易，但当前我国互联网金融消费者权益法律、监管制度仍不完善，极大程度上损害了消费者权益。需要注意的是，互联网金融消费者较为分散、年龄层次多，且互联网本身具备隐匿性、虚拟性等特征，因此，保护互联网金融消费者权益的工作难度较大。首先，互联网金融平台较多，且学者对于互联网金融消费者权益保护制度的研究时间较短，人们对于"互联网金融消费者"这一名词的认可程度仍较低，政府部门未充分意识到互联网金融消费者权益保护制度的重要性；其次，互联网金融平台的限制低[1]，小微金融客户、小微企业骤然增加，从而增加了消费者权益损害事件出现概率。针对以上问题，政府部门应坚持"因地制宜"的原则，合理制定完善的互联网金融消费者权益保护制度，建立健全互联网金融消费者权益保护体系，保护好消费者权益。

## 一、保护互联网金融消费者权益的相关理论基础

互联网金融以计算机、通信等现代化技术为基础，2013 年以来成为我国经济领域的热点。从时间与发展历程的角度分析，互联网金融行业属于我国的新兴产业，但因互联网金融具有新颖性、盈利性、便利性等多种特征[2]，互联网金融消费者逐渐增多，互联网金融模式也越来越多，具体而言有：第三方支付金

* 薛妮，海南政法职业学院教师。

[1] 唐思思：《论 P2P 网络借贷法律问题——兼谈互联网金融的监管思路》，2014 年中国国际经济贸易法学研究会暨中国法学会国际经济法学研究会年会会议总结。

[2] 江必新：《融资租赁合同纠纷》，法律出版社 2014 年版，第 85 页。

融模式；P2P网络贷款平台；众筹融资网站；新型电子货币；其他网络金融服务平台。其基本含义如表1所示：

**表1　互联网金融模式**

| 序号 | 模式 | 基本含义 |
|---|---|---|
| 1 | 第三方支付金融模式 | 该金融模式以信息技术、通信、计算机、安全技术为基础，信誉高、资金实力强的非银行机构与正规银行组织签约，与银行支付结算、用户间建立连接的电子支付方式，如支付宝、财付通 |
| 2 | P2P网络贷款平台金融模式 | 即Peer to Peer，利用互联网第三方金融平台匹配资金借贷的投资者、借款者，借款者也能够借助网站这一平台寻找到合适的投资者，网站平台可联系贷款人，分担其贷款风险，也能够让投资者获取更好的利率条件 |
| 3 | 众筹融资网站金融模式 | 该模式以互联网技术、“SNS”（社会性网络服务）传播特性为基础，使得个人、艺术家、新型企业能够直接向公众展示自身发展创意或者项目，以获取群众关注，并获取预期资金支持 |
| 4 | 新型电子货币金融模式 | 该模式的本质为“网络虚拟货币”，以计算机技术为基础，能够在网络中购买对应的虚拟物品，如大型网络游戏（王者荣耀）的装备，如腾讯公司的Q点与Q币、百度公司的百度币、新浪游戏的U币米票、侠义元宝、纹银、比特币、盛大公司的点券 |
| 5 | 其他网络金融服务平台的金融模式 | 众安在线等是典型的其他网络金融服务平台金融模式，在此平台上，客户可利用网络、计算机查询理财、保险产品，并根据自身需求购买，与传统金融产品相比，理财变得更加透明、快捷，金融进入门槛也降低。平台也可结合客户需求，提供合理的金融产品组合 |

### （一）新时期互联网金融消费者的含义与特征

互联网金融消费者的定义可根据互联网金融交易活动的特征给出，即以互联网平台为基础进行交易的群体，通常与金融机构进行交易，将互联网作为交易平台，从生活需求或用于生活投资需求的角度出发[1]，向互联网金融机构购买对应金融产品或享受互联网金融服务的小微组织或自然人，其主要目的在于获取相应收益。根据《消费者权益保护法》的规定可知，消费者在购买商品或者接受服务时，其权益都应受到保护。但这一官方界定仅对商品有效，是否能够

[1]［美］迈克尔·所罗门、卢泰宏、杨晓燕：《消费者行为学》，杨晓燕译，中国人民大学出版社2014年版，第127页。

保护互联网金融消费者的投资项目仍有待考究。

互联网金融消费者的特点有：（1）消费者分布范围广、数量多[1]。传统的金融服务行业有固定工作人员与营业场所，这一特征限制了金融机构的服务范围，通常仅能服务于所在区域、周边区域，距离成为金融机构发展的重点障碍[2]，但互联网金融以互联网为基础，未固定对应的营业场所，在互联网覆盖的区域均能够参与金融交易活动，如接受互联网提供的金融服务、购买对应的金融产品，即成为互联网金融消费者。（2）互联网金融的准入限制低[3]。每一名消费者均处于平等地位，传统金融机构在进行展示金融产品等金融活动时，都需要对应的资产支撑，包括聘请专业工作人员、开设区域金融网点、培训高素质工作人员、维护常规金融网点运营等，因此，其金融产品本身服务价格高[4]，准入资金门槛也高，大多数购买金融产品、接受金融服务的群体收入较高，属于中产阶级。而互联网金融则很好地解决了这一问题，如众筹平台，消费者通过“团购”+“预约”的模式，打破准入资金的限制，可按照自身经济能力，直接参与互联网金融活动，在该金融业务中，消费者与服务平台处于平等位置，不会出现排斥参与者的情况，有利于充分挖掘潜在客户群体。



### （二）互联网金融消费者权益保护的时代价值

建立健全互联网金融消费者权益保护制度，不仅有利于促进互联网金融领域的持续发展，也可提升经济发展速度，增强我国经济发展活力。同时，近年来互联网金融消费者权益损害事件较多，因此，学者也加大了对“互联网金融消费者权益保护制度”的重视程度[5]，其时代价值主要体现在以下几方面：（1）平衡互联网金融不同参与者之间的地位，在互联网金融活动中，互联网金融消费者为重要参与者，与相应企业相比，消费者本身处于较为弱势的位置，通过保护互联网金融消费者权益，为消费者解决信息不对称等问题，及时披露相关信息，促使互联网金融消费者、互联网金融交易主体处于平等地位，从而维护该金融领域的发展；（2）为保护互联网金融消费者权益提供法律法规依据，当前，我国

[1] 佚名：《消费者的消费特点》，资料来源于百度文库，2017年8月21日访问。

[2] 参见马国泉：《金融消费者保护研究》，法律出版社2011年版，第219页。

[3] 参见李昊：《合同法教程》，对外经济贸易大学出版社2008年版，第72页。

[4] 参见杨东：《互联网金融的法律规制——基于信息工具的视角》，载《中国社会科学》2015年第4期。

[5] 参见郑志来：《互联网金融对我国商业银行的影响路径——基于“互联网+”对零售业的影响视角》，载《财经科学》2015年第5期。

立法机关并未对互联网金融消费者权益基本法作出规定，同时，消费者本身维权意识较低，通过研究互联网金融消费者权益保护制度，可有效增强消费者维护自身合法权益的信心，从而在促使消费者权益受到损害时，直接向相关部门进行举报，避免扩大受害范围；（3）防护互联网金融领域的交易风险[1]；（4）完善互联网金融管理监管体系。

### （三）互联网金融消费者权益保护的原则

（1）坚持适度原则。互联网金融风险覆盖在每一环节，为平衡消费者与金融主体之间的地位，应根据优胜劣汰的法则[2]，在适度原则支持下保护消费者权益。（2）坚持倾斜保护的原则。互联网金融消费者是弱势群体，在风险发生的时候是直接利益损害者，因此适度倾斜于保护消费者权益。（3）坚持不同救济保护途径协同保护原则。互联网金融消费者的保护途径较多，应协调好不同途径之间的关系，保护消费者的基本权益。

## 二、互联网金融消费者权益保护的国外先进制度

### （一）美国保护互联网金融消费者权益的先进制度

（1）美国保护互联网金融消费者权益的立法基本情况："美国"是世界经济强国之一，也是现代化互联网金融的起源地，其在短时间内建立了较为完善的互联网金融保护体系，大量美国著名研究学者认为互联网金融应该用"Electronic Finance"表示，即电子金融，互联网金融消费者这一名词概念并不存在，但美国对于金融消费者的保护制度较为完善，如《金融隐私权法》《金融服务现代化法》《电子资金转账法》等。从微观角度、宏观角度出发，均制定了完善的法律法规体系，自消费者保护运动过后，美国出现严重的次贷危机，且波及全世界，之后，美国国会为解决这一问题，颁布《华尔街改革和消费者保护法》《金融监管改革法案》《金融消费者保护机构法案》等法律法规[3]，对金融消费者的保护机构作出规定，从而避免出现互联网金融消费者危害问题。（2）美国先进的互联

---

[1] 贺晨、孙杰：《大数据时代的互联网金融创新及传统银行转型》，载《财经科学》2015 年第 1 期。

[2] 马国泉：《金融消费者保护研究》，法律出版社 2011 年版，第 182 页。

[3] 盛夏、王升：《我国互联网金融消费者权益保护问题研究》，载《金融发展研究》2017 年第 2 期。

网金融消费者权益保护监管制度：2009年，美国出台《金融监管改革——新基础：重建金融监管》法案[1]，该法案的出台促进了美国互联网金融消费者权益保护监管体系的完善，并建立起专门机构开展统一监管工作，特别是次贷危机后，美国加大了电子银行、电子金融等方面对消费者的保护力度，为互联网金融发展创造了更好条件。

### （二）日本保护互联网金融消费者权益的先进制度

日本未受到次贷危机的过多影响，自互联网金融领域发展以来，日本政府就以自身实际情况为基础，结合美国等其他国家的先进发展，对国家内部金融领域进行改革，进而不断完善金融制体系。日本在保护互联网金融消费者权益时，作出以下几方面的规定：（1）规定国家金融机构义务，间接保护金融消费者权益；在金融改革的过程中，日本敢于打破金融行业内部界限，并逐步建立起横向性、复合性法律制度体系；（2）制定完善的《金融服务与市场法》[2]，该措施主要借鉴英国的金融改革模式，该法律中保留一整个章节，明确规定互联网金融消费者权益保护条例[3]，使得金融领域法律范围进一步扩大，并成为一种新潮流。





### （三）国外先进制度的借鉴意义

我国互联网金融领域发展时间短，为科学全面保护互联网金融消费者权益，政府组织与立法部门必须加大对国外先进制度的借鉴，从美国、日本等国家的经验来看，政府组织应以自身实际情况为基础，学习其先进经验，具体而言，分为三个方面：（1）通过立法形式，建立健全互联网金融消费者权益保护体系；如日本出台的《金融商品交易法》[4]、美国出台的《华尔街改革和消费者保护法》等，我国也应通过法律的方式，明确互联网金融过程的权利、义务，全面保护互联网消费者权益；（2）结合互联网金融消费者情况，不断完善互联网金融领域监管模式，在改革的同时监管互联网金融行为，预防互联网金融机构的非法不良行为；（3）引入非诉纠纷解决机制，建立健全互联网金融服务窗口，并严格按照服务制度，让消费者能够更好地保护自身合法权益。从这三个方面入手，

---

[1] 李昊：《合同法教程》，对外经济贸易大学出版社2008年版，第59页。

[2] 李玉林：《融资租赁运作实务与法律风险防范》，法律出版社2012年版，第172页。

[3] ［美］迈克尔·所罗门、卢泰宏、杨晓燕：《消费者行为学》，杨晓燕等译，中国人民大学出版社2014年版，第278页。

[4] 刘宪权：《互联网金融股权众筹行为刑法规制论》，载《法商研究》2015年第5期。

将互联网金融消费者权益保护制度覆盖在金融交易环节。

## 三、我国互联网金融消费者权益保护制度现状与存在的问题

互联网金融消费者权益保护制度虽然越来越受到研究学者、政府组织的重视，但受到多种内外部因素的影响，其仍存在多方面的问题，限制着互联网金融消费者权益保护工作的开展，为科学解决这一问题，必须全面解决互联网金融消费者权益保护制度的发展现状与存在的问题，从而为制定完善的制度提供合理参考依据。

### （一）互联网金融消费者权益保护制度发展现状

基于互联网金融消费者权益保护制度的角度分析，我国互联网金融仍处于起始阶段，相关法律法规体系、配套措施仍不完善，其行业标准尚未完善、市场准入的门槛较低，特别是 2013 年后，互联网金融领域的业务模式越来越多，也增加了互联网金融产品 [1]，但金融产品本身的质量并不一致，存在良莠不齐的问题。同时，我国立法部门并未推出针对性互联网金融消费者权益保护法律法规，如果互联网金融领域中出现民事纠纷，大多根据《消费者权益保护法》《电子签名法》等法律进行解决；就资金安全、财产安全而言，其仅依据《第三方支付机构客户备付金存管办法》和《中国互联网金融行业自律公约》进行管理，在一定程度上忽略了互联网金融消费者权益保护工作 [2]。基于互联网金融消费者权益保护的监管部门角度分析，其以中国银监会、中国人民银行为基础，但互联网金融覆盖的范围较大，其监管部门较少，不利于保护互联网金融消费者权益。

### （二）互联网金融消费者权益保护制度存在的问题

当前，我国互联网金融消费者权益损害事件发生概率较高，直接反映出互联网金融领域的保护力度仍不够，通过分析我国互联网金融消费者权益保护制度中存在的问题，不仅有利于找出互联网金融消费者权益保护工作的漏洞，还可科学采取解决措施，从而真正保护好消费者权益，具体而言，分为以下几方面：（1）立法体系不完善，从法律法规体系的角度分析，其未覆盖每一环节，缺乏

[1] 朱迎、刘海二：《互联网金融有助于实现农村金融普惠》，载《新金融》2015 年第 2 期。

[2] 张双梅、林北征：《消费者话语中的互联网金融治理完善——基于〈互联网金融指导意见〉的文本分析》，载《华南师范大学学报（社会科学版）》2015 年第 5 期。

保护力度。（2）监管制度有待完善，体现在互联网金融领域监管责任未明确到部门，监管制度未贯彻在实践过程中，社会的征信系统缺乏实效性。（3）我国仍未建立有效的替代性纠纷解决机制，纠纷解决机制本身约束力不够。

## 四、建立健全互联网金融消费者权益保护制度的创新途径

建立健全互联网金融消费者权益保护制度，是一项系统、复杂、长期的工程，需要政府组织、专业工作人员与群众的共同努力，从法律法规的角度出发，合理创新互联网金融领域的保护制度，切实保护好消费者的权益。



### （一）合理完善我国互联网金融消费者权益保护制度



互联网金融消费者权益保护制度应帮助消费者抵御理赔难、欺诈、消费陷阱、霸王条款等问题。首先，立法部门应建立健全互联网金融领域消费者保护法，立法工作人员应梳理互联网金融领域已有的法律法规[1]，结合当前互联网金融领域中存在的侵权事件特征，推出针对性互联网金融领域消费者保护法，明确互联网金融领域消费者的定义，作出统一界定，规定消费者的基本权利与义务、争议纠纷解决方式、损害赔偿方式、法律责任；其次，凸显互联网金融领域消费者保护法的特色，使其成为支撑互联网金融领域发展的支撑，借鉴其他国家先进经验，丰富保护法的理论内容，从而促进我国互联网金融领域的飞速发展。同时，立法部门应结合《电子签名法》和《证券法》中零星的互联网金融领域消费者保护权益规定，进一步明确互联网金融消费者权益保护范围，将互联网金融领域消费者权益保护法律法规制度融入《中国人民银行法》和《证券法》的法规体系中[2]，做到双管齐下，强化互联网金融领域消费者权益保护力度。

### （二）建立健全相关监督制度

互联网金融消费者的抵御风险能力较低，但适应性较强，当前我国政府在互联网金融领域仍存在监管空白的问题，使得不法分子有可乘之机，直接损害到消费者权益。基于此，为保护好消费者权益，必须建立健全互联网金融消费

[1] 李立清：《互联网金融下我国新型农业经营主体的融资模式创新》，载《财经科学》2015年第8期。

[2] ［美］迈克尔·所罗门、卢泰宏、杨晓燕：《消费者行为学》，杨晓燕等译，中国人民大学出版社2014年版，第348页。

者权益保护监督制度[1]。互联网金融主要业态的监管职责分工分为保监会（监督管理、互联网保险）、证监会（监管管理、股权众筹融资、互联网基金销售）、中央人民银行（监督管理、互联网、支付业务）、银监会（监督管理网络借贷、互联网信托、互联网消费金融）等几个模块。但需要注意的是，这种监管模式属于“分业监管”，部门之间的交流较少，在一定程度上制约了互联网金融领域消费者权益保护工作的开展。针对这一问题，必须以不同模块为基础，建立统一协调的监管机构，从“一行三会”的传统模式转变为以统一监管机构为指导，“一行三会”协调管理的创新模式[2]，共同有效面对互联网金融领域的信息、技术、损益、安全风险，进而完善互联网金融监管系统，保护好互联网金融领域消费者基本权益。

从前文分析可知我国当前互联网金融模式共6种，因此，在监督过程中政府组织应根据模式特征、优缺点，明确互联网金融监管规则，科学保护、监管消费者的资金，科学规避互联网金融风险。

### （三）拓宽非诉纠纷的解决途径

建立健全非诉纠纷解困机制是当前保护互联网金融领域消费者权益的主要途径，首先，在完善诉讼制度的同时，加大对非诉纠纷解决机制的宣传力度，针对当前互联网金融领域消费者的特征，对线上解决争议机制与机构、调整程序、仲裁机构进行规定，不断简化非诉纠纷解决程序，通过法律形式保护好消费者权益。引入非诉纠纷解决机制的过程中，应坚持以互联网金融消费者本身特点为基础的原则，规定好调解机制、仲裁制度以及线上解决争议的相关机构，如从资金方面而言，可按照涉案金额的基本标准[3]，最大限度地节省开支，充分借鉴“三步走”法律法规制度，效仿其金融申诉专员的服务制度，完善我国非诉解决机制，提供消费者和解、仲裁等途径解决纠纷，通过法律的形式授予非诉纠纷解决机构相关权利，倾斜性保护好消费者的基本权益[4]。

同时政府部门应重视行业自律，树立互联网金融消费者自我保护意识，利用现代化媒体手段宣传，成立互联网金融消费者权益保护主体协会组织，从而最大限度地保护消费者权益。同时，政府组织应根据市场需求建立健全行业内

[1] 李二亮：《互联网金融经济学解析——基于阿里巴巴的案例研究》，载《中央财经大学学报》2015年第2期。

[2] 陈文君：《金融消费者保护监管研究》，上海财经大学出版社2011年版，第158页。

[3] 潘敏娴：《浅谈互联网金融模式》，载《现代经济消息》2015年第1期。

[4] 李昊：《合同法教程》，对外经济贸易大学出版社2008年版，第89页。

部自律机制，在制定统一规范标准的前提下，补充好对应的内容，针对损害消费者权益的互联网金融机构，加大对其的处罚力度。

## 五、结束语

综上所述，建立健全新时期互联网金融消费者权益保护法律制度，对促进我国经济发展具有重要意义。但受到多种内外部因素的影响，当前互联网金融消费者权益保护过程中仍存在多种问题。我国法律法规体系中并没有对互联网金融消费者权益进行专业规定，致使在保护消费者权益时缺乏基本依据，地方法律法规或者其他法律法规的效力不高，基于此，政府组织必须结合互联网金融的特征，将建立、完善互联网金融消费者保护制度基本法作为核心任务，明确规定互联网金融消费者权益范围，科学保护消费者权益。同时，必须加大对互联网金融消费者权益的监管力度，打破当前消费领域中分业监管的基本模式，通过创建统一监管机构的途径，全面监督互联网金融平台的运营，利用双重保护机制，加强保护互联网金融消费者权益。此外，政府组织应不断拓宽非诉纠纷的解决途径，重视培养互联网金融行业企业的自律意识。由以上分析可知，互联网金融消费者权益保护制度的完善，不仅要依赖于完善的外部防护机制，也必须增强互联网金融消费者自我保护意识，配合内外保护机制，保护好互联网金融消费者权益。

# P2P 网络借贷平台涉嫌经济犯罪侦防应对研究

陈政耀* 刘 坤**

P2P（Peer-to-Peer lending）网络借贷来源于 P2P 小额借贷，最早是尤努斯创立的将非常小额度的资金聚集起来借贷给有资金需求人群的一种商业模型，并伴随互联网技术的快速发展转变为线上线下同时运行，由此而产生了网络借贷平台，主要是出借人通过第三方平台在收取一定利息的前提下，向借款人提供小额借贷的金融模式。[1] P2P 民间网络借贷平台因其投资理财收益率高、注册操作便捷、交易效率高等特点在我国发展呈方兴未艾之势，在取得飞速发展的同时也孕育着较高的行业风险，容易诱发互联网金融领域内的经济犯罪，危害国家金融市场稳定。

## 一、P2P 网络借贷平台概述

### （一）国内 P2P 网络借贷平台发展现状

#### 1. 规模迅速扩张，迈入“万亿时代”

自 2007 年“拍拍贷”在我国落地而始，网贷平台贷款余额以平均每年 5 倍以上的速度增长，根据网贷之家网站统计，2015 年 11 月全国 P2P 网贷行业整体成交量为 1331.24 亿元，连续三个月成交量破千亿元，累计成交量突破万亿元，P2P 网贷行业迈入万亿时代。而且 P2P 行业在我国有着非常广阔的发展前景，据高盛预计，2024 年互联网企业发放的信贷规模是 6.8 万亿元人民币，其中 P2P 预计至 2024 年可以达到 2 万亿元，占社会融资存量的 0.9%。[2]

---

* 陈政耀，安徽省高级人民法院刑三庭副主任科员。

** 刘坤，山东省菏泽市公安局经济犯罪侦查支队民警。

[1] 吴晓光、曹一：《论加强 P2P 网络借贷平台的监管》，载《南方金融》2011 年第 4 期。

[2] 张莉：《监管“靴子”落地在即 P2P 网贷面临洗牌》，载《中国证券报》2015 年 2 月 27 日。

#### 2. 跑路事件频发，行业“刀口舔蜜”

另外，P2P 行业跑路风潮频现，每逢年关或者重大经济政策颁布等关键事件节点即出现大量的跑路平台已成常态。根据“网贷之家”网站数据统计，截至 2014 年年底，出现提现困难、倒闭、跑路等问题的 P2P 平台达 338 家，寿命最短者上线时间仅半天；至 2015 年 10 月，出现跑路、停业、提现困难等问题的平台已达 677 家。[1] 这种高利率与高风险并存的现象被媒体形象地形容为“刀口舔蜜”。

### （二）国内 P2P 平台主要业务运作模式

#### 1. 资金中介模式

该种模式是 P2P 网站设置的初衷，也是目前平台开展业务的主流模式。在该类模式中，由借款人提出借款需求并约定还款利率、方式和期限；投资者登录网站浏览借款需求并自主选择是否投标；网贷平台作为居间服务者，负责审核借款人的身份、信用记录等信息，并收取账户管理费用和交易佣金等费用；投资人自主选择标的进行投资，借贷双方直接签订借款合同。该种模式投资者的收益率较高，但鉴于全国性的公民信用体系尚不成熟和平台审核能力的有限，该种模式运营风险极高，容易发生借款人逾期还款甚至恶意诈骗后跑路等问题。

#### 2. 债权转让模式

该类模式亦被称为“居间人”模式、“专业放款人”模式，在中国国内为宜信网首创的“多对多”债权关系模式，即借贷双方不直接发生借贷关系，而是先由平台实际控制人、内部核心成员、重点合作单位等核心成员先将所需资金出借给借款人获得债权，再由平台将所获债权通过金额拆分和期限错配以类似理财产品的债权包形式转让给投资人。该种模式通过对借贷金额和期限的双重分割，较之传统的资金中介模式能更高效地实现借款和投资需求的搭配，方便平台和用户批量化地开展借贷业务，但是存在实际借款人信息披露不充分、债权转让为线下运行、资金流动性和期限错配等问题，易导致平台资金沉淀为资金池和资金链条断裂风险。

#### 3. 货币基金模式

为提升平台资金使用效率、转型线上资产处置平台，已有多家 P2P 网站和货币基金对接，推出专属理财产品以满足投资者多元化投资需求、提供丰富的资产配置方案，如陆金所的“陆金宝”、宜信的“满盈宝”、小牛在线的“活期牛”和 PPmoney 的“日利宝”等。该种模式的一般运营方式为以投资者在网站投资

[1] 钟喆：《今年来 677 家 P2P 崩盘跑路》，载《新民晚报》2015 年 10 月 13 日。

账户对接货币基金账户，投资人可以通过资金划转的方式选择投资网站借款标或者存入货币基金账户获得收益，或者可使用账户余额自动购买货币基金。该种模式解决了投资人闲置资金站岗问题、实现投资项目和货币基金的无缝对接、增加了投资人收益，同时也通过分账管理的方式减少投资者资金风险。但在实践中也出现平台虚构货币基金账户实为自设资金池，也有投资人在平台跑路后无法从货币基金账户中取得剩余资金等问题。

**4. 担保融资模式**

在该类模式中，平台不仅提供资金中介服务，而且在平台项目中设置抵押担保物和抵押率，要求借款人提供房产、车辆等实物对借款进行担保或者联络有较强资金实力的自然人或者第三方机构提供连带担保。相较于纯粹的借贷关系而言，引入第三方担保或者实物担保可以降低坏账风险，但在实际经营过程中该类模式的运营也存在诸多风险：一是在自然人担保模式中，担保人的资金实力、经营状况无法被全面、细致地审核且存在较大变数；二是在物品担保模式中，借款人提供的担保物多数抵押率较低或者存在相当程度的权利瑕疵而无法通过银行正规金融机构的审核，因此才转向平台借款；三是在第三方机构担保模式中，借款人无法核实担保机构有无资金实力承担规模巨大的交易债务和由之引发的经济风险，甚至出现了空壳担保公司、为自办企业提供担保等种种行业乱象。[1]

## （三）P2P 网络借贷平台的积极意义

**1. 门槛较低，满足群众理财需求**

伴随市场经济的快速发展，利率自由化的问题已经无法回避。尤其是伴随当下个人理财需求的蓬勃发展，传统的单一利率制度和相对有限的投资渠道已经很难满足群众实际需求。而目前国内大多数商业银行一年期的定期存款利率仅为 3.5% 左右，活期存款的利率仅为 0.35% 左右，远低于同期的 CPI 指数。而商业银行售卖的货币基金、理财产品以及证券、股票等投资项目虽然说收益率较高，但多设有最低数额、基本金融知识等方面的门槛，同时也存在较大风险。与之相对，P2P 网络借贷平台多设置较低甚至不设置进入门槛，投资人只要具备基本的网络操作技术和转支账知识即可操作，同时年化收益率高达 12%—15% 甚至在 20% 以上，充分满足了不同风险承受能力人群的投资理财需求。

---

[1] 罗琼、陈星：《理财产品中的担保圈钱术　空壳公司引爆担保“地雷”》，载《南方周末》2014 年 8 月 14 日，第 2 版。

2. 降低交易成本，促进互联网金融创新和风控手段变革

相较于传统的借贷模式，P2P 平台交易方式更加便捷、期限较短、覆盖面更广、对借款信息的披露更加全面，借助互联网的信息优势提升了交易方的信息对称程度，降低了借贷交易的信息成本。而且以网络技术为基础的服务模式和信贷管理系统，为授信和风控管理提出了更高要求，有效推进监管部门的理念变革和风控管理手段的积极创新。

3. 加快民间借贷规范化进程

银行业信贷服务的相对匮乏和个人资金的快速融通的矛盾长期存在，导致大量的民间闲置资金一直游离于正规的金融系统之外，主要的去向就是民间借贷。当前我国民间借贷公司主要有三类：一是合法的民间借贷机构，是在工商局、商务局或工信局合法注册备案，既有工商执照又有金融办审批手续的典当行、融资性担保公司和小额贷款公司等；二是手续不全的民间借贷机构，即只有工商部门发放的工商营业执照而没有其他相关部门审批手续的各类资产经营管理公司、抵押贷款公司、投资管理公司、房屋中介公司、投资咨询公司、理财公司、担保公司等，这类机构在工商登记的经营业务大多数只是理财咨询、贷款担保等，但在实际工作当中，一些机构却以各种名义，开展向公众集资、贷款业务，甚至有的以高利回报为诱惑，进行非法融资，然后依托其成立的小额贷款公司或是投资公司发放高利贷；三是无手续的民间借贷组织，指的是很多开展民间集资和贷款业务但并未在任何部门注册的小中介、私人担保等，该类公司大多只是租间民房或者车库，便开始面向民众开展集资、放贷业务，由于没有任何备案手续，这类公司开展的业务根本没有任何保障，随时可以视情况转移办公地点或卷行李走人，极易造成广大群众的损失。通过对 P2P 平台的规范立法和完善监管，能够有效抑制高利贷的滋生，为民间借贷的集中有效管理提供了便利条件，从而可以有效促进民间借贷规范化、阳光化，有效推动民间金融立法的进程。



## 二、P2P 网络借贷平台与经济犯罪

### （一）我国 P2P 行业存在主要缺陷

1. 市场准入门槛低，企业资质良莠不齐

鉴于 P2P 平台公司在我国被视为互联网性质的企业，目前 P2P 平台注册登记只需要根据《公司登记管理条例》在工商管理部门进行注册以及根据《互联网信息服务管理办法》及《互联网站管理工作细则》的规定在通信管理部门进

行备案，注册登记程序和手续要求与一般公司基本一致。但由于一方面我国在对 P2P 平台注册实缴资本的规定方面依然缺失，另一方面因为行业准入门槛低、公司同质化严重、竞争激烈，导致绝大多数的平台估值偏低，无法实现顺利融资以充实实缴资本，存在大量资本实力无法抵抗运营风险的平台。在平台搭建方面，运营商只需要投入几万元购买模板就可以搭建网络平台，后期只需要投入网站维护和软件培训等少量费用即可投入使用，其他需要的都是公司注册、办公场地、员工等方面的支出。[1] 在 P2P 行业从业人员资质方面，目前尚无统一要求，平台员工除从商业银行、保险公司等金融机构专业机构转业而来之外多为半路出家，尤其是许多平台为追求规模的扩张而大量招聘没有金融专业知识的人员入职销售、技术、行政甚至风控部门，有平台对招聘员工的最主要标准是能完成业绩指标甚至强制要求员工购买本公司理财产品，从业人员普遍欠缺贷款风险管控的资质和经验，易导致行业经营风险积聚。



**2. 行业监管机制不完善**

虽然 2015 年 7 月 18 日中国人民银行会同多部委联合发布《关于促进互联网金融健康发展的指导意见》对 P2P 行业的监管作出原则性规定，但相关监管细则却迟迟未见出台，在群众投资理财需求旺盛与投资渠道相对有限的矛盾难以纾解、中小微企业大量设立拉大融资缺口、企业投融资渠道相对有限的大背景下，整体风险管控制度缺失的 P2P 行业风险存量会进一步释放，诈骗、跑路等事件仍将频发多发。此外，现行的金融监管模式也难以适应现实需要，基于传统的线下交易管控模式建立的金融监管制度和管理模式在追求创新、即时快捷的互联网金融交易面前亦显捉襟见肘。

**3. 平台征信审核能力有限**

一是线上审核数据采集不足。由于我国尚未建成完善的社会信用体系，目前大多数平台主要依靠借款人自己提供的证明材料和商业银行的征信记录对借款人进行信用评级和授信额度评价，虽然有联系线上大数据（包括个人信息、征信信息、历史表现、交易信息、经营状况等）对借款人进行信用画像并对信用等级进行评价的典型案例，[2] 但是绝大多数网站并不具备上述资金和技术实力，导致借款人通过虚构交易刷高信用额度、伪造身份证明、银行流水信息、财产评估报告和收入证明等方式骗取借款事件频发。二是线下审核能力有限。有相

[1] 李华：《10 万元就能建个 P2P 平台员工培训一天就上岗拉客户》，载《钱江晚报》2014 年 12 月 10 日，第 8 版。

[2] 林蓓：《eBay 携手宜信发放无抵押贷款》，载《上海商报》2014 年 9 月 10 日，第 7 版。

当部分平台没有设置专职线下审核门店或者风控团队，对借款人实际经济实力和提交抵押的财产的实际情况缺乏实地考察，易导致平台在经营过程中违背小额分散原则，在缺乏真实信用记录的基础上为不具备还款条件的借款人提供单笔大额借款，拉高平台整体坏账率。

**4. 交易信息披露不充分**

目前大多数平台信息披露不够公开透明，一般投资人无法掌握平台真实坏账率、资金进出记录、项目结算记录等数据，甚至连借款人的真实身份信息都无法获取，这就容易导致三个方面的问题：一是借款人故意隐瞒或者提供虚假信息，伪造身份证明、学历证明、收入证明、银行交易流水等资料以获得借款资格，或者对向平台提供的抵押物进行重复抵押；二是平台故意隐瞒信息，包括平台实际经营人员伪造虚假借款标、以借款人的身份向投资者招标以募集资金；三是交易记录保存制度尚存缺陷，有平台对借贷交易记录只是通过内部服务器等媒介进行保存，在面临侦查机关查处、资金链濒临断裂或者跑路之前将交易记录快速删除，致使投资人维权无门。




## （二）P2P 网络借贷平台所涉经济犯罪类型

**1. 非法集资类犯罪**

目前网贷平台涉嫌非法吸收公众存款、集资诈骗等非法集资类犯罪的手法主要包含三种：一是“庞氏骗局”手段，亦称“以旧还新”，其主要方法是平台经营者通过在短时间内发布大量假标等方式快速募集资金，并通过新近募集的资金偿还前期钱款并用于投资经营、高利转贷或者卷款跑路，其代表为“P2P 非法集资第一案”——“东方创投案”。[1] 二是资金池模式，主要是平台通过虚设借款标、涉及理财产品等方式快速归集借款人资金后再寻找借款人发放贷款，使投资者的资金进入平台中间账户沉淀成资金池，在本质上背离了 P2P 平台点对点的交易规则，平台实际控制相当数额的资金以掩盖坏账风险甚至卷款跑路。三是未尽审核义务，指的是平台未尽到对借款人身份、资金实力等信息详细审核的义务，未能及时发现甚至默许借款人利用平台和他人身份信息发布假标募资，甚至为他人非法集资提供帮助以收取返点、佣金等。

**2. 诈骗类犯罪**

该类犯罪在犯罪主体方面，主要包含借款人实施的诈骗和平台运营商实施

---

[1] 杨珏轩：《东方创投案一审宣判 P2P 自融被判非法吸存》，载《每日经济新闻》2014 年 7 月 23 日，第 7 版。

诈骗活动。在犯罪的类型上，则主要包括一般诈骗、贷款诈骗和合同诈骗：一般诈骗的手法多为平台经营者在购买网站模板后搭建网贷平台，通过伪造或者套用公司证明文件等方式注册网络域名和在第三方支付机构开设资金账户，虚构注册信息、合作公司、管理团队履历、办公地址照片后再以“天标”“秒标”等为诱饵吸引大量投资者将资金转入个人账户，取现后卷款跑路。诈骗跑路平台存活时间通常不超过6个月，最短的不到一天。[1] 贷款诈骗主要是指借款人以非法占有为目的，通过编造资金使用理由、向平台上传虚假产权证明作为担保依据、上传虚假经济实力证明、在抵押物上设置重复担保等方式骗取银行或者第三方机构的贷款。合同诈骗常发于债权转让模式中，指有借款人以非法占有为目的，在不具备偿还能力或不具备相应信用资质的前提下通过上传虚假证明文件、虚构借款用途、隐瞒真实银行信用记录等方式骗取投资者贷款。

**3. 洗钱犯罪**

犯罪分子利用P2P平台资金监管尚处真空状态、用户身份信息认证缺陷、网络交易匿名性、只重资金用途不对资金来源进行严格审查以及资金来源去向核实能力有限的便利条件为洗钱犯罪提供便利，将通过贪污贿赂犯罪、黑社会性质组织犯罪、破坏金融管理秩序犯罪、毒品犯罪等上游犯罪获得的收益通过平台投资，以达到隐瞒赃款真实来源和性质的目的。

**4. 高利转贷犯罪和擅自成立金融机构犯罪**

主要是指投资人为赚取利差，以从事生产经营等名义从银行等金融机构中贷出资金后再通过P2P平台投资借予借款人并赚取差额利息，或者将从银行中贷出的未能及时投入生产使用的闲置资金通过平台借予他人并获取高额利息。在平台的性质认定方面，绝大多数平台的注册性质为网络科技、电子商务类公司，或者金融信息服务类、投资咨询、商务咨询类公司，不具备中国人民银行认定的金融机构的从业资质。尤其是一些吸收资金以供自身生产经营和投资使用的自融型平台通过设计虚假融资租赁标、隐瞒借款真实去向等方式从事非法吸收公众存款或者变相吸收公众存款等活动，涉嫌擅自设立金融机构罪。

## （三）P2P网络借贷平台犯罪主要特点

**1. 受害群众范围广泛、层次相对集中**

（1）分布地域范围广。以P2P网络借贷平台为代表的互联网经济犯罪突破

[1] 刘丽、韦夏怡：《P2P领衔投诉榜　优易网、网金宝等跑路敲响诈骗警钟》，载《经济参考报》2015年3月13日，第5版。

传统经济犯罪地方化区域化特征明显、发展蔓延速度相对缓慢、社会影响可防可控等特点，已不再局限于一市一省，而是蔓延至全国多省市甚至发展到境外，涉及受害人数众多、地域范围广泛、涉案资金高。以衢州“中宝”特大 P2P 集资诈骗案为例，平台控制人周辉在从事经营的两年多时间内通过“中宝投资”网站平台累计向全国多个省份 1586 名不特定对象集资共计 10.3 亿余元。[1] 再以“e 租宝”平台为例，根据零壹财经数据显示，截至 2015 年 12 月 8 日，“e 租宝”待还余额为 704.9 亿元。根据网贷天眼统计，截至 12 月 8 日，“e 租宝”贷款余额近 702 亿元，成交额 746 亿元，人数 84 万，借款人数 3255，平均每个借款人借款金额为 2292 万元，尚待回款中的人数大约为 14.87 万，受害人遍布北京、上海、江苏、广东、云南、安徽等全国多省份。[2]



（2）线上线下运营相结合。一是在平台业务开展方面的线上线下相结合，即通过线上的 P2P 平台寻找贷款和吸收投资，然后通过线下的办公网点寻找有用款需求企业发放贷款，同时线下门店也承担为投资者开设账户、吸收资金的功能，甚至以“有限合伙”为名义销售私募理财产品。二是在资金账户开设方面的线上线下相结合，有的平台同时运用线上线下两方面渠道，既利用互联网第三方支付平台、支付宝、微信等网络支付手段开设网络资金账户，又在商业银行等实体金融机构开设银行资金账户方便交易。三是风险控制方面的线上线下相结合，既在线上通过网络渠道获取的信息建立平台风控体系，又通过网店收集信息总部审核、终端审核风控落地等方式对融资项目进行二次风控。

（3）受害人群分布相对集中。由于 P2P 平台相较于传统理财方式来说，其优势主要体现在高利率、低门槛和通过网络渠道进行，所以 P2P 平台涉嫌的经济犯罪尤其是非法集资和诈骗活动的受害人群大部分是缺乏投资理财经验和基本理财常识而贪图平台高收益的中老年群体，以及熟悉互联网、更容易接受新兴理财方式、财务相对自由的“80 后”工薪阶层，即所谓“大妈小白”和“白领小白”，有经验的投资人不到一成。[3] 此外，P2P 平台投资者在收入层次、地域分布、风险偏好等方面也呈现出鲜明的区间特征。[4]

---

[1] 王玲玲：《衢州“中宝”特大 P2P 集资诈骗案宣判》，载《衢州日报》2015 年 8 月 18 日，第 7 版。

[2] 吴红毓然、韩祎：《公安机关对 e 租宝立案侦查　涉案资产被冻结》，资料来源于财新网，2015 年 12 月 16 日访问。

[3] 张玥：《民间借贷有多火，它就有多火；民间借贷有多乱，它就有多乱——刀口舔蜜 P2P》，载《南方周末》2014 年 8 月 6 日，第 6 版。

[4] 网贷之家研究院：《2014 网贷投资人问卷调查显示：踩“雷”者不多》，资料来源于网贷之家网站，2015 年 1 月 13 日访问。

**2. 包装到位，伪装性更强**

（1）公司名称依傍知名企业。为扩大平台影响力甚至混淆视听、欺骗投资群众，有部分 P2P 公司在名称设计上依傍知名互联网企业或者金融机构，如 2014 年 5 月跑路的“中信创投资管理有限公司”，对外自称“中信创投”，实际上跟中信没有任何关系，公司的名称其实叫“中信创”“投资管理有限公司”。[1] 此外还有大量与阿里巴巴、京东、知名商业银行没有任何关系的网站在名称设置中做依傍、打“擦边球”，以达到使投资者产生误判的效果。

（2）雇用专人刷信誉。一是购买搜索网站竞价排名。通过广告营销等方式提前网站在搜索引擎中的排名，或者关联理财、投资、P2P 等关键词。二是借助专业论坛。鉴于大部分投资者在投资前多通过网贷之家、网贷天眼等专业论坛查询平台信誉、业绩等情况，并以之为选择平台的重要依据，因此有平台为达到扩大知名度的目的，雇用网络水军刷好评和信誉，制造网站关注度排名靠前、交易量大、信誉好、安全可靠的假象。三是依傍主流媒体背书。以 2015 年年底被立案侦查的安徽钰诚控股集团股份有限公司的全资子公司金易融（北京）网络科技有限公司（“e 租宝”）为例，该公司投入巨资在中央电视台等媒体的黄金时段播放广告，并投资赞助多档电视节目和多类会议、赛事和商品，打开品牌知名度的同时也骗取了投资人的信任。[2] 四是在银行账户的开设上依傍知名金融机构，如在知名商业银行、第三方支付机构等正规金融机构内申请开设对外户名为某银行或某第三方支付机构名称的内部结算账户，然后在对外宣传中声称公司账户及资金为该银行或支付机构“托管”，欺骗投资群众。

（3）故意混淆“存管”“托管”等专业金融术语。资金存管（分账）和资金托管是 P2P 平台实现资金保存和流动的两类最主要方式，资金存管多指 P2P 平台在商业银行或第三方支付平台设置交易资金、风险备付金等存放流动的账户体系并可随时调用、提取资金，由上述第三方机构负责资金保管而不承担监督资金流向义务。资金托管是指由借款和投资双方在商业银行、第三方支付平台等第三方机构开设资金账户，并委托其根据交易指令划转资金，平台运营方不接触借贷资金，而是由第三方机构监督核实资金来源和走向真实性。两者根本区别即在于第三方机构是否肩负监督管理的职能和义务，在托管模式中第三方机构责任吃重、监管效率相对偏低，但也更符合网络贷款本质，同时商业银行

[1] 张玥：《民间借贷有多火，它就有多火：民间借贷有多乱，它就有多乱——刀口舔蜜 P2P》，载《南方周末》2014 年 8 月 6 日，第 7 版。

[2] 高远山：《央视、中网、滴滴……哪些品牌为 e 租宝背过书？》，资料来源于手机凤凰网，2015 年 12 月 9 日访问。

等机构在系统支持、硬软件保障和风险规避方面相较而言更具优势，但存管在平台实际运营中的可行性更强，因此越来越多的大型P2P平台寻求与银行的资金存管或托管合作，在避免直接接触资金、触及“资金池”红线的同时又借以提高平台自身公信力。虽然《关于促进互联网金融健康发展的指导意见》对P2P平台资金作出了应当由银行托管或者存管的原则要求，但是目前只有极少数平台已与银行或第三方支付平台签约存管。一些平台在经营宣传中，在与第三方机构未签订协议的情况下谎称已开设资金存管或者托管账户，或者以其户名在第三方机构开设普通结算账户、签订存管协议而在宣传中谎称资金由银行“托管”，欺骗不了解真相的投资群众。




**3. 犯罪专业化、隐蔽化趋势显著**

（1）作案范围国际化。为防止侦查机关和国内网络运营商合作获取平台犯罪线索与犯罪证据，有平台选择依靠境外服务器搭建，对在物理空间中以地域划分为基础的刑事管辖规则提出严峻挑战。同时在该类案件的侦查实战中也出现了主要犯罪嫌疑人借助互联网的全球化无国界特征在国外利用网络通信对国内经营活动进行遥控指挥或者组织分工明确、层链紧密的跨国犯罪团伙实施犯罪的现象。

（2）招募专业金融机构人员参与。有的平台串通商业银行等金融机构从业人员，利用伪造印章、“破损换折”“三次密码”“一次密码伪造存折”等手段，或是以高额利息为诱饵、故意混淆，诱使储户投资于平台集资项目；或者通过银行离职人员假冒在职人员骗取储户存款。也有平台通过招募或者串通保险行业从业人员，诱骗保险消费者退保购买P2P产品，或者承诺P2P产品高收益，诱导保险消费者进行保单质押将质押贷款作为投资款投入P2P平台。

**4. 恶意诈骗型平台占比上升**

鉴于P2P平台犯罪面临取证难、定性难等现实问题，[1]有犯罪分子以相同手法在多个地区屡次作案，快速搭建山寨平台后通过“秒标”“天标”等项目快速聚拢资金，然后销毁网站数据后携款跑路，犯罪流动性极强。据网贷之家统计，2014年全年问题P2P平台总数为275家，其中诈骗类平台共计126家，占比高达45.8%。[2]

---

[1] 朱丹丹：《P2P案件接连开审　司法介入存诸多难题》，载《每日经济新闻》2014年10月22日，第3版。

[2] 蔡静：《全国P2P诈骗平台一年增24倍》，载《楚天金报》2015年5月14日，第2版。

## 三、互联网思维在 P2P 犯罪案件侦查防范中的应用

在以 P2P 平台所涉的经济犯罪为代表的互联网经济犯罪案件的侦查防范中，面临追赃挽损难、资金交易关系查证难、犯罪嫌疑人抓捕难、证据获取取证难、涉稳事件处理应对难等现实困难，公安机关及相关监管部门在案件的侦查防范中也要充分引入和借鉴大数据思维、结构思维、跨界思维、平台思维等互联网思维模式，不断推进侦防手段的迭代创新。

### （一）以大数据思维建立健全 P2P 行业征信体系



大数据思维是互联网思维的核心，主要是指通过对海量数据的收集、整理、归类、分析、预测，挖掘数据之间潜在的关联性和规律性，进而获得更高价值产品、更贴近实际需求服务和更深刻的洞察力。进行大数据分析的前提与关键是收集和分析海量数据，并通过预测事物发展规律和趋势以辅助人们做好应变决策。

在 P2P 网站所涉嫌经济犯罪的防范中，也要充分借鉴和引入大数据思维，在个人征信体系建设方面取得进路。在国家层面，社会征信体系建设由国家发改委和中国人民银行牵头，以部际联席会议方式负责。我国于 2013 年 3 月颁布实施《征信业管理条例》，依据个人信用信息、企业信用信息和金融信用信息的分类对征信机构的业务活动和征信机构的监督管理作出明确规定，解决了我国征信行业无法可依的问题。截至 2014 年年底，全国联网的“金融信用信息基础数据库”已为 8.57 亿自然人和 1969 万户企业建立了信用档案，是世界上规模最大的征信系统，平均每天企业和个人查询数量达 140 万次。[1]2015 年，国家发展改革委、中国人民银行等部门联合下发《2015 年社会信用体系建设工作要点分工方案》，就信用法律法规制度和信用标准体系建设、信用记录建设和信用信息征集共享、政务诚信建设、商务诚信建设、社会诚信建设等方面的目标要求和职责划分作出具体规定。

除此之外，有保险、证券、信托、资产管理和融资性担保等公司也开始介入征信业务。2015 年 1 月，中国人民银行印发《关于做好个人征信业务准备工作的通知》，要求芝麻信用等 8 家机构做好个人征信业务的准备工作，准备时间为 6 个月。上述的征信机构通过消费、电商、社交等方面的数据收集和整理分析对用户身份特质、行为偏好、履约能力等进行评价，对传统银行征信体系作出有效补充。

[1] 张少琴：《建设国家统一主导的社会征信体系》，载《光明日报》2015 年 12 月 14 日，第 2 版。

此外，在对接中国人民银行社会征信系统之外，有平台根据自身业务需要建设了独立的征信和信用评价系统。以拍拍贷平台设置的魔镜系统为例，平台基于六大环节风控流程获取借款用户2000多个字段的信息，经过层层筛选、转化、加工最终形成对每个借款标的的准确风险概率预测。而其所采集的信息不仅包括借款人提交的申请资料、信贷记录等数据，也包括从网络平台渠道获取的用户的信用行为、网络黑名单、相关认证、网上行为数据、社交关系数据和第三方渠道获取的信用评价数据，而以上述信息为基础构建的个人信用风险模型较之传统的线上风险评估系统更能全面综合地反映借款人的信用状况。[1]

## （二）以前瞻思维强化风险预防和控制



在以P2P行业为代表的互联网金融领域的监管方面存在“三个滞后”：一是立法规制滞后于金融创新。互联网金融领域创新创造不断涌现，现有法律法规对互联网金融的行业准入、交易流程、安全保障和事后救济等方面的监管控制基本呈空白状态，难以满足企业和用户对金融交易安全的实际需求。二是监管模式滞后于现实需求。基于线下金融交易管控形成的传统金融监管模式和制度在讲求创新和即时便捷的互联网金融面前深显捉襟见肘。三是行业自律滞后于发展规模。由于明确的监管细则尚未出台，所以行业自律在较长时段内仍为P2P行业监管的重要原则之一。2014年，中国小额信贷联盟就已制定并颁布《小额信贷信息中介机构（P2P）行业自律公约》，对资金托管、信息披露、征信等经营的关键环节共寻解决方案，但自律组织在促进P2P机构实现信息披露透明化、日常经营规范化上的效果仍十分有限，亟须激励惩罚措施的兑现和监管政策的落地。[2]而且就已发案件的侦查而言，平台引发经济犯罪尤其是非法集资类犯罪案件案发多是在平台资金链条断裂或者造成严重后果之后，以执法打击为代表的事后惩戒措施在维护金融秩序和社会稳定方面的效果上显著逊色于事先预防和事中干预措施。因此执法部门需要提前互联网金融监管的关口，以“为之于未有，治之于未乱”的前瞻思维和战略眼光做好犯罪的预警防范，通过对P2P网站企业、借款人和投资者的信息收集、分析和研判，不仅为企业提供精确的客户犯罪预警以防控外部经营风险，而且为用户提供网站的犯罪预警以减少企业内部犯罪的发生。

---

[1] 陈莹莹：《拍拍贷发布风控系统魔镜　称将开放第三方征信接口》，载《中国证券报》2015年3月25日，第4版。

[2] 蒋元锐：《P2P行业自律恐“有心无力”》，载《中华工商时报》2014年11月19日，第6版。

## （三）以结构思维推进涉案情报信息研判流转

结构思维指的是目标清晰、高度概括而且全面地分析实现目标所需的资源，而且有达成目标的具体计划和方法，一般指对整体系统按照一定的规则划分为若干单元，分别实现自身功能后实现整体系统功能。结构思维体现在 P2P 平台所涉经济犯罪案件侦查中即为“情报导侦”，即通过对结构严密、流程清晰的情报信息进行收集、分析和调度运用，以全面掌握犯罪特点、手法、规律及趋势，为案件的侦破提供助力。

在犯罪信息收集方面，需要打破传统经济犯罪中条块分割、各自为阵的证据和情报信息收集模式，主动适应网络信息互联互通、无物理边界的特征，以互利共享的理念推进情报信息共享，重点获取线索类、基础类、案件类、网络基础数据和社会类情报信息，整合资金流、物流和人流等关键数据。而且在 P2P 平台所涉经济犯罪案件的侦查中，尤其应当重视电子数据的获取和存储。由于平台成员之间交易联络以及借款人、平台与投资人之间的资金往来主要依靠银行转账、快捷支付或者第三方支付平台划拨，用户注册、登录、交易数据、借款人上传的个人证明文件以及平台管理费收支记录等也都留存于网站服务器或后台，甚至借款方、投资方和平台方之间联系也主要通过网络渠道进行，势必会留下大量的电子痕迹，电子数据也即成为对 P2P 网站涉嫌经济犯罪侦查中必不可少的证据类型。但电子数据的保存和提取一方面面临数量冗余需要鉴别和挖掘、保存期限长一定导致时效性强以及存储介质脆弱易损坏等客观问题，另一方面也面临嫌疑人为隐瞒犯罪事实而恶意修改甚至销毁的主观问题，这就要求侦查员不仅要及时固定犯罪证据、重视对犯罪现场勘查，而且要全面提升侦查取证的专业化水平，提升借助专业工具、采取专业手段获得助力破案的关键证据的能力。

在情报信息的分析研判方面，通过聚合经侦、情报、网安、信息通信等部门专业技术手段和掌握的情报信息资源，依托涉案账户资金查询等专业技术手段和大数据分析工具搭建实战分析应用研判平台，分析关联犯罪资金流、物流、人流、信息流的完整架构，掌握平台人员层级关系、涉案资金流向、借款企业经营实力和实际控制人员变化情况等信息。

在情报线索的流转处置方面，可尝试探索在现有情报信息平台基础上建设统一的互联网经济犯罪线索管理平台，在参考一些地区成熟做法[1]的基础上推进

[1] 参见程一平：《构建经侦基础信息大循环机制》，载《人民公安报》2013 年 12 月 12 日，第 8 版。

涉网经济犯罪线索全警录入、统一研判、核查打击和成效反馈，并由统一的情报线索管理平台对线索流转经营过程进行技术支撑引导和绩效评估奖励，以实现互联网经济犯罪信息在全警范围内的循环增值利用。

### （四）以跨界思维促进部门联动与合作

以网络银行、电商网站、智能地图、uber 等“互联网 +”在金融、零售、交通等传统行业的衍生产品为代表，互联网领域跨界创新的本质是通过综合发挥不同界别产品的优势并挖掘其潜在价值，并最终实现产品结构效率和运营效率的提升。在对以 P2P 网站涉嫌经济犯罪为代表的网络经济犯罪的侦查防范中，也要充分借鉴跨界思维，协调多警种、多部门和多渠道的力量共筑合力。在公安机关内部协作中，一方面要在警种合作中完善联合打击互联网经济犯罪工作机制，可以以经济犯罪侦查部门为主，加强和情报、治安、网监等多警种的协作配合，提升案件侦查所需线索证据获取的途径及能力，尤其是在网络技术和维稳工作等方面得到支持。另一方面要在地域合作中推进集群战役长效机制，在协商确定案件管辖的基础上对互联网经济犯罪开展全国范围内的配合经营，由案件侦查入手深挖犯罪上下游链条、摧毁犯罪网路。

在部门执法协作中，公安机关要加强与金融管理、银监、工商、税务等部门和金融机构的信息共享与协作，明确各单位在防范互联网经济犯罪、维护辖区金融安全方面的职责分工，建立辖区金融基础信息采集、研判和评估保管的工作制度，并通过联席会议、定期会商、专业工作站、专家顾问等部门协作制度推进各类重点信息资源整合。此外还要在执法办案中进一步规范和健全线索通报、证据互认、协助执行、联合取证等工作机制，针对破坏市场经济秩序、危及社会稳定的互联网经济违法犯罪行为发挥联合办案优势、开展集中打击，提升行政机关综合执法效能。

### （五）以平台思维调动社会力量进行综合防控

互联网思维中的平台思维是开放、共享、共赢的思维，其精髓在于打造一个多主体互利共赢的生态圈。在对 P2P 网站涉嫌经济犯罪的侦查防范中也要融入平台思维，善于借助和利用各类平台以调动全社会打击防范 P2P 网站经济犯罪的合力，实现合作共赢。一是依托行政部门执法平台发布联合预警，通过专业的情报信息中心和犯罪研究部门收集犯罪案例、手法和动态，综合各类犯罪风险和发案趋势及时发布风险预警通报。二是依托行业协会平台促进行业自律，充实专线工作联络室、工作室的前沿工作内涵，推动犯罪防控工作向市场主体部门延伸，密切同行业协会和企业管理部门的沟通联系，加强对辖区内重点企业的动态信息采集，敦促本地区 P2P 网站以《互联网金融机构信用评级与认证标准》的颁布施行为契机，对照信用评级与认证标准、企业信息披露标准、从业人员信息披露标准等，从完善金融消费者权益保护体系、风险防控发布体系的角度积极开展自查自纠。三是借助网络媒体平台开展广泛宣传，由于 P2P 网站经济犯罪主要通过互联网进行，宣传活动也应当在巩固现有宣传阵地的基础上重视网络渠道的拓深。既发挥好电视、报纸、电台、宣传片和重要时间节点专项宣传等传统宣传方式的作用，又通过微博、微信、App 等新兴媒体手段推送犯罪预警防范信息、为网友答疑解惑，引导群众树立理性的投资意识，增强防范经济犯罪的能力。

# 互联网金融语境下贷款类犯罪引发的思考
## ——虚构订单骗取淘宝贷款定性解析

林　国[*]　徐婉娴[**]　王丽君[***]



“互联网 +”时代催生了互联网金融的蓬勃发展，互联网金融的异军突起，无疑是对传统金融行业的有益补充，其依托于网络大数据的特点，区别于传统金融需要提供抵押物的局限，更加灵活、高效，有助于缓解小微企业以及个人的资金不足等问题。与此同时，由于互联网金融与“物联网”“信息自动化”等元素相融合，导致其“非人工化”的运转模式也同传统金融大相径庭，其产生的新的法律问题也亟待解决。以互联网巨头“阿里巴巴”旗下的淘宝订单贷款为例，完全以淘宝订单为依托，只要有订单产生，系统就会依据订单自动审批贷款，便捷的审批程序的确为资金缺乏又急需成长的企业、店铺带来诸多便利，但自动化的系统审批也为犯罪分子提供了可乘之机，这其中所隐匿的互联网金融方面的法律问题非常值得我们深入探讨。本文以一个真实的案例为切入点，解析其中所涉及的相关法律问题，以期能为互联网金融的健康发展提供一丝启发。

## 一、案情简介

被告人纪某某系郭某某经营的“杭州苍迪电子商务有限公司”（以下简称“苍迪公司”）的员工，其工作职责为利用淘宝账号为“l×××”的个人店铺为“苍迪公司”旗下一家天猫店铺提供售后服务（但不包括淘宝订单贷款），并使用郭某某给予的淘宝、支付宝账号及密码。2014 年 10 月 21 日下午，被告人纪某某因对郭某某不满，伙同朱某某、张某某雇用他人进行恶意刷单，意图使该网店被

---

* 林国，男，温州市瓯海区人民检察院梧田检察室副主任。

** 徐婉娴，女，温州市瓯海区人民检察院公诉科助理检察员。

*** 王丽君，女，温州市瓯海区人民检察院公诉科助理检察员。

淘宝查封。而后，因刷单产生虚构订单，被告人纪某某又使用该网店的支付宝账号 l×××@163.com，依据虚构的订单申请获得淘宝订单贷款 45800 元，后因连续退单原因，实际贷得 32000 元。同日，郭某某又往该账号存入现金 7000 元。同年 10 月 22 日，被告人纪某某将该支付宝账号内的 20000 元转入朱某某的支付宝账号，将剩余的 19000 元转入张某某的银行卡，并予以挥霍、还债等。

## 二、争议焦点

本案涉案数额为 39000 元，其中 32000 元系纪某某虚构订单骗取的贷款，另 7000 元系郭某某存入，因此，本案的涉案数额可分为两部分，即 32000 元、7000 元。其中，7000 元系郭某某存入，本身属于纪某某管理的单位财物，因属于职务侵占不存争议，不再赘述。而关于 32000 元的定性主要有以下几种观点：

1. 本案应构成职务侵占罪。首先，涉案的淘宝账号隶属于“苍迪公司”，而“苍迪公司”的企业性质为有限责任公司，故符合职务侵占罪的主体。其次，被告人纪某某的职务就是使用店铺支付宝内的现金为客户提供售后服务。因此，对于同时掌握淘宝店铺账号密码、支付宝账号密码的纪某某而言，其对支付宝内的财物存在管理的权限，符合利用职务便利将本单位的财物非法占为己有的要件，故本案构成职务侵占罪。

2. 本案应构成盗窃罪。纪某某利用订单从淘宝处获取贷款的行为本身并不构成犯罪，贷款获得的钱打入支付宝后，涉案款项应归“苍迪公司”所有，纪某某本身并无处置该款项的职务便利，却在公司不知情的情况下，采用秘密的方法窃取上述款项，完全符合盗窃罪的构成要件。另外，机器不可能存在认识错误，故机器不可能成为受骗对象。

3. 本案应构成诈骗罪。纪某某在未经任何授权的情况下，着手申请贷款的一刻起，就已经具有了非法占有的主观故意。在客观上，纪某某通过虚构订单使淘宝公司陷入错误认识而发放贷款，并使被害人遭受损失，故本案构成诈骗。

## 三、观点解析

笔者赞同上述第三种观点，该案应当认定为诈骗罪：

1. 以秘密窃取来区分盗窃罪与他罪的观点本身就值得商榷。通说认为，秘密窃取是指行为人主观上自认为采取的是不使被害人发觉的方法取得并且占有公私财物的行为。那么将导致主观归罪的问题。两个罪名的区分完全依据行为人的认识。而这一认识又将通过怎样的标准确定？如果是以一般人的认识标准，那么盗窃方法千奇百怪，又如何认定？如果以行为人个人认识来界定，那么犯罪的认定将完全依靠于行为人本人的供述。这显然不妥。再如，进入他人住宅后，明知卧床不起的占有者盯着自己，仍搬走其电视机，[1] 此种场合下，按照现有通说对盗窃罪的理解，是否该定性为抢夺？因此，笔者认为，以行为具有秘密性来认定盗窃罪理论上即无法自圆其说。

2. 机器不可能存在认识错误的观点值得商榷。理由如下：（1）有观点认为，最高检于 2003 年 4 月《关于非法制作、出售、使用 IC 电话卡行为如何适用法律问题的答复》（以下简称《答复》）规定，明知是非法制作的 IC 电话卡而使用的，构成盗窃罪，因此机器不能成为受骗对象。但最高检于 2008 年 4 月在《关于拾得他人信用卡并在自动柜员机（ATM 机）上使用的行为如何定性问题的批复》中认为，拾得他人信用卡并在自动柜员机（ATM 机）上使用的行为，属于《刑法》第 196 条第 1 款第 3 项规定的“冒用他人信用卡”的情形，构成犯罪的，以信用卡诈骗罪追究刑事责任。该规定与上述《答复》间存在矛盾，但并无孰对孰错，因此完全依靠上述《答复》认为机器不能成为受骗对象的观点并不妥当。相反，笔者认为，实践中冒用他人信用卡在 ATM 机上取钱的也均定诈骗罪，由此可见，司法实践也是认可机器可以成为受骗对象这一观点的。（2）本案中，尽管贷款的审批程序完全由系统操作，但系统审批流程的程序代码的编写仍是人为，换言之，假如科技未能如此发展，人工审批代替系统审批，那么当犯罪嫌疑人纪某某虚构订单时，淘宝工作人员仍会错误认为订单系真实，从而同意贷款。因此，笔者认为，这一替代完全依赖于科技的发展，是人类智慧的反映。

3. 本案并不存在利用职务便利侵占本单位财物的行为。首先应区分职务便利与工作便利。关于工作便利是否属于职务便利有所争议，笔者认为不应将工作便利纳入职务便利。（1）从含义上解释，职务便利是指利用自己主管、管理、经营、经手单位财物的便利条件。上述四种行为表示行为人具有某种与单位财务接触的义务，即均系职务相关行为。利用工作便利是指行为人因为工作关系熟悉作案环境，凭其身份便于进出某些单位，轻易接近作案目标等方便条件。[2] 例如，与仓库保管员共用一间办公室的人，可以轻易取得仓库钥匙，但因为并无保管仓库的职务，则利用钥匙取得仓库财物的行为无法解释为利用职务便利

[1] 张明楷：《刑法学》，法律出版社 2011 年版，第 878 页。

[2] 莫开勤：《职务侵占罪研究》，载《法律适用研究》2001 年第 5 期，转载自应宏伟：《职务侵占罪司法认定中的疑难问题辨析》，华东政法大学 2010 年硕士学位论文。

的行为。（2）职务侵占作为一种身份犯罪，如果将“工作上的便利”纳入“职务便利”之中，将会使其与盗窃罪、诈骗罪等非身份犯罪混淆。[1] 回到本案，被告人纪某某的职务就是管理涉案淘宝店铺，管理店铺中需要的资金由“苍迪公司”的经营人郭某某汇入，贷款并非其职务范围。笔者认为，其利用淘宝店铺账号、密码、支付宝账号及密码贷款的行为只能认定为利用了工作上的便利，而非职务上的便利。

4. 本案在主观、客观上均符合诈骗罪的构罪要件。构成诈骗罪需满足虚构事实—使陷入错误—因认识错误而处分财产—被害人遭受损失。本案的具体情况为：（1）淘宝公司之所以被骗，起因在于纪某某虚构订单；（2）上述虚构的事实使得淘宝公司陷入错误（误以为营业额真实）；（3）淘宝公司因误以为营业额真实而将贷款发放；（4）因纪某某所使用的账号系“苍迪公司”所有，故最后仍需“苍迪公司”向淘宝公司偿还贷款，因而遭受损失。但依据纪某某、朱某某、张某某的供述，其三人虚构订单时尚未产生非法占有的目的，那么该行为是否可被刑法评价？笔者认为，犯意产生后，利用之前行为继续实施犯罪，前行为当然需要被评价。对犯罪事实的认定，应当综合行为人的全部行为进行评价，而不能简单割裂。

5. 存在被害人与被骗人非同一的情况。本案被骗人应当是淘宝公司，被害人应为郭某某经营的“苍迪公司”。关于这一点，可以参考信用卡诈骗罪的处理。信用卡诈骗案中，处置财产的是银行，而遭受损失的是合法持卡人。此处涉及一个问题，有观点认为，在被害人与被骗人不是同一人的情况下，被骗人必须具有处分被害人财产的权限或处于可以处分被害人财产的地位，这也是区分诈骗罪与盗窃罪间接正犯的要点所在。[2] 但本案中，淘宝公司似乎处置的并非被害人单位存放于淘宝的财产，而是一笔原本属于淘宝公司的钱。笔者认为关于该问题可作如下理解：一方面，同样可以参考信用卡诈骗罪，冒充他人信用卡而使用，银行处置的亦是原本属于银行的钱。另一方面，无论是信用卡的使用还是淘宝订单贷款，实际上都包含了一个协议，即只要满足一定条件，贷款协议成立，该笔钱即会归属于被害人。假如本案中订单数量真实，那么即使申请贷款的系被告人纪某某而非账号所有人即被害单位，仍然可以成立贷款协议，贷款归于账号所有人即被害单位所有。因此，可以认为银行或者是淘宝均具有可以处分被害人财产的资格。当然，本案之中，贷款协议显然是被告人纪

[1] 应宏伟：《职务侵占罪司法认定中的疑难问题辨析》，华东政法大学 2010 年硕士学位论文。

[2] 张明楷：《刑法学》，法律出版社 2011 年版，第 894 页。

某某通过欺诈手段（虚构订单）订立，属于《合同法》上合同无效的情形，财产的受益者即被害单位应当返还财产，也因而得出如上所述涉案贷款非合法财产的结论。

## 四、结语

“互联网 +”时代已经来临，与传统金融完全依靠人工的模式不同，互联网金融在很大程度上依赖于“智能化”运作。互联网金融兴起的今天，各种新的法律问题频频出现，如机器能否成为受骗对象、职务便利行为的界定及经济损失的归属等问题，必然引发新的思考。互联网金融的广泛运用要求打破原有的思维局限，除了需要互联网监控体系的完善、立法的与时俱进，同时需要法律观念的不断更新，以期以新的法律视角解决新的法律问题。

# 互联网金融视野下的P2P网络借贷刑事责任风险及监管

王莉玲*



互联网金融（ITFIN）是指传统金融机构与互联网企业利用互联网技术和信息通信技术实现资金融通、支付、投资和信息中介服务的新型金融业务模式。是互联网技术和金融功能的有机结合，依托大数据和云计算在开放的互联网平台上形成的功能化金融业态及其服务体系，包括基于网络平台的金融市场体系、金融服务体系、金融组织体系、金融产品体系以及互联网金融监管体系等，并具有普惠金融、平台金融、信息金融和碎片金融等相异于传统金融的金融模式。比较典型的包括P2P网络贷款、网络众筹、第三方支付、比特币、货币基金互联网销售（如余额宝）等。从互联网金融诞生至今，一直饱受争议也带来很多新的法律问题。下面主要就互联网金融中P2P网络贷款可能面临的刑事责任展开讨论。本文将网络借贷平台运营模式自身可能产生的刑事问题称作自发性刑事问题，利用网络借贷平台从事非法活动的情形称作外来性刑事问题。

## 一、P2P网络借贷的概念及发展现状

P2P网贷（Peer to Peer lending），是指通过第三方互联网平台直接进行资金借贷的资金融通行为，是一种个人对个人的直接融资模式。在欧美国家P2P网络借贷是纯粹的网络中介平台，P2P公司提供的服务主要包括以下两方面：其一是放贷人和借贷人之间的信息供应与匹配，从而实现双方的对接；其二是对借款人的信用进行评估。使用FICO资信分析系统，根据借贷人历史信用记录从而实现。P2P公司本身并不为借贷双方提供信用担保，也不从事资金的收纳结转，更

* 王莉玲，西南政法大学法学院刑法专业2015级研究生。

不存放沉淀资金。2007年国内首家P2P网络借贷平台在上海成立。在中国当前金融抑制的融资环境下，众多中小企业和民营企业的资金需求无法在传统的金融市场上得到满足，因此，当电子商务和社交网络带来空前的市场机遇时，P2P网络借贷顺势“野蛮”生长。根据零壹研究院数据中心统计，短短几年间，我国的P2P借贷平台增长到2508家。

传统的P2P网络借贷是借贷双方通过互联网平台，直接进行资金借贷的资金融通行为，P2P网络平台不参与到双方借款合同的法律关系中。其依靠向借贷双方收取中介费、服务费获利。由于我国社会信用管理体系不完善、商业信誉意识淡薄，出现借款人借贷不还，贷款人实现债权难的情形。



此时，一种依托第三方支付平台的新型支付方式发挥了巨大作用，也促使P2P公司等为投资者提供担保形式的出现，较好地解决了还款信用风险和逆向选择难题。由此出现了信用贷款方提供亲朋进行联保；抵押或质押进行反担保，引进第三方融资担保公司对项目进行审核和本息担保等情况。其中，债权转让模式在商业运行中最为成功。债权转让模式，即借贷双方不直接签订债权债务合同，而对期限和金额进行双重分割。由于市场需求较大，2012年以后几乎所有的P2P平台公司都采用债权转让经营模式。P2P网络贷款的这一“变异”也带来了更多的法律问题。2015年最高人民法院颁布的《关于审理民间借贷案件适用法律若干问题的规定》第22条指出，借贷双方通过网络贷款平台形成借贷关系，网络贷款平台的提供者仅提供媒介服务，不承担担保责任。网络贷款平台的提供者通过网页、广告或者其他媒介明示或者有其他证据证明其为借贷提供担保，出借人可以要求网络贷款平台的提供者承担担保责任。

## 二、P2P网络借贷刑事责任风险分析

### （一）传统P2P网络贷款刑事责任分析

传统P2P网络贷款中互联网平台只提供相关借贷信息，借贷双方直接发生借贷法律关系。借贷流程如图1所示：

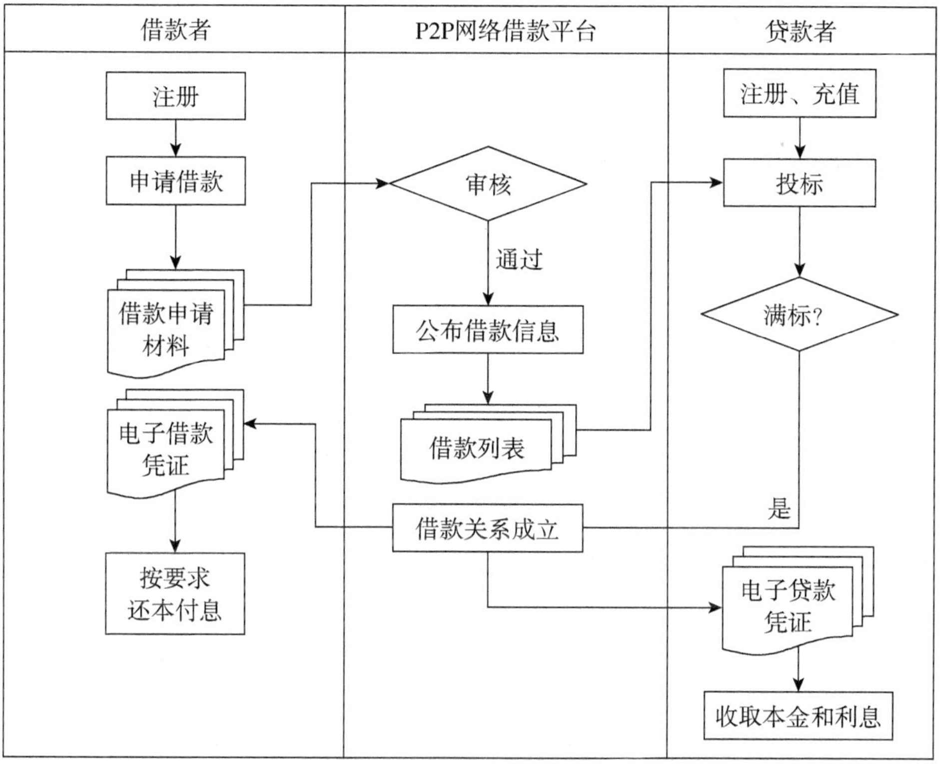


图 1 P2P 网络借贷流程

### 1. 自发性刑事责任分析

如图 1 所示，首先由借款人发布自己的借款申请，其次网络平台只对其基本信息进行审核，符合形式条件则可发布借款信息。此时若要求网络平台对双方进行实质审查，这样的审查义务对于网络平台来说是过高的，也不利于这个新兴行业的发展。最后由贷款人自己选择合适的借款对象，二者直接形成借贷关系即可。严格按照此运营模式，网络平台基本不会出现承担刑事责任的风险。即没有自发性刑事责任的风险。此时的网络借贷平台相当于一个借贷信息中介，将借贷双方信息进行发布，借贷双方自己在此平台上寻找合适的借贷信息，从而完成借贷行为。网络平台收取一定的中介费、服务费，并不会实际参与到借贷关系中。此时的 P2P 网络借贷平台只承担对借贷信息进行形式审查的义务，严格按照此种经营模式，网络借贷平台不会逾越刑法的红线。

### 2. 外来性刑事责任分析

司法实践中，存在不少以网络借贷平台为犯罪工具的犯罪活动，本文将此类犯罪行为归纳为外来性犯罪行为。根据网络平台的营运特点不难看出，P2P 网络借贷平台有发布借贷信息的功能，在这个过程中，如果出现网络平台本身是以犯罪为目的而成立的，通过发布虚假借贷信息，使他人陷入错误认识而处分财物，从而非法占有他人财物的情形。该类情形完全符合刑法规定的诈骗罪的犯罪构成要件，应当以诈骗罪定罪量刑。与此同时，在此类网络借贷平台的运营过程中，也可能出现信用卡诈骗的情形。例如，利用非法手段取得他人信用卡信息，在网络终端或其他平台使用等情形，只要符合信用卡诈骗罪的犯罪构成要件则应当以该罪定性。除上述两种可能的外来性刑事责任风险，P2P 网络借贷平台还可能构成非法经营罪、非法吸收公众存款罪等，对犯罪活动的定性以实践中具体犯罪行为为准。



## （二）新型 P2P 网络贷款刑事责任分析

随着 P2P 网络贷款的发展和市场需求的变化，构建“资金池”这一新兴模式应运而生，实际商业运作中，债权转让模式是新型模式中成长最快也最成熟的模式。债权转让模式，即借贷双方不直接签订债权债务合同，而对期限和金额进行双重分割。由 P2P 网贷平台公司或公司主管人员个人先行放款给资金需求者，从而取得债权，网贷平台再将债权转让给投资者，此时 P2P 平台成为资金往来的枢纽，其实质是资产证券化。如图 2 所示：

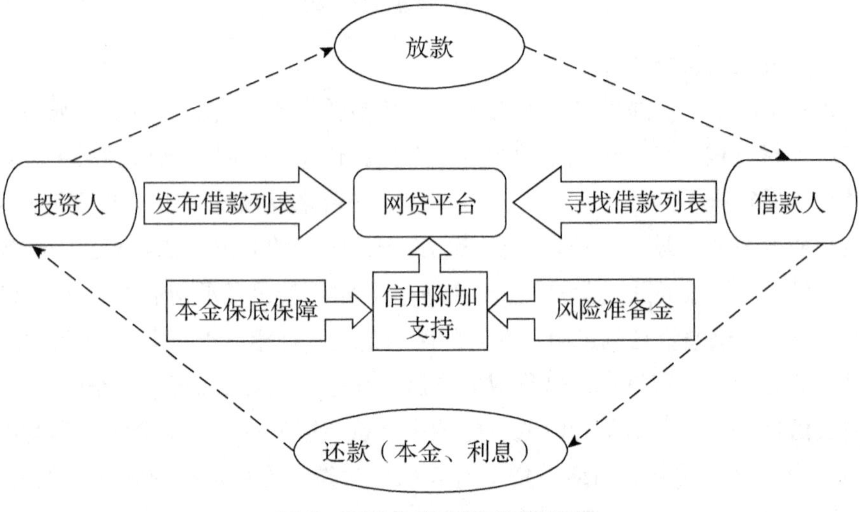


图 2　新型 P2P 网络借贷流程

根据《合同法》第 79 条规定，债权人可以将合同的权利全部或部分转让给第三人，对转让金额、期限、次数等没有限制。P2P 网贷平台为解决客户不信任及大额资金借贷难等问题，产生了债权转让模式。下面以借贷 100 万元人民币为例说明其操作模式。网贷平台以个人借款的方式先行向借款人出借人民币 100 万元，有的 P2P 公司是以公司内部个人的名义，如公司董事长等提供借款，以规避法律，但借款之后的债权和利润归网贷平台所有，网贷平台公司为借贷合同提供担保，双方约定借款期限为一年。这样网贷平台就获得一笔一年期的 100 万元债权。然后网贷平台将这笔债权的金额和期限进行双重拆分，分成短期、小额的类似理财类产品，如将这一年期的 100 万元债权拆分为两个 6 月期的 30 万元债权，两个 2 月期的 10 万元债权，四个 1 月期的 5 万元债权，再将这些拆分后的债权向社会转让。现今中国的金融市场上，50 万元以下的高收益的短期理财产品非常少，但是这个借贷承受群体却是占据了中国绝大多数，所以一旦一笔 100 万元的债权经过金额拆分和期限拆分，其销售难度就大幅度降低，很容易吸引社会零散资金进入。如此，网贷公司一边通过产生新债权，一边对债权进行拆分、配对，随着进入的资金越来越多，网贷公司最终成为一个类似银行的平台。此时的 P2P 借贷平台已经实际参与到借贷关系中，为借贷关系提供本金、担保甚至利息担保等，在这样的情况下，网络借贷平台就面临更大的刑事责任风险，也给刑事立法、司法带来更多新的问题。



我国金融管理体制以及金融刑法规制体系中，承担了信用平台作用的 P2P 网络借贷模式，运营模式本身就面临着非法集资的刑事风险，同时，集资类犯罪的刑法条文，也是 P2P 发展不可逾越的制度“瓶颈”。社会发展需求与法律合理规制如何实现二者的平衡？现行刑法规定的集资类犯罪条款是否会阻碍互联网金融包括P2P网贷的合理发展？如何在金融产业发展与金融稳定间取得平衡？金融刑法如何实现对金融市场的理性介入？面对新问题的产生，有必要对这些问题作出合理的应对，理性分析金融市场的需求与发展，用法律为金融业发展保驾护航的同时，也作出相应的约束，使之走向良性、和谐的发展之路。以设立“资金池”为运营模式的新型 P2P 网络借贷模式最容易触及刑法规定的非法集资的红线，非法集资是集资诈骗和非法吸收公众存款的合称。下面将对此展开详细论述：

**1. 新型 P2P 网络借贷平台自发性刑事责任分析**

2010 年最高人民法院颁行了《关于审理非法集资刑事案件具体应用法律若干问题的解释》，该解释明确认定“非法吸收公众存款或者变相吸收公众存款”需同时满足四个条件，分别是：（1）未经 P2P 网贷与金融刑法危机及其应对有关部门依法批准或者借用合法经营的形式吸收资金；（2）通过媒体、推介会、传单、手机短信等途径向社会公开宣传；（3）承诺在一定期限内以货币、实物、股权等方式还本付息或者给付回报；（4）向社会公众即社会不特定对象吸收资金。实践中，大都满足第（2）项和第（4）项条件，即宣传的公开性和对象的不特定性。关键在于是否实施了第（1）项和第（3）项规定的行为，即设立资金池和保底收益。

实践中，P2P借贷平台在业务交易过程中，引入放款人风险保障机制，划拨部分收入到风险金，用于投资人的利益保护，约定将风险金用于对投资人损失的赔付，同时又将赔付的金额范围限定在风险金的范围之内。也就是说，如果理财者出借的款项出现坏账，将偿付理财者的本金及收益，并且风险金足以多倍覆盖坏账金额，由此看来是存在保底收益的。这种情况下在刑法上认定其涉及变相承诺还本付息、保底收益没有问题。由此可见，该运营模式本身就存在极大触及非法吸收公众存款的法律红线。




**2. 新型P2P网络借贷平台外来性刑事责任分析**

与传统P2P网络平台类似，若一开始就以非法占有为目的成立网络借贷平台从事虚假借贷活动，则以具体的行为模式为准，用现有刑法进行规制即可，如诈骗类犯罪、非法发行证券罪、洗钱罪、非法经营罪等，对于可能触犯的其他相关刑法罪名在此不再累述。

新型P2P网络借贷平台的外来性刑事责任，其实质是利用网络平台作为犯罪工具，从事相关违法行为。在司法实践中，需要结合案件具体情况对其定罪量刑。在外来性刑事责任中，无论是传统的P2P网络借贷平台还是“变形”后的新型网络借贷平台，可能出现的刑事责任风险都是类似的，前文已对传统P2P网络借贷平台的外来性刑事责任进行了分析，在此不再赘述。

## 三、P2P网络借贷平台的监管建议

### （一）健全法律法规体系

目前，我国没有专门针对P2P网络借贷的相关规定，主要基于基本法律法规中一些条文和央行及银监会的监管文件。具体如下表所示：

**P2P网贷的相关规定表**

| 法律法规 | 主要内容 |
|---|---|
| 《刑法》 | 非法吸收公众存款罪、诈骗类犯罪、洗钱罪等 |
| 最高人民法院《关于审理非法集资刑事案件具体应用法律若干问题的解释》 | 非法集资 |

续表

| 法律法规 | 主要内容 |
|---|---|
| 《证券法》 | 非法发行证券罪 |
| 《民法通则》《合同法》《关于人民法院审理借贷案件的若干意见》 | 民间借贷利息最高不得超过同期银行贷款利率的 24%<br>在借贷关系中，仅起联系、介绍作用的人，不承担保证责任 |
| 《电信管理条例》《公司登记管理条例》 | P2P 网站需在电信管理进行登记注册，业务种类为“因特网信息服务业务” |
| 《个人信用信息基础数据库管理办法》 | 个人信用报告仅限于中华人民共和国境内设立的商业银行、人民银行和城市信用合作社等金融机构及消费者使用。P2P 平台非合法使用者 |
| 《征信业管理条例》 | 规范市场，将建立以公民身份证号码和组织机构代码为基础的统一社会信用代码制度 |
| 《支付业务风险提示》 | 提示网贷信用卡套现风险，限制信用卡投资网贷 |

由于法律法规体系的不健全，P2P 借贷行业主要依靠行业的自律公约进行规范，但由于其规定不具体，显然不能满足 P2P 借贷的发展要求。中国小额信贷联盟于 2012 年 11 月成立了 P2P 行业委员会，2013 年 8 月发布了《个人对个人（P2P）小额信贷信息咨询服务机构行业自律公约》（以下简称《自律公约》），对 P2P 行业及其从业人员的自律与管理提出了相关要求，《自律公约》的适用范围包括 P2P 行业委员会全体成员（目前有 55 家 P2P 平台）。

可以对 P2P 网络借贷平台这一新型互联网金融，出台相关司法解释，明确犯罪行为的边界，对入罪的主体、数额、量刑幅度等方面作出明确认定及划分。从司法实践中可知，P2P 网络平台往往人数众多，有明确分工，哪些人可以认定为犯罪主体，认定之后如何区分主从犯问题，都是要结合具体情况作出分别处理的。网络借贷平台的组织者、领导者，作为犯意发起者也起到了组织、领导的作用，认定其为共同犯罪中的主犯没有障碍。网络平台的技术提供者，则需要视情况而定。具体来说，如果网络技术提供者对于整个犯罪行为并不知情，只是在正常的从事工作，对平台相关技术提供支持，那么他是没有主观罪过的，不应将此类人纳入刑法规制。同样的 P2P 网络平台的其他相关人员，如一些平台宣传者、业务员等，只要不能认定其有主观罪过，则不应纳入刑法规制。但只要能认定其知道该网络平台是在从事犯罪活动，并且参与其中，无论其从事什么职位都应认定为犯罪主体，再根据其发挥的作用区分主从犯进行定罪量刑。

## （二）健全 P2P 网络借贷平台信息披露与信用体系

我国目前并没有强制 P2P 网络借贷平台进行信息披露，由于信息持有不对等或者虚假，使得网络借贷参与者与网络平台之间产生了新的问题，同时也为网络平台触犯刑法埋下隐患。信息持有不对等使得投资者对参与金融发展有一定的顾虑和不信任感，这对国家的金融、实体等行业的发展产生一定的阻碍。与其他金融消费者一样，参与 P2P 网络借贷的投资人的合法权益应受到一定程度的保障，信息披露就成为值得关注的重要方面。绝大多数投资者对他们所投资的标的或者产品的实际信息没有完整了解，或是其所了解的信息与平台利用资金实际投资的标的有出入，这无疑是对金融消费者知情权的侵害。应当明确 P2P 网络借贷平台信息披露义务，包括信息披露范围、方式、时间等。从而使网络借贷在相对透明的环境中进行，帮助金融消费者对自己的金融消费决定作出理性评估，同时遏制一部分刑事犯罪的可能。





P2P 借贷突破了传统民间借贷地域和熟人圈子限制，同时也产生了一定的信用风险，如债务人不清偿到期债务从而给债权人造成损失的风险，为在一定程度上减少信任风险，网络借贷平台产生的新模式又极易触犯刑法。我国信用体系不健全导致信用数据缺乏，P2P 网贷平台使用个人信用信息的限制，其只能自己去担保或做信用审查。若完善我国信用体系，此类问题可以得到一定的解决，也为互联网金融借贷的发展提供一种良性发展的保障。

## （三）明确监管主体

P2P 网络借贷的监管处于真空现状，致使行业素质良莠不齐，形成较大的法律及金融良性发展隐患。目前，P2P 网络借贷平台设立和业务开展分别从属两个部门监管，可能出现监管漏洞、责任划分不明细，责任承担不明确等情况。第一，设立登记方面。由电信部门负责对 P2P 平台网站进行 ICP 登记，工商部门负责对平台运营商进行工商登记，但二者都不了解、掌握、监管平台的具体业务。第二，业务开展方面。P2P 网贷平台的担保功能、支付功能等业务开展是否需要支付业务许可证，是否应按行政许可进行管理等业务问题都没有明确规定。P2P 平台从事的是金融业务，但目前尚未受到金融监管当局的监管，在监管的方式上存在不专业、不明确等现状，因此应当明确专业的监管主体，使网络借贷这一新兴互联网金融的发展拥有更好的平台。将 P2P 网络借贷平台的监管主体明确为专业的金融监管当局，有利于行业良性发展，从设立到开展业务，进行专业的审查和批准，尽可能地减少犯罪可能，也能对该行业作出合法合理的规范。

### （四）限定刑法规制的合理范围

刑法作为调整社会关系的“最后一道防线”，应当保持一定的谦抑性，互联网金融的发展是时代的产物，也是我国金融行业发展的趋势，刑法的相对滞后性与社会进步的矛盾一直存在，当新的问题产生时，如何平衡二者是值得我们思考的问题。

**1. 关于非法吸收公众存款罪的完善建议**

与时俱进地转变司法理念及政策导向，在司法中适当缩限非法吸收公众存款罪的适用范围是秉持刑法谦抑原则、维护金融市场秩序、鼓励金融行业创新应有之义。一是合理提高非法吸收公众存款罪的入罪标准，尽量减小刑法打击范围。横向对比破坏金融管理秩序类犯罪的入罪门槛，如骗取贷款、票据承兑等犯罪的规定，其入罪金额门槛是非法吸收公众存款罪的 5 倍左右。纵向比较单位犯罪与自然人犯罪的入罪门槛，单位犯罪的起刑点一般是自然人犯罪的 5 倍。由此可见，提高非法吸收公众存款罪的入罪门槛是有合理依据的。债权转让行为可分情况纳入刑法规制范围，一方面融资后用于商品、服务的生产经营行为，该类型不符合非法吸收公众存款罪的犯罪构成要件，应非罪化。另一方面以货币、资本经营为目的的集资类型符合非法吸收公众存款罪的犯罪构成要件的，则理应纳入刑法规制。

**2. 关于洗钱罪的完善建议**

《刑法》第 191 条规定了洗钱罪，是指明知是毒品犯罪、黑社会性质的组织犯罪、恐怖活动犯罪、走私犯罪、贪污贿赂犯罪、破坏金融管理秩序犯罪、金融诈骗犯罪的违法所得及其收益，为掩饰、隐瞒其来源和性质，而提供资金账户的，或者协助将财产转换为现金、金融票据、有价证券的，或者通过转账或者其他结算方式协助资金转移的，或者协助将资金汇往境外的，或者以其他方法掩饰、隐瞒犯罪所得及其收益的来源和性质的行为。2006 年 10 月 31 日，制定了《反洗钱法》，规定了金融机构及特定非金融机构的反洗钱义务，其规定金融机构和有特殊义务的非金融机构为反洗钱义务主体。目前，P2P 网络借贷平台并不属于金融机构的范畴，也未规定其有特殊义务，因此平台原则上并不具有建立反洗钱系统的义务。而且 P2P 网络借贷过程中，其资金流转具有高度的隐蔽性，这一特点使得具有资金监管义务的银行或其他机构难以监管资金来源及洗钱的具体活动情况。

针对 P2P 网络借贷的洗钱风险，有以下三种可供选择的方法对其进行监管。第一种，实行严格的资金托管。将借贷双方人的资金转移到银行等金融机构，由该机构向平台反馈交易信息。因为银行等资金托管机构具有反洗钱与反洗钱系统建设的义务，可以在一定程度上防止洗钱行为的发生。此种方式的不足之处在于银行要为借贷双方设立子账户，这样会导致运营成本增加、交易完成时间长，同时借贷成本也会增加。第二种，将P2P网络借贷平台纳入反洗钱制度体系中。明确平台具有反洗钱义务并建立相应的反洗钱系统。第三种，一种折中办法，即仍在平台的中间账户进行资金转移，银行等特定金融机构负责对中间账户的监管。同时，平台为借贷双方在银行中建立起中间账户的子账户，负责子账户的资金流转和监督。

**3. 非法经营罪的适用**

非法经营罪的存留问题一直有争议，原因是该罪的适用范围大，仅是司法解释中就列举了十余种，非法经营在司法实践中也一直处于“兜底”条款地位，对该罪名的适用，法律作出了明确的司法解释，在实际操作中仍应谨慎对待。不断出台的立法和司法解释，把非法经营罪逐步扩展为一个几乎没有限制的罪名。只要某种经营行为无论是经营资格、内容，还是方式等违反了国家的相关规定，达到一定的数额，刑法中没有更为合适的具体罪名，就可以被认为严重扰乱了市场秩序，从而以非法经营罪定罪处罚，这是刑法适用的普遍问题。

P2P网络借贷这一新兴互联网金融的兴起，同样催生了非法经营的潜在可能，在此罪名的适用上，要坚持刑法的谦抑性原则。同样，刑法的明确性也是对立法者、执法者的要求。在刑法领域主要体现在犯罪构成的明确，非法经营罪的犯罪构成一直处于模糊状态，没有明确的边界，详细、明确的刑法体系能让司法工作者在实务中正确有依据地对案件定性，民众接受度也高。但是，完全排斥司法工作者的价值补充与评价不符合实际也不可行，只是说我们应当尽可能明确该罪名的适用边界，结合具体情况作出符合法律规定的判断。

**4. 诈骗类犯罪**

行为人利用P2P网络平台实施诈骗活动，可能构成相关诈骗类犯罪。2011年我国实施了《关于审理诈骗案件具体应用法律的若干问题的解释》，明确规定诈骗方法是指行为人编造事实或隐瞒真相，以虚假的证明文件和高回报率为诱饵，骗取集资款的手段。该规定界定了诈骗方法的外延，但没有阐明诈骗方法的实质。司法实践中行为人进行非法集资的诈骗形式多种多样，不仅仅局限于上述规定，因此如何从实质上来认定诈骗方法是值得思考的。如果行为人没有虚构集资用途也没有使用虚假文件，只是提出高回报率，应该如何处理？在这种情况下，由于立法解释明确规定是虚构证明文件和高回报率二者并存时才能认定其行为的违法性，所以不能以集资诈骗罪论处。在行为人既没有虚构事实也没有出具虚假证明的情况下，仅仅以较高的回报率获得集资款，此时若出资人遭受损失，是其风险投机行为失败后的正常结果，这一损失不能归结于集资人的欺诈，因为行为人在集资时，并不具有非法占有的主观故意。值得注意的是，在司法实践中，我们很可能揣测不到行为人在资金链出现问题时临时改变主意的心理状态，因此，在具体分析案件时，我们应主客观相结合，努力探寻集资人的真意。这是司法实践的难点，也是需要特别关注的地方。

当然在设立 P2P 网络借贷平台之初，就以非法占有为目的，还可能构成诈骗罪、信用卡诈骗罪、合同诈骗罪等。由于一个网络平台幕后工作人员众多，司法实务中应当特别注意犯罪主观方面、共同犯罪主体、主从犯的认定。对行为人的行为是否违法、触犯何种罪名、在犯罪中起了何种作用等，都应该具体到每一个行为人，而不能笼统地“一刀切”。在一个网络借贷平台的共同犯罪中，可能出现法条竞合、想象竞合或者数罪并罚的情形，这对司法实务者的办案能力也是一种考验。该类案件往往有着人数多、犯罪行为复杂等特点，如何正确适用法律作出公正的判断是司法人员面对的挑战。我国关于诈骗类犯罪的立法相对完善，司法实务中也有相当丰富的经验，面对互联网金融的新兴产业所带来的新的法律问题能沉着应对。

**5. 擅自发行股票、公司、企业债券罪，擅自设立金融机构罪**

在实践中，存在一部分 P2P 网路借贷平台非法从事擅自发行股票、公司、企业债券，擅自设立金融机构的行为，该类平台在开展借贷业务的同时也从事上述其他金融业务。擅自发行股票、公司、企业债券罪，是指未经国家有关主管部门批准，擅自发行股票或者公司、企业债券，数额巨大、后果严重或者有其他严重情节的行为。擅自设立金融机构罪，是指未经中国人民银行批准，擅自设立商业银行、证券交易所、期货交易所、证券公司、期货经纪公司、保险公司或者其他金融机构的行为。两罪的主体，既可以是达到刑事责任年龄并具备刑事责任能力的自然人，也可以是单位。单位犯本罪的，实行两罚制，即对单位判处罚金，对其直接负责的主管人员和其他直接责任人员，判处相应刑罚。该罪的认定需要和非法吸收公众存款罪进行比较，二者存在模糊地带。由于网络借贷平台行为存在多样性，构罪可能就有多样性，在评价犯罪行为时，要作出正确判断。

# 我国互联网金融的刑法规制探讨

王　菁*

## 一、引言



近年来，全球范围内信息技术创新奔逸绝尘，势不可当，信息领域各种新产品、新服务、新业态层出不穷，如同阪上走丸，并不断刺激新的消费需求，形成日益引人注目的消费热点。金融业务和移动终端的融合日益加速，加之我国庞大的市场规模，源源不断的交易流转，使我国的互联网金融进入一个全新时代。本固枝荣，结合居民消费升级和信息化、工业化、城镇化、农业现代化加快融合发展的大背景，内外因相互整合进一步催动互联网金融风发泉涌。2013 年国务院发布《关于促进信息消费扩大内需的若干意见》指出"推动互联网金融创新，规范互联网金融服务，开展非金融机构支付业务设施认证，建设移动金融安全可信公共服务平台，推动多层次支付体系的发展。推进国家基础数据库、金融信用信息基础数据库等数据库的协同，支持社会信用体系建设"。2014 年第十二届全国人民代表大会第二次会议的政府工作报告指出，"促进互联网金融健康成长，完善金融监管协调机制，守住不发生系统性和区域性金融风险的底线"。2015 年 1 月 4 日，李克强总理在深圳考察首家互联网银行前海微众银行时指出，"要在互联网金融领域闯出一条路子，给普惠金融、小贷公司、小微银行发展提供经验。要降低成本让小微客户切实受益，这也能倒逼传统金融加速改革。可以说，微众银行一小步，金融改革一大步"。[1] 2015 年 12 月 16 日，习近平在第二届世界互联网大会开幕式上强调："互联网是人类的共同家园，各国应该共同构建网络空间命运共同体，推动网络空间互联互通、共享共治，互联网金融普惠，为人类发展开创更美好的未来。"巩固互联网金融的既然成果，不断推动其拓展行业应用，精进金融服务路径，优化数据处理能力，不仅能取

---

* 王菁，西南政法大学法学院刑法专业 2015 级研究生。

[1] 陈小瑛：《总理深圳行细节》，载《华夏时报》2015 年 1 月 8 日，第 1 版。

得丰硕的经济效益和社会效益，也能让社会大众体验更优越的服务层次和生活水平。但应认识到，互联网金融也是滋生、诱发许多金融犯罪的温床，致使社会在得益于互联网金融的同时也饱受其扰，深感其害。针对互联网金融发展的特性和趋势，充分运用刑法手段对其规制，填充现行法律缺位或滞后的漏洞，完善现有信用体系、监管体系、风险评估体系，以期在为其平稳发展护航保驾的同时又能防微杜渐，抑制犯罪蔓延和恣肆是现阶段亟待应对的热点和难题。

## 二、互联网金融综述

### （一）互联网金融概念



互联网金融（ITFIN）是指传统金融机构与互联网企业利用互联网技术和信息通信技术实现资金融通、支付、投资和信息中介服务的新型金融业务模式，是传统金融行业和互联网技术的结合催生出的，特别集中于搜索引擎、小区网络、云计算、数据挖掘、移动支付等领域的功能化金融业态及其服务体系，包括基于网络平台的金融市场体系、金融服务体系、金融组织体系、金融产品体系以及互联网金融监管体系等，日常随处可见的支付宝、余额宝、人人贷、众筹等即在此范畴。互联网金融最核心的要义是零边际成本实现任何两个资源节点的互联互通，在此模式下，资金供求双方可以通过网络平台自行完成信息甄别、匹配、定价和交易，并享受着无传统中介、无交易成本、无垄断利润的优惠。

### （二）互联网金融的主要特点

#### 1. 运营成本低

与传统金融业务相比，资金供求双方皆可通过互联网的先进性自行完成信息甄别、匹配、定价和交易，无交易成本，无垄断利润。贷款、股票、债券等的发行和交易以及券款支付均在网上进行，大幅降低对营业网点和工作人员的要求，金融机构因而省下了开设、经营营业网点的资金，传统金融中介机构渐趋沦为附庸。

#### 2. 网络覆盖性强

因为有搜索引擎、大数据、社交网络和云计算的有力支撑，消费者可以突破时间和地域的约束，在开放透明的信息环境中迅速定位适合自己的产品，随时随地办理业务，避免陷入信息不对称的困境，削弱卖方主导性，扫除种种实体金融盲区，既节省了时间精力，也使得资源分配效率和实体交易规模大幅提高。

#### 3. 业务办理效率高速

在计算器主导互联网金融业务的模式下，信息序列呈现持续动态变化，系统优化、整合流程，从中分析出各种有效信息，能够更为快速、有针对性地处理客户需求并能同时处理多个客户的诉求，免于等待的焦虑和休息日、工作时长的限制，效率高，用户体验佳。在我国金融体系蓬勃发展的背景下，互联网金融轻应用、碎片化、及时性理财的特性使其相比传统金融渠道而言，更具吸引中小微企业和扩大就业，从而提升金融服务层次和质量，拓展金融市场，刺激实体经济发展的独到优势。

#### 4. 相关法律规范缺位，体系机制不健全，存在高风险隐患



因互联网金融仍属于金融，不但具有传统金融的资金流动性风险及金融风险的隐蔽性、传染性、广泛性和突发性，还存在互联网作为虚拟空间的技术性风险，何况我国的互联网金融尚在起步阶段，相关责任定位不清、监管真空，规范体系弊窳残缺，以及在政策变动和技术更新换代过程中存在的潜在风险，多种因素的叠加使得互联网金融的稳定性、安全性大打折扣，互联网的集众凝聚效应更是在助长金融犯罪的滋蔓上推波助澜，产生了诸多问题，积累了相当严重的金融风险，形成不可小觑的社会危害。“在现代化进程中，生产力的指数式增长，使危险和潜在威胁的释放达到一个我们前所未知的程度。”[1]

## 三、互联网金融犯罪的现象及成因分析

近年来，互联网金融方兴未艾，踔厉奋发。截至目前，支付宝实名用户人数超过 3 亿，支付宝钱包活跃用户超过 2.7 亿，单日手机支付量超过 4500 万笔，超过 2013 年“双十一”创造的单日手机支付 4518 万笔的全球峰值纪录。截至 2015 年 9 月底，我国 P2P 网贷行业历史累计成交量已达 9787 亿元，贷款余额增至 3176.36 亿元。但是，问题平台也达到 1031 家，占整体平台数量（3448 家）的 30%。互联网金融具备平等、开放、共享、普惠、协作、广泛、创新等特性。中央支持互联网金融市场发展，互联网金融在交易对象、交易方式、金融市场、机构制度上都比传统金融更富灵活性和实用性。这样的运行和发展模式拥有透明度高、参与度广、协作性强的优点，能够促进社会融资成本降低，倒逼传统金融体系改革与加速金融产业内部的升级换构，加强金融对实体经济的支持力度。但同时也要注意，以支付宝、余额宝、P2P 网贷、众筹等为代表的互联网金

---

[1] ［德］乌尔里希·贝克：《风险社会》，何博译，译林出版社 2004 年版，第 45 页。

融市场机制已对金融市场秩序和投资者、消费者的合法权益、资产安全产生严重的侵害与威胁，尤其是高频度的互联网金融犯罪，披着网络筹资和机制创新的华衣，行着侵犯他人财产法益、破坏金融秩序的不轨之事，给现有金融法律体系造成剧烈冲击。加之，互联网金融本身欠缺规范的融资模式和征信体系的窳漏日趋凸显，缺乏分级标准和准入限制的弊病使得违法成本降低，刑事风险越发严峻，这无异于为渊驱鱼，为丛驱雀，致使本以推进国民经济发展为己任的互联网金融大悖初衷，买椟还珠，反裘负薪，屡屡被迫充当培植、滋润金融犯罪的沃壤膏腴。[1] 因此，当下亟须建构有效的刑法规范体系，于保护互联网金融创新的同时，维护市场秩序和参与者合法权益，是以应廓清互联网金融犯罪的外延与成因，以做到有的放矢，正本清源。



互联网金融犯罪是指利用互联网金融从事“套现洗钱”“非法吸收存款”“非法集资”“侵犯公众的个人信息”以及“非法经营”“非法发行债券”等违法犯罪活动。[2] 互联网金融犯罪区别于其他犯罪，特别要注意两个方面：一是其区别于计算机金融犯罪，计算机金融犯罪从根本上讲是通过计算机技术破坏金融系统，或行为满足贪污、职务侵占、盗窃等犯罪构成要件，实现侵吞或侵占财产的目的。而互联网金融犯罪虽可能涉及计算机信息技术之应用，犯罪手段却未必囿于单纯一种，所造成的危害也未必拘泥于财产侵害，还可能牵涉金融市场和社会秩序。二是其区别于普通金融犯罪。互联网金融犯罪是大数据时代赫赫扬扬的形势下攒涌出的新型犯罪类别，如利用支付宝与余额宝非法吸收公众存款（余额宝拥有发行基金、吸收存款的功能；“微信钱包”可以将闲散零钱吸收收纳，跨越只有金融机构可以吸收公众存款的界限，亦违反非银行机构不得吸收存款之禁止性规范），利用 P2P 网络借贷平台“自融”“超募”、洗钱（借贷双方无须签订债权债务合同，第三方即专业放贷人先行发放贷款与资金需求者，再转给投资者债权，容易引发资金期限、数额错配的风险），利用众筹非法发行股票、债券（众筹不限定资金援助项目，任何人都有机会借助众筹获得启动资金，条件的宽松诱使非法集资趋之若鹜），无法完全被现行刑法分则之金融犯罪章节涵盖，尚需立法者对相关罪名修改或补位。

目前互联网金融犯罪率居高不下主要基于以下几点原因：

1. 风险控制能力弱。征信体系是享受金融服务便利的先行条件，是组成金融基础设施的重要部分，是市场经济发展的必然产物和必要防护，通常包括借

---

[1] 李祝辉：《互联网金融的刑法规制研究》，载《法制与社会》2017 年第 2 期（上）。

[2] 苏培添：《“互联网 +”背景下的金融犯罪问题》，载《法制论坛》2016 年第 1 期。

款人的身份证明、财产证明、缴费记录等信用评价信息。征信体系通过在放贷机构间实现信息共享，方便用户根据已有信息评价寻求金融服务，避免依赖于波动不定的经济情势，摆脱变幻无常的金融市场趋向，并杜绝不适当的偏见和因人而异的感性判断。但互联网金融没有接入人民银行征信系统，也不存在信用信息共享机制，无法规避借款人信息造假、捏造信息评价、一人多贷、过度借贷等问题，较传统银行的风控、合规和清收机制而言，风险频发概率大。

2. 监管体系不完善，监管能力差。互联网金融由软件程序操控风险，监管体系依托于互联网信息技术，此种技术和管理自带的瘢痕，不仅会直接影响互联网金融的运行安全，由于此领域的犯罪渐趋凸显较强的专业化水平和较高的认知门槛，更是为鉴定和追踪犯罪加大难度。互联网金融在中国尚未发展成熟，准入门槛低，行业规范羸弱，对法律风险的考虑、预防欠缺。监管部门对互联网金融发展的态度素来有些不皦不昧，监管乏力和责任意识薄弱实质上纵容了各类违法行为，刑法制裁反倒罕见。况且虽有政策意见指导，却因为与法律衔接不够紧密，缺乏事实概括、情节定性和罪责基准，未形成系统分明，组织严密之规范体系，难落实应用至监管活动中，如同隔靴搔痒，导致监管时无条例适用，无标准遵循。

3. 相关立法滞后。2015 年 7 月中国人民银行等十部门联合发布《关于促进互联网金融健康发展的指导意见》，表明了“鼓励创新，支持互联网金融稳步发展”的战略，申明了较为全面的政策措施，但由于该意见属于部门规章，法律层级低，效力有限，且不够精细具体，未能对症下药，故难以严格规制互联网金融相关行为。而相关配套法律规范缺位或真空致使信用体系不健全，较低的违约成本极易诱发恶意骗贷、卷款跑路等恶性风潮，致使网络集资平台出现异化，乱象纷呈，使出资人蒙受重大损失。特别是 P2P 网贷平台由于准入门槛低，监管力度弱，接连卷入多起非法集资、诈骗的犯罪事件，且此类案件往往波及度广，社会公众参与度高，影响民生稳定。互联网金融波涛滚滚之时，刑法拘束和防治缺失的弊病凸显，在法律不健全的环境下被动性执法是不容乐观的，法律的制裁作用因其内在的不完备性而削抑。现今，公安机关应对互联网金融犯罪虽有前述指导意见为依据，但执法的基准只能是刑事法规，仅能在现有法律限度内斟酌考虑，于是常采取先抓人，再查封账户，继而停业整顿的执法模式。然此种陈旧的执法模式影响企业的正常经营，也会损害企业和投资者的合法利益。

4. 网络安全问题突出。防火墙无法全面抵御黑客和木马病毒的侵袭，不怀好意者常常抓住客户端联结网络的刹那，获取 IP 地址，囊括许多客户端信息，继而将预先编辑好的“木马”植入其中，使客户端崩溃。如今伴随着数据挖掘技术的兴旺发达，大数据技术也欣欣向荣，用户浏览网络的痕迹多被商家记录下来，以备数据采集与分析，虽有以期改善服务之称，终存信息泄露及被非法利用之虞。在金融机构网银遭受黑客侵袭和个人信息泄露的背景下，加之越来越多的人顺应网络化趋势，选择用电子支付代替现金支付，从而使形形色色的互联网犯罪行为，如合同诈骗、集资诈骗、不法传销、信用卡诈骗等，寻瑕伺隙，蝉联往复，层出迭见。

## 四、改进互联网金融刑法规制的对策与建议

以新兴业务样态的面貌出现，互联网金融为中小微企业提供融资渠道，开辟便利的资源分配方式，纾缓就业危机，促进传统金融在新经济环境下的破冰改革，在推动我国经济社会的现代化进程中发挥积极的引领及凝聚效应，然其所附随的诸多金融犯罪对实体经济和社会发展造成不容忽视的危害。“当社会体制或价值规范落后于社会生活的时候，作为违反社会体制或者价值规范的所谓犯罪往往成为社会变革的先声，从而促使社会变革的发生。”[1] 我国应保护健康正常的互联网金融创新，严防并打击相关违法犯罪行为，明确合乎经济规律和管制需要的刑法介入机制，实现市场信息安全的有效保障与金融风险的重点控制，为互联网金融的健康发展提供切实有力的法律保障。



### （一）完善互联网金融立法体制

应从立法上对互联网金融的概念、外延、特征、运作规范、进出机制、监管主体、监管职责权限进行界定，归纳犯罪类别，明确构成要件，特别是对利用互联网金融实施洗钱、职务侵占、非法经营、盗窃、诈骗等犯罪活动，必须纳入刑事规制的范畴。比如，第三方支付机构以自己的账户为他人套现或协助、放纵某些非法的刷卡套现行为，根据“两高”2009 年 12 月 3 日《关于办理妨害信用卡管理刑事案件具体应用法律若干问题的解释》，违反国家规定，使用销售点终端（POS 机）等方法，以虚构交易、虚开价格、现金退货等方式向信用卡持卡人直接支付现金，情节严重的，以非法经营罪定罪处罚。上述犯罪以互联网为犯罪工具，只有将协助套现的相关人员或单位予以犯罪化，才可有效遏制此类案件的高发。再如，P2P 网贷平台上频发假借发行股票、债券非法吸收公众存款问题。依照集资案件解释，不具有发行股票、债券的真实内容，以虚假转

[1] 赵曾海：《对经济犯罪数量居高不下的理性思考》，载《中国科技财富》2003 年第 12 期。

让股权、发售虚构债券等方式非法吸收资金的，应当以非法吸收公众存款罪定罪处罚。这涉及的问题是非法吸收公众存款行为是否要求为非出资人知悉，即构成该罪是否意味着为网贷平台的全体人员知悉是必要要件？虽然非法吸收公众存款罪要求“公开性”，但从实质上考虑，在出资者具有多众性和非特定性的情况下，公开与否，并非本罪侵害金融市场秩序法益的关键因素，事实上，非法吸收公众存款行为完全可能只被出资人知悉，非法吸收公众存款行为的公开性仅意味着行为对象的公众性。同时应注意的是，未向社会公开宣传，在亲友或单位内部针对特定对象吸收资金的，不属于非法吸收或变相吸收公众存款。换言之，规制网贷平台上的非法吸收公众存款行为，要点在于其行为对象的非特定性、扩散性和公众性。



另外，应在立法层面扩大资格刑适用。国外立法中运用于经济犯罪的资格刑主要是公职权、职业权。公职权即禁止犯罪人在一定期限内担任某一官职或公职，目的是防范担任企业官职的犯罪人利用职位便利实施重大经济犯罪。职业权即剥夺犯罪人在一定期限内就某种职业的从事权或某行业的经营权。目的是防范犯罪人利用职业或行业优势多次进行重大经济犯罪。反观我国的资格刑，最常见的剥夺政治权利对经济犯罪，特别是对互联网金融犯罪的适用性是比较差的。不妨大胆尝试民刑交叉或混合立法技术运用，如引入民商法领域常见的从业资格、任职资格等的限制。被剥夺从业资格的互联网金融犯罪分子，其生活方式和利润来源会大受影响，鉴于此，必能大幅度加强刑法的威慑力和刑罚的预防目的，使得预备犯或着手犯惧攖罘罝，打消犯罪念头或中止犯罪。因此，在保留自由刑的前提下，可以适当增加采用资格刑和财产刑，以保证互联网金融犯罪在最大程度上得到惩罚，有效遏制侥幸心理的滋生。

### （二）保障互联网金融的信息安全

就考察目前互联网金融领域主要犯罪行为而言，信息侵害型犯罪居主流，此种犯罪通过有意发布虚假、错误信息诱导信息接受者作出错误的投资或资本配置决策，从而影响具体的金融投资，凭此获利，该犯罪隐蔽性强，成本有限，收益显著，发现和处理的难度较大，应当成为刑法规制的重点领域。就此问题，应针对互联网金融生存发展依托的信息均衡机制（信息在互联网披露、生产、分析、流转各环节中引导、促使市场对金融产品进行定价的机制），提升信息安全管理力度，以刑法保护的途径为互联网金融的发展建构安全保障体系。具体地说，就是为信息均衡机制构设刑法保障措施，控制信息的披露、分析和流转，预防信息不对称诱发的金融违法犯罪行为的发生。在政策导向上，刑法规制应当更为关注欺诈发行、违规披露、不披露重要信息、编造并传播虚假信息等金融犯罪类型，配置更充足的立法、执法、司法资源等形成聚焦效应，加强对互联网金融信息侵害型犯罪的防范控制。[1] 除此之外，还应该积极确立用户评价机制，通过不予评价或给予差评的方式，借助市场化和网络化分享、传递信息，以期实现金融信息的分析，改善信息不对称的尬局，降低金融欺诈等事由的发生概率。

### （三）优化信息披露司法审查机制，加强司法专业化

首先，应当注重对互联网金融产品发行主体和网络中介平台信息披露合法性的司法审查，提高金融司法资源的运作效率。互联网金融信息披露文本对相当规模的小额投资者来说，因时间和知识素养的缺乏，理解起来颇感目迷五色、错综复杂，至于对各种金融产品的陈述介绍进行辨识真假，过滤区分，则通常有心无力，倍感焦虑。互联网金融于事前审批阶段削弱公权力对金融市场体制的干预，因而有必要通过事中信息披露监管和事后违法犯罪处罚予以补正，以促进投资者权益保障和市场效率提升的价值平衡。互联网金融刑事司法保护应该增强证券发行和持续财务报告环节的信息披露司法审查，具体言之，在行政审批呈现撤离互联网金融领域发行监管的趋势下，刑事司法要相应加强对发行主体的财务会计报告、募集说明、发行计划等信息披露材料之真实性、完整性、合规性的审查，经由司法介入对欺诈发行与违规信息披露犯罪形成威压与震慑，从源头上有效抑止犯罪。[2]

其次，建议在这类刑事司法过程中，筹备建立专家库，依靠专业人士的互联网机能，追踪、评估和鉴定犯罪事实，确立专业合议庭制度，借助专业化司法成员的知识素养界定事实、收集分析证据、协助开展罪刑程序。是以，应在互联网金融犯罪此起彼伏、屡见迭出的背景下，建立长效专家库，引进人才和成立培训机制，配备金融法律、金融市场实务、财务审计、信息网络技术嵌套结合的办案人员，推动金融办案理论与业务的融会贯通，随时关注互联网金融动态走向，收集掌握互联网金融犯罪的一手信息，去芜存菁、去伪存真、准确判断，及时发现、挖掘、提取有用的预警性信息，对之科学分析和评估，提升侦查、审查、审批流程的效率，有效应对互联网金融案件规模化、涉众性、业务工作量大的挑战，尽量做到磨砺以须，未雨绸缪。对于存在争议的专业问题，



[1] 刘宪权：《互联网金融市场的刑法保护》，载《学术月刊》2015 年第 7 期。

[2] 同上注。

应尽可能鼓励证人、鉴定人、专家出庭，让专业合议庭审理监察难度较大的互联网金融犯罪。是以，要提前做好分案分流。传统庭审中法官全面接触各类案件，这十分有助于其经验的积累和法律思维水平、演绎推理能力的提升。但鉴于互联网金融犯罪的特殊性和我国传统庭审中安常守故、谨小慎微的特性，应予以适当过渡和限缩，最好先由专业合议庭审理此类案件，确保有条不紊，循序渐进，这也合乎刑法的谦抑与自缚。

### （四）谦抑性原则

互联网金融的繁盛或肃寂，与法律环境有着密切的联系。刑法对互联网金融进行过严的束缚规制，必然会阻碍乃至扼杀其创新发展。刑法具有使对犯罪行为的规范评价得以明确的机能，其具体内容为，刑法将一定的行为规定为犯罪并给予刑罚处罚，表明该行为是被法律禁止的、不被允许的（评价的机能）；同时命令人们做出不实施这种犯罪行为的决定（决定的机能），据此防止犯罪发生。而“刑罚如双刃之剑，用之不当，则国家与个人两受其害”。[1] 按照行为经济理论的解释，人类市场行为通过系统的、可预期的模式持续偏离理性规束，实施此种可系统性观测的偏离理性的金融决策行为的核心实体的构成部分，恰是互联网金融市场中的众多中小投资者、个人投资者，甚至连悖理性繁荣环境下的机构投资者、成熟投资者也在其列。如果彰显传统刑事政策的“严厉打击”“零容忍”的延续性，则现实的市场制度改革和发展实践最终只能归于两种路途：违背市场经济规律致使刑法管制沦为纸上谈兵；逆市场竞争趋势而使非理性、可系统性观测的金融决策乱象加剧，最终不仅影响互联网金融市场的价格发现效率，也会强化市场价格的剧烈波动性，甚至引发资产泡沫，致使中小投资者遭受更大经济损失。[2] 因此，刑法作为最后的保障法，有必要保持其谦抑、自缚，从刑事立法上说，只有行为满足以下条件，才能被规定为犯罪：其一，行为不管从何种角度而言，都极为严重地侵犯了法益，且大多数人赞同对其进行刑法规制；其二，适用其他制裁方法不足以抑止此类行为，非刑罚不可；其三，动用刑法制裁不会导致对国民有利的行为被禁止，也不会不合理地限制国民自由，减损其预测可能性；其四，刑法对此种行为能进行客观公正的定性和处理；其五，以刑罚制裁此行为能起到预防或抑止的效果。同样，刑法解释也要以罪刑法定和法益保护为指导，充分考虑刑法条文的目的与协调性、国民预测可能性、处罚必要性、



[1] 张明楷：《刑法学》，法律出版社 2016 年版，第 21 页。

[2] 刘宪权：《互联网金融市场的刑法保护》，载《学术月刊》2015 年第 7 期。

解释结论与用语核心含义之距、法益机能和人权机能的平衡等。对于法益侵害轻微的行为，即使处于条文字面含义内，也要排除在犯罪之外；对于可罚行为适用重法条明显畸重，违反罪刑相适应原则，又不能够适用轻法条时，只能出罪；行为符合重罪法条的构成要件表述，欠缺相应的不法和责任，但符合轻罪法条的文字表述，值得以轻罪处罚时，应按轻罪论处；严重侵犯法益的行为符合重罪构成要件，则应运用想象竞合的原理适用重罪法条，而不能基于其他形式理由适用轻罪法条。

总而言之，刑法既要坚决保护法益，又不能将任何不适法的互联网金融行为纳入涵摄，规定或认定为犯罪，涉及专业性和敏感性较强的互联网金融，要以容忍风险、明确价值和稳固制度为要，给予充分发展空间的同时，确保必要的监管和法律威慑、防治实效。刑法应结合社会情势的变动和法条语义范围内的弹性空间，对于法益侵害或威胁存疑的互联网金融行为，适当收敛、限缩，谨慎介入互联网金融相关犯罪的认定与裁决，避免限制互联网金融的进步发展。

## 五、结语

作为新兴的金融活动，互联网金融推动实体经济和社会民生发展的积极作用毋庸置疑，其本身潜藏并极易被诱发的高风险也是显而易见。良好的网络环境是互联网借此繁荣昌盛，利泽国计民生的根本。只有保证网络金融行业的健康、有序、协调经营，才能从长远上保障互联网金融市场的根深叶茂，发扬光大，国家应加强对其扶持、监管和法律调控的力度，推动互联网金融的健康发展。在当前的法律体系中，刑法作为最后的保障法，是保护法益的最终手段，不是唯一的保障手段，不能将其彻底化和极端化，只有当其他法律不足以抑止某种危害行为时，刑法才介入、干涉、禁止，以其强大的震慑力扮演其他法律的保护者角色。故应该积极推动市场体系的建立与金融法的完善，以确立市场、金融法及刑法的联动防护机制，实现弊害互克、优势互补、调和周济的局面，发挥互联网金融对国民经济发展的促进作用。

# 第三编

# 金融刑法与司法适用

# 集资诈骗罪“非法占有”目的之认定标准体系研究

胡启忠*



在处理非法集资犯罪的司法实践中，有无“非法占有”目的是区分集资诈骗罪与非法吸收公众存款罪的关键。为指导“非法占有”目的的司法认定，最高人民法院先后在三个司法规范文件中确立了“非法占有”目的的认定标准。即便如此，实践中仍然存在迷茫，几乎在全部司法过程都存在因为“非法占有”目的认定有无的差异而发生定非法吸收公众存款罪还是集资诈骗罪的分歧问题。且不说被告人及其辩护人与执法或司法机关有认识分歧，即使在不同执法或司法机关（如公安与检察、检察与法院、一审与二审法院）之间也存在认识分歧。更有甚者，同一法院先后也有认识分歧，典型案件如“安徽兴邦案”。该案原一审认定兴邦公司有“非法占有”目的，以集资诈骗罪判处。但是原一审法院重审后认定兴邦公司没有“非法占有”目的，改判为非法吸收公众存款罪。[1]有的案件即使经过了“安徽兴邦案”同样的程序，判决结果仍不能服众，典型案例如浙江“吴英案”。事实证明，“非法占有”目的认定如何达到“排除合理怀疑”的证明标准，是我们亟待解决的问题。针对这个问题，学者们展开了相关探索，试图寻找解决之道。本文认为，现有研究尚未真正看到或者重视当下“非法占有”目的认定中存在的根本问题：只有正推这一单向推定标准，缺乏反推标准（见后

---

* 胡启忠，西南财经大学法学院教授，博士生导师。

[1] 2002年下半年至2008年12月，兴邦公司在未经金融管理部门批准的情况下，通过开发推行仙人掌种植、欧莎丽代理、万店工程等十一个项目，向社会公众非法募集资金，集资数额达355743.18万元。2011年3月15日，亳州中院以集资诈骗罪一审判处吴尚澧死刑，其余被告人死缓、无期、有期徒刑等刑罚。后虽二审维持，但最高法院不予核准并发回重审。原一审法院重审后于2014年11月14日以非法吸收公众存款罪（单位犯罪）判处吴尚澧有期徒刑十年，并处罚金五十万元；其余被告人分别被判处二年至八年六个月不等的有期徒刑，并处数额不等的罚金，2人被免予刑事处罚。见李光明、范天娇《安徽“兴邦案件”主犯吴尚澧重审获刑10年　原审被判死刑》，资料来源于法制网，2015年5月1日访问。

述）。本文在分析集资诈骗罪“非法占有”目的认定标准局限的基础上，补缺反推标准，从而建立起完善的推定标准体系——正推与反推相结合的双向认定标准体系。

## 一、集资诈骗罪“非法占有”目的司法认定的方法与根据观察

### （一）当下集资诈骗罪“非法占有”目的司法认定的方法——推定

主客观相统一是我国刑法认定犯罪的基本原则，主客观相统一要求认定犯罪行为人不仅客观上要有实施犯罪的事实行为，而且主观上也要有相应的犯罪罪过。“非法占有”目的是集资诈骗罪成立必须具备的主观要件，但是，犯罪行为人的主观目的藏其内心深处，不愿意供认真实内心，别人则看不见摸不着。一般而言，在被告人不愿意供认真实内心的情况下，采用推定的方式判断行为人的主观心理是中外司法的共同选择，也得到学界支持。如英国学者鲁伯特·克罗斯指出：“推定往往是能够证明被告人心理状态的唯一手段。”[1] 又如我国学者陈兴良教授指出：“主观目的的证明应当建立在客观事实的基础上。为此就有必要采用推定的方法，根据客观存在的事实推断行为人主观目的之存在。”[2]

主观目的的推定是指根据客观表现进行推理认定。推定方法的适用是以主客观一致性原理为根据的。一般而言，主观通过客观表现，因此客观是主观的外在表现。虽然犯罪行为人的主观目的深藏其内心，也不愿意供认真实内心，但是主观目的能够通过客观行为（外观的语言、动作等）表现。不经过客观行为表达的“罪过”不仅无法为外人所知晓，而且不为刑法所追究（因为刑法不处罚“思想犯”），自然不为刑法所关注。因此在实践中，即使被告人不供认真实目的，我们仍然可以从其客观表现推论求得。

判断非法集资行为人有无“非法占有”目的同样采用推定方法。在有无“非法占有”目的决定将非法集资犯罪是集资诈骗罪还是非法吸收公众存款罪的情况下，由于在刑罚处罚上前者较重而后者较轻，被告人即使有非法占有目的也不愿意供认自己的真实内心。而且在现实生活中，犯罪嫌疑人到案后大多也都是以各种借口或者理由否认自己在集资之初就具有非法占有的目的，以试图逃

---

[1] ［英］鲁伯特·克罗斯：《英国刑法导论》，赵秉志等译，中国人民大学出版社 1991 年版，第 56 页。

[2] 陈兴良：《目的犯的法理探究》，载《法学研究》2004 年第 3 期。

过法律的严厉制裁。但是，行为人的主观意图一般都是要经过客观的犯罪行为表现出来的，因此，我们在判断集资人有无“非法占有”的目的时，一般都是通过推定而不是被告人供认获得。事实上，在当前司法实务中裁判者一般都是采用这种推定的方法来判断行为人主观上是否具有非法占有目的的。

## （二）集资诈骗罪非法占有目的推定的根据或者标准

推定需要有推定的根据或者标准，为了规范推定方法的适用，最高人民法院通过司法解释的形式确立了推定的具体标准，这成为司法推定的根据。可以成为集资诈骗罪非法占有目的认定标准的司法解释先后有：1996 年最高人民法院《关于审理诈骗案件具体应用法律的若干问题的解释》（以下简称《96 解释》）第 3 条，2001 年《全国法院审理金融犯罪案件工作座谈会纪要》（以下简称《01 纪要》）第二部分之（三）和 2010 年最高人民法院《关于审理非法集资刑事案件具体应用法律若干问题的解释》（以下简称《10 解释》）第 4 条，其具体内容见表 1。



**表 1　三个司法文件的认定规定**

| 《96 解释》第 3 条 | 《01 纪要》第二部分之（三） | 《10 解释》第 4 条 |
| --- | --- | --- |
| （1）携带集资款逃跑的；<br>（2）挥霍集资款，致使集资款无法返还的；<br>（3）使用集资款进行违法犯罪活动，致使集资款无法返还的；<br>（4）具有其他欺诈行为，拒不返还集资款，或者致使集资款无法返还的。 | （1）明知没有归还能力而大量骗取资金的；<br>（2）非法获取资金后逃跑的；<br>（3）肆意挥霍骗取资金的；<br>（4）使用骗取的资金进行违法犯罪活动的；<br>（5）抽逃、转移资金、隐匿财产，以逃避返还资金的；<br>（6）隐匿、销毁账目，或者搞假破产、假倒闭，以逃避返还资金的；<br>（7）其他非法占有资金、拒不返还的行为。 | （一）集资后不用于生产经营活动或者用于生产经营活动与筹集资金规模明显不成比例，致使集资款不能返还的；<br>（二）肆意挥霍集资款，致使集资款不能返还的；<br>（三）携带集资款逃匿的；<br>（四）将集资款用于违法犯罪活动的；<br>（五）抽逃、转移资金、隐匿财产，逃避返还资金的；<br>（六）隐匿、销毁账目，或者搞假破产、假倒闭，逃避返还资金的；<br>（七）拒不交代资金去向，逃避返还资金的；<br>（八）其他可以认定非法占有目的的情形。 |

从这三个文件的规定来看，除了各自都有的兜底条款外，可以认定非法占有目的的情形《96 解释》有 3 种、《01 纪要》有 6 种、《10 解释》有 7 种，说明司法机关对该罪构成中的主观目的的认定，规定得越来越细致、具体、完善。

与《96解释》相比，《01纪要》一是新增加了三种可以认定的情形，即第1项“明知没有归还能力而大量骗取资金的”；第5项“抽逃、转移资金、隐匿财产，以逃避返还资金的”；第6项“隐匿、销毁账目，或者搞假破产、假倒闭，以逃避返还资金的”三种，可以认为这是对于《96解释》第4项内容的部分衍生。二是对于类似情形作了部分修改。如第3项“肆意挥霍骗取资金的”是对于《96解释》第2项的修改，增加了“肆意”，加强了行为的主观要求，但是取消了“致使集资款无法返还”的结果限制；第4项“使用骗取的资金进行违法犯罪活动的”是对于《96解释》第3项的修改，取消了“致使集资款无法返还”的结果限制。三是第7项“其他非法占有资金、拒不返还的行为”是对于《96解释》第4项的修改，只强调“非法占有资金、拒不返还”的态度，不同于《96解释》第4项除了强调“拒不返还集资款”的态度外，还包括“致使集资款无法返还”的结果。



《10解释》是《96解释》和《01纪要》的进化。其第1、7项相较于《96解释》和《01纪要》都是新增，第2项是《96解释》第2项和《01纪要》第3项的综合，第3项是《96解释》第1项和《01纪要》第2项一脉相承，但是将“逃跑”修改为“逃匿”。第4项是脉承《01纪要》第4项而不是《96解释》第3项。第5、6项是脉承《01纪要》第5、6项而《96解释》无。比较《96解释》和《01纪要》列到的情形，除兜底条款外，《10解释》唯一没有包含的是《01纪要》第1项“明知没有归还能力而大量骗取资金”的情形。但是，分析其兜底条款第8项“其他可以认定非法占有目的的情形”与《96解释》兜底条款之第4项和《01纪要》兜底条款之第7项的不同，便可以认为《01纪要》第1项的情形可以被《10解释》第8项涵盖。

《96解释》兜底条款之第4项的本质是行为人事后态度恶劣——“拒不返还集资款”，或者是事后结果恶劣——“致使集资款无法返还”，《01纪要》兜底条款之第7项的本质是行为人事后态度恶劣——“非法占有资金、拒不返还”，《10解释》兜底条款第8项“其他可以认定非法占有目的的情形”则具有更高的概括性和涵盖力，其范围在理论上可以包括但不限于《96解释》已经列到或者未列到的“拒不返还集资款，或者致使集资款无法返还”的行为，也可以包括但不限于《01纪要》已经列到或者未列到的“其他非法占有资金、拒不返还的行为”。如《01纪要》第1项已经列到的“明知没有归还能力而大量骗取资金的”，虽然《10解释》未专列，但是可以为“其他可以认定非法占有目的的情形”所涵盖。

《96解释》《01纪要》和《10解释》是不同时间阶段集资诈骗罪“非法占有”

目的司法认定的依据。《10解释》相较于之前的《96解释》和《01纪要》，不但时间更新，而且内容也更加全面，涵盖力更强。根据《10解释》"此前发布的司法解释与本解释不一致的，以本解释为准"的规定，当下实践认定集资诈骗罪非法占有目的以《10解释》为准。但对于《10解释》未详尽而又为《96解释》和《01纪要》所囊括的情形，仍然可以作为认定的参考，纳入第8项"其他可以认定为非法占有目的的情形"，如前述《01纪要》之第1项——尽管它在实践中会遭遇"证明难"问题。

## 二、"非法占有"目的认定标准的局限分析





### （一）反推之必要与反推标准之缺失

在方法论上，推定就是演绎推理，包括肯定性推定和否定性推定。对于"非法占有"目的的司法推定而言，如果我们把肯定性推定称为正推（意在指控），把否定性推定称为反推（意在辩护），那么，"非法占有"目的之推定需要正推与反推结合。然而当下实践认定集资诈骗罪非法占有目的存在反推标准缺失之弊。

就方法论而言，反推是克服正推方法本身先天不足的需要。

"非法占有"目的之正推是一个演绎推理过程，即"大前提—小前提—肯定性结论"的推理过程。"大前提"是推论的根据或者判断的标准，推论结果是否可靠取决于大前提。如果大前提不可靠，推论结果自然难以"排除合理怀疑"。我们知道，演绎推理的大前提是通过归纳推理形成的，是人们经验法则的结果。[1]由于归纳只是对同类事物中的共性进行概括，没有顾及同类事物中某些个体的特殊性，因此形成的结论只能近似或大概反映同类事物。换言之，尽管经验法则的结果因为发生概率较高而具有一定的普适性，但也不能排除个别例外的情形。因此归纳形成的大前提具有一定程度的盖然性。

正推以具有盖然性的结论为根据（大前提）进行推论，推论出的案件事实可能被某种相反的例外情况证伪，因此未必就是真正的客观事实，当然也就不可能绝对正确。因此，正推本身就存在先天缺陷——推论的结果不能绝对保证达到"排除合理怀疑"的证明标准。正因如此，正推需要反推配合。美国《加州证据法》第607条规定，控方可以通过推定来确定一个对被告人有罪至关重要的事实，除非被告人可以提出相反的证据让法官对该事实产生合理的怀疑。

[1] 经验法则指的是人类社会在经历过多次类似事件之后总结出的跟此类事件相关的知识或者经验之法则。

但是被告人提出的证据不一定非要让法官和陪审团完全信服，甚至达到让推定的事实无效的目的，只要能达到使推定得出的结论前后相冲突的效果就足以反驳了。[1] 简言之，反推的作用不是推翻正推，而是使正推产生合理怀疑。有了反推，一方面可以从反向的有“合理怀疑”而避免正推缺陷的现实化（反推成立时），另一方面可以从反向的无“合理怀疑”验证正推已“排除合理怀疑”，从而保证正推的可靠性（反推不成立时）。因此，就方法论而言，推定需要正推与反推结合，反推具有保障正推结果可靠性的功能，是克服正推方法自身缺陷的需要。

就制度论而言，反推是实现控辩平衡、保护被告人辩护权利的需要。正推的结论是高度盖然性的，不能完全达到刑事诉讼法规定要求的“排除合理怀疑”的证明标准。因此严格地讲，正推这种证明方式于被告人不利，而反推才于被告人有利。从控辩平衡的制度意义讲，为了确保被告人享有的辩护权利，必须赋予被告人反推的权利。对于被告人的有罪证明必须穷尽合理怀疑，达到“排除合理怀疑”的证明标准。具体到集资诈骗罪，集资人具有司法解释规定的那些具体情形的，虽然一般而言行为人主观上“具有”非法占有目的的可能性要远远大于“不具有”的可能性，但是毕竟不能完全排除“不具有”的可能性。如果行为人反推能够提出对于具有非法占有目的的认定足以引起“合理怀疑”的特殊事实和理由，就可以否定检察机关的认定，认定行为人不构成集资诈骗罪。

与正推的运用离不开正推的标准一样，反推的运用也离不开反推的标准。当前，无论是理论研究还是实践操作，集资诈骗罪“非法占有”目的认定都以最高人民法院颁布的前述三个司法文件所确立的认定标准为依据，然而这些认定标准无一例外均是正推标准（“非法占有”目的的肯定性标准），没有一个反推标准。《01 纪要》在规定了正推标准之后有“在处理具体案件的时候，对于有证据证明行为人不具有非法占有目的的，不能单纯以财产不能归还就按金融诈骗罪处罚”的笼统规定，但是在什么情形下可以认定行为人不具有非法占有目的却没有具体标准，无法落到实处。这与正推具有具体的认定标准形成了鲜明对比。可以认为，反推标准缺失是集资诈骗罪“非法占有”目的认定标准体系存在的重大缺陷。

### （二）反推标准缺失之弊

就刑事证明标准而言，反推标准缺失难以保证正推结论“排除合理怀疑”。

[1] 转引自李学灯：《证据法比较研究》，台湾五南图书出版公司 1992 年版，第 252 页。

排除合理怀疑是指完全使人相信或者确信，找不出任何可以推翻或者反推的证据，也可以说清楚、准确或者无可置疑。[1] 它是刑事责任证明标准的终极要求，并且已经被明文规定在《刑事诉讼法》的第 53 条。[2] 因此在刑事诉讼中，对当事人的所有犯罪事实（包括心理事实）的认定必须达到“排除合理怀疑”的程度，具体到集资诈骗罪“非法占有”目的的认定也是如此。那么在反推标准缺失的情况下，根据《10 解释》第 4 条规定的正推标准，能否完全“排除合理怀疑”呢？下面逐一具体分析。

关于第 1 种情形：集资后不用于生产经营活动，或用于生产经营活动与筹集资金规模明显不成比例，致使集资款不能返还的。此处是用“不正当使用”+“不能返还”集资款的模式来认定非法占有目的。“不正当使用”包括两种情形：“不用于生产经营活动”和“用于生产经营活动与筹集资金规模明显不成比例”。就“不正当使用”集资行为而言，无疑是在集资行为完成以后，因此无论是哪种情形（不用于生产经营活动或者用于生产经营活动与筹集资金规模明显不成比例），其实质均是事后评价（以“集资完成后”的行为为根据判断主观心理态度），不符合事中评价规则（以“集资行为时”为根据判断主观心理态度）；就“不能返还”而言，意即返还了集资款就不具有非法占有目的，不能返还便具有非法占有目的，这是一种绝对以客观结果论主观目的的认定逻辑，陷入了客观归罪误区。重要的是，“不正当使用”+“不能返还”并不意味着一定具有非法占有目的。如吴英案中的最大债权人林卫平，非法集资 8.6 亿元，将集资款借给了吴英等人（其中借给吴英 4.7 亿元）转贷牟利而不是用于生产经营，后因吴英“崩盘”致使其不能向上游返还“集资款”而案发，其行为很明显并不具有非法占有目的，法院也没有认定其具有非法占有目的。如果按照《10 解释》第 4 条之第 1 项规定，认定其具有非法占有目的，就会与事实不符。

关于第 2 种情形：肆意挥霍集资款，致使集资款不能返还的。这里且不说此标准仍然存在对集资行为事后评价的弊端，只是就“肆意挥霍集资款”行为和“集资款不能返还”结果而言，也并不能得出具有非法占有目的的唯一结论。因为不能排除实践中存在这样的情形：行为人拥有资产上亿元且运行良好的实体企业，为了显摆实力而肆意挥霍上百万元非法集资款，但是后来遭遇不可抗力事件（如实体企业因为市场原因而破产）而导致集资款不能返还的特殊情形。如

[1] 参见［美］米尔吉安·R. 达马斯卡：《比较法视野中的证据制度》，吴宏耀、魏晓娜等译，中国人民公安大学出版社 2006 年版，第 212 页。

[2] 《刑事诉讼法》第 53 条规定：“对一切案件的判处都要重证据……证据确实、充分，应当符合以下条件：……（三）综合全案证据，对所认定事实已排除合理怀疑。”

果按照解释第 2 项规定认定具有非法占有目的，显然难以自圆其说。

关于第 3 种情形：携带集资款逃匿。这是民间俗称“卷款潜逃”的情形。“携带集资款”应为携带现金，不包括携带各类金融凭证、债权凭证，因为携带各类金融凭证、债权凭证逃匿，仅凭司法机关现在的查控手段，通过扣押冻结等方式即可控制财产，因此其并不能达到逃避返还的目的。同时也非转账、隐匿财产之行为，因为这样就会适用第 5 项“抽逃、转移资金、隐匿财产，逃避返还资金的”的规定。“逃匿”是指相对于债权人“逃离”并且“隐身”。“携带集资款逃匿”的核心意义是集资人意图让债权人找不到集资人及资金去向，从而逃避对集资款的返还。但是需要区别意图是暂时逃匿还是永久逃匿。如果意图是永久逃匿，当然可以认为具有非法占有目的。但是现实生活中也会出现这样的情形：行为人因资金链断裂，为躲避债权人暴力追债而意图暂时躲藏，等待时机再还款，对此情形仍然认定具有非法占有目的就未免过于勉强。因此，以“携带集资款逃匿”为由一律认定具有非法占有目的，具有以偏概全之嫌疑。



关于第 4 种情形：将集资款用于违法犯罪活动的。该情形在《96 解释》中被描述为“使用集资款进行违法犯罪活动，致使集资款无法返还的”；在《01 纪要》和《10 解释》中删除了“致使无法返还”。这里体现了解释者严惩“将集资款用于违法犯罪活动”行为的坚决态度。对此规定，有学者分析认为，将集资款用于违法犯罪活动可能被执法机关没收，据此可以认定行为人具有非法占有目的。[1] 但现实中不能排除这样的情形：行为人将集资款用于走私、贩卖假冒产品、操纵证券市场等违法犯罪活动，但是集资时确有赚钱后返还预期的，或者事实上在赚钱后归还了集资款的。因此，将集资款用于违法犯罪活动的，一律认定具有非法占有目的也有以偏概全之嫌疑。

关于第 5 种、第 6 种、第 7 种情形：均是从“逃避返还资金”的角度判定行为人具有非法占有目的，这存在两个质疑。首先，三种情形仍然发生在集资行为完成后，以“集资完成后”的行为作为根据判断主观上具有非法占有目的是事后评价，存在不符合事中评价规则之嫌疑。其次，“逃避返还资金”的判断根据是行为人具有“抽逃、转移资金、隐匿财产”和“隐匿、销毁账目，或者搞假破产、假倒闭”及“拒不交代资金去向”之情形。司法中非法占有目的的认定实际上转换成以“抽逃、转移资金、隐匿财产”和“隐匿、销毁账目，或者搞假破产、假倒闭”及“拒不交待资金去向”为判断根据。但是第 5 项“抽逃、

[1] 陈兴良：《论金融诈骗罪主观目的的认定》，载陈兴良：《当代中国刑法新境域》（第二版），中国人民大学出版社 2007 年版，第 740 页。

转移资金、隐匿财产”的情形中，有的可能是将资金用于其他目的，如为了帮助友好企业、从事其他更加有利可图的营利活动、满足财务报告目标需要等，所以不一定是有非法占有目的。第 6 项情形中，“搞假破产、假倒闭”固然可以做出主观上具有非法占有目的的唯一认定，但是“隐匿、销毁账目”却不能如此。因为“隐匿、销毁账目”除了可能具有非法占有目的外，还可能是为了掩盖某种不愿告人或者不可告人的事项，如为了保守商业秘密、为了隐瞒违法犯罪行为，等等。第 7 项“拒不交代资金去向”之情形，同样不能做出主观上具有非法占有目的的唯一认定，因为在现实生活中，其目的完全有可能是多方面的而不是唯一的——非法占有，侵吞或者延期、短期占用资金都可能是行为人的目的，此外，保守商业秘密或者隐瞒违法犯罪行为等目的同样可能存在于“拒不交代资金去向”之情形。

关于第 8 种情形：其他可以认定为非法占有目的的情形。这是为认定不断变化的非法占有目的行为设置的兜底性条款。从实务上来看，此项规定将法律的解释权转交给了司法人员，司法人员因此而获得了较大的自由认定权。但对于实践中不断翻新的集资形式，司法认定的“非法占有”目的将更加难以“排除合理怀疑”。

上述分析说明，在反推标准缺失的情况下，根据《10 解释》第 4 条的规定的正推标准认定非法占有目的，都具有盖然性，不能完全“排除合理怀疑”。文章开头提及的意见分歧，产生原因就在于此。

还应指出，反推标准缺失不但难以“排除合理怀疑”，还会助长重指控而轻辩护之风。因为既然司法解释有正推的认定标准，又没有排除适用之例外（反推标准），那么司法人员必须“对号入座”，考虑例外则无据可依。辩护相较于司法解释往往就是特殊情形，司法人员自然不在考虑之列。如此，重指控而轻辩护就顺理成章，容易成风。

### （三）反推标准缺失寻因

这里剖析反推标准缺失背后的深度问题——原因，是后面讨论问题的解决之道。

1. 从事物的一般与特殊关系的哲学观观察，反推标准缺失是因为忽视了商事特性。

集资诈骗是诈骗，从普通诈骗案件的审判经验中归纳形成的“非法占有”目的认定标准对于认定集资诈骗仍然有用。同时，集资诈骗发生在商事活动中，通过归纳推理得出的“非法占有”目的认定标准不但应注重诈骗行为的一般情形，还应关照商事活动的特殊情形。但《10解释》归纳的七个具体认定标准仅注重前者而忽视后者。如第一种情形中，对“非法占有”目的与集资款用途关系的认识仅局限于常见的实体性经济，而未顾及商事领域中存在的非实体经济活动（如炒股、投资理财等）也能赚钱返还集资款而没有“非法占有”目的，但是因为经济活动失败而导致集资款不能返还的特殊情形；第二种情形中虽然存在肆意挥霍集资款，但是因为有其他返还实力基础（如运行良好的实体企业）而没有“非法占有”目的，但是遭遇不可抗力事件（如实体企业破产）而导致集资款不能返还的特殊情形；第三种情形中仅注重“携带集资款逃匿”具有“非法占有”目的的常见情形，未认识到商事领域中还可能有因为债权人非法追债而使本人或者家人人身安全受到威胁，或者已经受到人身伤害而为的特殊情形；第四种情形中，注重“将集资款用于违法犯罪活动”具有“非法占有”目的的一般情形，未注意商事领域中还可能有通过违法犯罪手段获利后归还集资款的特殊情形。第5项“抽逃、转移资金、隐匿财产”和第6项“隐匿、销毁账目”的行为，未注意商事领域中有可能存在为了企业的某种利益考虑而暂时性延期使用集资款，而并非只是为了非法占有集资款的特殊情形。第7项“拒不交代资金去向”之情形，在商事领域除了具有非法占有目的可能外，还存在其他某种特定目的（如掩盖违法犯罪、防止商业秘密泄露、故意延期使用集资款，等等）。上述特殊情形中，某些行为即使构成违法犯罪，也只能按照相应规定以刑罚处罚而不能认定其对于集资款具有“非法占有”目的。如吴英案中的最大债权人林卫平非法集资后用于放贷牟利而不是用于生产经营，虽因吴英“崩盘”致使其不能向上游返还“集资款”而案发，但是法院以非法吸收公众存款罪追究刑事责任而没有认定其具有非法占有目的。





可以认为，推论标准忽视商事特性，为集资诈骗罪“非法占有”目的认定在标准设计上就留下了难以“排除合理怀疑”的隐患。

2. 从行为科学的主客观关系观察，反推标准缺失是因为忽视了主客观关系的特殊性。

从行为科学观察，就人的客观行为或者行为结果与主观心理之间的关系而言，存在一致或者统一的一面，也存在不一致或者不统一的一面。例如，就人的客观行为与人的主观心理的关系而言，存在主客观一致的一面，通常有“言由心生”“行由心生”“所思故所为”等之说；也存在主客观不一致的一面，通常有“言不由衷”“口是心非”“心是口非”等之说。又如，就人的行为效果与人的主观心理的关系而言，也存在两种情形：或者主客观一致，通常有“动机与效果统一”“心想事成”等之说；或者主客观不一致性，通常有“动机与效果不统一”“心想事不成”等之说，更有“有意栽花花不开，无心插柳柳成荫”之说。这说明客观行为或者结果与主观心理之间的一致关系具有相对性。但是司法解释的认定标准确立的客观标准实际上只是坚持了主客观一致的一面，忽视了不一致的一面，是一种绝对主义主客观关系立场。

例如《10 解释》中的第 1 项中集资人取得资金后如何使用资金的行为与其募集资金时有无“非法占有”目的本无必然联系。集资人虽然“集资后不用于生产经营活动或者用于生产经营活动与筹集资金规模明显不成比例”，但是募集资金时可能只是想筹集资金用来作为其他营利活动（如炒股、放高利贷），营利之后再归还本息，并没有“非法占有”目的。但是商事活动的复杂性和特殊性并不以人的意志为转移，可能由于原来的主观设计失败，导致无法归还集资款。如果按照司法解释的规定，因为产生了无法归还资金的后果就认定为具有非法占有目的，这与行为人实际的主观意图不相符。又如第 4 项规定，从《96 解释》到《01 纪要》再到《10 解释》都规定有此种情形（“将集资款用于违法犯罪活动”），说明此种情形被反复确认为具有“非法占有”目的的认定标准。然而，这个标准缺乏对主客观不一致可能性的考虑。一般而言，集资人把募集到的资金用于收益和法律风险都比较大的投资以牟取利益的行为，除了有“非法占有”被害人资金的目的可能外，还可能是想在牟利之后再偿还本息。不管这种可能性有多大，都应当予以考虑。具体而言，使用集资款行为是否违法犯罪与是否具有“非法占有”集资款的目的之间，没有必然关系，因此也就不能认定其主观上一定具有“非法占有”目的。但是该规定以“将集资款用于违法犯罪活动”为根据或者标准，推定一定具有“非法占有”被害人资金的目的，显然是否定了存在不具有“非法占有”被害人资金的目的的可能性一面，很容易导致司法推定的心理事实与行为人真实的心理事实相悖。又如第 7 项的规定，“拒不交代资金去向”主要是行为人在案发后对集资款的一种事后态度，并不必然具有“非法占有”被害人资金的目的。就算不交代集资款的去向，也不能排除可能是有其他目的（如前述掩盖违法犯罪、防止商业秘密泄露、故意延期使用集资款等）而没有“非法占有”出资人资金的目的。

## 三、集资诈骗罪“非法占有”目的认定的研究困境与新路探寻

### （一）研究困境

学者和实务界已注意到，司法中不少通过推定认定的“非法占有”目的确

实存在难以“排除合理怀疑”的隐忧，且在集资诈骗案中最为突出。为除此忧，学者们从不同的角度切入研究“非法占有”目的的认定问题。比较受关注的研究成果有：白建军教授的“三点一线法”（1999）、刘宪权教授的“主客观结合法”（2012）、高铭暄教授等的“综合排除法”（2012）和古加锦教授的“九种联系法”（2013），等等。

白建军教授的“三点一线法”即结合行为人申请贷款的还款能力、贷款使用过程中是否积极创造还款能力、贷款逾期后行为人是否具有恶意拒绝还款的事实以及在整个过程中行为人是否一直以真实身份出现等客观情形来判断的一种方法。其把各种客观现象联系起来思考的方法固然无可指责，但是把肯定性外在事实“是”与心理事实“非法占有”目的“有”直接对接明显有局限，忽视了肯定性外在事实背后可能存在的特殊情形（“非法占有”目的“无”的否定性心理事实），因为肯定性事实并不绝对直接对接“非法占有”目的，仍然存在例外。如其中的“三点”——“行为人申请贷款的还款能力、贷款使用过程中是否积极创造还款能力以及贷款逾期后行为人是否具有恶意拒绝还款的事实”——都是外在事实的“是”与“否”与心理事实“非法占有”目的之有与无直接对接，没有考虑外在事实与心理事实不对接的特殊情形，尤其是商事领域中外在事实与心理事实不对接的特殊性。所谓“一线”——“行为人是否一直以真实身份出现”——同样是外在事实与心理事实直接对接，把肯定性事实绝对化。刘宪权教授的“主客观结合法”是指对集资款“无法返还”的原因应做主客观分析，如果是客观原因，如由于扩大再生产而投入大量资金导致暂时集资款无法收回成本或因经营管理不善而破产导致的“无法返还”，就不应认定为有“非法占有”目的，如果是由于肆意挥霍、携款潜逃等主观原因造成的，应认定为有“非法占有”目的。[1] 这种思维方法当然无可厚非，而且其中涉及的一些反推标准问题是一种进步，但遗憾的是，不是关于反推标准的全面研究，而且把“肆意挥霍、携款潜逃”与“非法占有”目的直接对接，缺乏对于特殊情形的观照。高铭暄教授等的“综合排除法”是指在认定主观心理态度时，必须立足于其实施的具体客观行为，并综合各种犯罪事实，运用严谨的逻辑论证来排除其他的可能性，即达到相应的证明程度才可以认定存在非法占有的目的。[2] 这只是在观念上具有关注反推的意蕴，还没有深入具体的反推标准的建立与运用。古加锦教授的“九种联系法”是指对认定行为人具有金融诈骗罪的非




[1] 刘宪权：《刑法严惩非法集资行为之反思》，载《法商研究》2012 年第 4 期。

[2] 高铭暄、孙道萃：《论诈骗犯罪主观目的的认定》，载《法治研究》2012 年第 2 期。

法占有目的的各种基础事实及其与推定事实之间的九种联系情况进行分析。[1] 在这九种联系中，除了“其八”即使“是”存在逃匿行为也还要考虑“逃匿的原因”外，其他八种对于“是”都做唯一性理解——具有“非法占有”目的，而不再考虑存在没有“非法占有”目的的可能性。因此，其他八种在认定“非法占有”目的之有无时，仍然是逻辑上外在事实与心理事实直接对接，忽视肯定性事实背后还可能存在的特殊情形，这种思考方法在一定程度上仍显简单。

综合分析这些研究不难发现，“非法占有”目的之现行研究的主流情况处于两个困境：一是思维困境。在思维上一般都考虑“是”（肯定性事实）与“有”非法占有目的直接对接，而不考虑肯定性事实背后可能存在“无”非法占有目的的特殊情形，只是少数人在个别问题上有所关注。因此总体而言，研究思维仍处于忽视商事领域特殊性、忽视主客观关系的特殊性、忽视被告方辩护意见的困境。二是标准研究困境。那些关注反推的研究主要停留在抽象的观念层面，至今尚未见到全面针对正推标准（对于集资诈骗罪而言当下是《10 解释》第 4 条）研究反推标准者。因此当下“非法占有”目的研究仍处于反推标准研究不力的困境。这两个困境对于集资诈骗罪“非法占有”目的推定研究具有同样的解释力。





### （二）新路探寻——完善认定标准体系

针对集资诈骗罪“非法占有”目的认定因为只有正推标准、缺失反推标准而司法难以“排除合理怀疑”的现状，重要的是我们要建立反映商事规律、符合商事特性的思维方式与“非法占有”目的认定的标准体系。为此，在思维方式上，我们需要改变民商无别的旧思维，代之以民商有别的新思维。具体而言，就是坚持商事思维，关照商事特性。在认定标准上，改变唯正推、缺反推的旧体系，建立起正推与反推标准相辅相成的新体系。

---

[1] 九种联系分析是：其一，查明行为人是否通过实施金融诈骗罪的法定行为而排除被害人对其财物的控制并将其财物转归行为人自己控制；其二，查明行为人在与被害人进行金融交易行为时是否存在可能的还款能力；其三，查明行为人是否将被害人的资金用于双方约定的用途；其四，查明行为人是否将被害人的资金用于个人消费、还债等个人用途；其五，查明行为人是否将被害人的资金用于高风险的投资、违法犯罪活动等使资金处于极其不利地位的用途；其六，查明行为人是否具有随意低价处置被害人的财物等违反市场经济规律的行为；其七，查明行为人是否具有转移财产、隐匿财产、拒不交代资金的真实去向等欲使被害人的资金无法收回的行为；其八，查明行为人是否存在逃匿行为及其逃匿的原因；其九，查明行为人是否属于有能力归还而不归还。参见古加锦：《如何认定金融诈骗罪的非法占有目的》，载《法律适用》2013 年第 11 期。

**1. 思维更新：贯彻商事思维，关照商事特性**

商事即商业经营事务，其本质突出体现为营利性。商事思维即反映商事规律、符合商事特性的思维方式，其特点是关照商事领域不同于普通民事领域的特殊性。我们从"占有""欺诈"以及"欺诈"与"占有"关系的意蕴中可以看到商事领域与普通民事领域的某些不同。比如，对"占有"内涵的认识民商有别。民事领域的"占有"，社会的潜意识含义较多的是指"所有"（占为己有）；而商事领域当事人（商人）的"占有"则较多的是指"占用"，用作营利（俗称借鸡生蛋），而非"所有"（刑法意义的"非法占有"）。又如，对于与"占有"相关的"欺诈"行为的理解也民商有别。在普通民事领域，社会对于"欺诈"的潜意识理解是诈骗，因此通常予以较强的否定性评价。而对商事领域的"欺诈"，社会的潜意识含义是"掺假"，通常予以相对较弱的否定性评价。再如，对于"欺诈"与"占有"关系的理解民商也有别。民事领域对于使用"欺诈"手段的"占有"一般理解为对于既有利益的追求，容易理解为"所有"（占为己有）；商事领域对于使用"欺诈"手段的"占有"一般理解为对于再生利益的追求，容易理解为"占用"（如骗取贷款）。因此，对于某些情形在普通民事领域可以认定具有"非法占有"目的，但是在商事领域却不可。具体到集资诈骗罪"非法占有"目的认定，对于某些非法集资行为，即便具有某些普通诈骗的外观特征，也要运用商事思维来判断"占有"目的是否为刑法意义的"非法占有"，而不是"一视同仁"。如对集资款"不用于生产经营活动"而用于非实体经济领域（如证券、期货、风险投资等活动）的"占有"，在普通民事领域一般理解为具有"非法占有"目的，而在商事领域完全可能是为了更大获利而不是为了"非法占有"。又如对"携带集资款逃匿"的"占有"，在普通民事领域一般理解为具有"非法占有"，但是在商事领域完全可能是为了暂时避免被暴力追责而面临的人身危险，而不是为了"非法占有"。如果缺乏商事思维，将诈骗类犯罪案件的一般性认知套用于商事案件，不加区别地同等看待，就会混淆集资诈骗犯罪与商事纠纷或者其他犯罪的界限，很可能造成误判。

**2. 建立反推标准，完善认定标准体系**

前面发现和分析问题是为了解决问题，针对集资诈骗罪非法占有目的认定只有正推标准，没有反推标准的现状，我们急需建立集资诈骗罪非法占有目的的认定的反推标准，以弥补现行标准体系缺陷，完善认定标准体系。

如前所述，对集资诈骗罪"非法占有"目的认定，裁判者应贯之以商事思维，对那些能够引起"合理怀疑"的特殊情形予以足够重视，技术上通过反推予以排除。结合《10 解释》，可以建立与正推对应的反推假设。主要有：

第 1 项认定标准中，虽然集资后不用于生产经营活动或者用于生产经营活动与筹集资金规模明显不成比例，但是如果非预见原因致使集资款不能或者暂时不能返还的，可以不认定具有“非法占有”目的。如吴英案中的最大债权人林卫平非法集资后用于放贷牟利（其中借给吴英 4.7 亿元）而不是用于生产经营，因非预见的吴英“崩盘”致使其不能向上游返还“集资款”，法院以非法吸收公众存款罪追究刑事责任而没有认定其具有非法占有目的，已提供了范例。另外，对那些因为经营或者市场原因暂时不能返还集资款的，可以不认定具有“非法占有”目的。

第 2 项认定标准中，虽然肆意挥霍集资款，但是如果有其他返还实力基础，只是因为遭遇非预见事件而不能返还集资款的，可以不认定具有“非法占有”目的。比如，集资人有实体企业，效益也比较稳定，有实力基础返还集资款，但是为了更好地包装自我形象，肆意使用集资款（如高档娱乐消费、购买珠宝、黄金首饰、高档轿车、豪华办公场所等特殊情形），但是后来因为实体企业遭遇地震而停止生产，致使集资款不能返还的，应排除“非法占有”目的的认定。

第 3 项认定标准中，如果因为出资人非法追索集资款而导致行为人或其家人受到严重人身安全威胁而引发的携带集资款逃匿的情形，应排除“非法占有”目的。

第 4 项认定标准中，虽然将集资款用于违法犯罪活动，但是已经返还资金的，就不应认定具有“非法占有”目的，否则与事实不符。另外，虽然将集资款用于违法犯罪活动，但是确实具有返还集资款预期的，也应排除具有“非法占有”目的。比如，将集资款用于操纵证券市场犯罪，确实具有赚钱后返还集资款预期，但是因为案发而不能如愿，对于行为人不宜认定其具有非法占有目的。

第 5 项认定标准中，如果行为人确有某种特定目的而“抽逃、转移资金、隐匿财产”的（如前述帮助友好企业、从事其他更加有利可图的营利活动、满足财务报告目标需要等目的），应排除具有“非法占有”目的。在获得生产资金困难的社会背景下，这种故意拖延使用集资款的情况屡见不鲜。

第 6 项、第 7 项认定标准中，对“隐匿、销毁账目”“拒不交代资金去向”之情形，如果能够证明是防止泄露商业秘密、隐瞒违法犯罪行为，或者因为融资难而故意延期占用资金等目的，不应以具有“非法占有”目的认定。上述反推标准与正推标准对应列表，如表 2。

**表 2　正推与反推相结合的双向推定标准体系**

| 可以认定（《10 解释》第 4 条）具有“非法占有”目的的情形 | | 可以不认定（拟建）具有“非法占有”目的的情形 |
|---|---|---|
| 第 1 项 | 集资后不用于生产经营活动或者用于生产经营活动与筹集资金规模明显不成比例，致使集资款不能返还的； | 因非预见事件而致使集资款不能或者暂时不能返还的； |
| 第 2 项 | 肆意挥霍集资款，致使集资款不能返还的； | 有其他返还实力基础，但遭遇非预见事件的； |
| 第 3 项 | 携带集资款逃匿的； | 因遭遇严重人身安全威胁而携带集资款逃匿的； |
| 第 4 项 | 将集资款用于违法犯罪活动的； | 已经返还集资款的，或者确有返还预期的； |
| 第 5 项 | 抽逃、转移资金、隐匿财产，逃避返还资金的； | 为了某种特定目的而抽逃、转移资金、隐匿财产的； |
| 第 6 项 | 隐匿、销毁账目，或者搞假破产、假倒闭，逃避返还资金的； | 为了某种特定目的而隐匿、销毁账目的； |
| 第 7 项 | 拒不交代资金去向，逃避返还资金的； | 因为特殊原因而暂时性拒不交代的。 |
| 第 8 项 | 其他可以认定非法占有目的的情形。 | |

将上述反推标准运用于解释社会影响颇大的“吴英案”，应能获得社会认同。基于对投入、产出与营利之间存在时间差的特殊性以及出于对市场变化情况的考虑，可以认为吴英不能返还集资款属于暂时性的。根据第一个反推标准可以认为，认定吴英具有“非法占有”目的不能“排除合理怀疑”。此外，吴英花费的 1000 万元（购买名衣、名表、化妆品等花费 400 万元以及用于坐飞机、吃饭请客、娱乐消费等花费 600 万元），且不说因为仅占到 7.7 亿元集资款总额的 1.3% 而不是导致集资款无法返还的主要原因，即使认定为“肆意挥霍集资款”，一个庞大而且发展中的本色集团可以被考虑到有返还集资款的实力基础。根据第二个反推标准也可以认定吴英具有“非法占有”目的不能“排除合理怀疑”。如此，司法认定吴英具有“非法占有”目的的两个理由都不能“排除合理怀疑”。这就不难理解为什么社会上至今还有那么多人在为“吴英案”大鸣不平。

可以相信，有了上述反推标准，“非法占有”目的认定势必能达到“排出合理怀疑”的证明标准，被告人的辩护权利势必能得到更好的保障。

# “套路贷”及罪刑法定

李小华 * 师福伟 **

## 一、“套路贷”的司法界定

“套路贷”是高利贷的一种违法表现。高利贷可以界定为自然人、法人或其他组织之间或其相互之间进行资金融通，当事人约定的利率超过法定上限的借贷行为，是高利贷的重要组成部分，是我国公民和中小企业融资的渠道之一，可以满足特定群体的社会经济活动资金需求。民间借贷是对我国传统金融借贷不可或缺的补充。由于我国尚未针对民间借贷制定系统的法规，监管机制也有待完善，不规范的现象广泛存在呈现低门槛、高风险、信用缺失等问题，“校园贷”“套路贷”“现金贷”等呈现野蛮式生长，引起社会普遍关注。

上海司法实务部门认为，当前“套路贷”犯罪具有五大基本特征：一是制造民间借贷假象。被告人对外以“小额贷款公司”的名义招揽生意，与被害人签订借款合同，制造民间借贷假象，并以“违约金”“保证金”等各种名目骗取被害人签订“虚高借款合同”“阴阳合同”及房产抵押合同等明显不利于被害人的合同。二是制造银行流水痕迹，刻意制造被害人已经取得合同所借全部款项的假象。三是单方面肆意认定被害人违约，并要求被害人立即偿还“虚高借款”。四是恶意垒高借款金额。在被害人无力支付的情况下，被告人介绍其他假冒的“小额贷款公司”或个人，或者“扮演”其他公司与被害人签订新的“虚高借款合同”予以“平账”，进一步垒高借款金额。五是软硬兼施“索债”，或者提起虚假诉讼，通过胜诉判决实现侵占被害人或其近亲属财产的目的。[1] 综上，“套路贷”与高利贷的主要区别为：其一，“套路贷”的出借方肆意制造违约，以增

* 李小华：上海李小华律师事务所主任、高级律师；中国行为法学会金融法律行为研究会副会长；上海市法学会诉讼法研究会副会长；上海财经大学法学院法学硕士生导师。

** 师福伟：上海李小华律师事务所律师；西南政法大学刑法学硕士。

[1] 《高院通报涉“套路贷”犯罪案件审判情况》，资料来源于上海市高级人民法院网站，2017年8月28日访问。

加索债金额；其二，索债金额远高于借款协议约定的应支付金额。

## 二、“套路贷”行为性质探讨

“套路贷”是利用借款方的疏忽使其陷入借贷循环，极少量的借贷金额瞬间会累计几十倍的还贷利息，严重侵害借款人的合法权益及干扰社会秩序。为此，2017 年 8 月 28 日，上海市高级人民法院举行新闻发布会，通报了上海法院四起涉“套路贷”犯罪案件的审判情况，对这四起涉“套路贷”犯罪案件进行了集中宣判，分别判处 17 名被告人二年至十六年有期徒刑，并处 4 万元至 34 万元不等的罚金及责令被告人退赔被害人经济损失。其中，最重的为有期徒刑十六年。





实务部门对诉讼追讨“套路贷”的行为给予不同的司法处理。2017 年 9 月 1 日《新民晚报》刊登一则《60 万借款似板上钉钉法官识破骗局》报道：出借方以载明 60 万元金额的借条与收条、25 万元转账记录、借款人手持借条与现金合影的照片，要求法院判令借款人归还借款本金 60 万元及以贷款利率 4 倍计算的违约金，并在庭审中向法院申请对薛先生名下的财产进行财产保全。借款人辩称只收到了 25 万元，5 万元作为利息已预先扣除，其余所有签字和照片都是对方出借钱款的前提条件。法官经细致观察发现照片复印件中摆放在借款人面前的现金均以纸条包扎并盖有印鉴，明显是从银行柜台取款，与原告所称的现金来源明显不符，且第二次借款发生在晚上八点，已超过银行的营业时间，原告称从银行取款后交给被告的可能性不大。原告的行为与“套路贷”违法行为极为类似。但是，法院审理后认为，原告以现金方式交付薛先生 35 万元的依据不足，不予采信。薛先生分两次收到原告借款本金共计 25 万元，故法院依法予以确认借款本金为 25 万元，对原告起诉要求归还并支付违约金依法予以准许。本案有虚假诉讼之嫌，但法官依职权作出民事判决，维护借款方的财产权益，并未将案件移送刑事司法部门立案侦查。

针对出借方与借款方经签订利率高于国家规定标准且借款金额（包含利息、违约金）高于实际出借本金借款协议，并提起诉讼要求归还协议约定本息的行为性质，司法实务部门的处理方案不统一，理论界亦存在不同观点：

观点一：应作为民事纠纷。签订借款合同出于借款人与出借人双方自愿的原则，借款人均因个人资金周转需要，经过与出借人的沟通，自愿写下借条及签订借款合同。虽然借款人实际并未足额收到协议中的款项，差价实质上相当于利息，对该借款行为及借款结果，借款人作为完全行为能力人是明确知晓并认可的。虽然双方之间约定违约金和利息过高，但所产生的法律后果系高额违约金和利息不能得到法院的支持。根据我国民法自愿原则，约定利率或违约金过高虽然不受我国法律保护，但不能作为刑事犯罪处理。

观点二：构成虚假诉讼罪。通过虚构或夸大借款本金，隐瞒借款人未获得借款或已部分还款的事实，即以捏造的事实向人民法院提起民事诉讼，并在法庭调查程序中提交虚假的证据，企图通过虚假诉讼方式获得胜诉判决的，符合我国虚假诉讼罪的犯罪特征，构成虚假诉讼罪。

观点三：构成敲诈勒索罪。主要理由有：虚假诉讼的被欺骗对象为法院而受害人没有受到欺骗，亦没有相信虚构的事实而自愿交付财物。通过法院具有强制力的判决书而被迫交付财物，认定为敲诈勒索罪更为合适。[1]

观点四：虚假诉讼罪与诈骗罪的竞合，依法择一重处罚。出借人意图欺骗法院作出支持己方诉讼请求的判决，而提交与事实不符的证据材料，系以捏造的事实提起诉讼，并试图通过执行程序，进而非法占有他人财物，其行为符合刑法中关于诉讼诈骗构成要件的规定，既有虚假诉讼行为，又有非法占有他人财物的目的，应当以处罚较重的诈骗罪定罪量刑。

## 三、“套路贷”的处理路径

“套路贷”的行为性质认定，应区分“套路贷”的协议签订行为、追讨行为，并分别予以分析。

### （一）“套路贷”协议签订行为的性质界定

企业或个人选择民间借贷途径借款，往往是为了满足日常生活或需要，或者生产周转性的资金需求，但却无法从金融机构取得款项。贷款发放者（熟人借款除外）出于追求高额利润的目的，要求超高利率，并约定高额违约金；借贷形式有口头形式，亦有书面形式，这种情况下签订的借款协议记载金额会高于借款人实际取得的款项。对于发放“套路贷”是否可以纳入刑事法律调整的范畴，学术界论文颇少。鉴于“套路贷”与高利贷在发放环节的客观表现并无区别，作为高利贷的一种特殊形式，难以仅通过高利贷的发放推断行为是否系违法的“套路贷”活动，借鉴高利贷的刑法调整范围理论，对“套路贷”发放行为是否

---

[1] 王作富：《恶意诉讼侵财更符合敲诈勒索罪的特征》，载《检察日报》2003 年 2 月 10 日，第 7 版。

作为犯罪处理有入罪说与非罪说之争。

“入罪说”认为：高利贷约定的利率往往高于司法解释规定约定利率，并肆意约定违约金条款，伤害借款人的利益，不利于社会及金融秩序的稳定，应当作为犯罪处理。具体的入罪方案有两种观点：第一种观点认为，直接增设高利贷罪等新罪名，对违法发放高利贷的行为增设发放高利贷罪、非法放贷谋取暴利罪等新罪名进行规制。或区分一般民间借贷和职业放高利贷，对后者增设高利贷罪予以调整。[1] 第二种观点认为，对发放高利贷的行为可在现有的刑法体系中对我国《刑法》第 225 条第 4 项“其他严重扰乱市场秩序”进行扩大解释，将高利贷行为认定为非法经营罪。[2] 但截至目前，国内对发放高利贷行为以非法经营罪定罪处罚的案件并不多，实务部门大多倾向于以无罪处理。[3]



否认入罪说的学者观点主要有以下理由：第一，高利贷在我国民间融资活动中发挥不可替代的作用，高利贷入罪会打击放贷者的积极性，在传统融资政策对中小企业及个人要求过于苛刻，以及在互联网融资方真实性难以核实的大环境下，高利贷是民间融资的较优选择，亦有利于民营企业的生存。第二，高利贷活动下出借人与借款人就利率达成一致，反映双方真实意思表示，即使借款方急用钱亦难以否定合同效力，刑法不宜过多干预私法经济。第三，即使双方规定利率或违约金过高，根据我国民间借贷法律及相应解释之规定，双方约定的利率未超过年利率的 24%，出借人请求借款人按照约定的利率支付利息的，人民法院应予以支持。借贷双方约定的利率超过年利率的 36%，超过部分的利息约定无效。借款人请求出借人返还已支付的超过年利率 36% 部分的利息的，人民法院应予以支持。因此，借款人可以借助法律规定及法院审查义务维权。第四，高利贷活动的社会危害性未能达到我国刑法规定的严重程度，将高利贷入罪缺乏合法性根据，将高利贷行为界定为非法经营罪系扩大解释，有违反我国罪刑法定原则及罪责刑相适应原则之嫌疑。[4]

### （二）界定“套路贷”及行为性质应贯彻我国刑法罪刑法定原则

民间借贷领域是虚假诉讼行为的高发地，特别是“套路贷”等非法行为，不仅严重侵害公民合法权益，还会破坏社会诚信，扰乱正常诉讼秩序，损害司

[1] 徐德高、高志雄：《增设“职业放高利贷罪”确有必要》，载《人民检察》2005 年第 18 期。

[2] 徐恺：《民间借贷者涂汉江的非法经营罪》，载《21 世纪经济报道》2004 年第 7 期。

[3] 陈庆安、罗开卷：《民间高利贷刑法规制的困境与路径选择》，载《广东社会科学》2015 年第 4 期。

[4] 李腾：《论民间高利贷不应司法犯罪化》，载《法学杂志》2017 年第 1 期。

法权威和司法公信力。最高人民法院针对民商事领域的虚假诉讼行为发布了《关于防范和制裁虚假诉讼的指导意见》（法发〔2016〕13号），明确民间借贷案为虚假诉讼高发领域，加大依职权审查力度。但是，界定“套路贷”及行为性质应贯彻我国刑法罪刑法定原则。特别是于2015年8月29日通过的我国《刑法修正案（九）》增设虚假诉讼罪，在刑法第307条后增加一条，作为第307条之一，条文叙述如下：“以捏造的事实提起民事诉讼，妨害司法秩序或者严重侵害他人合法权益的，处三年以下有期徒刑、拘役或者管制，并处或者单处罚金；情节严重的，处三年以上七年以下有期徒刑，并处罚金。”“套路贷”行为性质界定，特别是能否将诉讼追讨高利贷款的行为认定为“套路贷”及定罪量刑，主要争议焦点在于虚假诉讼罪与诈骗罪的适用。





**1. 诉讼追讨“套路贷”债务可成立虚假诉讼罪**

虚假诉讼罪，是指自然人或单位故意以捏造的事实提起民事诉讼，妨害司法秩序或者严重侵害他人合法权益的行为。首先，关于虚假诉讼罪的客体，从法条的表述来看，司法秩序与他人的合法权益是虚假诉讼罪的选择性保护法益。任何虚假诉讼都必然妨害司法秩序，却不一定侵害他人的合法权益，如双方当事人为偷税漏税串通损害国家利益的虚假诉讼行为。但虚假诉讼行为侵害了他人的合法权益，也必然妨害司法秩序。因此，构成虚假诉讼罪，并不必然构成其他诈骗犯罪；通过虚假诉讼取得不正当财产的，必然构成虚假诉讼罪。这是需要明确的第一个前提。其次，捏造的事实既包括提起诉讼的事实全部为虚假，亦包括在客观存在民事纠纷的情况下捏造部分虚假事实。一种观点认为，“捏造的事实”必须为全部捏造，如根本不存在债权债务关系。如民事纠纷客观存在，行为人仅对具体的管辖地点、期限、金额等事实予以夸大的，系隐瞒陈述，不属于刑法规定的“捏造的事实”。[1] 笔者认为此种观点并不合理。因为部分篡改重要或关键事实与凭空捏造不存在的事实的社会危害性程度区别不大，对裁判结论的影响可能完全相同。最后，以捏造的事实提起民事诉讼，通常表现为伪造、变造书证，如伪造借款协议，虚构银行走账，或者擅自修改合同要素等变造行为，亦包括明知书面合同约定内容与实际不符而未能向法庭做如实陈述的。诉讼追讨民间借贷行为中，在法庭上陈述事实与实际内容不一致，或肆意篡改协议时间、地点的，或协议载明金额与实际出借金额不一致，诉讼中亦未能向法庭客观说明的，系出借人以与客观事实不符的证据材料向法院提起诉讼，可认定为捏造事实提起诉讼，损害司法权威，达到刑事立案标准的，以虚假诉讼罪定罪

[1] 郎胜主编：《中华人民共和国刑法释义》，法律出版社2015年版，第542页。

量刑符合我国刑法罪刑法定的基本原则。

“套路贷”中的出借方刻意制造逾期陷阱。据报道，在还款日期临近，借贷公司不主动提醒借款人逾期，甚至以电话故障、系统维护为名导致借款人无法还款的情形大量存在。然后，这些公司就以违约为名收取高额滞纳金、手续费。通过层层“平账”和“再借款”使债务“滚雪球”。[1] 出借人提供格式化的借款凭证文本，证据齐全，且对借期、利息、担保、违约责任等约定得较为全面。利用从一开始就在借贷环节中刻意保留的银行流水、签字借条、公证文书等有利证据，伪装成民间借贷纠纷，庭审中向法庭隐瞒出借款项低于协议约定的事实，要求借款人承担超额还款义务，不论是否通过诉讼取得款项，均构成对司法秩序的妨害，可认定为虚假诉讼罪。



**2.“套路贷”诉讼与诈骗罪的界定**

学者主张“套路贷”的诉讼追讨行为构成诈骗罪主要是基于三角诈骗理论。传统类型的三角诈骗表现为，具有处分权限的受骗人基于错误认识处分被害人（第三者）的财产，因而使被害人遭受财产损失。诉讼诈骗是传统类型三角诈骗的典型。其行为模式为：行为人实施欺骗行为—法官基于错误认识处分被害人财产—行为人取得被害人财产—被害人遭受财产损失。在诉讼诈骗中，法官具有处分被害人财产的权限或地位，是受骗人和处分行为人。在两者间的诈骗中，被害人当然是有权处分自己财产的人，其由于受欺骗并基于错误认识处分财产而直接使自己遭受财产损失。在三角诈骗中，受骗人是有权处分被害人财产的人，因而与被害人自己的处分没有本质区别。换言之，不管是在两者间的诈骗还是三角诈骗罪中，都是有处分权限的人处分了财产，只不过前者处分的是自己的财产，后者处分的是他人的财产。但不管是谁处分财产，被害人的财产损失结果都必须归属于诈骗犯，而不能归属于财产处分人。[2]“套路贷”诉讼中，放贷人诉讼前的伪造银行流水、非法垒高债权等行为均体现了其非法占有的目的，可认定为诉讼诈骗行为，进而构成诈骗罪。

鉴于“套路贷”与高利贷在外形上相似，两者均约定高额利率，高利贷亦可涉及违约金。高利贷与“套路贷”的社会影响及危害程度区别很大，上海高院释放从严惩治的信号。罪刑法定原则是我国刑法的基本原则。其含义是：什么是犯罪，有哪些犯罪，各种犯罪构成条件是什么，有哪些刑种，各个刑种如何适用，以及各种具体罪的具体量刑幅度如何等，均由刑法加以规定，对于刑法分则没有

---

[1] 嘉丰瑞德：《“套路贷”背后陷阱重重》，载《金融投资报》2017年5月20日，第6版。

[2] 张明楷：《三角诈骗的类型》，载《法学评论》2017年第1期。

明文规定的犯罪，不得定罪处罚。[1] 在我国刑法中的体现还包括：1997 年《刑法》实现犯罪的法定化及刑罚的法定化，明确规定了各种具体犯罪的构成要件以及各种具体犯罪的法定刑。因高利贷诉讼追讨行为可能承担不同性质的法律责任，或者不同刑种、刑期的刑事责任，应避免将高利贷诉讼诈骗行为认定为“套路贷”，以贯彻我国罪刑法定基本原则，尊重和保障人权。因此，诉讼追讨利率高于国家规定标准且借款金额（包含利息、违约金的）高于实际出借本金以及借款协议要求归还协议约定本息的行为性质，亦应结合案件事实予以认定，不能一概而论。

诈骗罪的关键构成特征：行为人主观上具有非法占有他人财物的非法目的；客观上实施采取虚构事实、隐瞒真相骗取公私财物的行为，是否实际取得财物不影响诈骗罪的成立。例如，原告发放高利贷 10 万元给被告，被告还清。原告为非法占有被告的财物，就其手中的借条时间予以修改后重复起诉，法院判决原告胜诉，并对被告予以强制执行。本案原告以虚假的证据材料提起诉讼，企图非法占有他人财物，符合我国刑法关于虚假诉讼罪的罪状描述。分析原告的行为，其变造原借条时间，伪造书面证据后向人民法院起诉，法院因原告的虚假证据材料而作出裁决，导致被告的财产被执行，亦符合虚构事实、隐瞒真相、骗取被告人财物的客观要件，系经典的诉讼诈骗，符合诈骗罪的构成特征。根据我国《刑法》第 307 条之一第 3 款“有第一款行为，非法占有他人财产或者逃避合法债务，又构成其他犯罪的，依照处罚较重的规定定罪从重处罚”，对虚假诉讼罪法条竞合作出明确规定，因此本案对原告的行为以虚假诉讼罪、诈骗罪中处罚较重的罪名定罪并从重处罚。

考察诈骗罪的核心构成要素，笔者对“套路贷”与诈骗罪的界定做如下分析以抛砖引玉：

第一种情况：合同载明金额与借款人实际收款金额不一致。但是，借款人同意签订协议的前提是出借人承诺协议签订为高利贷的“行规”，出借人的还款金额以借款人实际借款款项为准。但出借人却以合同载明金额要求还本付息。此种情况下，基于借款人与出借人并未就合同金额达成一致的意思表示，借款人对超额部分不享有民事权利，据此提起诉讼的行为缺少法律依据，可认定为具有非法占有的目的，构成诈骗罪。

第二种情况：合同载明金额与借款人实际借款金额不一致，利率亦高于国家规定标准。出借人告知合同载明金额为利息及特定情形下的违约金，借款人因生意或生活急用资金而签订协议。出借人根据协议约定向法院提起诉讼，要求

[1] 高铭暄、马克昌主编：《刑法学（上编）》，中国法制出版社 1999 年版，第 28 页。

借款人履行协议项下义务，支付本息及违约金。此种情形不能认定为“套路贷”。由于虚假诉讼构成诈骗罪主要是行为人利用民事诉讼程序规则，借助法院的司法裁判权，非法占有他人财产（或财产性利益）的行为具有严重的社会危害性。除非超出法律规定的年利率范围的执行款项，否则此种情形难以认定为诈骗罪，理由如下：

（1）我国刑事立法及司法均没有将高利贷明确作为犯罪处理。立法机关只有在该规范确属必不可少——没有可以代替刑罚的其他适当方法存在的条件下，才能将某种违反法律秩序的行为认定成犯罪行为。高利贷作为民间借贷的重要组成部分，具有存在的必要性，法律并不禁止高利率谋利润的民间融资。因此，采用诉讼途径追讨合法的民事法律行为引起的债权并非不当。另外，最高人民法院《关于审理民间借贷案件适用法律若干问题的规定》中规定，年利率在 24% 以内的约定符合法律规定；年利率超过 36% 的约定无效，借款人可通过民事诉讼追讨涉案金额。我国民事法律全面规定公民的行为、法律后果、法律责任及救济途径，体现了该社会关系是以民事主体的面目参与社会活动而产生，达不到刑法规定的社会危害性程度，不应纳入刑法的调整范围。

（2）基于供需关系基本原理，在民间借贷协议签订中，借款方处于劣势，但不能据此认定协议不能反映其真实意思。有学者提出，实践中，民间借贷双方的地位差距很大，借贷双方之间缺乏对等的讨价还价能力和公平交易的现实基础。在没有法律限制的情况下，所达成的利率条款常常是强势一方意思的体现。[1] 笔者认为，前述提到司法解释对民间借贷的利率作出限制性规定，不可能由放贷人凭借强势地位获取高额利益，弱势一方亦能得到法律保护。另外，民间借贷是我国法律规定的借贷形式。协议约定利率偏高或经审查认为借贷金额、款项交付、当事人的经济能力、交易方式和交易习惯等不合常理的，可根据民事举证规则予以裁决，不能据此推定意思表示不真实而移送刑事司法机关。认定意思表示不真实的标准不能从严，换言之，即没有暴力、胁迫或欺诈等违法衍生手段行为，应认定为意思表示真实。对于协议项下的权利义务，按照民间借贷司法解释予以处理。

**3. 律师仅接受“套路贷”贷款人委托诉讼中做虚假陈述，可成立虚假诉讼罪，应慎重认定为诈骗罪**

案例：上海一名律师参与“套路贷”被判刑。被告人某律师明知被害人实际借款与借条、合同金额明显不符，仍接受贷款方的事先委托，篡改《个人借

[1] 张勇：《高利贷行为的刑法规制》，载《江西社会科学》2017 年第 7 期。

款合同》的借款地点，并于同年以捏造的被害人借款事实向法院提起民事诉讼并申请诉讼保全，要求被害人赔偿本息。同年法院作出裁定，裁定冻结被害人名下存款，不足部分则查封、扣押相应价值的财产。法庭审理中，律师在法庭上掩盖被害人实际借款事实，虚构借款金额，并在举证环节向法庭提交虚假证据。后律师根据放贷人委托向法院申请撤诉和解除诉讼保全。一审法院认定某律师构成诈骗罪（未遂），判处有期徒刑三年。上海市高院副院长黄祥青认为“该律师毫无法律观念，提供虚假证据，藐视法律，欺骗法庭，极大破坏司法公信力”。

对该案例有两种观点，第一种观点认为该律师的行为构成虚假诉讼罪；第二种观点认为该律师的行为构成诈骗罪。

笔者认为，律师代理“套路贷”诉讼行为的性质，是否构成犯罪，构成何种犯罪，应根据我国主客观相一致原则，结合律师的主观认知及客观行为认定，详述如下：

（1）律师因委托人的虚假陈述导致对涉诉借款协议的签订、履行情况产生错误认识，基于错误认识而在庭审中作出的陈述与客观事实不符，妨害司法秩序或侵害借款人合法财产的，其行为缺乏对行为社会危害性的明知，没有犯罪故意，不能作为犯罪处理。

（2）律师没有参与委托人“套路贷”的流程，借款人与出借人对于本金之外的约定利息大大高于法律规定银行利率标准，借贷双方都明确签字确认，该行为应认定为虚构事实、隐瞒真相的诈骗犯罪，还是高于法定利息的无效民事行为，在司法实践中有同案不同判的案例。对于明知诉请金额不是借贷双方真实的意思表示；或律师虽没有参与“套路贷”的过程，但与在当事人的谈话中了解到借款协议约定的款项与法律规定的利率不一致且委托人诉请金额缺乏法律依据而仍不向法庭说明、却做虚假陈述的，根据虚假诉讼罪的犯罪构成，对该捏造事实部分向法庭提起诉讼，系以捏造的事实起诉，妨害正常的司法秩序，符合虚假诉讼罪的犯罪构成，根据罪刑法定原则不宜定为诈骗罪（未遂）。

（3）根据诉讼进展程度，如财产执行完毕，亦可认定为通过虚构事实、隐瞒真相骗取他人财物，一般符合诈骗罪共同犯罪的成立条件；此种情况下，依法应根据法条竞合原则按照处罚较重的罪名从重处理。笔者赘述，律师接受当事人委托及律所指派作为代理人参加民事诉讼是我国《律师法》赋予的法定职责。当然，权利不能滥用，律师应严格根据事实和法律履行代理工作，尊重法庭，尊重法律。如律师违背事实和法律参加诉讼，理应承担相应的法律责任，严重的构成虚假诉讼罪等。

综上所述，建议我国加强金融监管，完善民营经济金融服务。对于民间借贷产生的法律问题，应当正确界定其是民事纠纷还是刑事犯罪，以及此罪与彼罪的不同界限，并坚持我国刑法罪刑法定的原则。

# 新形势下集资诈骗犯罪防控对策研究

董邦俊* 马君子**



随着社会主义市场经济的不断深入发展，投资规模不断扩大，投资形式日益多样化，集资活动逐渐兴起，集资诈骗犯罪作为一种多发的金融犯罪，开始受到广泛关注。据公安部统计，2014 年全国公安机关立案非法集资案件 8700 余起、涉案金额逾千亿元。平均涉案金额超过千万元，为近年来最高。全国新发投资理财类案件 1267 起，同比上升 616%，涉案金额 547.93 亿元，同比上升 451%。[1] 更有一些特大的集资诈骗案引起了社会各界的热议，一些单位和个人为了追求高额利润，不惜违反国家的有关规定非法募集资金。它不仅使众多受害者蒙受了巨大的经济损失，甚至倾家荡产，而且严重扰乱了我国正常的金融秩序，阻碍了资本市场的健康发展。在立法方面，根据当前司法体制改革“逐步减少适用死刑罪名”的要求，《刑法修正案（九）》取消了集资诈骗罪的死刑。当前，集资诈骗犯罪因其危害严重已成为全国人民关注的热点问题，笔者希望通过研究，提出预防和惩治集资诈骗罪的可行性建议，对金融秩序稳定、保障人民群众财产安全有所裨益。

## 一、集资诈骗犯罪之实证考察——以浙江省 2010—2015 年案例为视角

近年来，集资诈骗犯罪“爆发式增长”。典型的如近日在江苏连云港开庭二审的 20 多亿元特大集资诈骗案，本案中被告单位佳盟公司、被告人闫家中以开

* 董邦俊，中南财经政法大学刑事司法学院教授。

** 马君子，中南财经政法大学刑事司法学院教师。

[1] 佚名：《我国非法集资案件呈“爆发式增长”根治社会毒瘤需综合施策》，资料来源于新华网，2015 年 12 月 20 日访问。

矿需资金周转为由，以 4 分至 8 分不等的利息和红利方式，在江苏、山东、河北、安徽、天津等地，向不特定社会公众非法集资，总计吸收人民币 227154.68 万元，集资涉及人数 9000 余人。[1] 还有 2015 年 8 月 14 日浙江省衢州市中级人民法院宣判的特大 P2P 集资诈骗案，被告人周辉先后向全国多个省份的 1586 名不特定对象集资共计人民币 10.3 亿余元，案发后，尚有 1136 名被集资人共计 3.56 亿余元本金（扣除先期已支付回报）未归还，实际骗取投资人人民币 1.75 亿余元。[2] 因此，集资诈骗犯罪的社会危害性极其严重。

### （一）浙江省集资诈骗犯罪案件的统计分析



近年来，集资诈骗犯罪案件数量逐年上升，特大规模集资案件屡见不鲜，根据最高人民检察院数据显示，2015 年上半年共批捕非法吸收公众存款案同比上升 210%，集资诈骗案同比上升 74%，受理移送审查起诉非法吸收公众存款和集资诈骗犯罪案件共 4011 件 10242 人，超过了 2014 年全年的案件总数，部分案件涉案金额达到人民币数十亿元。[3] 浙江省素来为集资诈骗犯罪案件高发区，观浙江省集资诈骗犯罪现状可窥我国之全貌，笔者将以浙江省为例对集资诈骗犯罪案件进行统计分析。

笔者收集了中国裁判文书网公布的浙江省 2010—2015 年的以集资诈骗罪和非法吸收公众存款罪定罪的一审裁判文书（截止日期为 2015 年 12 月 20 日），并对其中集资诈骗罪的裁判文书进行了数据整理和统计分析，其发展趋势如下：

2010 年至 2015 年以非法吸收公众存款和集资诈骗罪定罪处罚的案件总量约 400 件，其中集资诈骗犯罪案件总数为 79 件，呈逐年递增趋势，如图 1 所示。

---

[1] 佚名：《20 多亿特大集资诈骗案江苏连云港开庭二审》，资料来源于凤凰网，2015 年 12 月 20 日访问。

[2] 佚名：《浙江宣判特大 P2P 集资诈骗案，涉案金额逾亿千人受害》，资料来源于凤凰网，2015 年 12 月 20 日访问。

[3] 佚名：《最高检：非法集资、利用未公开信息交易犯罪案件数量大幅增加》，资料来源于网易新闻，2016 年 2 月 29 日访问。

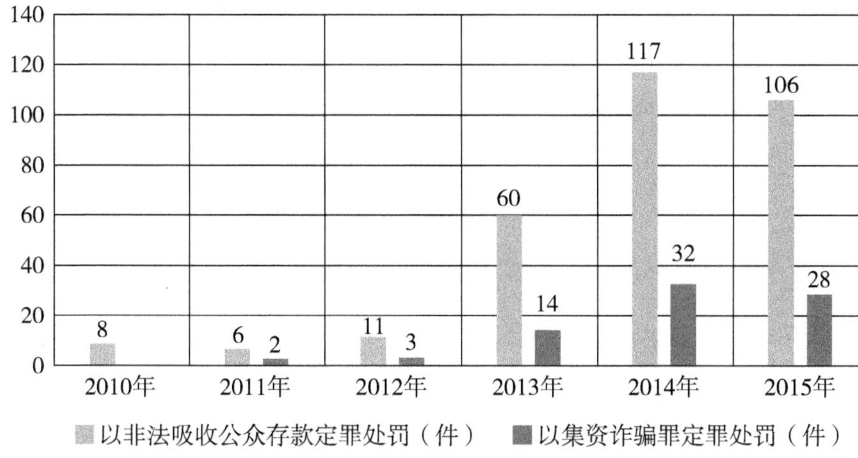


**图 1　2010—2015 年 12 月中国裁判文书网收录的浙江省全省审结的集资诈骗案件一审判决书情况统计**

以集资诈骗罪定罪的案件中，在受害人数上，2011 年审理的集资诈骗案平均受害人数为 27 人，至 2014 年每起案件受害人数已超过 55 人次；在涉案金额上，2011 年以集资诈骗罪定罪处罚的案件平均涉案金额为 641.5 万元，2012 年以集资诈骗罪定罪处罚的案件最高涉案金额为 5380.77 万元，平均涉案金额为 3512.9 万元；2013 年以集资诈骗罪定罪处罚的案件最高涉案金额为 21177.97 万元，平均涉案金额为 9314.29 万元；2014 年以集资诈骗罪定罪处罚的案件最高涉案金额为 45573.62 万元；2015 年以集资诈骗罪定罪处罚的案件最高涉案金额为 29791.39 万元，如图 2 所示。

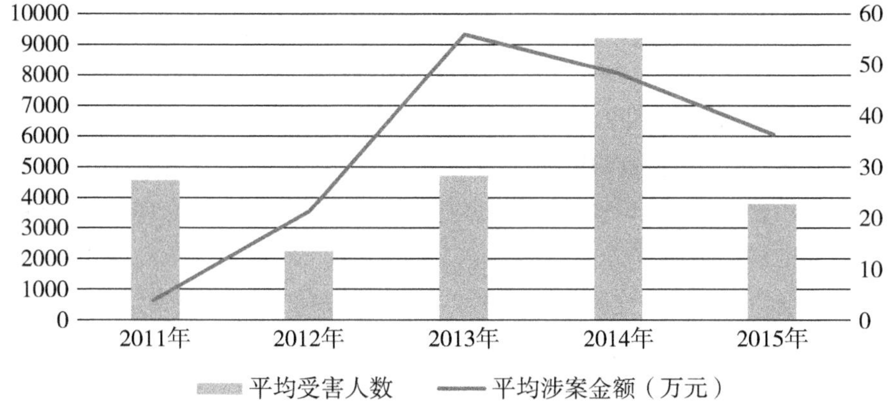


**图 2　平均涉案人数及涉案金额情况统计**

在量刑上，根据受案金额、危害程度等量刑情节，被告人分别被判处十年至十五年有期徒刑、无期徒刑、死刑缓期执行等较重刑罚，笔者收集的案例中被告人中自然人人数为 106 人，所判处刑罚分布情况如图 3 所示。在笔者收集的案例中，最高刑罚为死刑缓期执行，无死刑立即执行的情况。距今最近的犯集资诈骗罪被判处死刑的案例，为 2013 年被执行死刑的曾成杰，2008 年曾成杰被逮捕，2011 年一审、二审均被判处死刑，2013 年死刑被最高人民法院核准，由湖南省长沙市中级人民法院执行。[1]

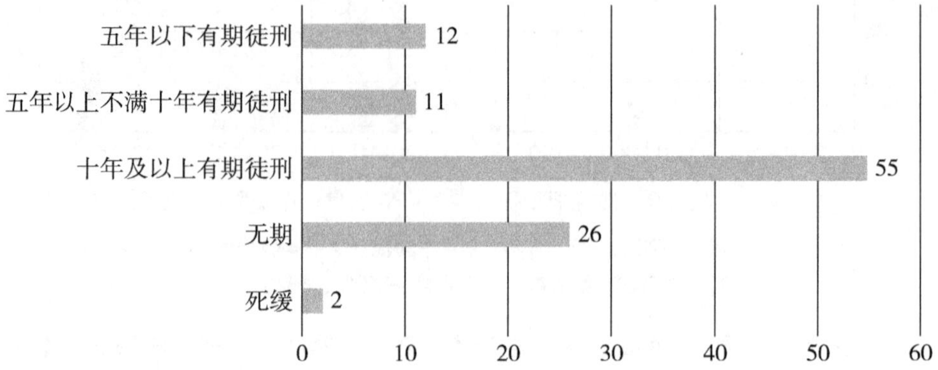


图 3 被告人被判处刑罚情况统计





## （二）当前集资诈骗罪的新特点

从上述数据可以看出，集资诈骗犯罪因其涉案人员及金额庞大，已经引起了社会的广泛关注。而作为当前金融犯罪中一个十分常见的罪名，集资诈骗犯罪的频繁发生已经严重影响了我国正常的金融秩序。由此可见，有效打击犯罪行为，维护司法权威，正确认识集资诈骗犯罪是首要问题。通过对浙江省 2010—2015 年集资诈骗罪案件相关数据的统计分析，我们发现浙江省是我国集资诈骗犯罪的高发地区，并且以愈演愈烈的态势向全国各大城市蔓延，危害巨大。将当前集资诈骗犯罪的主要特点归纳如下：

**1. 发案率高，涉案金额巨大**

改革开放以来，我国经济不断发展，各类集资活动也悄然兴起。此类集资活动的确活跃了金融市场，促进了经济发展。但一些不法分子也以此为契机，以集资活动为噱头进行诈骗犯罪。在笔者收集的案例中，集资诈骗犯罪涉案金额最高的达到人民币 4 亿多元，平均涉案金额在数千万元以上，涉案金额分布情况如图 4 所示。此外，以广州为例，非法集资案件于 2012 年开始迅猛增长，

[1] 佚名：《曾成杰或成最后一名集资诈骗死刑犯，曾揽资 34 亿》，资料来源于新浪网，2015 年 12 月 26 日访问。

2013年后呈现高位运行的态势。2012年至2014年年均立案94宗。2015年以来，受理及立案数比去年同期有了明显增长，截至10月底，受理非法集资案件89宗，立案69宗。[1] 涉案公司或组织大多是利用人们贪图利益、幻想暴富的心理，非法吸纳社会资金。许多案件的涉案金额动辄上千万元，甚至过亿元。例如，重庆邦家公司在重庆地区非法吸收公众存款，其中南坪分公司累计吸收公众存款达5.02亿元，公司负责人张讯和李静共吸收公众存款约1.22亿元，给存款群众造成了巨大的经济损失。由于案发时大部分财产已被转移，涉案资金难以追回，给投资者造成难以挽回的惨痛损失，有的甚至是倾家荡产。[2]

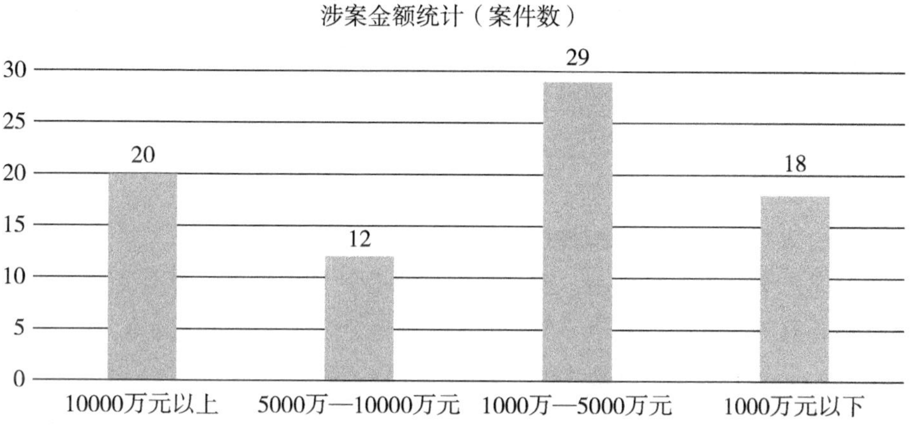


**图4 涉案金额分布情况统计**





**2. 集资面广，涉案人数众多**

在对统计的集资诈骗案件分析时发现，几乎每一起重大要案的集资面都牵涉较广且涉案人数众多，部分案件被害人多达上千人。例如，上文中提到的浙江省衢州市中级人民法院宣判的特大P2P集资诈骗案，被告人周辉先后向全国多个省份1586名不特定对象集资共计人民币10.3亿余元，案发后，尚有1136名被集资人共计3.56亿余元的本金未归还。涉案人员中既有本省的也有外省的，既有国家机关工作人员、企事业单位工作人员，也有个体工商户及农民，这使得案件调查取证非常困难。更严重的是，当案款难以追回时，被害人集访、信访的可能性很大，容易造成恶劣的社会影响。

---

[1] 佚名：《广州非法集资案持续高发》，资料来源于凤凰网，2015年12月21日访问。佚名：《多地集资诈骗案件呈高发态势，亿元大案屡见不鲜》，资料来源于新华网，2015年12月21日访问。

[2] 佚名：《多地集资诈骗案件呈高发态势，亿元大案屡见不鲜》，资料来源于新华网，2015年12月21日访问。

**3. 犯罪手法多变，侦破难度高**

通过众多案例的分析我们发现，集资诈骗行为在实践中有多种不同的犯罪手法。最常见的是利用金融工具或签订合同的方式进行的集资诈骗，主要是指不法分子以欺诈为目的，或者采用欺骗的手段利用我国目前证券市场上发行和流通的股票、债券、基金券或签订经济合同等，获取大量资金后卷款逃跑或肆意挥霍的情形；另外随着科技的发展，利用传销、网络平台进行的集资诈骗犯罪数量也在不断上升。如上文提到的 P2P 集资诈骗案，不法分子通过发布虚假标的向投资人融资，以高收益率为诱饵，骗取投资人的资金。由此可见，工具化、智能化突出的新型犯罪手段，高智能、反侦查能力强的犯罪主体，使得案件的侦破难度增加，如犯罪分子常会利用一些具备专门知识的专业人员，如会计师，制造合理合法的假象掩饰其犯罪行为，在侦查实践中出现“取证难”的问题，而正确、及时、合法地收集证据是侦查工作中最重要的环节，是认定犯罪嫌疑人是否有罪的关键。



**4. 法律关系复杂，审理难度大**

在近几年的集资案件中，我们发现不法分子常用投资公司名义实施犯罪，而且营业执照、税务登记证、机构信用代码证、公证书等样样齐全，这为犯罪活动披上了合法外衣，更易使投资者上当受骗。另外，还出现了一类新型网络诈骗犯罪，此类犯罪常打着“某某基金会”的旗号，邀请被害人加入所谓的慈善基金会，并许诺将一大笔慈善基金供其使用。在消除受害人的戒心后，以缴纳税费、手续费、会员费等形式实施集资诈骗行为。此类案件并非单纯意义上的面向社会不特定人群集资，更多地涉及经济法上基金会的设立、运营，此类法律关系与刑事犯罪关系交叉，使得案件的调查取证以及在集资诈骗罪名的认定上难度增加。

### （三）集资诈骗罪的危害不容小觑

首先，由集资诈骗罪涉案金额巨大、涉案人数众多等特点可知，集资诈骗犯罪严重危害公民财产所有权。在高利率回报的诱惑下，成千上万的民众跟风投资，少则几万元，多则达百万上千万元。不法分子在集资后常常肆意挥霍资金，使得案发时涉案资金难以追回，导致投资者“鸡飞蛋打”，蒙受严重的经济损失，有的甚至是倾家荡产，这对每一个受害家庭来说都是一个悲剧，严重侵害了公民的财产权。如浙江省某中级人民法院 2015 年 7 月审结的陶仙国集资诈骗一案中，犯罪分子以 4.5% 的高额利息骗取 60 多家单位和个人的资产人民币 44192.75 万元，并将多数资金用于购买房产、汽车及高档场所挥霍，最终给被害人造成了严重的财产损失。[1]

其次，集资诈骗行为严重影响国家金融管理秩序。集资诈骗行为是以集资的面目挤入合法资金市场的，先对投资人许以高额回报，巧立名目蒙骗社会公众，使投资者本要存入银行的资金投入他们的口袋，干扰了金融机构储蓄、贷款等业务的正常进行，破坏了国家的金融管理秩序，给投资者带来了物质与精神上的双重打击。之后广大投资者对集资活动过分谨慎，甚至对金融机构进行集资也可能产生不信任感，影响了经济的发展。

最后，集资诈骗行为严重影响社会稳定和谐。集资者在实施诈骗行为后，不是卷款逃走就是肆意挥霍，但在其实施犯罪行为时常打着政府或一些社会团体的旗号，为自己披上合法的外衣，一旦案发，就将责任推向政府。这易使一些损失惨重甚至倾家荡产的受害者将怨气转向政府，引发上访或是群体性事件，产生政府信任危机，极不利于社会的稳定与和谐。如前文中提到的被判处死刑的曾成杰集资诈骗案件中，曾引起三起群体性事件，包括万名受害群众围堵铁路事件、围堵湘西州政府和打砸抢超市事件，后一事件造成多人受伤，政府信访部门工作地点被严重破坏，甚至造成一名受害人在政府门前引火自焚，社会影响极其恶劣。[2] 集资诈骗犯罪不仅造成了受害人的财产损失，扰乱市场秩序，同时还可能引发新的犯罪，成为社会的不稳定因素。



## 二、集资诈骗犯罪的形成机理

### （一）经济体制的变化是集资诈骗犯罪发生的根本原因

新中国成立初期，我国实行的是社会主义计划经济，所有的社会资源都由政府统一分配利用，包括人力资源和自然资源，社会的经济行为都处在政府的控制之下，人们也不会有在民间集资的想法。同时，在当时人们普遍认为集资、投资是资本主义才有的行为，与社会主义的要求相背离。计划经济有其先进性，但在生产力水平较为低下的社会背景下，并不能实现每个人的自由全面发展，实行计划经济不能够真正发挥社会个体的作用，而市场经济可以有效地调动市场主体的积极性，公民可以自由支配自身的劳动力，能够快速地激发市场活力，

---

[1] 浙台刑二初字第 15 号．陶仙国犯集资诈骗罪一审刑事判决书，资料来源于中国裁判文书网，2015 年 12 月 23 日访问。

[2] 佚名：《最高法回应曾成杰案：引发群体性事件罪行及其严重》，资料来源于中国新闻网，2015 年 12 月 26 日访问。

促进经济发展。实施市场经济之后，金融市场也随之放开，市场经济初期直接融资市场尚未建立，公民创业主要依赖银行信贷等间接融资方式，而当时有许多市场主体都不符合银行信贷的资格，政府为了搞活市场、刺激创业，放宽或空置信贷资格要求，加剧了资金供求之间的矛盾。随着人们生活水平的提高，大部分个体都有了自己的积蓄，民间借贷成为新的融资市场，门槛低、手续简单、来钱快是其特点，非法集资的现象也在此过程中逐渐出现。市场主体的智慧是无穷的，市场也因此繁荣丰富，而由于个体差异的存在，正常的经济融资行为被用于非法目的，从而出现违法犯罪行为。民间融资本身并不违法，被不同的人以不同的方式使用则会导致不同的效果，以非法手段集资用于自身发展则会成为非法吸收公众存款的行为，若有非法占有目的，则会形成集资诈骗。计划经济向市场经济转轨，在带动经济发展的同时，也为违法犯罪行为提供了平台。



### （二）社会结构的变化是集资诈骗犯罪发生的重要原因

实行社会主义市场经济制度以来，我国经济迅猛发展，从而也导致了社会结构的变化。社会结构的改变对人们的行为产生了很大影响，主要体现在人际关系和社会利益分配方面。[1] 在原始社会，人与人之间的关系以血缘、地缘及民族为纽带，阶级社会出现了剥削与被剥削的人际关系，在社会主义市场经济和财产私有制的条件下，市场主体呈现“经济人”的关系，人与人之间不是简单的家人、朋友或者同事关系，更有着千丝万缕的经济牵扯。在我国“先富带后富，最终实现共同富裕”的社会主义发展理念指导下，社会成员之间无法实现资源均等分配，出现贫富两极分化的社会结构，导致社会矛盾的出现。经济基础决定上层建筑，经济发展的不平衡必然导致人们意识形态的变化，拜金主义、享乐主义思潮在社会上普遍存在，在实际案例中，多数集资诈骗犯罪分子在集中公众资产后，主要用于个人挥霍和享受，导致多数资金无法追回，给公众造成巨大损失。同时由于社会结构的变化，人们之间的“经济人”关系占主导地位时，会使人们忽略原本的如家人、亲戚、朋友的关系纽带，而将罪恶之手伸向他们。如 2015 年 12 月破获的一起集资诈骗案件中，犯罪嫌疑人为一家三口，为了迅速致富，向社会广纳资金，受害人中甚至包括自己的女儿和亲家，以及其他的亲朋好友。[2] 马克思认为“人的本质是一切社会关系的总和”，在市场经济时期，

---

[1] 苏满满：《经济犯罪成因初探——兼谈对经济犯罪的预防》，载《扬州大学学报（人文社会科学版）》1997 年第 3 期。

[2] 佚名：《一家三口集资诈骗一亿元，潜逃三年终落网》，资料来源于中国新闻网，2015 年 12 月 19 日访问。

人际关系除了传统的血缘、亲缘、地缘等关系外，经济关系也已成为一种重要的社会关系，当经济关系处于支配地位时，人们就可能会为了自身的利益而做出不同于以往的非常态行为。

### （三）个体价值观的缺陷是引发集资诈骗犯罪的内在原因

经济迅猛发展导致社会结构变化的同时，也使得社会成员的价值观发生了一定的变化。在物欲横流的社会背景下，财富成为个体身份地位的象征，生活中充斥着炫富、攀比的社会现象，人们对于物质追求的欲望日渐强烈。市场经济开放初期少数人一夜暴富的现象也使许多人产生了想要同样一夜暴富的想法，而随着社会的发展、政策的变化，为了稳定市场发展，通过合法途径一夜暴富已经成为奢望，但这并没有消除人们对于财富的强烈欲望，因而民间非法集资成为这些人选择的一种手段。集资诈骗行为受害人数众多，且多数受害人与犯罪分子之间都有着基础的信任，而犯罪分子不顾与受害人之间的情义和信任，骗取财产，可以说为了钱而“六亲不认”，是犯罪分子扭曲价值观的体现，同时也对社会的信用体系造成了破坏，市场发展以信用为基础，信用体系的破坏，对我国的社会主义市场经济秩序造成了严重的损害。同时，集资诈骗犯罪的受害人大部分是自身工作有一部分积蓄的工薪阶层人员，犯罪分子以高收益承诺骗取其财产，使受害人私有财产遭受严重损失。在案件中，犯罪分子缺乏对受害人最基本的尊重，自私自利，严重缺乏社会责任感，是犯罪分子价值观扭曲的体现。“君子爱财，取之有道”，这是祖先留给我们的人生智慧，有着深刻的哲理性。人是一种社会动物，想要在社会中生活，就要遵守最基本的规则，只有尊重其他社会成员才能获得社会的认可，人不能脱离其他社会成员而独立存在。因此，即使是在物质欲望强烈的社会中，也不能做“损人而肥己”之事，否则最终将得到社会的惩罚。

### （四）公众的趋利心理成为集资犯罪对象的直接原因

随着社会的发展，人们的收入逐渐增加，手中的闲散资金也在增加。按照中国人传统的做法，将闲散资金存入银行是首要选择，而在目前的经济转轨时期，政府希望通过拉动内需带动经济发展，银行利率不断降低，同时存在通货膨胀货币贬值的情形，存入银行的钱难以保值，而消费始终难以成为中国人财富的主要去向。集资诈骗犯罪分子在进行诈骗时，常许以高额利润使受害者心动，此外犯罪分子还披着合法的外衣，如轰动一时的“东阳富姐”吴英非法集资一案中，吴英以投资本色集团为由，非法集资数亿元，[1] 在吴英向受害人进行民间借贷时，又有谁能想到本色集团的总裁是在非法集资呢？受到巨大的利益诱惑，犯罪分子又会适时给予受害者一定的甜头，使受害者更加坚信投资可以收到高额的回报，因此受害人数越来越多，损失金额越来越大，最终难以收回。

### （五）长久的历史渊源是集资诈骗犯罪发生的重要背景

在中国封建社会传统的重农抑商的政策下，金融业通常为政府所垄断，而由于社会的需要，地下钱庄一直得以存在发展，高利贷更是古已有之。《红楼梦》中就曾提到王熙凤向佃户放“印子钱”，收取高额利润。由此可见，民间借贷有着深久的历史渊源，也为广大人民所接受。民间高利贷由于放钱快，可以很快解决当下的问题，在民间经济中一直有着较为重要的地位。当社会融资市场出现矛盾时，这种集资方式很容易被人们想起来，被有着非法目的的人利用，就会产生不利的社会后果。



## 三、当前集资诈骗犯罪防控体系存在的问题

### （一）集资诈骗犯罪立法不够完善

集资诈骗罪、非法吸收公共存款罪首次出现在 1995 年全国人大常委会通过的《关于惩治破坏金融秩序犯罪的决定》中，经过不断修正，《刑法》第 192 条对集资诈骗罪做了明确规定。鉴于立法的模糊性，其后相关部门又出台了一系列司法解释，如 2010 年 11 月，最高人民法院出台《关于审理非法集资刑事案件具体应用法律若干问题的解释》明确规定了集资诈骗罪中“非法占有目的”要件的认定，规定了有关罪名定罪和量刑的标准和不入罪、免于刑事处罚、不作为犯罪情形的豁免规则。虽然制定了一系列严厉的刑事规范规制犯罪，却并未有效地遏制集资诈骗犯罪的多发态势。通过司法实践我们发现现行法律制度仍存在一些缺陷：首先是定义界定模糊。以“诈骗方法”的认定为例，1996 年最高人民法院《关于审理诈骗案件具体应用法律的若干问题的解释》中明确规定，诈骗方法是指行为人采取虚构集资用途，以虚假的证明文件和高回报为诱饵，骗取集资款的手段。此规定明确了诈骗方法的构成却忽略了“诈骗方法”在金融领域的特殊性：一是过于追求安全价值而忽略了金融市场需要的价值效

[1] 裘立华：《亿万富姐吴英死缓减刑为无期，吴英案始末》，资料来源于新华网，2015 年 12 月 19 日访问。

益；二是把民间借贷中的欺诈行为等同于“诈骗方法”，从而对浙江省有民间融资行为的企业进行地毯式的定罪。[1] 其次是集资诈骗罪法定刑畸重。根据罪责刑相适应原则，只有杀人等严重危及人身安全的犯罪才能适用于剥夺生命的死刑，经济犯罪是不能适用死刑的。[2]《刑法修正案（九）》已经取消了集资诈骗罪的死刑。但立法者受严厉打击集资诈骗犯罪观念的影响，对集资诈骗犯罪的法定刑设定仍然偏重。在笔者收集的 79 份判决书中绝大多数被判处了十年至十五年有期徒刑、无期徒刑、死刑缓期执行的刑罚。不得不说的是，相比严重的刑罚，人们更关注的是经济损失，严厉的刑罚并不能抚慰人们受伤的心灵。最后是缺乏民间借贷的立法规范。民间借贷作为我国市场经济发展的阶段性产物，是我国金融市场的重要补充部分，起到了活跃市场的作用。但目前由于缺乏相关法律的引导与规范，民间借贷处于一种较为混乱的状态：一是民间借贷门槛低、手续简单、无须担保，使其成为一些民营中小企业借贷的重要方式；二是由于民间借贷风险高，使得利率不断攀升，与一些非法集资的高利贷混淆不清，纠纷增加，犯罪率逐年上升。



### （二）集资诈骗犯罪司法实践中存在的问题

第一，集资诈骗罪名的扩大适用。在实践中，我们发现很多地方对集资诈骗罪的认识不足导致集资诈骗罪名被扩大化适用，典型问题就是对民间借贷纠纷与非法集资的区分。随着我国市场经济的快速发展，资本市场发生了变化。首先，人们积累的财富增加，投资渠道却不足；其次，国家滞后的金融政策满足不了快速发展的民营经济，这使得近年来民间借贷开始兴起。民间借贷是合法的，主要是指公民与公民之间、公民与法人之间或公民与其他组织之间进行的借贷。[3] 但由于我国对集资诈骗类犯罪的规制比较严厉，导致民间借贷纠纷很容易被判定为集资诈骗犯罪。笔者认为，这种做法有违刑法的谦抑性。刑法的谦抑性要求我们能够通过民事手段解决的问题尽量不要上升到刑事高度。第二，对非法占有目的的认定。“非法占有目的”作为主观要素，判定难度很大，只能依靠口供。典型的问题就是集资诈骗罪与非法吸收存款罪的区分。如备受关注、历时五年才尘埃落定的浙江本色集团“吴英案”，该案的争议焦点就是集资诈骗

[1] 高艳东：《诈骗罪与集资诈骗罪的规范超越：吴英案的罪与罚》，载《中外法学》2012 年第 2 期。

[2] 刘远：《〈刑法修正案（八）〉适用中的疑难问题解析集资诈骗罪的死刑适用》，载《华东政法大学学报》2011 年第 5 期。

[3] 李晴：《吴英案凸显出规范民间借贷的必要性》，载《商业文化》2012 年第 6 期。

罪与非法吸收存款界限难分。根据两罪的犯罪构成可知，集资诈骗罪与非法吸收公众存款罪有很多相似之处，都是违反国家金融法规，以非法的方式实施集资行为，客观上均表现为向不特定的社会公众非法募集资金。最主要的区别就是主观上是否有非法占有的目的，这个关键点的判断已成为长期困扰司法机关的一大难题。

## （三）政府对民间融资市场的监管力度不足

我国经济迅猛发展，融资需求也逐渐增多，以中小企业为例，扩大生产时需要资金，向银行借贷条件严格，程序复杂，资金到位时间较长，同时也缺乏通过证券公司发行债券或者股票的资格，民间借贷此时就成为中小企业融资的一个较为合适的选择。同时，当前我国民间闲散资金较多，银行、证券公司、风投公司等政府批准设立的融资机构难以满足普通民众的投资需求。民间融资是在国家依法批准设立的金融机构以外的经济主体进行的融资行为，借贷手续简便，门槛较低，借贷利率较高，且历史由来已久，对融资者或者投资者来说都是不错的选择，也是我国目前融资市场的重要组成部分。由于民间融资往往处于政府的监管体系之外，集资者经营不善导致难以偿还借款的行为时有发生，此外还有不法分子利用监管漏洞，以非法手段集资，非法占有公众财产，使广大公民遭受严重损失。在笔者收集的裁判文书中，犯罪分子的集资手段包括虚构投标，设立空壳公司，虚构理由高息借款，等等。在诈骗过程中，犯罪分子通常直面受害人，以自身信用或由同伙担保进行诈骗，集资过程完全脱离了政府的监控，[1] 使犯罪分子更加肆无忌惮。实践中，民营企业为扩大生产常会选择向职工或社会公开融资，融资过程并不需要在政府职能部门进行登记备案，是否及时付息和还款更是缺乏监管。在许多的集资诈骗案件中，开始，犯罪分子也许没有非法占有的目的，但由于炒股失利或公司经营不善等原因，难以偿还借款即携款潜逃，最终构成集资诈骗犯罪。民间融资固然可以弥补我国融资市场的不足，但若完全脱离政府监管则会容易滋生犯罪，而事实证明市场自身的调控并不能消除犯罪，需要政府适时的监管和引导。

## （四）缺乏民间融资的保险机制

民间融资一般拥有较高利润，而高利润往往伴随着高风险，而民间融资却缺乏应有的担保机制。在集资诈骗犯罪的案件中，我们可以看到，多数受害人

[1] 邹焕聪：《民间融资监管：价值、问题与制度创新》，载《中国流通经济》2012 年第 10 期。

在借出资金时未被提供担保，或被提供虚假担保，如2014年12月浙江省某中级人民法院审理的王剑、卓某等集资诈骗案中，犯罪分子以生意周转为由向被害人借款，并伪造了公司公章以公司名义借款或提供虚假担保，导致多名受害人上当受骗。[1] 因此当融资人无法还款时，借款人则无从讨债。在集资诈骗案件中，犯罪分子在非法占有公众存款后，多用于个人挥霍，导致犯罪分子归案后也无法弥补借款人的损失，造成公民个人财产和社会资金的流失。目前，社会上没有民间融资的保险险种，债权人只能向融资人或担保人主张债权，而在集资诈骗案件中，担保人也多为虚构，或当融资人具有非法占有目的而担保人不知情，或担保人自身也是受害者时，受害人应当向谁主张权利？因此设立保险机制对民间融资市场来说是非常必要的。



## 四、集资诈骗犯罪防控对策与建议

### （一）集资诈骗犯罪刑法规制科学化

在金融管理主义本位及严厉打击集资诈骗犯罪的刑事政策下，极易产生对诈骗扩张解释的情形，备受关注的“吴英案”就是典型例证。对此，笔者提出以下建议：首先应对集资诈骗罪的认定条件做必要性缩小解释，做出肯定判断时，应综合考虑具体的市场背景、经济水平、群众观念等要素，不应将民事活动中一般性诈骗行为归入集资诈骗罪的“诈骗行为”中。笔者建议最高人民法院以发布指导性案例的形式，出台相应司法解释，对“非法占有”“诈骗行为”等要件的认定做出具体的限缩解释。其次是集资诈骗罪的轻刑化。一直以来，我国采取刑事手段严厉打击集资诈骗犯罪，虽然极大地震慑了一些不法企业和个人，但随着经济的发展，社会资金的不断增加，投资渠道却不足，政府只堵不疏、一味打压，似乎并未达到降低犯罪率的理想效果，也背离了经济发展的需要。笔者建议在撤销死刑的基础上增设资格刑，如根据其犯罪性质剥夺或限制其从事某种经济行为的权利，“禁止申领信用卡”“限制贷款数额及次数”等，这样既惩罚了犯罪分子，也从另一个角度体现了刑法的制裁作用。最后是完善民间借贷法规。关于民间借贷，我国一直未制定专门的法律，仅以《民法通则》《物权法》《担保法》辅助，以最高人民法院发布的司法解释予以规范，不是过于简略，就是立法层级低。笔者建议制定专门的《民间借贷法》，针对概念、双

---

[1] 《王剑、卓某等集资诈骗罪一审刑事判决书（浙台刑二初字第16号）》，资料来源于中国裁判文书网，2015年12月23日访问。

方权利与义务、借贷数额及利率进行详细规定，明确民间借贷纠纷与非法集资类犯罪的界限，让民间借贷活动在法律的规制下有序进行。

### （二）集资诈骗犯罪刑事司法公正化

1. 限制集资诈骗罪名的适用，防止集资诈骗罪对民间融资行为的不当规制。民间借贷纠纷经常误入集资诈骗罪的规制范围，是因为其与集资诈骗罪的界限不明显，那么当务之急就是着重区分集资诈骗罪与民间借贷纠纷。首先是资金来源问题。民间借贷的资金一般是自己所有，而非从他人处借来，如果允许从他人处借款后放贷，易受高额回报诱惑而形成非法集资。其次是借款的主体类型。民间借贷的范围较小，彼此较为熟悉，大多数为邻里之间、亲朋好友之间。目的是互相帮助，解决用钱之需，牟利的较少。而集资诈骗的范围较大，发生在不特定的人群中，不限于熟人之间。最后是借贷的数额和利率。民间借贷的金额一般较少，而非法集资的数额较为庞大，有时可达百万千万上亿元。参与集资者看重的就是高利率的回报，所以集资诈骗案中常见利率可达 100%，高于银行十几倍，以此为诱饵，实现非法占有集资款的目的。

2. 合理认定以非法占有为目的。“刑法可以设专条规定推定的基础事实，凡是具有这些法定情形的，司法机关就可以推定为存在非法占有的目的。”[1] 因此，面对这一难题，我们运用的是刑事推定的方法。根据《最高人民法院关于审理非法集资刑事案件具体应用法律若干问题的解释》（以下简称《非法集资问题解释》）与 2001 年最高人民法院《全国法院审理金融犯罪案件工作座谈会纪要》的规定，以行为人的外在行为来推定是否具有集资诈骗罪中的以非法占有为目的，笔者将该种说法进行具体化，可通过以下两个方面来考察：一方面是客观分析无法还款的原因，此处要明确的是，集资款无法返还是行为人非法占有目的的必要条件，而非充分条件，再看在排除集资者将资金肆意挥霍，进行违法犯罪活动等明显不法意图之外，其无法还款是将资金投入了正常的生产经营，尽到了保值增值义务后遭遇外在风险，还是由于没有一定的业务能力而进行的赌博式的高风险投资导致的亏损，如果是前者，则不能认定以非法占有为目的，如果是后者，则可以认定。另一方面就是深入分析是否符合集资时宣称的各项资金用途比例。关于比例问题，《非法集资问题解释》规定，集资后用于生产经营的数额与所集资规模明显不成比例导致集资款无法返还的，可以认定行为人有非法占有目的。但对于比例并没有做出细化标准，对于“明显不成比例”我们以

[1] 陈兴良：《目的犯的法理探究》，载《法学研究》2004 年第 3 期。

常识判断至少应是用于生产经营的数额不到集资总额的一半，如果一半以上都被不当使用、随意处置，则应推定其具有非法占有的目的。

## （三）规范政府对民间融资市场的监管

目前，对于民间融资的国家监督仅限于事后监督，即司法监督，而行政职能部门的监督是较为欠缺的。因此，当务之急是加强政府对民间融资市场的规制，做好集资诈骗犯罪的事前监督。

首先，应当明确政府对民间融资监督的合法性。有这样一种观点，认为市场是自由的，市场的内部问题应当由市场自身解决，政府只需要做好“守夜人”即可，对市场的运行不能进行过多的干涉，而民间融资作为适合市场发展的产物，只有当出现违背市场原则的行为时，政府才可以对违法犯罪行为进行制裁，而事前不得介入。笔者认为，政府事前的介入并不必然阻碍市场发展，相反，政府事前的介入可以有效地减少集资诈骗违法犯罪行为的发生，减少由于非法集资造成民间资金的流失而导致的市场资源的浪费，降低市场恢复正常运行的成本。因此，建立民间融资市场的行政监管体系是必要且合理的。

其次，应当明确民间融资的政府监管主体。传统金融业的监督主体为“一行三会”[1]，对我国的金融市场进行监督。[2]浙江省作为集资诈骗犯罪的高发地区，优先进行了民间融资监管的探索，2014年，温州市制定了《温州市民间融资管理条例实施细则》（征求意见稿）（以下简称《征求意见稿》），《征求意见稿》提出设立民间资金管理公司、民间融资信息服务公司、民间融资公共服务机构三种民间融资的专业服务主体，《征求意见稿》对民间融资的监管做了较为系统的规定，取得实效之后可以向我国其他集资诈骗犯罪严重的地区进行推广。但在集资诈骗犯罪低发地区建立专门的民间资金管理融资机构成本过高，同时在行政机关大部制改革的背景下，笔者建议在集资诈骗犯罪相对较少的地区，由工商行政部门与中国人民银行共同负责对民间融资的监管，在中国人民银行中设立如民间融资监督管理协会的职能部门，对民营企业及公民个人的融资进行登记监督，对直接融资、网络融资等不同融资方式进行监测。

最后，应当明确民间融资的监管内容和监管方式。政府对于民间融资的监管是必要的，但监管内容不宜过多，若为民间融资设立专门的中介机构，所有的借



---

[1] 一行三会：一行三会是国内金融界对中国人民银行、中国银行业监督管理委员会、中国证券监督管理委员会和中国保险监督管理委员会这四家中国的金融监管部门的简称。

[2] 戴瑞姣：《浙江民间融资监管困境及其监管机制构建》，载《改革与战略》2013年第1期。

贷行为必须通过中介，则与市场上的风投公司无异，难以保持原本的民间融资的优点，也会缩小民间融资的适用范围，对原本的民间融资市场造成破坏。笔者建议政府对民间融资的监管方式以“登记—备案—年审—抽查”为主，需要进行民间融资的个人或者单位都必须在监管部门登记之后才可以进行融资，监管部门同时将登记的内容对社会进行公示，方便民众查阅。目前的融资方式包括现实融资和网络支付平台融资两种，可以规定现实融资必须通过银行设立独立账户，筹资者先在工商行政部门和人民银行进行登记备案之后，持备案登记单才可以激活银行筹资账户进行使用。而对于网络融资可以通过与支付平台进行合作，对筹资行为进行监管，如筹资时必须向支付平台进行登记，由支付平台向政府监管部门进行备案，同时对大金额的转账条件进行严格限制，若发现未登记的频繁转账行为及时进行限制并进行审核。融资结束之后，及时向监管部门报备，并于每年年底进行年审，提交融资和还款的证明材料，如银行往来记录回执单等，并由监管部门随机抽查核实。如此，政府既可以实现对民间融资的事前监督，又不会对原有的民间融资市场体系形成破坏，可以保持民间融资固有的先进性。

### （四）设立民间融资财产保险

民间融资实质上属于民间借贷行为，而非投资行为，因此融资人对借款人提供担保是必要的。为了使借款人的权利多一重保障，可以责令融资人为借款人借出资金的本金购买财产险，将保险公司作为民间借贷关系的第三方当事人。当融资人到期无法归还借款时，借款人可以向保险公司主张权利，而后由保险公司向融资人行使追偿权。保险公司在融资人为借款购买财产险时，自然会先对融资人的资产状况进行评估，在确定融资人有还款能力并提供必要担保时才会为其提供保险服务。因此对于提高财产险的民间融资，公众可以放心参与，避免公众财产受到重大损失。另外，保险公司对融资人的财产状况也会定期进行评估，确定其是否仍然具有还款能力。因此，为民间融资设立财产险既可以避免公众财产受到严重损失，也可以对民间融资行为进行监管，从而避免非法集资诈骗等违法犯罪行为的发生，有效维护市场秩序。

### （五）拓宽中小企业融资渠道

中小企业为了自身发展而进行民间融资的现状从侧面反映出我国目前中小企业的融资渠道过于狭窄，因此才使得民间融资市场的适用范围不断扩大，也为集资诈骗犯罪提供了便利条件。拓宽中小企业的融资渠道，可以在一定程度上缩小原有的民间融资市场，而民间融资市场想要存续发展，就需要改革原有的管理运行方式，使之更富市场竞争力。因此，拓宽中小企业的融资渠道，可以促进民间融资市场的规范化发展。间接融资以银行贷款为主，而对中小企业来说，贷款难度较大，因此帮助中小企业融资应当从直接融资市场入手。在2015年12月25日举行的国务院政策例行吹风会中，对《关于进一步显著提高直接融资比重优化金融结构的实施意见》进行了研究讨论，对直接融资体系的建立进行了充分的分析，提出了“新三板”市场的完善意见，“新三板”要服务于实体经济，服务于中小微企业，这一举措表明了政府对中小企业发展的支持，对中小企业的融资市场扩展提供了政策支持。健全直接融资市场的具体政策措施包括加快完善全国中小企业股份转让系统，积极拓展直接融资工具和渠道，提高直接融资中介服务水平，等等。有了政策的指导和支持之后，实施是关键，可以在我国部分中小企业发展需求较大的地方建立试点，并结合地方实际对政策进行变通实施，并根据实施效果对政策内容进行调整，最后向全国范围进行推广。

### （六）加强集资诈骗犯罪被害预防

在集资诈骗犯罪高发的当下，集资诈骗行为不断变换作案手法，有的以投资的名义实施，有的以基金会的名义实施等，并且利用微信、QQ等即时通信工具发展会员，甚至在各省成立分会或分公司，这些隐蔽的集资诈骗行为更容易使人民群众上当受骗。公安机关可以建立集资诈骗受害人信息登记平台，利用互联网及时统计受害人情况。对“e租宝”案件，公安部设立了非法集资案件投资人信息登记平台，并对关联投资人开放，值得肯定。但应当建立涉众型经济犯罪信息平台，在平台上可以及时发布登记注意事项以及案件侦破进度等，可以拓宽受害人的信息来源，也可以使未受害人了解诈骗案件信息，提高自身防范意识。此外，政府应当加大对集资诈骗犯罪的宣传力度，通过舆论或媒体的报道，宣传集资诈骗犯罪的危害，并为广大公民展示集资诈骗犯罪的典型案例，使公民了解集资诈骗行为是如何发生，受害人是如何受骗的，对身边的类似行为提高警惕，以防上当受骗。有的中小学校已经启动了防范集资诈骗的教育，这种教育需要在全国的大中小学推进。另外，在银行柜台、自助取款设备以及网络支付平台处，对使用者进行公告警示，谨慎汇款。在社区中，由居委会或村委会不定期组织普法宣传教育活动，使集资诈骗犯罪的宣传深入人群，并提醒社区成员理性投资，避免轻信，将集资诈骗犯罪扼杀在摇篮里。

# 集资诈骗犯罪辩护的基本思路

## ——以浙江徐某集资诈骗案为视角

张兆松*



近年来，非法集资刑事案件高位攀升，大案、要案频发，参与集资人员众多，涉案金额巨大。集资诈骗犯罪以高回报为诱饵，以骗取资金为目的，破坏了金融秩序，影响了金融市场的健康发展和我国的金融安全。同时，集资诈骗犯罪具有很强的欺骗性，犯罪分子在骗取群众资金后，往往大肆挥霍或迅速转移、隐匿，使受害者损失惨重，极易引发群体事件，危害社会稳定。司法机关保持对集资诈骗犯罪的高压态势，有利于震慑不法分子，保护人民群众利益，切实维护金融市场秩序和社会政治稳定。但刑法"这张脸"上，既包含集资诈骗被害人的悲伤与愤怒，也包含集资诈骗被告人的痛惜、悔恨。在解释、适用刑法条文时，我们必须充分考虑案件的各种因素，既要保证严惩犯罪，也要注意保护被告人的合法权益，以尽可能全面地实现刑法功能，平衡诉讼各方的利益。本文试以笔者办理的徐某集资诈骗案为视角，分析这类案件的辩护思路，以期更好地维护被告人的合法权益。

## 基本案情

被告人徐某，男，1968年出生，汉族，浙江某市人，大学文化，原系浙江某银行综合科科员。2007年年底、2008年年初至2011年4月，某公司法定代表人孟某因需要扩大生产规模，急需资金，遂要求被告人徐某向民间融资并转借给他。被告人徐某以月息2分—1.5角的利率，以帮助理财、帮助转贷等名义，向张某、黄某、陈某等吸收公众存款5105万元，先予扣除利息192万元，实际吸收4912万元，已归还本金733万元，并支付利息。在吸收存款后，被告人徐某将其中的

* 张兆松，浙江工业大学法学院教授，中国行为法学会金融法律行为研究会理事。

1450万元以更高的利息借给孟某。随后，被告人徐某多次向孟某催讨利息，在从孟某处催讨回了133.5万元之后，孟某再无支付其他款项，而是将应付利息转写成借条。除借给孟某的1450万元外，其他款项徐某均用于支付利息。

## 诉讼过程

2011年5月，被告人徐某主动到公安机关投案自首。2011年11月，公安机关以非法吸收公众存款罪移送某区检察院审查起诉。2012年5月，区检察院发现被告人徐某可能判处无期徒刑以上刑罚遂移送某市检察院审查起诉，2012年6月，某市检察院认为被告人徐某的犯罪行为不需要判处无期徒刑以上刑罚，将案件退回到某区检察院。2012年7月，某区检察院以非法吸收公众存款罪向某区法院提起公诉。2012年12月，某区法院以非法吸收公众存款罪判处被告人徐某有期徒刑5年。一审宣判后，被告人徐某没有上诉，检察机关没有抗诉，判决生效。2015年2月，某市人民检察院又按照审判监督程序以被告人徐某构成非法吸收公众存款罪和集资诈骗罪向某市中级人民法院提起抗诉。2015年6月，某市中级人民法院裁定指令某区法院重审。2015年9月，某区检察院以变更起诉和追加起诉方式，以被告人徐某构成非法吸收公众存款罪、集资诈骗罪和诈骗罪向某区法院重新提起公诉。2016年6月，某区法院以非法吸收公众存款罪、集资诈骗罪和诈骗罪，数罪并罚判处被告人徐某有期徒刑20年，剥夺政治权利2年，并处罚金31万元。一审判决后，被告人徐某提起上诉。



## 辩护思路

### 一、被告人徐某不构成集资诈骗罪

#### （一）一审法院认定事实错误

某区人民法院《刑事判决书》把徐某非法吸收公众存款的行为分为两个阶段、两种犯罪：2007—2009年认定为非法吸收公众存款罪，2010年以后认定为非法集资罪。而之所以2010年之后要认定为非法集资罪，从案件事实角度，是因为一审判决书认定："从2010年以后徐某自己没有再从孟某处讨回其出借款"，这属于认定事实错误。

2010年至2011年5月，孟某代被告人徐某归还被害人欠款达390万元，这理当属于徐某从孟某处讨回的借款。这一事实有以下证据足以证明：1.孟某

2012 年 6 月 12 日在某市人民检察院的陈述（审判卷第 96 页）："2010 年年底的时候，有人去他（指徐某）上班的银行闹事让他还钱，他才和我说借给我的钱是从别人那里转借来的，现在债主来逼债了，让我帮他还一下，后来我分好几次还了徐某的债主黄某、陈某 300 万元。"（2）黄某于 2011 年 12 月 23 日在某市公安分局刑侦大队所作的陈述（审判卷第 65 页）："我一共收到徐某通过农业银行、农村信用合作银行、工商银行和中国银行转账给我一千二三百万元。具体我说不上来，但是 2010 年 12 月开始到 2011 年 5 月 10 日为止，孟某帮助徐某陆续通过农业银行支付给我 180 万元。我一共收到徐某和孟某的钱是 1400 万元。"（3）陈某 2011 年 12 月 27 日在某市公安分局刑侦大队所作的陈述（审判卷第 75 页）："我一共收到徐某转账给我的钱有一千万元左右，还有在 2010 年年底到 2011 年 5 月陆续从孟某那里拿回 210 万元，合计在 1200 万元左右。"上述事实已被一审庭审所认定，但在判决结论中却认为"从 2010 年以后徐某自己没有再从孟某处讨回其出借款"，这属于认定事实错误。



**（二）一审法院适用法律错误**

根据我国《刑法》第 192 条的规定，集资诈骗罪主观方面必须具有非法占有目的。"非法占有目的"是指，行为人意图永久性非法获取他人财物事实上的所有权或占有权（利用意思），并意图使权利人的权利永久性无法实现（排除意思）。即只有行为人具有永久性不归还资金本息的意思，才能认定行为人主观上具有集资诈骗罪的非法占有目的。认定犯罪必须坚持主客观相一致原则。早在 2001 年 1 月 21 日，最高人民法院《全国法院审理金融犯罪案件工作座谈会纪要》就明确规定："金融诈骗犯罪都是以非法占有为目的的犯罪。在司法实践中，认定是否具有非法占有为目的，应当坚持主客观相一致的原则，既要避免单纯根据损失结果客观归罪，也不能仅凭被告人自己的供述，而应当根据案件具体情况具体分析。"

一审判决书认定："徐某具有集资诈骗的故意。具体理由是：（1）徐某在 2010 年后的筹资规模与其借给孟某用于生产经营的资金规模不成比例，所筹集的大量资金被徐某偿还前债。即使根据徐某的供述，其在 2010 年前借给孟某的资金只有 1450 万元，从 2010 年以后徐某自己没有再从孟某处讨回其出借款，其应明知已无能力再归还前期借款……（2）徐某明知自己无偿债能力而大量筹资。这一点主要反映在徐某个人在 2010 年后已极度恶化的财务状况上。虽然被告人徐某认为只要孟某归还其本息就可部分归还其集资款本息，但该错误认识显然不能否定徐某对自身 2010 年后已无偿债能力的评价。"这一判决认定，既不符合案件客观事实，也违背刑法原理和刑法规定。根据本案客观事实，被告人徐某不具有集资诈骗的故意，没有非法占有目的。其依据是：

**1. 2010—2011 年，借款人孟某具有偿还债务的能力和表现**

向徐某借款的孟某，是浙江某公司的董事长，下辖多家公司，资产雄厚。2010 年至 2011 年 5 月，孟某代被告人徐某归还被害人欠款已达 390 万元，而且他一直有偿还债务意愿。例如，孟某 2012 年 6 月 12 日在某市人民检察院的陈述（审判卷第 97—98 页）："2010 年的时候，徐某可能自己来向我说不好意思，就委托了孙某来向我要钱。我当时就和孙某说，现在公司开支比较大，要我外面的货款收进来后再还徐某。800 万元对我来说不是大数字，只是时间上的问题，这点徐某是清楚的。""现在我流动资金也比较紧张，暂时还无力归还徐某的钱，等经济形势好点我会还的……我是董事长，下面有几个分公司……现在这几个公司都在经营的，就是目前总体宏观经济形势不好，流动资金紧张。"客观上，孟某所属的企业一直在正常经营（如某县 2013 年 1—7 月实缴税费前 400 位企业排行榜，孟某所属的企业位列第 348 位，实缴税费 396 万元），直到 2014 年 1 月他因非法吸收公众存款罪被刑事拘留，后被判刑。

**2. 被告人徐某不具有非法占有目的**

（1）被告人徐某一直相信孟某具有偿还债务的能力，并积极要求孟某归还借款。这一事实有以下证据证明：

首先，是徐某的多次供述。第一，徐某 2011 年 11 月 11 日在某市公安分局刑侦大队所作的供述（审判卷第 73—78 页）："……我有一部分用来以更高的利息借款给孟某了，大概是 1400 万元左右……到了 2009 年的时候，孟某一直没有给我钱……我被逼急了，就去问孟某，孟某说我的厂工业用地变商业用地，资金很快会贷下来的，让我再高利息挡一会儿。到 2009 年年底的时候，我碰到孙某，我就跟他说孟某欠我 800 万元，让他帮我催讨……到了 2009 年 11 月的时候，孟某还是没有给我本金，我赶到义乌和陈某和黄某协商，他们的意思是把月利息提高到 1 角，期限 3 个月。这个情况我也和孟某说了，他跟我说让我再坚持下，银行贷款的钱过年后会放下来的，叫我放心……我找孟某商量这个事情，孟某说他的滨海的商业用地很快批下来了，叫我无论如何都要再坚持住，等贷款下来会帮我全部付清的……2010 年 7 月的时候，孟某还不出钱，又给孙某打了一张 1500 万元的借条，到 2010 年 8 月的时候，孟某又给孙某出具一张 530 万元的借条，2010 年 10 月的时候，孟某又打了 440 万元和 100 万元两张借条，以上每次借条孟某打好后孙某都会联系我，我再把借条拿走。以上借条共计 4370 万元，但是 2010 年后都是按照约定利息的钱……"第二，徐某 2011 年 11 月 14 日在某市公安分局刑侦大队所作的供述（侦查卷第 84 页）："（问：你为何要做这个以高额利息借款的形式来吸收社会资金的事情？）一方面，因为孟某的重组企业要发展规模，扩大生产，他让我去社会上的亲戚朋友那里融资，然后让我以更高利息出借给他，他以前帮过我，我也想回报他，同时我也想赚取利息钱；另一方面，在 2010 年我也想通过高额利息借来的钱来还清部分借款人的本金，孟某的银行贷款很快下来可以还给我钱，我再还清其他人那里的借款的本金的……”第三，徐某 2012 年 5 月 11 日在某区人民检察院所作的供述（审判卷第 11—15 页）：“2007 年……认识了孟某……孟某在 2008 年需要收购某公司，而某公司是破产重组企业，需要很大的资金……因此，孟某要求我帮助他从亲戚朋友那高息短期融资，然后通过高出我融资时的利息再出资给他。孟某还跟我说某公司资金有 3 个亿左右，有偿还债务的能力。……2008 年到 2009 年，我以 2 分到 1 角不等的月息共计借给孟某 1450 万元左右的本金。……2009 年 10 月至 2009 年年底，孙某一共帮我从孟某处催讨回了 133.5 万元其中转账 130 万元，现金 3.5 万元。2010 年 12 月至 2011 年 1 月，因黄某、陈某逼我还债，孟某就代我支付给黄某、陈某三四百万元。……2009 年 9 月底，我找到孙某，让他帮忙去向孟某催讨借款……当时我向孟某去催讨利息和本金的时候，孟某老是跟我说，他在银行的贷款马上要下来了，让我无论如何再顶一下。……”第四，徐某 2012 年 6 月 19 日在某市检察院所作的供述（审判卷第 101—108 页）：“（问：你在帮助孟某融资的时候，你对孟某的经济状况是否了解？）还是有点了解的，孟某说他在 ×× 豪庭、×× 庄园都有别墅，×× 公司占地面积有 50 亩，×× 占地 35 亩，银行里贷款只有 2000 万元不到，我是在银行的征信系统查过的，我当时估算他有将近一亿元的资产。……我去查过他几个公司的工商资料，孙某还说他去某县的土管局问过了，孟某收购的 ×× 的土地款已交了。……主要是 ×× 的资产还没有向银行抵押过，应该可以贷出 1 亿元，×× 控股这么大的企业，我也实地去看过，再加上孙某这么说，我完全相信他有归还能力的。……”第五，徐某 2015 年 10 月 21 日在某市区人民法院所作的庭审供述：“（当时孟某的投资项目）两个项目：一个是 ×× 镇的企业，一个是 ×× 公司，注册资金 1.18 亿。……根据孟某的说法两个项目是没有问题，现在还有土地政策，有 750 亩的土地在 ××。”

其次，证人孙某的证言。孙某 2012 年 6 月 14 日在某市检察院所作的陈述（审判卷第 17 页）：“我和徐某认识有十多年了……2009 年国庆节期间，徐某要我帮其去孟某处讨债的事情……后我多次去讨，孟某支付了 133.5 万元……2010 年之后，我也是不断帮徐某去向孟某讨钱的，但孟某都是说手头没钱，银行贷款贷不下来，有了以后会还的。到了 2010 年四五月的时候，孟某分别出了金额是 800 万元和 1000 万元的支票给我，当时孟某和我说清楚的，现在银行里面没钱的，等到可以兑付的时候可能银行贷款就下来了。……后来我又去讨了很多次，孟某都是说暂时没钱还，主要是说跟好几个银行在谈，贷款下不来，而且他说必须保证五环氨纶的运作……他这样说，我听听也有道理，就把他的话转告徐某。徐某也很无奈，就说孟某不还钱的话，就让他把利息写成借条拿过来。所以在 2010 年的时候，孟某出具给我 4 张借条，金额分别是 1500 万元、530 万元、440 万元、100 万元……孟某不还，徐某也没办法，只能拿孟某写的借条继续去催讨，他还是希望孟某能还钱给他的。……孟某当时流动资金紧张的情况，徐某应该是知道的，但他就是寄希望于孟某能从银行贷款成功，来还清欠他的钱。"

（2）被告人徐某具有积极还款行为。首先，被告人徐某供述。被告人徐某 2012 年 5 月 11 日在某区人民检察院所作的供述（审判卷第 17 页）："……2010 年，我前妻陈某以我们共有的 ×× 商务楼 7FB2 号房产作抵押向 ×× 银行贷款 200 万元。2010 年 12 月 16 日，陈某以 ×× 花园 2 幢 601 室房产作抵押向 ×× 银行贷款 165 万元。……都用来支付高额的利息了。"其次，证人陈某陈述。陈某 2011 年 6 月 27 日在某市公安分局刑侦大队所作的陈述（审判卷第 134 页）："2011 年 5 月 10 日……张某给我看徐某问他高额借款总计 560 万元的几张借条，我当时没有办法还 ×× 银行的 365 万元贷款，突然又有这么多的借款，所以后来我同意了张某他们的提议，把 ×× 和 ×× 的房产给张某，银行的贷款由张某偿清。"

**3. 一审判决误用司法解释**

一审判决认定："徐某在 2010 年后的筹资规模与其借给孟某用于生产经营的资金规模不成比例"，所以，可以认定为集资诈骗罪。最高人民法院《关于审理非法集资刑事案件具体应用法律若干问题的解释》第 4 条第 2 款第 1 项规定："集资后不用于生产经营活动或者用于生产经营活动与筹集资金规模明显不成比例，致使集资款不能返还的"，可以认定为集资诈骗罪。但这一司法解释显然是适用于行为人是直接从事生产经营的案件。而本案被告人徐某是从事高利贷中介活动，他本人并不直接从事生产经营活动。从我国多年来的司法实践看，从事资金中介的案件，如果其不具有非法占有目的，只能认定为非法吸收公众存款罪。一审法院引用最高人民法院《关于审理非法集资刑事案件具体应用法律若干问题的解释》第 4 条第 2 款第 1 项规定对徐某定罪处罚，不符合司法解释精神。

综上所述，2010 年以后，被告人徐某曾从孟某处讨回借款 390 万元，他一直确信孟某具有偿还债务的能力，并积极要求孟某归还借款，在这期间他客观上也不存在任何错误认识。同时，他倾其所有归还被害人的借款，主观上完全不具有非法占有目的。一审法院认定徐某具有集资诈骗的故意，是客观归罪的结果，而且引用司法解释不当，显然也没有采信对被告人有利的证据，从而得出徐某构成集资诈骗罪的结论是错误的。

## 二、本案被害人存在重大过错

任何投资都有规律可遵循，高投资回报率必然意味着高风险。即使是到银行理财，银行工作人员都要让投资人事先签好“风险提示书”，告知“理财有风险，投资需谨慎”。何况民间集资，从中央到地方都是三令五申，告诫民众不要从事非法的民间集资活动。从被害人的过错程度来考察，本案大部分被害人已不是刑法意义上的被害人，而是专门从事资金生意的高利贷者。2002 年中国人民银行《关于取缔地下钱庄及打击高利贷行为的通知》规定：民间借贷的利率由借款双方协商确定，但协商确定的利率不得超过中国人民银行公布的金融机构同期同档资金借款利率（不含浮动）的 4 倍，超过以上标准的，应界定为高利贷非法行为。在本案中借款人都超过了国家规定的利率标准要求，有的甚至超过了几十倍。这说明这些被害人在寻求资金利益最大化时早已超过了合法的底线。明知对方非法吸收存款而将资金交与对方以获取暴利，本身就存在严重过错，甚至是严重的违法行为。例如，黄某在 2008 年至 2010 年 10 月，共借给徐某 450 万元，事后，黄以暴力、威胁等手段逼迫徐某支付本息高达 1284 万余元（包括孟某代付的 180 万元），黄某在公安机关侦查期间，竟然还报案称被徐某骗去 1000 多万元；陈某在 2008 年至 2010 年 10 月，共借给徐某 800 万元，陈以暴力、威胁等手段逼迫徐某支付本息达 1167 万余元（包括孟某代付的 210 万元），陈某在公安机关侦查期间，竟然还报案称被徐某骗去 900 多万元。从事高利贷的资金提供者，自身也应当承担部分的风险和责任，而不能坐享与合法存款人一样强有力的法律保护。对于被害人这种主动自陷风险的情形，司法机关在量刑时必须予以考量，否则违背刑法适用的适当性和必要性原则。

## 三、本案存在程序不公的问题，进而影响判决的公正性

### （一）本案检察机关启动审判监督程序不符合法律规定和司法政策

本案事隔近 4 年之后，在案件事实、证据没有发生任何变化的情况下，某市检察院申抗［2015］1 号《刑事抗诉书》提起审判监督程序的抗诉，是错误的。理由是：

1. 本案启动审判监督程序不符合法律规定。《刑事诉讼法》第 242 条规定：“当事人及其法定代理人、近亲属的申诉符合下列情形之一的，人民法院应当重

新审判：（一）有新的证据证明原判决、裁定认定的事实确有错误，可能影响定罪量刑的；（二）据以定罪量刑的证据不确实、不充分、依法应当予以排除，或者证明案件事实的主要证据之间存在矛盾的；（三）原判决、裁定适用法律确有错误的；（四）违反法律规定的诉讼程序，可能影响公正审判的；（五）审判人员在审理该案件的时候，有贪污受贿，徇私舞弊，枉法裁判行为的。”根据前文分析，本案不存在上述立法规定中的任何一种情况。

2. 某市检察院的抗诉不符合司法政策。早在 2006 年 12 月 28 日最高人民检察院制定的《关于在检察工作中贯彻宽严相济刑事司法政策的若干意见》第 10 条规定：“……对于第一审宣判后人民检察院在法定期限内未提出抗诉，或者判决、裁定发生法律效力后六个月内未提出抗诉的案件，没有发现新的事实或者证据的，一般也不得为加重被告人刑罚而依照审判监督程序提出抗诉。”既然最高人民检察院规定“一般情况下不得为加重被告人刑罚”而提起审判监督程序的抗诉，只有在特殊的情况下才能提起抗诉。那么，徐某的特殊性在哪儿呢？某市检察院的抗诉书没有任何理由说明徐某案件有特殊之处。

3. 某市检察院抗诉依据不能成立。某市人民检察院申抗［2015］1 号《刑事抗诉书》认为，之所以要抗诉是因为“某市区人民法院原生效判决未依照《中华人民共和国刑法》第 176 条第 1 款、第 192 条、第 69 条之规定对其实行数罪并罚，存在认定罪名错误，导致适用法律和量刑不当，应依法予以纠正”。本案是公诉案件，控审分离是我国刑事诉讼的基本原则。2012 年徐某被追究刑事责任是某区检察院以非法吸收公众存款罪提起公诉的，而当时该案提起公诉时，案件是经过某市检察院依法审查过的，是市检察院认为本案不能判处集资诈骗罪，才将案件退回某区检察院。区检察院才以非法吸收公众存款罪将徐某起诉到某区法院。检察机关自身都没有起诉集资诈骗罪，何以让法院判集资诈骗罪呢？

**（二）一审判决与原审判决在资金去向认定上没有差异，却得出了完全不同的结论**

2015 年 6 月 9 日，某市中级人民法院（2015）《刑事裁定书》认定：“非法集资类案件在犯罪数额的认定上，除应当查明非法集资总额外，对案发前已归还的本金、支付的利息及资金去向应予查清，并作为量刑情节予以考虑。本案中，原审对非法集资的总额进行了认定，但对本金归还及利息支付和资金去向情况表述模糊，影响对原审被告人的量刑，属认定事实不清，证据不足，依法应予撤销。”2015 年 7 月 17 日，某区人民检察院越检刑申提证［2015］1 号《提供法庭审判所需证据材料通知书》强调要求某市公安分局“查清被告人徐某吸取公众存款及骗取他人资金后的钱财去向”。这表明检、法两家都关注到了本案的焦点：资金的去向。但公安机关没有补充任何新的证据材料。而根据现有证据，徐某非法吸收公众存款后，所有款项均用于转借给孟某和支付本息，没有任何用于个人挥霍、投资、侵吞等占为己有的行为。这一事实，已被原审判决所肯定。2012年12月20日，某区人民法院（2012）绍越刑初字第568号《刑事判决书》认定："被告人徐某在吸得上述存款后，将部分款项用于转借给孟某，将部分款项用于支付利息。”该事实同时也被某区人民法院（2015）绍越刑抗再字第1号《刑事判决书》所肯定。既然法院前后两次认定的事实是一样的，何以2012年仅构成非法吸收公众存款罪，而2016年就构成非法吸收公众存款罪、集资诈骗罪呢？



## 四、本案一审判决是陈旧的“维稳”思维的结果，损害司法公信力

### （一）2012年的原审判决是经过严格依法审理作出的

被告人徐某非法吸收公众存款案，本来已于2012年7月6日由某市公安分局立案侦查，某区人民检察院提起公诉，区人民法院于2012年12月20日作出判决：以非法吸收公众存款罪判处被告人徐某有期徒刑5年，并处罚金15万元。在区人民检察院向区人民法院提起公诉之前，区人民检察院曾将该案向某市人民检察院移送和请示汇报，某市人民检察院不仅进行了严格的审查，而且办案人员进一步补充了相关证据，查明了案件事实，最后认定被告人徐某的行为不构成集资诈骗罪，不能判处无期徒刑以上刑罚，遂将本案退回区人民检察院。区人民检察院提起公诉后，区人民法院依法作出了一审判决，宣判后被害人没有申请抗诉，检察机关没有提起抗诉，被告人徐某没有上诉，法定期限届满判决生效。应该说这是一份符合客观事实和法律规定的公正判决。

### （二）一审判决是陈旧的“维稳”思维的结果

本案原审判决虽然符合客观事实和法律规定，但没有完全满足被害人的要求。由于徐某没有及时对孟某提起民事诉讼，对黄某、陈某暴力索取、敲诈高利息的行为尽管报过案（徐某2012年6月19日在某市人民检察院所作的供述："陈某、黄某绑架了我三次，要问我拿高利息，我都到某公安分局去报过案”），但也没有督促公安机关及时立案，更没有向黄某、陈某提起民事诉讼，导致大部分经济损失未能及时挽回，客观上损害了被害人的利益（本案实际损失是2200多万元，而这2200多万元的亏损额，基本上是孟某的借款未还，以及黄某、陈某暴力索取、敲诈造成的。如果孟某的借款能及时归还，黄某、陈某没有暴

力索取、敲诈行为，徐某的资金链大体上是平衡的)。由于被害人的经济损失未能挽回，导致被害人不断申诉信访。在申诉信访的压力面前，某市司法机关才启动审判监督程序，试图通过从重从严处理徐某来稳定、安慰及回应被害人的不满与维权行动。这就是民间流传的“大闹大解决、小闹小解决、不闹不解决”的上访“潜规则”在徐某案件上的突出反映。可见，在徐某案的处理过程中，一审法院沿用的仍然是传统、陈旧、应当抛弃的“维稳”逻辑，而不是用法治思维和法治方式化解矛盾、解决纠纷，最终损害的是司法的公信力。

## 结　语



近年来，司法机关加大了对集资诈骗犯罪的打击力度，但对这类案件的认定，“现行司法适用的认定方法、认定标准和认定过程均存在不适应商事特性的弊端”。[1] 对于金融诈骗罪的“非法占有”目的，“实务界多以推定的方式来证明，然而，推定是一种典型的返溯的、从果到因的思考范式，存在诸多疑问”。[2] “大多数非法集资案中的被害人均是以集资参与人的身份参与集资，并且他们是在暴利的驱动下甘冒风险故意实施相关的行为，从而直接或间接地促成了非法集资案件的形成。显然，我们应当根据被害人自身存在过错这一事实来减轻对行为人主观恶性和人身危险性的负面评价。在追究非法集资行为人的刑事责任时不应过于苛刻，即使对其不能从轻或减轻处罚，也不能对其施加过于严厉的刑罚，否则就违背了主客观相统一原则，最终落入客观归罪的窠臼。”[3] 面对司法机关严惩集资诈骗犯罪，并大量使用刑事推定对被告人处以重刑时，如何维护被告人的合法权益，希望可以引起金融法学界的关注。

---

[1] 石奎、陈凤玲：《集资诈骗罪“非法占有目的”的司法认定——基于样本的抽样统计分析》，载《江西社会科学》2016 年第 4 期。

[2] 江奥立：《证明金融诈骗“非法占有目的”不能全靠推定》，载《检察日报》2016 年 8 月 17 日，第 7 版。

[3] 刘宪权：《刑法严惩非法集资行为之反思》，载《法商研究》2012 年第 4 期。

# 非法集资案件中刑法规避及对策研究

## ——以北京市朝阳区人民检察院 2013—2016 年 6 月非法集资类案件为样本

吴春妹[*]　叶　萍[**]　何楚仪[***]

## 一、以北京市朝阳区人民检察院为样本分析当前非法集资类案件的现状

鉴于非法集资活动的危害性，国家与非法集资行为的斗争从未松懈，但在实践中却没有有效遏制非法集资现象不断蔓延的态势。相反，非法集资类犯罪已由非常态化经济犯罪发展成为常态化犯罪，并呈现“道高一尺魔高一丈”的怪状。以北京市朝阳区人民检察院为例，2013 年至 2016 年 6 月，该院受理非法吸收公众存款罪案件捕诉共计 483 件 1086 人，集资诈骗案件捕诉共计 23 件 45 人，占北京市非法集资类案件的六成以上。与上一个三年相比，朝阳区非法集资案件特别是非法吸收公众存款案件呈井喷式增长，仅以公诉为例，该院 2013—2015 年的受案量已超过 2010—2012 年案件量的 3 倍。且从历年数据来看，此类案件仍呈逐年递增趋势，2014 年同比增长 170.7% 和 201.1%，2015 年同比增长 55.0% 和 61.5%。2016 年上半年，仅公诉案件受案量，已比去年同期增加 113.8%。通过数据可以发现，在 2013 年此类案件还属于个别的非常态案件，到 2014 年则呈现了爆发状，并以 73% 的增长率发展到 2015 年，预计 2016 年的增长率将在 60% 左右。

* 吴春妹，北京市朝阳区人民检察院副检察长。
** 叶萍，北京市朝阳区人民检察院检察官。
*** 何楚仪，北京市朝阳区人民检察院检察官。

非法吸收公众存款罪审查起诉案件数

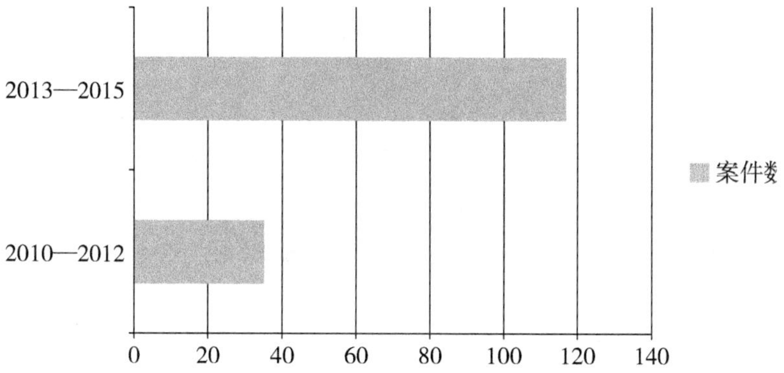


非法吸收公众存款案件趋势图

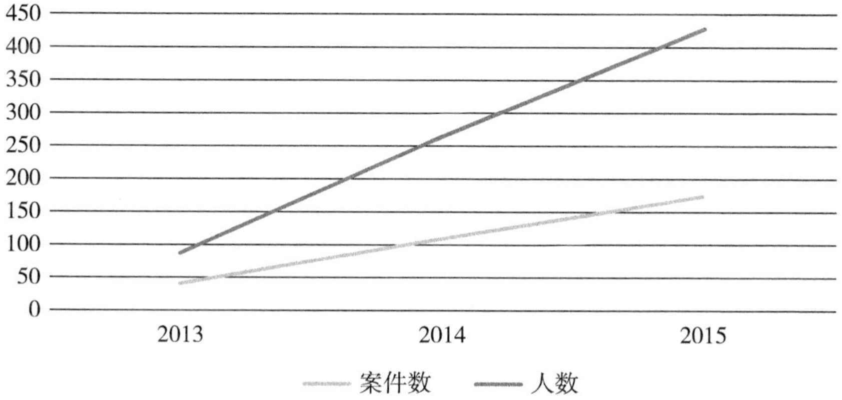




在整体基数激增的同时，近年来，北京市朝阳区人民检察院非法集资大要案频发。例如，“华融普银”案涉案犯罪嫌疑人 42 人，非法集资 55 亿元，在案卷宗 1184 册，涉及投资人 3000 多名。“成吉大易”案，涉案投资人 2.4 万余人，涉案金额 67 亿元，在“e 租宝”案受案前，这是当时北京地区涉案金额最高的非法集资类案件。此类案件因涉及面广，犯罪手段新颖，案情极为复杂，取证、追赃及审查难度非常大。

为了进一步掌握非法集资类犯罪的经营模式，笔者对上述范围内非法吸收公众存款罪及集资诈骗罪中的 144 件案例进行抽样调查，发现 46.5% 为私募基金类型，私募基金中又有 86.6% 是犯罪嫌疑人通过与投资人成立有限合伙企业模式运营的；11.8% 为 P2P；11.8% 为投资回购类；6.4% 为投资借款类；6.4% 为虚假经营类；其余为委托经营、私自设立交易平台进行黄金等交易，传销等。

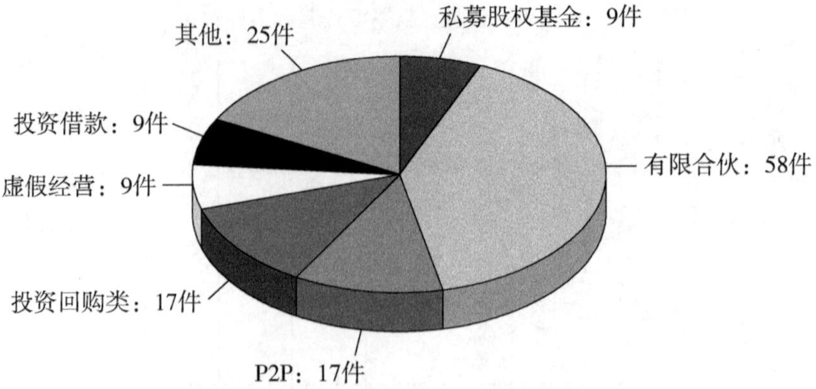




非法集资的犯罪形式多种多样，但是万变不离其宗，均是未经过有关部门批准，向社会不特定人进行宣传，以高额回报为诱饵募集社会闲资，将投资人的投资款置于非法集资人的控制之下，并脱离有关部门的监管，一旦经营活动遇到障碍便会出现资金链断裂的情况，致使投资人的投资款无法兑付。

## 二、规避刑事责任的表现形式

### （一）在集资形式上进行规避

#### 1. 以金融创新名义的规避

（1）私募股权基金的异化

“私募”来源于美国《1993 年证券法》的私募发行注册豁免，又称非公开发行，与公募发行相对。[1] 根据对象的不同，私募可以分为私募证券基金和私募股权基金。私募股权基金（Private Equity）是指通过定向私募方式从机构投资者或者个人投资者手中筹集资金，将其主要用于对非上市企业的权益投资，并在整个交易的实施过程中，充分考虑到未来资本的退出方式，出售所持有资产或股权以获取利益的行为。[2] 目前，我国《证券法》《公司法》等经济法律尚未对私募股权基金进行严格定义。国家发改委最先在 2011 年发布的《关于促进股权投资企业规范发展的通知》明确规定了私募的法律地位与操作规范，其中规定：“股权投资企业的资本只能以私募方式，向特定的具有风险意识识别能力和风险承受能力的合格投资者募集。”同时，《关于促进股权投资企业规范发展的通知》

[1] 王荣芳：《合法私募与非法集资的界定标准》，载《政法论坛》2014 年第 6 期。

[2] 中国风险投资研究院编：《中国风险投资年鉴 2008》，民主与建设出版社 2008 年版，第 137 页。

还指出，私募股权基金的运作方式为“不得公开或变相公开”，且“需要向投资者揭示投资风险及可能的投资损失”。

私募股权基金作为一种特定的金融工具，对于资金需要者具有低运营成本的优势，对于广大投资者而言也是兼顾了投资的收益与资金的安全性。但是，在近年来的司法实践中，私募股权基金却成为非法集资的有力“招牌”。一方面是我国金融市场创新政策先于规范而行的模式决定了在政府出台政策鼓励或者放开私募基金时市场尚无既定规则可依，私募基金这一金融创新概念的形式和内涵均模糊不清，使得普通民众投资者和一般企业，甚至部分金融业内人士均一知半解，导致投资人的盲目投资乃至上当受骗，也导致部分行为人以私募基金形式盲目跟风、仓促上马，进一步混乱了金融市场。另一方面私募股权基金的发起不需要证监会等行政部门的审批，缺乏有效的政府监管监控。同时，修改后的《公司法》将注册资本实缴制改为注册资本认缴制，大大降低了公司成立的经济成本，使非法集资者成立各种“投资管理公司”“有限合伙企业”变得更加便捷。因此，笔者认为投资者和集资者对新金融模式的误解、法律法规及政府监管的缺位，非法集资者把自己伪装成私募基金，或者私募基金募资运作不规范，打非法集资的“擦边球”，造成了非法集资者借私募股权基金之名，进行非法集资之实的融资乱象，使得非法集资的近半壁江山都被私募股权基金占据。

（2）有限合伙企业的异化

有限合伙制度起源于欧洲，兴盛于美国，到 20 世纪 80 年代，有限合伙制已成为美国大多数私募股权基金的首要选择，如今已经在世界范围内得到广泛推广。到 2006 年，我国对《合伙企业法》修订后才正式确立了有限合伙制。私募股权基金的组织形式可以分为契约型私募基金、信托型私募基金、合伙型私募基金以及公司型私募基金。[1] 有限合伙企业的基本运作机制是投资者即资本的提供者向经营者提供贸易所用的资金，投资者接受利润的一部分，但不承担亏损的连带责任。[2] 合伙型私募基金中基金管理人与投资者之间形成合伙关系，双方共同投资私募基金，基金管理人一般为无限合伙人，对基金债务承担连带责任并享有基金管理权，投资者多为有限合伙人，以出资为限承担责任，但没有基金管理权。[3]

在司法实践中，绝大多数非法集资者都采用有限合伙的运作模式。从北京市

[1] 徐琳琪：《我国私募基金法律制度研究》，华东政法大学 2009 年博士学位论文。

[2] 宋永新：《美国非公司型企业法》，社会科学出版社 2000 年版，第 71 页。

[3] 郭子坤：《私募性非法集资的刑法规制》，华东政法大学 2015 年硕士学位论文。

朝阳区人民检察院统计数据来看，以私募股权基金为经营模式的非法集资活动中将近 86% 的案件是以有限合伙企业进行具体操作的。笔者认为，非法集资者格外青睐有限合伙的原因在于：第一，有限合伙企业的有限合伙人在投资额度内承担有限责任，弱化了投资者的投资风险，此种方式更易于取得投资者的信任和降低风险意识。有限合伙的特性有助于行为人规避非法集资的社会性、公开性和利诱性等属性特征，具有迷惑性和隐蔽性。第二，相比公司制私募股权基金模式，有限合伙企业的设立和解散程序简单、对出资人的要求较低，公司结构较为松散，一方面非法集资者更易于操作，另一方面也可降低违法犯罪成本。第三，在有限合伙企业中投资者只参与资本投资，不参与公司的管理经营，这一特点能够满足非法集资者不受监管、便于使用资金的需求。行为人以有限合伙之名行非法集资之实时，一般都证照齐全，仅从形式很难界定，给司法认定带来困难。



（3）P2P 的异化

P2P（peer to peer）是新型互联网金融的重要创新形态之一，是指个人通过 P2P 网络借贷平台相互借贷，贷款方在 P2P 网络借贷平台上发布贷款需求，投资人则通过平台将资金借给贷款方，以此实现资金融通。该平台作为一个中介机构，通过对借款方的资质信用、经济效益、发展前景等情况进行审核，在一定程度上起到监控借贷风险的作用。问题平台的主要表现形式为利用 P2P 借贷平台通过发布虚假的借款项目、标的进行自融，投资者的资金直接进入非法集资者的私人账户，募集的资金用于非法集资者投资房地产、股票、期货或以高额利息房贷赚取差利。[1]

基于刑法规制的滞后性特征，就北京市朝阳区人民检察院受理的非法集资案件而言，截至目前，P2P 集资模式尚不能认定为主流模式，但随着时间的推移，极可能在今后出现激增，因此对 P2P 平台的监控和管理必须高度重视。实践中利用 P2P 网络借贷模式进行非法集资的主要犯罪手段为：其一，借贷网平台将借款需求设计成理财产品出售给出借人，或者先归集资金、再寻找借款对象，使出借人资金进入平台的中间账户，形成资金池。其二，借贷网平台未尽到身份真实性核查义务，未能及时发现甚至默认借款人在平台上以多个虚假名义发布大量借款信息，向不特定对象吸收资金。其三，借贷平台编造虚假融资项目或借款标的，采用借新还旧的“庞氏骗局”模式，为平台母公司或者关联企业进行融资。因此，在非法集资领域 P2P 网络平台已然不是一个资金供求双方的中

[1] 参见《E 租宝被定性非法集资，是不是所有 P2P》，资料来源于今日头条网，2016 年 8 月 1 日访问。

介机构，而是成为非法集资活动规避刑事法律风险的有效手段。由于 P2P 网络借贷平台基于互联网运行，其宣传方式更快捷，覆盖面更广，出资人的资格无门槛要求，因此 P2P 集资模式一旦大规模爆发，其社会危害性相比私募股权基金和有限合伙模式更加严重。例如，轰动全国的“e 租宝”案件，从 2015 年 7 月“e 租宝”上线到 2015 年 12 月被查封，累计交易发生额达 700 多亿元，实际吸收资金 500 余亿元，涉及投资人约 90 万名。[1]

**2. 与消费创新相结合的规避**

随着社会的不断发展，消费形式多种多样，呈现百家争鸣的局面，网络商城、积分兑换、会员制消费、传销等经营模式络绎不绝，并出现了向混合模式发展的势头，你中有我、我中有你，甚至难以用一个既有的模式来界定。非法集资者正是利用这一新形势，在投资人对此一知半解的大环境下对其宣传，使投资人相信此类投资的低风险性和乐观的收益前景，同时也利用了存在实际经营和实际消费而规避非法集资的刑事风险。

笔者通过统计非法集资类案件发现，假借销售商品之名进行变相集资的案件不在少数，其主要集中在 2014 年至 2015 年，涉案公司销售商品的种类多为投资人无法鉴别市场价格的商品、未流入公开市场的“自有产品”及以次充好标价虚高的廉价商品。在整个集资活动中，集资者利用低价商品与投资者高额的、与商品价值远远不成比例的投资款进行对价。实际上，投资人明知对价商品的价格远低于投资款，但投资者对未来的投资回报深信不疑，参与经营、销售活动的本质在于集资人承诺的定期获得高额回报。对集资者而言是用低廉商品的交易行为来给非法集资活动穿上看似合法的外衣。

**3. 将融资环节拆分后进行规避**

随着刑事打击的深入，非法集资行为人也逐步规避传统刑事认定中的高风险环节，呈现了专业化分工的运营模式，将非法集资行为拆分为资金使用方、资金管理方、资金募集或项目产品销售方、资金或投资担保方等多个独立的环节，由不同主体出面完成。专业化分工的情况给司法机关在一定办案期限内对事实的认定和调查取证带来了极大的困难，该问题集中体现在集资活动的宣传、销售等高风险环节。

（1）委托第三方寻找投资人

在非法集资类案件的认定中，资金募集渠道最易出现风险，若非法集资者

[1] 佚名：《空手套白狼——“e 租宝”非法集资 500 亿元》，资料来源于腾讯网，2016 年 10 月 14 日访问。

将募集环节再度进行细化拆分，如募集方的融资主体将公开宣传招揽投资人的环节外包给渠道方，而渠道方只负责向投资人介绍项目，投资人直接与项目方或有限合伙企业签订投资协议，募集的资金直接进入有限合伙企业或项目方，以此将宣传环节、汇款环节和签约环节从形式上独立，各司其职；而项目方、投资方、担保方之间的联系更为弱化，整个运营结构更为复杂，民事关系的特征更为凸显，以此规避司法审查。同时，还要考虑到涉案公司管理越来越趋向于正规公司化运营，行为人分工明确，职责明晰。当资金链断裂，司法介入后，基金发起方、基金销售方、基金管理方和项目实施方往往各执一词，或不明知面向公众的发行方式，或不明知资金的实际来源等，取证难度极大，同时伴随一定的迷惑性。司法实践中，往往因为证据问题，只能本着存疑有利于被告的原则认定，行为人可能会因为证据不足而免受刑事处罚。



（2）商业银行、保险公司等机构业务员“飞单”

除委托第三方公司销售基金外，还存在另一种特殊的基金销售方式，即部分银行、保险、证券等金融行业的现职人员通过擅自介绍客户投资非本单位“理财产品”来获取高额佣金，行业内将此行为称作“飞单”。因其并非涉案公司成员，该方式更具隐蔽性及更严重的社会危害性。一方面利用了投资人对金融机构或工作人员的信任，另一方面模糊了投资人的风险意识，有的投资人会误认为投资的项目与金融机构存在合作关系，有国家监管作为有力保障；有的投资人甚至在签订合同时没有阅读合同文本，在案发前始终以为自己的钱是交给银行了。例如，“华融普银”案中，130 余名投资人系经中国工商银行、兴业银行、北京银行、浦发银行等 17 家银行的工作人员介绍而入资，涉及吸存金额达 3.2 亿元。

同时，这一形式也因该类人员独立于涉案非法集资公司或者行为人团队之外，只是以个人顾问或者介绍的中间人身份获取一定比例佣金，对是否公开宣传、主观上是否明知、是否构成共同犯罪等方面的取证和判断带来困难，在处理时存在一定难度。

## （二）调查取证的规避

### 1. 资金流转均在个人账户之间，不入企业对公账户

在多数非法集资案件中，行为人出于规避银行、税务、司法监管等多种考虑，往往以个人账户接受并流转资金，设立的企业公账户基本不用或很少用，无法体现资金的来源和去向情况。导致取证难点：一是投资人对资金去向无法确知，也无法向司法机关提供更多的线索。投资人将投资款打入涉案公司的对公账户后，资金便会被转移到公司主要控制人的个人账户，并会再次或多次在不同账户间转

移、拆分、取现等。二是个人账户间的频繁转账及相关联账户的性质不明、遗漏等问题也给侦查工作、审计工作带来极大的挑战，从而在一定程度上规避了司法审查。例如，部分非法集资案件涉及的账户可能有成百上千个，资金来往的对手信息查询极其困难、烦琐。目前，金融机构一般配合司法机关一次只查询一个环节，即从一个账户到另一个账户，但继续向其他账户流转的查询，即使是同一个营业网点也需要重新递交手续后再查。目前，即使是一家银行的不同网点的不同账户间资金查询也不能实现统一查询，需分别取证、多次取证，再加上往往还会涉及多家不同商业银行，在侦查、审查起诉甚至审判时限内取证就非常困难。

**2. 煽动投资人不报案，并向司法机关、政府部门施压**

大量非法集资类案件的办案压力不仅仅体现在定罪量刑等司法审查中，更多地在于维稳压力。当前出现的一种新趋势，区别于传统的要求还款的诉求，很多投资人出于自身各种利益诉求，要求司法机关释放犯罪嫌疑人令其继续经营或处置名下资产以归还投资人钱款，认为是司法机关的介入导致公司倒闭、资金链断裂，并组织大规模闹访，给司法机关施加压力，甚至会有一些过激举动严重影响国家机关的正常工作秩序。由于该类投资人的拒不配合，导致投资协议、投资返利等细节无法核实，造成了司法审查的难点，也为后期的维稳埋下更大隐患。部分案件中，行为人家属甚至利用、煽动、收买部分投资人造势、闹访，故意激化投资人与司法机关、政府部门的对抗情绪，意图向司法机关施压，要求释放集资者。而目前对于该类行为，司法机关只能被动接访、答复，缺乏有效的应对手段。

**3. 公司财务账证不规范、不全面**

大量案件中涉案公司的管理不规范，没有正式的财务会计账目，多以电子邮件、个人账户流水账、电子表格记录收资、返利、返佣情况等方式进行记录。用于纳税的财务账本又缺乏客观性根本无法体现公司的实际资金运营情况，使得司法机关在办理案件时多依赖会计师事务所的司法审计报告，外加上述的资金在个人账户的流转情况，无疑增加了审计工作的难度，在降低了司法工作的效率的同时还提高了司法工作成本。另外，也存在非法集资者在资金链出现问题、无法如期对投资人兑付时，就已然开始着手隐匿财务等相关材料，规避司法审查。此类手段一般发生在案发前，隐蔽性强，取证难度极大。在控方承担举证责任证明的情况下，一要证明存在这些书证、电子证据，二要证明行为人有损毁、隐匿行为，三要证明故意，在实践中很难实现并做到。

**4. 投资协议等书证缺失或损毁**

投资协议、收据等书证是非法集资案件中的重要证据，也是审计报告的重要依据之一，故而实践中灭失这些证据也成为规避刑罚处罚的一个重要手段。表现在实践中，主要有以下几种情形：一是主动回收。部分案件中，行为人在后期会以项目置换、股权置换、续签等各种名义将投资人手中的投资协议、收据等各种凭证予以回收，导致投资人手中没有任何证据。二是主动销毁、隐匿。部分案件中，在涉案公司资金链断裂，无法继续经营的情况下，行为人会销毁或转移与投资人签订的投资协议，导致案发后公安机关无法查扣该部分证据。虽然销毁、隐匿行为可能涉嫌重罪集资诈骗罪的认定，但如前所述，该行为取证难度大，认定可能性小。本着存疑有利于被告人的原则，往往会对行为人就低处罚，故行为违法成本低。在此情况下司法机关只能依赖于投资人提交的报案材料甚至证言来进行认定，使司法机关陷入被动。



**5. 格式合同中提示风险**

部分案件中，为规避承诺“返本付息”的认定，行为人在设计投资协议的格式合同时往往会标注风险提示，并要求投资人签字确认。对此该认定是正常商业投资还是宣称无风险的非法集资，给司法审查工作带来难点。例如，“巨鑫联盈”案件中投资协议明确进行了“投资有风险”的风险提示，但在宣讲会等口头宣传形式中涉案公司销售人员一直在宣传公司以往的良好业绩，同时对公司未来发展前景进行大肆宣传，使投资人对“保本无风险”深信不疑。

## 三、应对非法集资刑事规避的对策

### （一）准确把握非法集资案件的实质要件

从当前非法集资类案件的司法实践来看，单纯以吸存形式来直接吸收公众资金的行为模式已基本消失，取而代之的是各种形式的变相吸收公众资金的行为模式。在非法集资案件的司法认定过程中，在一般判断规则之下，结合个案所依托的不同形式，仍需有所侧重。下文笔者结合当前司法实践中该类案件在审查过程中较为突出的几个难点问题进行重点论证。

**1. 私募基金形式中非法性的认定**

对于私募的监管方式，中国证监会 2014 年发布的《私募投资基金监督管理暂行办法》（以下简称《暂行办法》）进一步规定，私募基金的设立与发行免予行政审批，但应根据基金业协会的规定，向其申请登记。[1] 其中具体规定为，设

[1] 郭子坤：《私募性非法集资的刑法规制》，华东政法大学 2015 年硕士学位论文。

立私募基金管理机构和发行私募基金不设行政审批，允许各类发行主体在依法合规的基础上，向累计不超过法律规定数量的投资者发行私募基金。同时，《暂行办法》明确规定私募基金的合格投资者应具备相应的风险识别能力和风险承担能力，投资于单只私募基金的金额不低于100万元且符合下列相关标准的单位和个人：（1）净资产不低于1000万元的单位；（2）金融资产不低于300万元或者近三年个人年均收入不低于50万元的个人。在募集流程上规定，私募基金管理人、私募基金销售机构不得向合格投资者以外的单位和个人募集资金，不得通过报刊、电台、电视、互联网等公众传播媒体或者讲座、报告会、分析会和布告、传单、手机短信、微信、博客和电子邮件方式，向不特定对象宣传推介。私募基金管理人、私募基金销售机构不得向投资者承诺投资本金不受损失或者承诺最低收益。私募基金管理人自行销售私募基金的，应当采取问卷调查等方式，对投资者的风险识别能力和风险承担能力进行评估，由投资者书面承诺符合合格投资者条件；应当制作风险揭示书，由投资者签字确认。私募基金管理人委托销售机构销售私募基金的，私募基金销售机构应当对投资者进行评估。





可见我国对私募投资基金的管理并非行政审批制，而是登记备案制，一方面最大限度地保障了公民、法人的自由融资权，另一方面要对私募投资行为进行有效市场监控。取得《私募基金管理人登记证明书》只是意味着行为人已经在基金业协会进行了形式备案，不表示持有《私募基金管理人登记证明书》的集资者从事的一切募集资金行为均是合法的，主要的判断依据为实际募集资金行为是否符合《暂行办法》的具体要求。

笔者认为，以私募基金为形式募集资金应当具备下列条件：（1）按照规定登记备案；（2）对集资项目进行风险评估和风险控制；（3）审查投资者的风险识别能力和风险承担能力；（4）设置一百万的最低投资数额；（5）对投资者作出投资风险提示；（6）未承诺一定期限内还本付息。

司法实践中，合法私募基金和非法集资的最主要区别在于：一是宣传范围与宣传对象不同，私募基金要求以非公开方式寻找合格投资者，即有一定风险意识和风险承受能力，但非法集资采取的宣传方式为以网络、推荐会、发传单、电话销售等公开方式随机向不特定公众进行宣传，对于投资者的经济实力置若罔闻，在办案过程中投资者不乏七八十岁的老年人或普普通通的工薪阶层，投资款为养老钱、治病钱和结婚买房子的钱。二是是否对投资者进行风险提示，私募基金需要投资者说明投资风险，并对融资项目的真实性和资金去向负责，而非法集资往往向投资者营造高收益无风险的假象，还有一些案件宣传的投资项目与资金实际投入的项目并非同一项目，投资人根本不掌握资金的实际去向。

三是是否存在或者承诺“返本付息”，这仍是区分的本质特征。

**2. 异化的有限合伙中利诱性的认定**

在非法集资活动中，集资者以有限合伙的旗号对公众进行宣传，但其实质意义早已超过了有限合伙企业的范畴。具体表现为：其一，《企业合伙法》规定，有限合伙企业的合伙人上限为 50 人，而司法实践中有限合伙企业的有限合伙人远远超出了法律规定，少则上百人，多则数千人、数万人。其二，有限合伙人与非法集资者签订《有限合伙协议》并入资后，集资者并不会到工商管理部门进行合伙人登记或变更。其三，在正常的商业投资中均存在风险，不存在零风险高收益的可能性，而非法集资者始终向投资者宣传零风险，此点已然违背了正常商业投资的特性。最主要的是投资人成为有限合伙人的实际目的并非进行商业投资，而是看中了非法集资者承诺的定期高额回报，投资人既不关心项目的实际运营情况，也不关心资金的实际使用情况，只关心投资到期后能否返本付息。《解释》中“吸收资金”和“承诺回报”这两个集资的要素理解为“交易的投资性”和“投资的被动性”，后者是指未来的投资收益主要依靠集资或第三人的努力，异化的有限合伙具有明显的“投资的被动性”特征。

故笔者认为，审查有限合伙形式的非法集资行为，应当采取“穿透式”的实质审查模式，重点关注：一是实质上的人数限制。一方面，其是否仅仅是形式上的 50 人，实质上系同一项目，仅为了形式上符合要求而认为拆分为数个有限合伙企业；另一方面，审查每名投资人是否是适格投资人，是否存在显名投资人代表大量不适格隐名投资人的情形。即单个投资人不符合资金限额等准入要求，但私下多人组合后以一人名义投资的情形。上述两种情形，虽然每个合伙形式上未超过 50 人，但实质上均已经突破该限制，可能涉嫌面向社会不特定公众。二是是否公开宣传方式。三是是否承诺返本付息或固定高额回报。四是是否严格按照要求审查投资人。

**3. 异化的 P2P 平台的司法认定**

P2P 网贷平台由网贷平台、借款人和投资人三部分组成，债权债务关系属于借款人和投资人，P2P 平台对其他二者而言是居间关系，在双方交易过程中仅仅起到中介作用，不保护投资人的本金，也不承担坏账的风险。P2P 公司的利润主要来自成交服务费、充值服务费和服务费。P2P 平台作为互联网金融的一种形式，其本身便具有面向社会公开宣传的属性，因此辨别 P2P 平台是否涉及非法集资的重中之重在于是否向投资人承诺返本付息和告知集资款的实际去向问题。

2016 年 10 月国务院办公厅出台的《互联网金融风险专项整治工作实施方案》强调 P2P 网络借贷平台要落实信息中介性质，不得设立资金池，不得发放贷款，不得非法集资，不得自融自保、代替客户承诺保本保息、限期错配、期限拆分、虚假宣传、虚假标的，不得通过虚假、夸大融资项目收益前景等方式误导出借人，除信用信息采集及核实、贷后跟踪、抵质押管理等业务外，不得从事线下营销。同时，规定P2P网络借贷平台未经批准不得从事资产管理、债权或股权转让、高风险证券市场配资等金融业务。客户资金应与自由资金分账管理，遵循专业化运营原则，严格落实客户资金第三方存管要求，选择符合条件的银行业金融机构作为资金存管机构，保护客户资金安全，不得挪用或占用客户资金。[1]

笔者认为，若P2P平台存在下列情形，则应认定为违规：（1）从事自融自保业务；（2）参与出借人与借款人的交易，并归集资金形成“资金池”；（3）将债权转让获得的资金分配给出借人，或者将债权转让获得的资金出借形成新的债权；（4）承诺在一定期限内以货币、实物、股权等方式还本付息或者给付回报；（5）未建立第三方资金托管机制；（6）借贷资金存于个人账户；（7）未尽审查义务，默许或者放任发现借款人实施非法集资活动。特别是同时存在（1）、（2）、（3）、（4）几项情形的情况下，结合非法吸收公众存款罪等非法集资类犯罪的本质特征，极可能涉嫌构成犯罪。

**4. 单位犯罪的认定**

在非法集资类案件中，行为人一般都会依托一个公司，并以公司的名义对外吸收公众存款，与投资人签订投资协议。但是，在司法实践中绝大多数涉案公司均是以非法集资为目的而设立的，且公司除了进行吸收存款、对外投资、给投资人返利外，没有其他合法经营项目，即涉案公司自设立以来都是围绕非法集资展开的，根据1999年7月3日最高人民法院《关于审理单位犯罪案件具体应用法律有关问题的解释》第2条的规定，公司、企业、实业单位设立后，以实施犯罪为主要活动的，不以单位犯罪论处。因此我院办理的绝大多数案件均是以自然人犯罪处理的。

但该类案件存在单位犯罪的可能性。根据《全国法院审理金融犯罪案件工作座谈会纪要》第2条第1项的规定，以单位名义实施犯罪，违法所得归单位所有的，是单位犯罪。例如，“华融普银”案即以单位犯罪起诉至法院的，原因在于华融普银、华融银安两个公司以单位的名义实施了非法吸收公众存款的行为，并且违法所得归单位所有。在本案中，两公司所吸收资金全部进入公司账户，而且，这些资金中，除了支付返本付息、运营成本、佣金支出、对外投资之外，

[1] 参见国务院办公厅《关于印发互联网金融风险专项整治工作实施方案的通知》，资料来源于中华人民共和国中央人民政府网，2016年10月14日访问。

剩余钱款也都留在公司账户。本案被告人在自己所吸收的全部资金中，除了获得按公司规定所应得的佣金外，未将公司资金私自挪用或占为己有。此外华融普银、华融银安两个公司一直以其对外投资各实体项目为名来吸引公众集资，这些项目投资金额占公司所吸存资金的比例很大。而且项目本身合法且真实存在，具有一定的投资意义和价值，只是项目的盈利需要一定的周期，因而截至案发尚未实现投资目的，定单位犯罪则可对此前以单位名义进行的投资行为进行追认，继续经营，利于追赃挽损。最后，因为本案犯罪嫌疑人共四十余人，考虑到打击面不宜过宽，可以参照单位犯罪追责人员范围追究犯罪嫌疑人的刑事责任，即主要追究公司的高管和核心业务部门负责人的刑事责任。



在非法集资类案件中认定是单位犯罪还是自然人犯罪，需结合具体案件进行分析，需要考虑到案件资金流向、追赃挽损的可行性和犯罪嫌疑人的均衡处理问题。一般而言将涉众型经济犯罪认定为单位犯罪，应具备以下条件：（1）主观上具有为公司谋取非法利益的目的或者单位以非法占有为目的；（2）依照公司章程，经过董事会、股东会等决策层集体研究决定；（3）以单位的名义实施非法集资等行为，且违法所得归单位所有；（4）单位经营资金除非法募集外，还有自由资金或者其他合法来源；（5）非法集资的资金用于不具有高风险的合法投资项目。在单位犯罪中，对于受单位领导指派或奉命而参与实施了一定犯罪行为的人员，一般不宜作为直接责任人员追究责任。

**5. “口口相传”的形式下“向社会公开宣传”的认定**

“口口相传”，是指通过亲朋好友以及相关集资者，用明示、暗示方式要求这些人员采用口头传话的方式将集资信息传播到社会上不特定的人员，以达到更多的集资目的。对于“口口相传”，虽有争议但现行司法解释明确将其规定为公开宣传的一种方式。[1] 实质上“口口相传”就是将信息有效地向外界进行了宣传，目的和效果等同于媒体、推介会等宣传途径，而且在实践中也有很多集资类犯罪是按这种方式进行的，因此不能否认“口口相传”应该作为典型的集资宣传方式。

在司法实践中“口口相传”的情形主要有以下三种：一是在集资者授意下，其亲朋好友以口头方式向社会公开宣传。二是未经集资者授意，其亲朋好友擅自以口头形式向社会公开宣传，但之后集资者未予以制止或不予以制止。三是无论行为人是否授意，其亲友自始至终都未向社会公开宣传，而是在亲朋好友

---

[1] 刘为波：《关于审理非法集资刑事案件具体应用法律若干问题的解释的理解与适用》，载《人民司法·应用》2011 年第 5 期。

之间相互宣传。笔者认为，上述三种情形中，第一种情形及第二种未予以制止的情形属于最高人民法院《关于审理非法集资刑事案件具体应用法律若干问题的解释》中关于公开性的规定；而第二种不予认可的情形及第三种情形不符合公开性的特点。因为“口口相传”的宣传方式不同于法律所列举的媒体、手机短信、推荐会等主动宣传途径，“口口相传”的宣传范围是一定的、可控的，媒体、推荐会等主动宣传方式将会辐射至不特定多数人，系集资人明知在向社会公开宣传并期待达到融资目的。如果集资者采取了“口口相传”的方式，通过他人的口头宣传将集资信息进行扩散，集资者“明知吸收资金的信息向社会公众进行扩散而予以放任”就要承担公开宣传的法律后果。

“口口相传”也有例外情形，如集资者对资金来源不明知，以为是来自特定人群；集资者在明知亲朋好友进行了口口相传之后，对于来自不特定人员的集资款予以退回等，这表明集资信息被传播到不特定多数人并非集资者的本意，不能认定集资行为具有公开性。[1] 因此通过“口口相传”进行宣传的集资行为，应结合集资者对此是否知情、对此态度如何、有无参与、是否设法加以制止等主客观因素，可以认定是否符合公开性特征要件。基于逻辑的推演与实践做法，根据2014年《关于办理非法集资刑事案件适用法律若干问题的意见》(以下简称《意见》)第2条的规定，关于“向社会公开宣传”的认定问题，最高人民法院《关于审理非法集资刑事案件具体应用法律若干问题的解释》第1条第1款第2项中的“向社会公开宣传”，包括以各种途径向社会公众传播吸收资金的信息，以及明知吸收资金的信息向社会公众扩散而予以放任等情形。即别人在宣传或者传播，导致别人“自愿”投资或者借钱给你，如果你知道而不去制止，这种放任行为实质上暗合了你的意愿，将其作为非法集资的判断因素也是情理之中的事情。但是，这种将非法集资公开性包括消极放任的宣传方式，在一定程度上等于取消了“主动宣传”要件，不仅会降低非法集资罪的犯罪门槛，而且还会使企业入罪更为容易。

**6. 委托第三方渠道机构销售情形下“向社会公开宣传”的认定**

当前，越来越多的非法集资案件中出现了将吸资与用资环节进行拆分，因为吸资环节涉嫌犯罪风险高，故而引入了第三方渠道销售的模式作为规避“向社会公开宣传”的一种新方式。事后行为人都会以不知道第三方机构寻找投资对象的范围、不知道第三方机构是以公开方式进行宣传、不知道资金来源性质

[1] 孙海泉等：《非法集资若干疑难问题研究》，载《黑龙江省政法干部管理学院学报》2013年第1期。

为由作无罪辩解。

前述“卓某非法吸收公众存款案”作出不起诉决定主要源于案件的证据收集问题，突出的是拆分融资活动给司法审查带来的处理难度，即主观故意的认定。但该案例的出现并不是表明集资人只要委托第三方机构以寻找投资人的方式集资就可以成为不构成非法集资的抗辩理由，只是增加了司法认定的难度。

集资者将销售环节全部委托给第三方机构进行，对实际的宣传方式、宣传范围、投资者的风险承担能力和风险意识均不予以考量，从表面上看，在渠道经营模式下，与涉案公司建立联系的是特定的机构与团队，即第三方渠道机构，而非不特定的投资者。但实际上这些机构和团队并非涉案公司的目标客户，其只不过是借用第三方渠道的客户资源，帮助其向不特定的公众宣传，推销涉案公司集资产品，因此给予渠道方一定的返点。笔者认为，司法机关应当着重审查行为人的主观故意，以“李某某非法吸收公众存款案”为例，可以从如下几个方面进行具体分析：一是是否明知或者应当知道，即认识因素；二是是否存在积极追求或者放任，即意志因素。实践中较难认定的是放任的情形，主要是证据问题。可以着重从以下几个方面着手取证和审查：首先，渠道扩展本身具有公开性和不特定性，就涉案公司寻找第三方渠道而言，渠道的开发并非只针对具有募集资金资质的金融机构，还包括房地产经纪、高级会所，甚至包括从互联网上搜索到的投资公司。因此，在涉案公司对渠道的开发方式具有很强的随意性，或个人或机构，只要能帮助涉案公司找到投资人即可。其次，涉案公司对于第三方渠道向何人推销投资产品在所不问，完全放任。对于投资人的金融资产情况，风险承受能力，同样采取不闻不问的态度。涉案公司采取按销售金额提成返点的方式委托第三方机构进行销售，具体辐射出不特定销售人员连接到社会不特定多数投资人的作用，吸收的系社会公众的存款，应当认定为公开向社会公众吸收资金。

此外，与委托第三方机构相应的，对于在职金融从业人员的“飞单”情形如何处理，在司法实践中无疑是个棘手的问题。以非法吸收公众存款为例，有的是吸收的金额、人数未达到刑事立案标准；有的是是否向社会不特定人群吸收存款存疑，因为部分金融机构工作人员与投资人之间建立了多年的合作关系，比较了解投资人的资产情况和承担风险的能力，有的投资人已满足相关法律对私募基金投资人资格的要求。不处理“飞单”业务员无疑会放纵此类具有严重社会性的非法行为的发生，同时无法追缴违法所得。但也不宜将“飞单”业务员等同于涉案公司业务员来进行处理，因为其参与非法集资的程度远不及涉案公司业务员，而是对非法集资行为起到了一定的帮助作用。根据 2014 年《意见》

的规定，为他人向社会公众非法吸收资金提供帮助，从中收取代理费、返点费、佣金、提成等费用的，构成非法集资共同犯罪，应当依法追究刑事责任，能够及时退缴上述费用的，可以从轻或免除处罚。因此，“张某某等非法吸收公众存款”案和“华融普银”案中的“飞单”业务员因已退缴非法所得而免于刑事追究。对于未退缴非法所得的“飞单”业务员，将依法追究其刑事责任。

**7. 犯罪数额的认定**

（1）重复投资是否应当计入犯罪金额

在非法集资活动中，许多投资人都存在重复投资的情况，即投资人在一个投资周期结束后获得了返还的本金和约定的利息后，将返还的本金或加上额外的资金以续签投资协议或重新签订投资协议等方式再次投入非法集资中，这种现象多存在于非法吸收公众存款案件中，在集资诈骗案中则以行为人实际骗取的数额计算。对于在非法吸收案件中，是否应将重复投资数额计算在犯罪金额中，对此有两种观点：一种观点认为，应当重复计算。主要理由为非法吸收公众存款罪侵犯的是金融管理秩序，所以每一次的类金融行为都应当视为侵犯其秩序的犯罪行为；另一种观点认为，不应当重复计算，应只以实际投资金额计算犯罪金额。理由如下：其一，非法吸收公众存款行为对象是单笔资金，投资款由投资人账户进入非法集资者控制的账户内，在重复投资的过程中，投资人未实际提出资金，不存在实际的重复投资。其二，存在投资人多次重复投资，对前期投资已经获得相应收益的投资不进行报案，只对有损失的投资进行报案，实践中存在证据难收集的问题，且从审计报告中也客观体现投资次数。

笔者认为，非法吸收公众存款罪中，重复投资金额应当计入犯罪金额；集资诈骗应当以实际损失计算。理由：其一，从该犯罪构成的角度分析，重复投资与实际投资本质并无不同。非法吸收公众存款罪并不以投资人的财产损失为构成要件，侵犯的客体仅为国家正常的金融管理秩序，计算犯罪数额的意义在于揭示犯罪分子破坏国家金融秩序的程度。行为人每完成一次非法吸收公众存款的行为都是对金融秩序一次新的破坏，因此在司法认定中只能体现在对投资金额的累计计算上。其二，如不计入，则存在一定问题。例如，重复投资情形下，前期和后期一直获取的返利如已经超过其实际投资，则在计算亏损额等问题时将出现矛盾，导致资金无法在一个层面说清楚。笔者认为，虽然将重复投资计算在犯罪数额当中确实存在证据难收集的问题，在个案中若证据情况不理想可以作出有利于被告的处理决定，但不能因此否定重复计算应计入犯罪数额的执法标准。

（2）向亲友募集的资金是否应当计入犯罪金额

若集资人出于一个犯意支配下既向亲友募集又向社会公众募集资金时，应根据主客观相一致原则进行认定，对向亲友募集的资金不从总犯罪数额中予以扣除，此逻辑关系为：首先，刑法将不特定对象作为非法集资的认定要素，因为集资人行为针对的这些亲友具有一定的封闭性，集资人数较为有限，社会危害性较小，从定罪层面应该从严把握，不宜将一些有分歧的特定对象纳入犯罪的人数标准。其次，由于资金者的行为已经扩大到社会上，又将封闭的范围扩大到开放的范围，国家金融秩序所承受的是全部犯罪数额所带来的冲击，当犯罪数额不涉及定罪仅仅涉及量刑时，可以酌情予以考虑。最后，如果集资人把集资范围由特定对象扩大到不特定对象，那么集资人还本付息的能力就会明显下降，这种风险应当由全部投资人共同承担，无论是特定对象还是不特定对象，投资款都面临着同样的风险，基于此，将对特定对象的集资数额全部计算入集资总数额便于刑法进行统一的规制和保护。集资者一旦将封闭的投资人范围扩大到开放的不特定对象，势必会造成更多的不确定性，因此将所有的集资款纳入非法集资的总数额并无不妥。



**8. 形式上的风险提示或以商品销售等形式规避承诺高额返还付息情形下“利诱性”的认定**

笔者认为，该类情形应当把握实质审查原则，即在审查形式表现方式的同时，着重分析其实际宣传和运营方式、行为表现等本质事实，从而进行准确判断。例如，“巨鑫联盈”案中，犯罪嫌疑人假借以积分换商品的形式宣称存在实体经营，表明公司与加盟商（投资人）之间是正常的商品加盟销售关系，不存在骗取财物或非法集资的行为，并向加盟商承诺以营业额的 25% 进行分配返利。故审查利诱性时，重点在于对实际运营模式的审查。涉案公司的实际运营模式往往与宣传相去甚远。一方面，业务员和培训师在宣传时均口头承诺保本付息或高额回报，与宣传不符；另一方面，其商品销售模式实际是个幌子。一是销售的商品或服务定价虚高，并非公司获取经营收入的来源，有证据证明涉案公司所销售商品市场价一般仅为公司销售价格的 10%—20%，据审计报告显示，涉案公司所支付的货款仅为全部非吸数额的 16% 左右。二是加盟商获取的返利远高于市场价值，部分加盟商甚至不提货，销售商品只是一个幌子，实际看中的是加盟返利。犯罪嫌疑人此举的目的在于规避利诱性风险。现代社会同样也存在着大量的延迟交付商品的经营活动。例如，网络团购、网上预售等经营活动，同样属于未来给付回报的资金聚集活动，其与非法集资的区别在于出资人在出资时实际目的获得与出资款相对应的实物对价，还有集资者承诺的基于投资款产生的未来的投资收益。

商业活动是否有偿的核心是其活动有无对价，集资具有投资性，就具备了有偿性特征，而有偿集资未必都属于投资活动。可将最高人民法院《关于审理非法集资刑事案件具体应用法律若干问题的解释》中“吸收资金”和“承诺回报”这两个集资的要素理解为“交易的投资性”和“投资的被动性”。前者是指资金提供者是为了获得未来的收益；后者是指未来的投资收益主要依靠集资或第三人的努力。再如，“蚁力神”案中，对其是否涉及非法集资存在不同意见。但根据实质判断原则，其实很容易界定其性质。就代养方式而言，尽管是投资者购买蚂蚁，但是投资者不负责饲养蚂蚁，其购买蚂蚁的目的在于期待蚁力神公司定期回购蚂蚁所带来的收益。在租养方式中投资者的目的并非购买蚂蚁后养殖蚂蚁而是赚取劳务费，通过缴纳最低额 1 万元的保证金来获得 32.5% 的投资回报。此活动看似是委托代养蚂蚁，实质上是集资性质，而非正常的投资活动。[1]





### 9.“以非法占有为目的”的认定标准和思路

最高人民法院《关于审理非法集资刑事案件具体应用法律若干问题的解释》对“以非法占有为目的”做了进一步解释，在司法实践中有两项标准难以把握。一项为“集资后不用于生产经营活动或者用于生产经营活动与筹集集资款不成正比，致使集资款不能返还的”。行为人是否把募集到的资金用于生产经营活动和投放到生产经营中的比例成了关键因素。行为人募集到的资金除直接投资到项目中外，还需为涉案公司本身的运行消耗一定资金，如房租、员工工资、业务员提成等，将集资规模与生产规模联系起来，通过比例关系进行分析判断，具有科学性，也更能体现其包容性。例如，在“河南王某等集资诈骗、非法吸收公众存款案”中，犯罪嫌疑人王某等人共非法募集资金 970841.83 万元，用于偿还本金 893840.37 万元，用于投资和高息借贷 3966.81 万元，其余用于家庭消费、个人挥霍等，进行生产经营投资的比例仅为 0.4%。在我院办理的“张某某集资诈骗案”中，犯罪嫌疑人张某某等四人以个人借款的名义从涉案公司挪用资金 700 万元左右，占募集资金比例的 70%，其余资金用于项目投资等生产运营。笔者认为，以资金投资到生产经营活动中的比例推定非法占有的主观故意时，不宜将比例设立的过低，一方面是贯彻存疑有利于被告的原则，另一方面要考虑到涉案公司经营成本的支出，在个别案件中仅销售员的层层提成或渠道费用就会占募集款项的 30% 左右。

另一项就是对“肆意挥霍投资款，致使集资款不能返还的”的理解问题，一些案件的投资人因为犯罪嫌疑人用投资款购买了豪车、豪宅而认为犯罪嫌疑人系肆意挥霍投资款，应按集资诈骗罪追究其刑事责任。“挥霍”是指任意地浪

[1] 王荣芳：《合法私募与非法集资的界定标准》，载《政法论坛》2014 年第 6 期。

费钱财而不计成本，通常是指对消费性支出肆无忌惮。在有些集资类案件中，行为人将大部分资金用于对外投资或生产经营，而将少量资金用来挥霍的，不应认定其具有非法占有的主观故意，如为了提升公司对内对外形象，购买豪车，装饰办公场所等的消费性支出是否属于“肆意挥霍投资款”，需要具体案件具体分析。如果这些消费性支出与公司经营有必然联系，且不是为了制造欺骗或者迷惑公众，经严格的财务程序，一般不应认定为“肆意挥霍”。从司法解释的文意角度分析，“肆意挥霍投资款，致使集资款不能返还的”，需要强调“肆意挥霍”的任意性，和挥霍行为与“致使”集资款不能归还之间的直接因果关系。

## （二）严密法网、健全完善打击非法集资类案件的协调配合机制



### 1. 健全完善相关立法

由于法律本身具有滞后性，尤其在面对日新月异的金融行业时更显得心有余而力不足，非法集资行为对公众的影响甚广，针对金融创新等新型案件的新特点，一方面，应及时完善刑法及其他相关金融、工商等相关行政法规的立法及解释适用、健全和完善相关规范性文件，缩小规避空间；另一方面，尽量缩短新型金融创新模式的政策出台以规范空白的“空窗期”，如有可能，同步出台，以缩短无序经营的混乱期，在此期间有关行政监管部门也应当履行好引导和监管职能。

就刑法本身而言，应在提高刑事追诉标准的同时，增加非法集资类犯罪的犯罪成本。首先，笔者建议，对公司账册等关键证据销毁、隐匿与否采取责任倒置原则。鉴于非法集资类案件取证难度大而行为人销毁、隐匿账册等关键证据的成本低、代价小，导致多数案件账证不全、追赃、定罪量刑等工作无法顺利推进而导致社会矛盾不断升级激化并无限期拖延。笔者建议司法解释对“非法占有目的”的推定进行完善，将“隐匿、销毁账目”这一项改为责任倒置，即对行为人无法提供涉案账目等关键证据，不能做出合理说明的，应当推定其具有隐匿、销毁账目的行为并认定其具有非法占有的故意。从常理上来看，公司不可能没有包含所有投资人的投资、返利、返佣等基本数据的会计资料（无论以何种形式），因为每个月或者定期都要给每一个投资人进行返利，否则无法维系经营，投资人不可能允许自己的资金出任何差错，而且投资人和公司会计等一般都能证明有记录资料，唯一的难点在于没有人会说资料在哪里，而把这个责任让与控方举证，不利于该类案件的处理。其次，笔者建议提高非法吸收公众存款的法定刑。从 2001 年最高人民检察院、公安部《关于经济犯罪案件追诉标准的规定》到 2010 年最高人民法院《关于审理非法集资刑事案件具体应用

法律若干问题的解释》，非法吸收公众存款罪的追诉标准十年间基本没有发生变化，数额上仍旧以个人吸收20万元，单位吸收100万元作为标准，显然已经脱离了司法实践中动辄上亿元的犯罪形式。在犯罪成本方面，非法吸收公众存款罪刑期的上限是10年，对于十几亿元、几十亿元的犯罪金额显然与罪责刑相适应原则相违背。

**2. 完善行刑衔接、司法协查机制**

（1）加强与银监会、金融局等行政部门的合作。刑法是维护社会公平正义的最后一道防线，重在后期惩治，相比之下行政领域的治理更能凸显预防作用。例如，金融局的备案工作，在对私募基金公司摸底的同时也能起到一定的监督和预防作用。笔者认为加强与银监会、保监会等行政部门的合作也是非常必要的，首先，银监会等监督机构应加强对从业人员的管理，杜绝“飞单”现象，同时也要加强对营业网点的监管，杜绝非法集资人员到营业网点推销理财的现场。其次，银行等金融机构应及时发现异常账户、异常行为并通知公安机关，及时发现犯罪线索，亦能阻止犯罪嫌疑人转移财产，如“巨鑫联盈”案件中部分银行已经发现个别个人账户资金异常，但未能及时与行政、刑事部门进行沟通，导致未能及时介入有效监管。此外，笔者建议，赋予现行“打非”领导小组或者金融局（办）真正有效的协调处置等权力，从而推动各项工作的顺利进行。目前，虽然有打非领导小组牵头，同时有各成员单位参与的机制，但很多问题，司法机关提出申请后，需要银监、工商等各职能部门配合推动时仍存在推诿扯皮等现象，尤其是涉及多部门合作时，缺乏有力的领导机构来监督执行。故而赋予实权能在一定程度上打破这一僵局。

（2）建立健全各大银行间的协作及信息查询共享机制，解决目前该类案件中的最大难题——资金查询、冻结及追缴工作。非法集资类案件中涉案银行账户众多，部分案件中可能涉及成百上千个账户，且分散在不同的省市、不同的商业银行之间。因为资金走向是追赃挽损、审计、审查起诉、裁判等所有工作的基础，侦查机关为了调取银行账户信息查明资金去向，消耗了大量的人力、物力，他们需要走访一个个开户行，即使是同一个地方的同一家商业银行的不同营业网点的查询、冻结，也需要分别去跑，无法实现一个手续查询到底；而且一般一套手续只查一手信息，即从A账户到B账户，再往下查需要再次提交手续。有时到外地出差只为查询或冻结一个账户，给争分夺秒的侦查工作带来了一定困扰。而目前的反洗钱系统、法院执行部门的数据共享平台，在技术上是可以实现各大商业银行跨行查询资金工作的，但目前在非法集资案件的打击办理中无法得到实现。若各大银行间可以相互协作、资源共享，为办理非法集资案件开辟一条绿色通道，将会显著提高司法效率，在一定程度上也保障了赃款的安全。

### （三）提高司法人员的专业化水平，增强办案能力

**1. 建立完善的培训机制**

金融领域有着很强的专业性，且新技术、新产品层出不穷，司法机关工作人员金融专业知识相对滞后或者匮乏，遇到新型案件、疑难复杂案件时无法切中要害，而对案件的理解不够透彻往往给行为人成功规避刑事责任提供了空间。“工欲善其事，必先利其器”，故首要的任务是提升司法人员自身的专业素养。首先，可以借助于司法系统内的金融知识培训，通过间接经验，提高办案水平。其次，非法集资案件的接访工作也越发艰巨，上访的形式多种多样，有些案件的投资人甚至失去理智，对司法工作人员恶语相向，态度叫嚣，如何接待上访人员，安抚群众情绪也成了办案人员的必修课。最后，可以与金融机构等单位通过交流挂职等方式，实地学习积累相关经验知识。

**2. 建立健全外部专家咨询委员会机制**

针对一些复杂的专业领域的问题，可以通过邀请金融专业人士、业务专家等外部人员组成专家委员会，以报请方式申请对疑难案件进行论证。其意见可以成为检察官办案的参考意见，或以正式出具相关专家意见的形式一并移送法院，必要时可以专家证人的身份出庭作证。此机制可以完善司法人员在金融专业领域的短板，协助司法人员剖析、理解案件；也可将新型、典型案件作为案例供系统内办案人员进行学习和借鉴。

笔者在司法实践和调研中切实体会到，办理非法集资类案件已成为司法机关的一个难题。但打击犯罪，保障投资人财产安全的决心从未动摇，希冀通过立法、政策宣传和行政部门的相互协调，能够形成一个良好的经济运行环境，在倡导金融创新的同时去除其违法隐患，保障金融秩序。

# 论刑事警察处置金融犯罪的三项要则

付立忠*



金融犯罪是仅次于合同诈骗犯罪的常见多发的一类经济犯罪，历来是我国刑事政策惩处的重点之一，也是近年来宽严相济刑事政策改进完善而必须考虑与关注的关键事项之一。在金融刑事法网不断严密的刑事立法态势下，金融刑事司法应当顺势而为，特别是处于金融刑事诉讼第一线的公安司法机关更应执法有据——有所“作为”或者有所“不为”，应当作为的就要积极作为，应当不作为的就坚决不作为，不该作为的就绝不要乱作为。换句话说，刑事警察在处置金融犯罪过程中应当遵循一定的、基本的规则。针对金融刑事司法实践中出现的问题，积极探索发现解决的最佳模式，必将对未来刑事立法的修改完善提供有益的参考。这里不妨看看自然界中存在的一种奇特复杂的现象，空中飞翔变幻莫测，成千上万的群鸟为何没有发生过任何相撞事件，这一迷团困扰了人们几个世纪，最近谜底才得到科学家的破解，其中的原理就是鸟群中的每只鸟都必须遵守一定的规则，具体而言就是鸟群中的任何一只鸟与其相临近的七只鸟（这七只鸟可能会随着鸟群的移动而变换）必须遵循十分简单的三个规则，即一是保持与其他鸟飞行方向一致；二是如果相邻七只鸟中的任意一只改变前进方向，那么，作为观测主体的这只鸟必须也同样改成相同的方向飞行；三是每只鸟必须确保自己不要撞上最相邻近的鸟。在群鸟中，每只鸟都在百分之一秒内反反复复地做出这些简单的决定，形成壮观而迷人的景象，其中支配整体运行的三个规则并不难理解，但发现其中的奥秘规则却历经坎坷。这种情形可能对金融刑事司法实践的改革要则探索具有一定的启发意义。结合近年来我国刑事立法的修改变化，特别是《刑法修正案（八）》和《刑法修正案（九）》所系统体现的宽严相济刑事政策精神，以及我国目前刑事司法改革的现实，特别是我国部分地区实行的改革实践，即2014年刑事案件速裁程序试点工作及2016年

* 付立忠，中国人民公安大学副教授，硕士研究生导师。

认罪认罚从宽制度试点工作所整体呈现的刑事司法新理念。经过反复斟酌后的结论性看法是，刑事警察处置金融犯罪应当坚持如下三项重要的规则。

## 一、坚持法律根据的底线规则

我国金融刑法的创制几乎与我国经济体制改革同步，金融刑法的发展也时刻离不开经济体制改革的进程。整体而言，现行的金融刑法体系尽管存在一定的不足与缺陷，但目前基本上还是能够满足惩处金融犯罪的需要，因此，金融刑事司法还是应当以刑法、刑事诉讼法所规定的内容为依据，不能突破作为执法根据的法律底线。特别是刑事警察作为开启金融犯罪惩处刑事诉讼程序的第一道把关人，必须坚持法律根据的底线原则。从总体上看，坚持法律根据的底线规则，就是要求刑事警察在查办金融犯罪时或者后续侦办过程中，必须在实体上严格按照刑法规定的犯罪构成条件、有关司法解释规定的立案标准和相关刑法原理来查明事实并正确认定案件性质，同时在程序上也必须严格按照刑事诉讼法的相关规定做出不予立案、撤销案件或者立案侦查、移送起诉等决定。具体来说，坚持法律根据的底线规则包括两个核心要素：



**1. 该立案的则必须启动立案程序**

对于存在金融犯罪的嫌疑人，或者有金融犯罪事实的证据，或者有国家有关机构提供的金融犯罪线索，符合立案事实证据标准的，就必须立案及时进行侦办。这是刑事警察依法履行基本职权的职责要求，也是查办金融犯罪最起码的底线规则要求。否则，有法不依，执法不严，必将有损于社会主义法治的健康发展。实践中，这种诉求或者不满的主体组成主要来自自然人中的被害人或者诉讼代理人，部分来自受害企业或团体，很少来自国家机关或国有单位。相对而言，公安机关的刑事警察权力强大，几乎可以忽略对自己的不利因素，能够玩忽职守地做出不立案的决定，甚至明知有罪而滥用职权不予立案。这种现象实际上突破了法律的底线，必须加以有效地遏制。对于这种应当立案而不立案的不作为，可以从两个方面考虑：从公安机关内部来说，应当通过适当途径加以解决，如有关领导批示或者下达指令，敦促立案部门或者立案负责人员进行立案。对外部的检察机关来说，应当根据《刑事诉讼法》第 111 条的规定进行处理：要么要求公安机关说明不立案的理由；要么认为公安机关不立案理由不能成立的，就应当通知公安机关立案（根据该条后面的规定，公安机关接到立案通知后应当立案）。另外，如果公安机关内部监督或者检察机关外部监督缺失，则可通过向上级公安机关、检察机关反映的方式，或者借助人大机构的权威、社会舆论媒体的力量等途径，呼吁有关司法机关必须认真履行法定职责，并对不尽职责者给予必要的惩处或者相应的责任追究。

**2. 不该立案的则坚决不予立案**

不该立案的则坚决不予立案，也就是绝对禁止启动立案程序。对于没有涉及犯罪的或者行为没有达到犯罪程度的，则应当坚决不予立案，处于立案过程的必须停止立案，已经立案的必须撤销案件。这是刑法保障功能和罪刑法定原则的基本要求，无辜的人或者无罪的人不应受到刑事追究的程序要求，也是查办金融犯罪最起码的底线规则要求。实践中，不该立案的而立案，主要来自利益关系的影响，有的打擦边球，有的借口涉嫌金融犯罪而立案，有的擅自干涉经济纠纷替人索要欠款，有的属于领导交办的任务，有的属于上级权力机关或者领导部门的指示要求。不该立案的而立案，也是有法不依、执法不严的滥用职权胡乱作为的情形，这种现象明显地突破了法律的底线，尽管后续有检察机关、审判机关的程序把关和实体核办，但也必须及时加以阻止，否则，极容易引发冤假错案，而且严重浪费有限的司法资源，更重要的是，直接破坏公平正义的社会主义核心价值观，因此，刑事警察必须坚决地、全面地、尽可能地加以遏制。

## 二、坚持疑罪从无的保障规则

刑事警察有机会最先接触到金融犯罪，包括案件报案、控告、举报线索、当事人或者相关利益者，在一定意义上讲，会成为案件向不同方向发展的主导者、掌控者、决定者。对于金融犯罪事实清楚，证据确实、充分，不存在应当排除证据的情形，应当按管辖规定开展立案侦查工作。但在金融犯罪事实难以判定、辨认不清，证据残缺不全、瑕疵严重，案件性质存在天壤之别等模棱两可或者难以甄别的情况下，就应当根据疑罪从无的精神，行使本来就有的职责之权做出不立案或者撤案处理决定，以确保相关当事人的合法权益。在刑事立案侦查阶段坚持金融犯罪疑罪从无，有利于刑法功能的全面发挥，特别是对于人权保障功能的贯彻具有重大的意义。刑事警察坚持处置金融犯罪案件疑罪从无的保障规则需要理解以下两点：

**1. 刑事警察有权成为金融犯罪疑罪从无的主导者**

根据现行刑事法律的有关规定，检察官在起诉阶段、法官在审判阶段均有权行使疑罪从无原则，而刑事警察在侦查阶段是否有权适用疑罪从无并无明确的条款规定。但从法律条文之间的相互关系和逻辑演绎情况来看，做出肯定结论的推断是合乎立法精神的。而且，从实践的角度来说，对于证据不足的疑罪案件，侦查机关最终还是有权决定结案来终止程序的，尽管这种情形比较少见。应当强调的是，刑事警察应当有勇气和胆魄对金融犯罪中证据不足的疑罪案件做出不立案的决定，也就是应当根据职权和法律规定、通过有责任的担当方式来阻止不该启动的刑事诉讼程序，避免放弃应当行使的权力而推脱责任的滥用立案权、侦查权，将疑罪从无的案件推到检察阶段或者审判阶段。正如有人指出：司法机关及其办案人员更是“各尽其能”，要么将疑罪长期搁置不做处理，致使犯罪嫌疑人长期处于罪与非罪不明的不安状态，甚至被超期羁押；要么强行移送检察机关，经退查后再由检察机关按疑罪做出不起诉决定。前者严重侵犯犯罪嫌疑人的权利，后者虽然在一定程度上解决了久侦不决的问题，但实质上是规避现行法律，浪费司法资源，降低司法效率，不利于实现刑事诉讼目的和价值。[1]如果刑事警察能够果敢行使这种“防火墙”的手段，使得一部分金融犯罪中疑罪从无的案件无须以检察机关不起诉决定或者审判机关无罪宣判的方式来了结，那么，对于犯罪嫌疑人、被告人应有权利的保障具有重大意义，而且可以最大限度地节约有限的司法资源。



**2. 从严把握入罪标准的基本立场**

客观而言，司法机关有关入罪标准的规定及其理解在一定范围内也存在不同程度的宽严把握问题。在现实社会中，又不能否认有人指出的：司法机关的“选择性打击”已经成为打击经济犯罪的一种现状描述。所谓“选择性打击”，是指在打击犯罪（特别是经济犯罪或金融犯罪）时，并非对所有符合刑法构成要件的行为都进行打击，而只是选择其中的一部分进行打击。此举实属无奈，按照最高人民法院和最高人民检察院的司法解释，内幕交易等证券犯罪的交易额达到50万元就构成犯罪，就要追究刑事责任，而实际上，根本不可能做到“无差别”的全面追究，因为中国股市俗称“政策市”“消息市”，每天达此标准的炒股人士何止千万。因此，我们只能选择类似黄光裕之类交易额达到数亿元、数千万元的“大鱼”进行打击。对数十万元、数百万元交易额的内幕交易案基本不追究刑事责任。[2]由于金融犯罪的入罪标准是以违反金融行政法律为基本前提条件的，而刑法是行政法律的保障法、后盾法。何况实践中，由于很多金融犯罪案件存在犯罪与违法界限模糊的情形，因此在研定疑难案件中金融违法行为入罪时，应当从严考虑，把握入罪标准的基本立场。特别是在证据不充分、性质两可、非罪因素比重大等情形下，选择不立案的基本立场来处理方式比较稳妥，也相

[1] 于朝：《论我国疑罪从无原则的立法完善》，郑州大学2010年硕士学位论文。

[2] 参见顾肖荣、陈玲：《惩治证券犯罪效果的反思与优化》，载《法学》2012年第10期。

对合理。具体处理方式主要包括两种模式：一是不急于立案而暂缓搁置。这种做法不是不管，而是暂时没有依据管，管了实际就等于滥用职权，暂缓搁置这种不作为应当是根据已有情况的最佳选择。急于决定则缺乏事实、法律、性质等有力支撑，本质等同于不负责任。二是积极寻求破解但必须慎重。这是在没有根据行使职权情形下的一种权宜之计，即随时保留行使职权的可能性，积极等待案件情况的新发展变化，而绝不能主动地启动刑事诉讼立案程序。在此前提下，寻求解决问题的蛛丝马迹，对于性质棘手的疑难案件可从公安机关内部体系积极寻求破解途径，甚至还可以寻求检法机关探讨疑难问题的解决之道。

## 三、坚持开拓和解的合理规则



金融刑事司法必须依法进行，这是毫无疑问的，也是法律根据的底线规则的基本精神。当金融犯罪和社会大环境发生空前巨变，法律来不及修改或者完善的情形下，金融刑事司法开拓或者金融刑事司法变通则不可避免，并且具有广阔的探索空间，有的可能触及法律盲区，有的可能触及过时的或者落后的条款规定，有的甚至可能触及法律雷区。因此，为了确保金融刑事司法开拓或者金融刑事司法变通不会违背公平正义的法治基本精神，就应当结合宽严相济刑事政策的精神，基于理性思考的前提下进行衡量和把握，来寻找有效可行的解决方案。根据2014年6月27日开始的刑事案件速裁程序试点工作至2016年9月4日为期二年的认罪认罚从宽制度试点工作整体呈现的刑事司法新理念，可以确信，金融刑事司法可能开拓之一的领域就是对轻微金融犯罪适度进行和解的处理模式的探索，这里主要是指在刑事诉讼开启程序中以刑事警察为主导的对轻微金融犯罪刑事和解处理模式的探索，而探索的基础应当是坚持开拓和解的合理规则。理解该规则主要包括以下两方面内容：

### 1. 刑事警察处置轻微金融犯罪刑事和解具有相当的合理性

刑事警察作为主要的刑事司法诉讼启动的程序入口把关者，虽然无权干预经济纠纷，但却具有明确的查办经济犯罪的刑事职权。如果有证据表明或者事实上存在可能的经济犯罪，刑事警察介入相关经济纠纷事件往往不可避免。这里重点要探讨的是针对性质明确的轻微金融犯罪，刑事警察进行刑事和解是否存在合理性，如何看待其范围、程度等问题。

首先，从刑事和解价值取向来看，针对轻微刑事犯罪进行和解处理是我国刑事司法改革的一个重要路径，是比惩罚机制更为简便经济、更为效率地化解矛盾的解决机制。特别是金融犯罪具有法定犯的特点，相对自然犯而言社会危害性小，更容易得到被害人的谅解，如果刑事警察能够对轻微金融犯罪进行刑事和解处理，不仅符合国家权力适度谦让与节约有限司法资源、保护被害人权益与兼顾教育感化加害人、平衡国家与社会及个人利益等多元价值目标要求，而且具有刑法目的、刑罚目的、诉讼目的、法治目的等正当性、公正性的正能量性质。可见，这种实践中积极探索模式的合理性是显而易见的。

其次，从现有法律有关刑事和解规定的立法精神讲，尽管刑事和解受案件类型范围、犯罪性质轻重、当事人双方谅解、司法机关认可决定等诸多条件限制，但立法本质在于强调对于当事人双方矛盾化解的、社会秩序基本恢复的轻微刑事案件，司法机关就可以有权作出非罪、免处、轻处等终结性的处理决定，至于公检法哪个司法机关有权行使、权力程度如何、程序步骤如何、处理结果如何等问题并非立法的重点内容，这些非关键性因素是可以调整和改进的。正如有人指出的，恢复性司法主张对犯罪的正确反应首要的不是惩罚，而是积极弥补犯罪造成的损害，并修复因犯罪而遭到破坏的社会关系。恢复性司法特别强调对被害人的保护，对被害人的需要给予了全面而格外的关注，包括物质需要、情感需要、社会认可需要等，从而得出："无害的正义"、以被害人为主导、致力于全面救济损害，构筑了恢复性司法理念的主要价值支点。因此，只要把握好立法化解社会矛盾、平衡公权与私权等核心理念，以及公平、正义、效率等立法宗旨，那么处于刑事诉讼前线的刑事警察是有条件也有能力去探索对轻微金融犯罪进行的刑事和解活动的。当然这种刑事和解活动也应当有基本条件的要求，包括加害人彻底悔罪，被害人真正谅解，公权行使基本程序与监督机制等，这些限定元素将有利于保障这种新的刑事司法模式能够正常有序健康的发展。

再次，从刑事司法实践的现实经验说，刑事和解的司法实践存在于现行法律规定的十年前，主要受可恢复性司法理念的影响，适用于纠纷性质的、可赔偿、易谅解的轻微犯罪案件。2002 年，在全国范围内最早开展轻伤害案件刑事和解的是北京市朝阳区人民检察院，2003 年北京市政法委以《关于北京市政法机关办理轻伤害案件工作研讨会纪要》的文件形式把刑事和解机制推广到北京市各区县的刑事司法实践中。据不完全统计，截至 2010 年，刑事和解制度已经被包括上海、浙江、湖南、湖北、江苏、云南、吉林、广东、福建等许多地方的司法机关采用。可以说，刑事和解已经取得了一定司法实践经验。从刑事和解适用的案件类型来看，主要是轻伤害、盗窃、毁财、非法拘禁、非法侵入住宅、交通肇事、过失致人死亡等轻微犯罪、过失犯罪类型的案件。个别地区的公安机关已经尝试对部分经济犯罪案件进行和解处理，主要是指生产、销售伪劣产品罪和生产、销售假药劣药罪等犯罪情节轻微、危害不大的犯罪，还有部分是侵犯知识产权、经济合同的犯罪，这类犯罪主要以自诉案件进行处理。正如有人阐明：公安机关客观上成为我国纠纷解决体系中的基本力量，公安机关调解包括轻微刑事案件在内的各种纠纷已经成为法律规定秩序基础上的“自生自发秩序”。如今，社会日新月异地不断向前发展，刑事司法改革力度也在不断加大，可以确定金融犯罪案件存在相当程度的刑事和解的可行性，因为在轻微金融犯罪案件中受害人和加害人的主要矛盾本质属性是经济利益之冲突，如果妥善地解决了利益之争，社会秩序也基本能够有效地被恢复，那么国家公权力的行使就应当考虑必要性、成本效益及刑事法律规制的终极目标。特别是，金融领域里的经济纠纷与违法行为、轻微金融犯罪的区别与界限，往往是你中有我我中有你的混合区域，甚至存在模棱两可的情形。在这种情况下，开拓以刑事和解模式解决司法疑难问题明显具有重大的社会价值和深远的实践意义。





最后，从不断丰富和发展的刑事和解的国内理论态势和国外发展情况论，在轻微金融犯罪领域开拓刑事和解存在巨大的可圈可点的研讨空间。一般而言，有关刑事和解适用案件范围，国内学界存在分歧很大的两类观点：第一类，刑事和解只能适用于轻微的刑事案件和未成年人犯罪案件。第二类，刑事和解原则上可以适用于任何案件，包括轻罪、重罪和死刑案件，但要区分案件性质。而在世界范围内，随着刑事和解理论和实践的发展，不少国家开始扩大刑事和解的适用范围，不仅对于轻罪和未成年人犯罪适用刑事和解，对于重罪甚至死刑案件也可以根据案件情况有限制地适用刑事和解。可见，刑事和解的发展态势是适用范围不断扩展，有关的限制条件则越来越少。正如有人指出：应当以能否有效实现刑事和解的价值、体现制度立意为标准，只要适用刑事和解可以达到缓和社会矛盾，恢复社会关系，维持社会秩序，保障双方当事人合法权利的目的，并且不会造成不良社会影响，就应属于刑事和解的适用范围。还有人明确建议：在集资诈骗案、贷款诈骗案、票据诈骗案、金融凭证诈骗案、信用证诈骗案、信用卡诈骗案、有价证券诈骗案、保险诈骗案、合同诈骗案等九类案件中可以考虑适用刑事和解。这九类案件侵害了受害人的财产权，同时侵害了国家的金融管理秩序和合同管理秩序等，在国家的金融管理秩序和合同管理秩序所受危害不严重的情况下，可以考虑适用刑事和解。因此，对轻微金融犯罪领域开拓刑事和解实属必要。其实，对破坏社会主义市场经济秩序犯罪不能适用刑事和解的判定存在一定的片面性，因为有些经济犯罪原本属于经济纠纷或者民事争议性质，只是由于影响恶劣、规模过大或者触犯法律底线才升格为涉嫌犯罪，其中当事人权益之争往往通过赔偿、恢复权益即可化解矛盾，公权的介入主要应当考虑的是适度问题，而采用刑事和解模式处理既惩处了犯罪又安抚了被害人及社会民怨，本质上也无损国家利益，在一定意义上是解决处理疑难案件的一种新途径，比较妥当且合乎情理。

**2. 应当注意合理开拓轻微金融犯罪刑事和解的基本要求**

根据现行《刑事诉讼法》第 277 条、第 278 条和第 279 条的规定，刑事和解案件的基本条件包括：一是必须属于性质轻微的刑事案件：可能判处 3 年以下刑罚的因民间引起的侵犯公民权利、侵犯财产权利的犯罪案件，或者除渎职犯罪以外的可能判处 7 年以下刑罚的过失犯罪案件；二是必须存在当事人双方矛盾已经化解的事实：一方面（除 5 年以内曾经故意犯罪的以外）犯罪嫌疑人、被告人真诚悔罪，通过赔偿损失、赔礼道歉等方式获得被害人谅解，另一方面被害人自愿和解；三是必须经由司法机关审查、决定的认可：公检法三机关对双方当事人和解的自愿性、合法性及和解协议书进行审查，最后由公安机关、检察院提出从宽处理建议，检察院有权作出不起诉的决定、法院有权作出从宽处罚的决定。从上述规定可以看出，公安机关有权办理部分轻微犯罪和解案件，也有权提出从宽处理的建议，但是没有检法所享有的和解案件终结的处理决定权。从 2012 年根据新形势修改的刑事诉讼法的上述规定可以看出，刑事和解程序作为特别程序首次被规定，具有明显的开拓创举和探索意义。但这种新的诉讼制度仍然不能满足目前的刑事司法实践的需要，特别是经济领域里办理轻微金融犯罪过程中那些已经化解了主要矛盾、具备了和解实质条件的案件，司法机关就应当有权作出相应的和解处理决定，也就是说不能过分强调非实质的案件性质范围和检法机关的主导决定权。因此，从合理探索的应然的角度来看，处于惩治轻微金融犯罪刑事诉讼程序第一线的刑事警察有条件最先化解金融犯罪双方当事人的矛盾，有机会将国家刑事追诉权的行使成本降到最低，有能力代表司法机关作出刑事案件和解的终结处理。进一步而言，坚持开拓和解的合理规则，意味着刑事警察可以对符合和解实质条件的轻微金融犯罪案件进行逐步的探索，既包括在实体上的探索：在查明案件性质的前提下帮助有关当事人做好矛盾化解，协调办理好相关赔偿恢复事项，排除不合理或不公正情形，把握好和解协议文书的质量关等；也包括在程序上的积极探索：在立案及侦查阶段终结刑事诉讼程序的可能性或条件性，公安机关的自我监督规制，检察院的法律监督机制等。

# 非法集资犯罪案件司法实务常见疑难问题探究

周桂芳[*] 王 赟[**]





当前我国非法集资犯罪高发，2015年全国非法集资犯罪发案数量、涉案金额、集资参与人数同比分别上升71%、57%、120%，达到历年最高峰值。[1]海口作为省会城市，近三年来，非法集资犯罪大要案频发，此类案件不仅严重破坏了社会主义市场经济秩序，还给众多不特定的集资参与人造成巨大损失，容易引发群体性上访，严重影响社会和谐稳定，同时也给司法机关和政府职能部门依法妥善处理此类案件带来了许多棘手的问题。为此，笔者结合海口市检察机关近三年来办理的非法集资案件，分析总结此类案件在司法实务中的七个共性问题，并提出有针对性的对策和建议，以期对理论研究和实务工作有所裨益。

## 一、海口市检察机关办理非法集资犯罪案件概况及特点

非法集资犯罪并非我国刑法规定的犯罪类型，根据刑事法律规定和司法实践，非法集资犯罪是指单位或者个人未按照法定程序经有关部门批准，以投资债券、股权、商品营销、生产经营等方式向不特定的社会公众筹集资金，并承诺在一定期限内以货币、实物以及其他方式向出资人还本付息或给予回报的经济犯罪。实务中最常见的是非法吸收公众存款罪和集资诈骗罪，非法集资犯罪相关的司法解释主要是对这两个罪名进行解释。

2013年1月至2016年10月，海口市、区两级检察机关依法审查起诉非法吸收公众存款和集资诈骗犯罪案件17件40人，涉案有损失的集资参与人达6364名，涉案金额共计30.95亿元，其中，海口市院审查起诉9件31人，涉案有损失的集资参与人达5877人，涉案金额共计21.97亿元，案件数、有损失的

* 周桂芳，海口市人民检察院公诉一处处长。

** 王赟，海口市人民检察院公诉一处助理检察员。

[1] 数据来源于2016年4月27日召开的处置非法集资部际联席会议。

集资参与人人数、涉案金额分别占全市的52.9%、92.3%、70.1%。此类犯罪案件主要集中在海口市检察院审查起诉，呈现以下特点：

1. 涉案金额巨大。近三年来，海口地区非法集资案件不仅在总体上呈上升趋势，而且大要案居多，海口市院办理涉案金额过亿元的案件就有5件。比如，涉案金额最高的是谭某某、贾某某非法吸收公众存款案，非法集资数额高达13.3亿元。又如，李某某、陈某某非法吸收公众存款案，二人以高息为诱饵，向全国数省、市的数百人非法集资3.9亿余元，然后拆借给有资金需求的企业。

2. 集资参与人众多，分布地域广。非法集资犯罪针对的是社会不特定群体，集资参与人往往涉及不同省、市和地区，以及社会各阶层，动辄数百人，甚至数千人。例如，谭某某、贾某某非法吸收公众存款案中，有损失的集资参与人达5000余名，遍及河南、河北、江苏等七个省份，多为中老年人。



3. 犯罪手法不断翻新，迷惑性和欺骗性更强。犯罪手法由早期的债券类投资、生产经营类投资转变为私募基金、理财产品、加盟返利等商品营销类投资，披上合法的外衣，欺骗性更强，投资人更容易陷入非法集资圈套。此外，现行的非法集资模式早已由早期单纯的“拆东墙补西墙式”转变为依托实业项目的融资模式。例如，沈某某等人集资诈骗、非法吸收公众存款案，沈某某成立多家公司，以投资典当、艺术品等多个项目为名，向社会公众融资，并与投资人签订规范的合同文本、担保协议等，善用“法言法语”，逻辑严谨，刻意规避法律，导致有的被害人难以发现自己被骗，贻误了报案时机，为后续的犯罪数额认定和涉案赃款处理造成一定的障碍。

4. 侦查取证工作难度大。因集资参与人众多，往往是通过口口相传的方式传播非法集资信息，以类似于非法传销犯罪中的多个层级进行非法集资，且资金往来大量通过各自的银行账户转付，账户资金错综复杂，而且经常性地跨省跨地区异地取证，导致侦查取证工作千头万绪，工作量巨大。集资参与人的涉众性是非法集资案件的最大特点，也是办理此类案件的最大难点。

5. 损失挽回的难度大。非法集资案件的案发往往是因为犯罪嫌疑人资金链断裂导致无法归还本金及支付高额利息，大多数此类案件结案后赃款无法追回，给集资参与人造成巨大的经济损失。据统计，全市的非法集资案件涉案金额高达30.95亿元，但挽回的损失只有8.8亿元，挽回损失比例仅为28.4%。实践中，有的集资参与人挽回损失心切，往往通过到政府或司法机关群体上访的方式表达诉求，或者仅出于挽回个人损失考虑而提出不理性或者不合法的诉求，给司法机关办案施加压力。损失挽回难度大，是此类案件容易出现群体上访和极端诉求的重要原因。

## 二、非法集资犯罪案件司法实务常见疑难问题

非法集资案件有刑民交织、案件复杂敏感、侦查取证难、损失挽回难等特点，导致此类案件在侦、诉、审各诉讼环节，在实体和程序处理方面存在诸多难点。结合海口市检察机关办理非法集资案件的情况，笔者分析总结出司法实务中存在的七个方面的问题：

### （一）合法民间融资与非法集资犯罪的界限难以区分

民间融资是指非金融机构的自然人、法人或其他组织之间在不违反法律规定前提下发生的借贷行为，是为了生产经营需要，解决资金短缺的合法民事行为。民间融资包括民间借贷、私募基金、典当融资等多种方式。[1] 随着经济社会的不断发展，出现了依托互联网平台的网络借贷、股权众筹等新兴的民间融资模式。民间融资与非法集资两者之间有着本质的不同，融资行为是否符合法律的规定是区分二者的关键，但在实践中，因各种新型融资形式层出不穷，专业性强，司法机关往往难以区分新型融资行为的合法与否，即使是专门机关往往也分不清二者的界限，将非法集资犯罪行为也当作一种新型的合法经营行为，有的非法集资行为因此没有被及时取缔而长时间公然存在，直至刑事发案时已造成难以挽回的损失和严重后果。非法集资犯罪一般都假借民间融资的外衣，甚至有的案件就是由合法的民间借贷行为转化而来，因此两者之间的界限经常模糊不清。2010 年最高人民法院出台的《关于审理非法集资刑事案件具体应用法律若干问题的解释》虽然对非法集资犯罪的概念、特征、行为方式作了明确规定，但对于非法集资犯罪中非法性、利诱性、公开性、社会性四个特征，特别是对其中非法性、利诱性两个特征的理解容易产生不同的认识。例如，实践中，难以辨别纷繁复杂的新型集资模式是合法的经营行为还是非法集资；对利诱性特征难以把握，从利诱性角度去区分罪与非罪，难以进行判断。因为民间借贷和投资理财本身也具有利诱性，如果无利可图，投资人一般不会将款项借给借款人，而借款人在借款时往往也会承诺归还本金并支付一定利息；投资理财的业务员往往也只会对未来的收益进行分析，很少会主动告知投资人投资存在的风险，这些都是市场经济中的常见现象。因此，如何界定非法集资犯罪的非法性、利



[1] 北京市人民检察院非法集资犯罪问题研究课题组：《涉众型非法集资犯罪的司法认定》，载《检察官学院学报》2016 年第 3 期。

诱性，有必要进一步厘清。

### （二）非法吸收公众存款案中的集资参与人诉讼地位的认定存在争议

集资诈骗罪侵犯的是双重客体，即国家金融管理制度和公私财产权，其中有损失的集资参与人属于刑事被害人，这点应该不存在异议。但非法吸收公众存款案中的这部分人是否应当被认定为被害人，一直存在较大争议。实践中，不同的司法机关在法律文书中对此地位的表述也不一致，有的将其列为被害人，有的则将其列为证人。最高人民法院、最高人民检察院、公安部于 2014 年 3 月联合发布的《关于办理非法集资刑事案件适用法律若干问题的意见》（以下简称《非法集资意见》）使用了“集资参与人”这一概念，仍然没有对此法律地位作出明确认定。由于被害人在诉讼活动中享有法定的诉讼权利，包括委托诉讼代理人、申请阅卷、参与庭审、提起自诉、抗诉申请等，检察机关应在案件受理三日内告知其享有的诉讼权利，并在审查起诉阶段听取其意见。因此，明确此部分人是否属于被害人具有重要的法律意义。



### （三）集资参与人不报案、不配合等多种原因导致侦查取证和认定犯罪事实困难

一方面非法集资案件集资参与人众多，受办案条件和办案期限的限制，客观上，侦查取证工作本身的难度非常大；另一方面，有的集资参与人由于种种原因，如有的因自身没有损失而想置身于事外；有的已从中获利却担心参与非法集资的非法所得被司法机关追缴；有的因已采取财产保全措施，个人的损失有条件挽回；有的碍于情面；有的出于对集资者的信任等原因，而选择不报案，或者宁愿选择民事起诉，也拒绝报案。例如，沈某某等人集资诈骗案中，一名被害人在案发后先是要求司法机关“抓人”，之后因担心自己的损失无法完全弥补又要求司法机关“放人”。这些主客观因素导致公安机关无法及时查找到所有集资参与人查明全部犯罪事实，影响办案效率和质量。实践中，往往出现案件侦查机关移送审查起诉后、检察机关提起公诉后或法院判决后，集资参与人又继续报案的情况。在这种情况下，不仅需要重新启动诉讼程序，还会导致原案认定的犯罪数额存在不确定性。还有的案件虽然符合非法集资的特征，但由于愿意报案的人太少，公安机关只能以诈骗罪、合同诈骗罪等罪名立案侦查、移送审查起诉。例如，在潘某合同诈骗案中，原为一起集资诈骗犯罪案件，因 200 多名集资参与人均选择民事起诉，不配合侦查取证工作，只有 1 名有损失的集资参与人报案，最后侦查机关以合同

诈骗移送审查起诉。在审查起诉阶段，受理民事起诉的法院掌握情况后依法作出中止审理的裁定，此时 200 多集资参与人才愿意配合侦查机关调查取证。集资参与人的不配合行为严重影响司法权威、办案效率和办案质量。有的即使报案，但往往陈述的涉案金额与其提供的书证、银行账户不一致，与犯罪嫌疑人的供述也不一致。实践中，因认识不同，公、检、法三机关以及同一机关不同办案人的认定标准都不一样。因此，非常有必要统一事实认定标准。

### （四）程序上刑民交叉的审理规则难以厘清

关于刑民交叉的审理规则问题，理论上有“先刑后民”“先民后刑”和“刑民并行”三种方式，通说认为“先刑后民”是原则。《非法集资意见》也进一步明确了“先刑后民”原则，明确规定：人民法院在审理民事案件或者执行过程中，发现有非法集资犯罪嫌疑的，应当裁定驳回起诉或者中止执行，并及时将有关材料移送公安机关或者检察机关。但是，目前司法实践对于这一处理原则并未完全达成共识，存在一些难点问题。例如，有的非法集资刑事案件在审理过程中部分被害人已通过民事诉讼获得生效的民事判决，在中止执行后，还涉及通过审判监督程序撤销原生效民事判决的问题，影响民事判决的稳定性和权威性。对于已经执行完毕的民事判决是否需要执行回转的问题则更加棘手。又如，对借款合同及担保合同是否有效存在争议。如果按照“先刑后民”原则，在集资人被认定构成非法集资犯罪后，根据《合同法》规定的合同无效的情形，应认定集资人与集资参与人签订的借款合同无效，担保合同作为从合同也当然无效。也有观点认为，每笔独立的借贷行为并不构成犯罪，故每份借款合同和担保合同仍然有效。两种截然不同的观点代表了对刑民交叉问题的不同立场，而在实践中，非法集资犯罪案件在立案侦查前后，被害人民事起诉已判决或者民事起诉正在审理的情况非常普遍，对刑事案件而言，被害人民事起诉已判决的部分事实是非法集资犯罪事实的一部分，如果以维护民事判决的稳定性或者一事不再理为由将其分离出去，将导致全案认定犯罪事实的障碍，对其他被害人也是不公平的。对在刑事案件立案件侦查后正在审理的案件，虽然法院依据司法解释作出中止审理处理，但仍然浪费了大量的诉讼资源，且民事部分不当的受理，纵容了出于种种原因不配合刑事调查的被害人，出现如前述分析的第三种问题。

### （五）被害人诉讼权利义务告知难

被害人诉讼权利义务告知必须在案件受理审查起诉之日起三日内。而非法集资案件往往被害人众多，有的甚至多达数千人，如果按照普通刑事案件的做法，即先按被害人人数制作权利义务告知法律文书，然后采取书面告知的方式，由当事人签收或邮寄送达，被害人不便亲自签收的，还可以通过电话告知，在非法集资案件中，无论是书面送达还是电话告知，要在三天法定期限内完成全部告知工作不仅会产生巨大的工作量，还会增加很大的诉讼成本，这样一一送达的方式在非法集资案件中显然是不可能做到的，也是不现实的。

### （六）司法会计鉴定的作用得不到有效发挥

司法会计鉴定对办理非法集资案件具有非常重要的作用。但实践中，司法机关没有充分发挥司法会计鉴定的作用，主要存在以下几个方面的问题：一是侦查机关对司法会计鉴定不够重视，不及时借助司法会计鉴定机构。有的案件直到提起公诉时仍没有委托司法会计鉴定机构或得出司法会计鉴定意见，影响犯罪数额的认定，甚至导致侦查方向偏差。二是侦查机关和司法会计鉴定机构之间没有形成良性互动，造成二者脱节。侦查人员与鉴定人员之间没有进行良好的沟通，存在信息不对称现象，鉴定人员对案件中涉及的证据、数据不能进行有针对性的分类、归纳等，造成鉴定意见与案件事实脱节，达不到证明的目的，对认定案件事实作用不大，影响指控效果。三是鉴定费用过高，影响侦查机关进行鉴定的积极性。司法会计鉴定机构是根据涉案数额收取鉴定费用的，个别案件涉案数额特别巨大，鉴定费用过高，增加了侦查机关办案成本。例如，海口市院办理的曾某集资诈骗案，涉案金额高达数亿元，为了进行司法会计鉴定，海口市公安局向有鉴定资格的会计师事务所询价，鉴定费用最低报价是 50 万元，因无法提供该笔资金，最后只能选择报价低的另一家司法会计鉴定中心进行鉴定，由于该鉴定机构人员少、力量弱，直至案件提起公诉也未能做出合法有效的鉴定意见，严重影响了办案效率和质量。

### （七）追赃困难，容易引发群体性事件

非法集资案件的被害人众多，往往经济损失巨大，案发时集资款往往已被挥霍、转移或者拆东墙补西墙用于向部分集资参与人支付高额利息，无法顺利追缴和查清去向。根据调研统计的数据，海口市非法集资案件的赃款返还比例不足三成，虽然司法解释规定了应当追缴的违法所得的范围，但没有明确规定具体追缴机关、程序，几乎无法追缴其中获取暴利的部分集资参与人的非法所得。因此，查封或者扣押到的涉案财产往往与被害人的损失相去甚远。而被害人的损失有大小之分、诉求又各不相同，出于趋利避害本能，都希望自己的损失能完全挽回。因此，涉案财产的处理，关系到每一个被害人的切身利益，也

是办理此类案件最敏感、最棘手的问题，如处理不当极易引发群体性上访事件，影响社会稳定。

## 三、完善非法集资案件司法认定的对策和建议

办理非法集资犯罪案件涉及方方面面，不是仅靠刑法就能解决所有的问题，僵化地适用法律条文并不能取得良好的法律效果和社会效果。2016 年 2 月国务院出台的《关于进一步做好防范和处置非法集资工作的意见》确立了严格依法、分类施策的处置原则。只有在法律的框架下，综合运用经济手段、民事手段、刑事手段，才能妥善处理好此类案件。笔者结合司法解释的相关规定和海口市检察院办理此类案件的做法，对前文所述的问题提出可供参考的建议。

### （一）严格区分非法集资与合法民间融资的界限

区分非法集资与合法民间融资的界限，必须牢牢抓住非法集资犯罪的本质特征，结合非法性、公开性、利诱性、社会性四个要件进行综合认定。其中，非法性、利诱性是区分非法集资与合法民间融资的关键。

1. 非法集资的主体从事融资活动具有非法性，是区分非法集资与合法民间融资的关键。合法的民间融资行为一般对融资者都设定了主体资质审核义务，如在私募基金中，融资者在成立、完成资金募集、注销时都需要向证券业协会备案，证券业协会会将有关信息进行公告，其融资行为是在有关部门的监控之中的。而非法集资是未经国家有关部门批准或借用合法经营形式进行融资活动，其行为是脱离国家管控和法律规制的，增加了融资行为的风险性。从理论上讲，非法集资与合法民间融资二者的界限不难区分，但在实践中，对借用合法经营形式从事非法集资行为认定的难度较大，特别是随着互联网技术的兴起，对新型非法集资犯罪行为的认定需要借助对互联网、金融等相关专业知识的了解，以及对国家相关法律法规的全面掌握才能进行准确区分。例如，P2P 金融，是 2011 年以来随着互联网兴起而出现的一种新型网络借贷模式，因其有助于借款人和出借人在互联网平台上直接成交、点对点贷款，而节约了诸如商业银行等金融机构的运作成本，成为互联网金融脱媒化的典型代表，其基本特征是网络线上、小额分散、信息中介。而利用 P2P 金融进行非法集资，是一种异化的 P2P，往往将线上转移到线下或者线上和线下相结合、虚构资金用途自融资金，《网络借贷信息中介机构业务活动管理暂行办法》对此行为已明确禁止。利用 P2P 金融进行非法集资，实质是行为人通过脱离有关部门在线上（互联网）

的监管，为自己融资，和出借人之间形成点对面，而非 P2P 的借款人和出借人间的点对点融资，一旦行为人（点）的资金链断裂，将出现面的风险。对 P2P 金融知识的了解以及对《网络借贷信息中介机构业务活动管理暂行办法》的掌握，就很容易判断利用 P2P 是非法集资还合法民间融资。当然，对新型的非法集资行为非法性的认定，特别是对某种融资模式还没有相关的法律法规规范的情况下，应当慎重。因集资诈骗、非法吸收公众存款犯罪均破坏了金融管理秩序，在具体案件中可以充分听取金融领域专家的意见，并结合刑法及相关司法解释的规定，严格区分非法集资与合法民间融资。

2. 非法集资行为具有利诱性，这是区别于合法融资的重要方面。非法集资行为人进行宣传时会刻意回避投资风险，虚构或者夸大投资项目，以各种方式向集资参与人承诺在一定期限内给予高额回报，使集资参与人相信其在投资真实项目，且是安全的，这种刻意回避风险的宣传方式体现了利诱性特征。而合法的融资行为要求融资者向投资者履行风险明示义务，让投资者能够预见到可能存在的投资风险，了解自己所投资金的运转情况，不会为了融资的规模而隐瞒可能存在的风险。无论是非法集资还是合法融资，都存在给予经济回报的情况，那么除了是否履行风险明示义务之外，还有没有其他的衡量标准？实践中，非法集资者给予投资者的回报一般在月息 2% 至 5%，那么高息的标准是多少？2015 年最高人民法院《关于审理民间借贷案件适用法律若干问题的规定》（以下简称《民间借贷规定》）明确了这一问题。该规定第 26 条规定：借贷双方约定的利率超过年利率 36%，超过部分的利息约定无效。借款人请求出借人返还已支付的超过年利率 36% 部分的利息的，人民法院应予支持。这意味着，所谓的高息原则上就是指超出 36% 的年利率的情形。当然，对于约定了高息的情形，并不能一概以非法集资犯罪论处，是否涉嫌犯罪还应结合其他特征予以综合判断。

### （二）将非法吸收公众存款案中遭受损失的集资参与人视为被害人

有观点认为，非法吸收公众存款案中的集资参与人不属于被害人，主要是基于以下几点理由：第一，非法吸收公众存款罪属于破坏金融管理秩序犯罪，所侵犯的客体是单一客体即国家的金融管理秩序，不包括投资人的财产所有权。第二，刑法保护的被害人应当具有正当性，集资参与人的利益不属于刑法保护的范围。投资人为了贪图高额利润，参与法律明令禁止的非法金融业务活动，这本身就是一种违法行为，因违法行为而遭受的财产损失不应受到法律保护。第三，将集资参与人认定为被害人会产生法律指引方面的副作用。在生活意义上，有的集资参与人确实遭受了损失，但如果将其作为法律意义上的被害人，实际上就是通过法律手段和利用司法资源为违法者追回损失，这有损法律的公正，将对社会公众产生不良的示范和教育作用，不利于预防此类犯罪。[1]

笔者认为，应当通过司法解释的形式把非法吸收公众存款犯罪中遭受损失（扣除已获取的利息后本金尚未归还）的集资参与人明确规定视为被害人，具体有以下几点理由：第一，从被害人的定义来看，被害人就是指人身、财产权利受到犯罪侵害的人。所有遭受犯罪侵害而承担危害结果的人均属于被害人，我们不能否认集资参与人财产利益受损的事实。第二，从犯罪客体来看，非法吸收公众存款的行为既侵犯了国家的金融管理秩序，又侵犯了集资参与人的财产权益。根据最高人民法院《关于审理非法集资刑事案件具体应用法律若干问题的解释》的规定，个人非法吸收公众存款，给存款人造成直接经济损失数额在10万元以上的，应当追究刑事责任。可见，"给存款人造成直接经济损失"是非法吸收公众存款罪客观要件之一，刑法是保护存款人的直接经济利益的。我们不能仅因为非法吸收公众存款罪设置在刑法分则第三章第四节"破坏金融管理秩序罪"中就认定其侵害的仅是国家的金融管理秩序。举例来说，寻衅滋事罪设置在妨害社会管理秩序罪这一章，其侵害的法益是社会管理秩序，但是该罪侵犯的法益一般是个人人身权或财产权。与集资诈骗罪相比，实践中，主要是行为人主观目的不同，作案手段和方式往往极为类似，且后果相同即造成了他人财产损失，而且刑法将二者同归于第三章破坏社会主义市场经济秩序罪，从这个意义上讲，承认集资诈骗罪中有损失的集资参与人为被害人，如果不承认非法吸收公众存款中有损失的集资参与人被害人确有不妥。第三，从司法实践来看，无论是地方各级法院的判决还是最高人民法院的指导案例，均明确了非法吸收公众存款案件中存在被害人，判决将涉案赃款根据投资人的损失按比例发还。《非法集资意见》也确认了该做法，规定"查封、扣押、冻结的涉案财物，一般应在诉讼终结后，返还集资参与人。涉案财物不足全部返还的，按照集资参与人的集资额比例返还"，实际上在损失的挽回方面赋予了集资参与人被害人的诉讼地位。第四，从社会效果来看，如不赋予人以被害人的诉讼主体地位，则其诉求得不到充分表达，也不享有提起抗诉、申诉的权利，会导致堵塞救济渠道，引发涉诉信访，不利于化解社会矛盾、维护社会稳定。第五，从有利于案件处理来看。赋予集资参与人以被害人的诉讼主体地位不仅有利于维护其合



---

[1] 参见张衍、杨福明：《非法吸收公众存款案中存款人不应当作为被害人》，载《检察日报》2010年5月19日，第8版。

法权益，还可以明确其诉讼义务，有利于案件的办理。集资参与人如果以被害人身份报案，公安机关可以要求其配合侦查工作，积极提供借款协议、付款凭证等证据，并告知其虚假陈述可能会导致的不利后果。如果将集资参与人视为证人，其参与诉讼的积极性势必会大大降低，对出于各种原因不配合办案的，很难通过强制手段对其取证，不利于及时查明案情及后续审查起诉和审判工作的开展。

当然，笔者提出视集资参与人为被害人并不是等同于被害人，而是意在说明实质不是被害人，是为了具体案件处理的需要而作出的特别规定。应当对其诉讼权利较被害人进行限制，对其诉讼义务在被害人的范围内进行明确。



## （三）应当结合全案证据综合认定非法集资对象人数和以及非法吸收资金的数额

非法集资案件涉案总金额的认定，需要以每一个被害人的投资数额为基础进行累加，但由于前述分析的原因，有些被害人仅有自己的陈述而没有相关合同、收据等书证材料予以证明；而有的案件仅有书证材料，却没有被害人报案；有的既有报案又有书证材料，但陈述与提供的书证材料不一致、与犯罪嫌疑人的供述不一致；有的被害人陈述前后不一致。实践中，有的司法机关以被害人报案时的陈述作为认定该笔数额的依据，有的仅以书证材料进行认定，有的以陈述与书证一致的部分进行认定，有的从有利于犯罪嫌疑人来认定，导致犯罪总金额的认定有极大的随意性。例如，以被害人报案时的陈述作为认定数额的依据，难以将未报案的被害人数额计入犯罪总数，会导致认定的总数小于实际集资的数额，而且一旦有遗漏的被害人报案，就会导致原来认定的犯罪总数发生变化，出现前述分析的第三种问题。笔者认为，这种以被害人陈述为依据的认定方式存在较大弊端，书证和电子证据相对于言词证据更为客观，故应以在案的书面合同、收据或者转账记录、电子数据等客观性证据作为认定的主要依据，再结合已经收集的被害人的言词证据，对全案犯罪数额予以综合认定。《非法集资意见》规定：“办理非法集资刑事案件中，确因客观条件的限制无法逐一收集集资参与人的言词证据的，可结合已收集的集资参与人的言词证据和依法收集并查证属实的书面合同、银行账户交易记录、会计凭证及会计账簿、资金收付凭证、审计报告、互联网电子数据等证据，综合认定非法集资对象人数和吸收资金数额等犯罪事实”，实际上是认可了这种认定方式。这种认定方式考虑到了非法集资犯罪案件被害人人数众多难以逐一取证的客观事实。这种以客观性证据为主认定全案犯罪数额，即使在案件处理完毕后出现新的报案人也不会影响犯罪总数的认定，不会因此导致刑事诉讼程序的一再启动。但由于这种认定方式把未报案的被害人也纳入案件处理的范围，会导致在处理涉案财物时被害人的人数及所占集资额的比例不确定，从而影响后续的涉案财物追缴、发还等问题。因此，为了鼓励被害人及时报案，并积极配合侦查取证工作，建议在司法机关履行告知义务后，对出于个人目的在侦查阶段不报案的被害人，判决生效后不得参与涉案财物的分配。

### （四）正确地运用“先刑后民”原则

首先，从《非法集资意见》的规定来看，“先刑后民”应当是处理此类案件的原则，在《民间借贷规定》中也再次重申这一点。但是，我们必须认识到，“先刑后民”原则并不意味着要简单地以刑事手段取代民事手段，而只是要求人民法院移送所审理的民间借贷纠纷案件中涉嫌犯罪的线索、材料，但对于与非法集资犯罪相关但不是基于同一事实的民间借贷纠纷案件，则无须移送。因此，前述的关于借款合同及担保合同是否有效的问题就能得到解决，即在借款合同中设有担保人的情形下，并不因为一部分当事人涉及非法集资犯罪就使得整个合同无效，出借人起诉请求担保人承担民事责任的，人民法院应予受理。这一点，在《民间借贷规定》第 13 条中也予以了明确。其次，应慎重对待已生效的民事判决书和调解书。如何对待生效的民事判决，成为非法集资犯罪案件审理中的难题。通常的做法是，在刑事判决追究集资人刑事责任后，通过审判监督程序撤销先前的民事裁判文书。但一起非法集资案件往往涉及多份甚至几十份民事判决书，法院大面积地撤销相关裁判文书，不仅会影响法院生效裁判的权威性，也会影响民事审判绩效考核工作。特别是一些已经执行完毕的借款纠纷案，撤销民事判决，执行回转难度相当大，而不执行回转又会对未提起民事诉讼的被害人不公平。因此，在坚持“先刑后民”原则的前提下，也应当尊重生效民事裁判文书的既判力。对于集资参与者先行提起民事诉讼，且法院已作出生效民事判决的，该部分事实原则上不宜再作为刑事案件处理。但为了保证侦查取证工作的顺利开展，为了刑事案件依法准确稳妥处理，不应当鼓励或者任由非法集资犯罪案件中的集资参与人寻求民事起诉的途径解决问题，而应当鼓励其及时到公安机关报案。实践中，法院在民事受案时，其实比较容易发现涉嫌非法集资犯罪，如潘某某集资诈骗案中，有 200 多被害人同时到同一法院民事起诉同一被告人，而该民事被告人正是非法集资犯罪嫌疑人。因此，在目前非法集资案件高发的大背景下，应当在公、检、法三机关间建立可能涉嫌非法集资犯罪案件的受理工作联动机制，以节约诉讼资源，确保对非法集资犯罪做到及时发现、及时依法处理。

### （五）丰富诉讼权利义务告知的方式，拓宽告知的渠道和范围

各地检察机关在被害人权利义务告知方面都采取了各种灵活多变的方式，有的是在当地有影响的报刊上刊登公告，海口市院即是采用该方法，有的是利用检察机关的网络平台，还有的甚至是通过电台、广播来告知。上述方法虽然便捷，但也有其局限性，因为有的案件的被害人遍及全国多个省份，难以确保将公告的内容传达到所有被害人。笔者认为，由于此类案件的特殊性，想要做到告知每一名被害人几乎是不可能的，检察机关要做的是尽量拓宽告知的渠道和范围。在这方面可以充分发挥被害人代表的作用，让被害人自己推选出数名诉讼代表，既可以配合检察机关传达诉讼权利义务，也便于检察机关听取被害方的诉求和意见，有效地节约诉讼资源，提高诉讼效率。此外，公安机关在侦查阶段接触被害人较多，具有天然优势，掌握被害人的情况更为全面和及时，建议公安机关在各级建立完善被害人信息登记及信息查询专门平台，并向社会公开在案件审查起诉及审判阶段需要告知的事项，根据被害人的范围选择相应级别的公安信息专门平台进行公告告知和送达，既确保了告知程序的合法性和合理性，也为被害人提供了便利。



### （六）充分发挥司法会计鉴定意见的作用

笔者认为可以从以下几个方面着手，有效发挥司法会计鉴定意见的作用：一是加强公诉人与侦查人员之间的沟通，督促侦查机关及时委托经验丰富的鉴定机构和人员进行鉴定。同时，明确鉴定需要达到的目的和具体的证明事项，引导侦查机关向鉴定机构提供鉴定所需的各类证据。二是加强与鉴定人员的沟通和互动，必要时公诉人可以和侦查人员一起与鉴定人员沟通，厘清鉴定的思路，明确鉴定的重点。每个案件都有自身的特点，如资金的去向影响非法占有目的的认定，往往是鉴定的重点；还有的案件可能既涉及非法吸收公众存款又涉及集资诈骗，需要对各个犯罪阶段的犯罪数额进行区分。只有加强沟通，才能明确鉴定的重点和方向，并根据鉴定人员的反馈意见及时补充证据材料。三是建议政府在全国范围内通过公开招标的方式选定司法会计鉴定机构，或者在当地确定部分司法会计鉴定机构承担公益性质的一定量的鉴定任务，以降低办案成本。按照国家司法会计鉴定收费标准，涉案总额 1000 万元以上的按照 0.1% 计算，如果一个案件涉案数额达数亿元，鉴定费用则高达数十万元。我省具有相关鉴定资质的事务所仅有十余家，且鉴定水平良莠不齐，报价较高。有鉴于此，建

议公安机关将司法会计鉴定项目在全国范围内进行公开招标，这样既可以听取优惠的报价，也可以从全国范围内选择经验较为丰富的鉴定机构，提高性价比。同时，建议省司法厅出台相关的优惠政策，鼓励省内的司法会计鉴定机构承担更多的社会责任，降低报价，提供更优质的服务。

### （七）合理处置涉案财物，最大限度挽回被害人的损失

一是准确认定违法所得的范围。《非法集资意见》第 5 条明确规定："向社会公众非法吸收的资金属于违法所得"，包括以吸收的资金向集资参与人支付的利息、分红等回报，向帮助吸收资金人员支付的代理费、好处费、返点费、佣金等费用，将非法吸收的资金用于偿还非法债务或转让给非善意的第三人等情形，还规定查封、扣押、冻结的涉案财物，一般应在诉讼终结后，返还集资参与人。涉案财物不足全部返还的，按照集资参与人的集资额比例返还。上述规定基本上确定了涉案财物的范围和处置的原则。但在司法实践中集资参与人已经取得的利息往往难以追缴的，如果强行追缴不仅会引起被害人的不满，也难以做到全案公平。二是坚持政府主导原则，形成公、检、法合力。公安机关在处理非法集资工作中的职责不仅包括侦查取证，还包括依法查询、冻结、扣押涉案资产，最大限度地挽回经济损失，协助政府做好维护社会稳定等工作。无论是公安机关，还是检察机关、人民法院，都承担着依法处置涉案财物的职责。检察机关在办理非法集资案件时应将涉案财物的追缴作为审查的重点，并及时做出风险评估，制订应对方案和措施。同时，建议政府或政法委牵头成立由司法机关、金融管理部门等有关单位组成的资产处置工作组，加强相互配合，加大追缴力度，实现资产处置最优化，有效化解社会矛盾。三是借助民事程序处置涉案财物。涉案财物的追缴和处置实际上也是一个刑民交叉的问题。"先刑后民"的原则并不意味着完全排斥民事程序。非法集资案件法律关系的复杂性决定了合理处置涉案财物离不开民事程序和民事诉讼原则。例如，很多非法集资案件涉及单位犯罪的问题，涉案单位在案发时大多处于资不抵债的状态，在立案后通常会被责令停业，如不能清偿到期债务，符合法律规定的破产条件的，可以通过破产程序来处置涉案财物。还有的犯罪单位或者犯罪嫌疑人确实将非法集资款用于实际项目，有的还设定了抵押和担保，刑事案发后，可以通过民事途径从使用集资款的第三人处追回损失，因此应当赋予政府或者办案机关以诉讼代理人身份通过民事起诉的方式向第三人追回损失。

# 浅谈网络犯罪与防控措施

曹 晨*



## 一、网络犯罪的概念及基本特征

### （一）网络犯罪的概念

网络犯罪是指在网络环境下产生的一种新的犯罪形式，是指犯罪分子通过运用计算机编程、加密等操作技术和手段，或通过利用互联网基本信息供应商，以及应用服务提供商等，在网络上或者计算机操作系统上实施的一种犯罪行为。[1]

### （二）网络犯罪的基本特征

**1. 网络犯罪表现形式具有多样性**

作为一种新型犯罪，网络犯罪种类繁杂表现多样，并且手段在不断进化，网络安全受到严重的冲击，其多样性往往使人防不胜防。近年来，对网络安全有较为严重影响的有如下具体表现形式：

例如，2006 年，流氓软件泛滥；2007 年，网游盗号兴起；2008 年，木马病毒暴涨 12 倍；2010 年，钓鱼欺诈网站爆发；2011 年，网站密码库大规模泄露；2014 年 XP 停服引发安全危机，伪基站短信诈骗高发。而为了方便研究可将网络犯罪的各种具体表现方式进行大致分类：

（1）网络诈骗类：购物退款诈骗，二维木马诈骗，伪基站，短信诈骗，网络兼职诈骗，百度搜索钓鱼诈骗等形形色色的网络诈骗充斥着我们的生活。网络诈骗即是通过网络进行的诈骗行为，是指犯罪分子利用网络骗取款额较大的公

---

* 曹晨，海口市人民检察院法研室副主任、高级检察官。兼任中国行为法学会检察学研究会理事、海南大学金融刑法研究中心副研究员、海南省现代法律科学研究院研究员。

[1] 卓翔：《网络犯罪若干问题研究》，中国政法大学 2012 年博士学位论文。

私财物的行为。网络诈骗是最贴近人们日常生活的一类网络犯罪，每个人都可能受到过网络诈骗的潜在威胁。而相对于一般诈骗，其手段通常较为新颖，让人稍有不慎就遭受损失。典型案例，如非法获取百度账号进行诈骗系列案等。

（2）网络盗窃类：网络盗窃也就是通过网络进行的盗窃。与传统盗窃的区别是网络盗窃利用了网络信息技术，往往通过盗窃账号密码、种植木马、黑客行为等方式，将数据化的财务货币占为己有。网络盗窃的对象既有数据化的现实货币也有网络虚拟财产，网络虚拟财产虽然具有虚拟性、局限性等一些不同于现实中财产的特征，但网络虚拟财产具有价值与使用价值，同样凝结了无区别的人类劳动。因此，虚拟财产应列入网络盗窃的犯罪客体，受法律保护。现在的网络盗窃越来越技术化与组织化，经常为团伙作案并出现专业的网络技术人员参与其中，利用先进技术来进行犯罪。

（3）网络侮辱、诽谤类：网络侮辱是指在网络上对被害人公然贬低人格，破坏其名誉的行为。[1] 网络诽谤则是指在网络上故意捏造并散布虚构的事实，破坏他人名誉的行为。两者同为告诉才理的犯罪，区别在于网络诽谤使用虚构的事实并传播，而网络侮辱则直接对被害人言语暴力。最常见情形如下：捏造损害他人名誉的事实，在网络上散布，或者组织、指使人员在网络上散布；在网络上指名道姓肆意辱骂他人，情节严重。现在某些网络推手肆意炒作，污染网络空间，对网络环境造成极大破坏。利用网络捏造大量看似真实的事件来扰乱网络秩序，破坏社会稳定，制造扭曲的社会价值观，甚至把网络民众当作造谣的工具来利用。典型案例，如 2014 年的“秦火火案”“立二拆四”案。

（4）网络淫秽类：主要指利用网络复制、传播、贩卖淫秽物品的行为，以传播淫秽物品最为常见，近期则出现利用网络组织卖淫，进行淫秽色情表演等犯罪行为。具体表现形式有建立黄色网站、论坛，开设色情视频聊天室，聊天工具传播卖淫信息等。网络淫秽类犯罪一方面破坏了国家对淫秽物品的管理秩序，污染社会环境，严重影响未成年人的健康，另一方面其往往内含其他网络犯罪，比如传播病毒，盗取账号密码，破坏计算机系统等，并通过广告位、流量赚取不菲广告费与运营商回扣。典型案例，如“快播涉黄”案。

（5）网络黑客类：此类犯罪为网络犯罪所独有，不同于任何传统犯罪。黑客来源于英文 Hacker 是指利用计算机技术，秘密窥视或改变他人计算机系统的人。[2] 在网络诞生初期 Hacker 曾是褒义词，指一些热衷信息技术，水平高超的计算机专

[1] 孙学磊：《复合式网络安全管理平台的设计与实现》，北京邮电大学 2007 年硕士学位论文。

[2] 蔡隆：《网络时代与中学生健康人格》，福建师范大学 2011 年博士学位论文。

家。但随着网络技术的发展，一些黑客出现了转变。他们以非法侵入计算机系统为乐，随意获取他人信息，肆意控制、破坏计算机系统，对他们来说网络上的一切资源信息都应该是共享的，不设防的，网络是绝对自由的。黑客类犯罪严重威胁国家安全与企业安全，扰乱网络秩序，使信息无法安全存储。更严重的是现在不乏利用黑客技术实行其他网络犯罪的行为，如利用木马病毒进行网络盗窃、诈骗。面对新兴的黑客类网络犯罪，2011 年，最高人民检察院、最高人民法院联合发布了《关于办理危害计算机信息系统安全刑事案件应用法律若干问题的解释》，该解释明确规定黑客非法获取支付结算、证券交易、期货交易等网络金融服务的账号、口令、密码等信息 10 组以上，可处 3 年以下有期徒刑等刑罚。



（6）网络赌博、洗钱类：网络赌博又称网络博彩，是在互联网上进行赌博的行为。网络洗钱就是利用网络，通过各种手段，将非法来源资金转化为合法来源资金，而网络赌博本就是网络洗钱的手段之一。网络赌博、洗钱破坏了社会管理秩序与金融管理秩序，与传统赌博洗钱行为相比更加突出了隐蔽性、低成本性、危害性。网络赌博一般把网站服务器设立在境外，赌博平台具有国际性，而玩家来自世界各地，参赌人员众多且越来越年轻。网络赌博不仅仅造成了治安问题，也使国内资金流失，网络赌博看似公平实则与传统赌博一样，永远是庄家赚取大笔金钱。[1] 同时，网络赌博容易引发其他刑事案件，也是网络洗钱的最佳手段之一。网络洗钱利用了网络本身的匿名性，虚拟性使洗钱行为变得前所未有的简单方便，突破了以往地域、成本的限制，让洗钱行为更难以被追查。

**2. 具有虚拟性、隐蔽性、瞬时性**

由于网络本身存在虚拟性和即时性，使得网络犯罪不仅具有虚拟性和即时性，且衍化出极高的隐蔽性。网络世界本身就是虚拟的数字化世界，网络的参与者被虚化为一串串数字代码而并不显示真实身份。网络犯罪的主体可以通过各种手段来隐藏自己的资料，如虚假 IP 地址，匿名登陆。即时性是网络信息时效性强的形象表述，网络犯罪也因此具有瞬时性。犯罪分子在侵入计算机系统后，往往在瞬间就可以将犯罪行为全部实施并达到既遂状态。由于虚拟性、瞬时性的存在，网络上数字化的信息可以被瞬间复制，不留痕迹，犯罪过程中不会对数据、信息造成破坏，有时要经过很长时间才会发觉异常，使得网络犯罪具有极高的隐蔽性。

**3. 危害性重、涉及面广**

随着数字化社会不断发展，计算机网络的普及率迅增，网络犯罪的危害程

[1] 刘宇萍：《网络犯罪探析》，中国政法大学 2013 年博士学位论文。

度也越来越大。美国战略和国际问题研究中心 2014 年 6 月 9 日发布报告称：当前网络犯罪每年给全球带来高达 4450 亿美元的经济损失，其中仅给中国造成的经济损失就超过 450 亿美元。在美国，约 4000 万人，约占人口总数的 15%，遭遇过个人信息被黑客窃取。一些大型的网络犯罪事件曾使土耳其 5400 万人受影响，在德国有 1600 万人受影响，而中国有 2000 多万人受影响。[1] 网络犯罪涉及面越来越广泛，从初期的金融犯罪扩散到现在的国家安全、文化、通信、教育等几乎所有的网络领域，哪里有网络哪里就可能存在网络犯罪。而一旦国防、水电、金融、通信等重要系统遭到侵入和破坏，后果将不堪设想。因此，网络犯罪的猖獗严重威胁社会经济安全与国家安全，其危害之重、涉及面之广都是以往犯罪很难做到的。



**4. 具有跨国性、全球化趋势**

互联网本身就是经济全球化的一种体现，互联网意为互相连接的网络，是基于全球信息资源互通的网络。在互联网中，信息可以通过接近光速传播，无论身处地球的何处只要有网络就可以交流信息。也正因为网络的这一特征，网络犯罪也越来越出现全球化特征，跨国性网络犯罪案件层出不穷。比如，互联网赌博、洗钱、盗窃，相比传统犯罪的地域局限性，他们甚至可以做到完全境外作案而不需进入犯罪地国家，在不知不觉中得手。而网络贩毒、侵犯知识产权，也开始利用互联网这条简单方便的路子。网络犯罪的跨国性，全球化趋势给侦查、惩罚网络犯罪带来了极大考验，这就需要国际协调配合，达成对网络犯罪的司法共识。

**5. 犯罪主体低龄化**

网络犯罪主体的年龄平均在 19—30 岁，这个年龄段的青壮年精力旺盛，接受新事物的能力极强。网络作为新鲜事物，拥有高度自由的特点，很容易受到青少年的喜爱，也特别快地被他们接受。而在家庭中往往只有青年人接受网络并学习了网络技术，他们的家长对网络知之甚少，甚至不能正确引导教育青少年正确认识对待网络世界与网络犯罪。因此部分青少年法律意识淡薄，并不认为网络犯罪会造成现实犯罪，把网络看成绝对虚拟的自由空间。甚至有人将网络犯罪当作一种智力游戏，受黑客文化影响热衷于表现自己的网络技术并蔑视所有法律法规。

---

[1] 陈蔚：《网络犯罪及其对策》，中国政法大学 2013 年博士学位论文。

## 二、网络犯罪猖獗的原因

作为一种新型犯罪，据相关报道，从 2008 年开始，中国的网络犯罪案件数量开始以年均 30% 的速度增长。网络犯罪之所以如此猖獗，是由内外因素共同造成的。

### （一）互联网自身存在安全缺陷

早期互联网创建者是以信息资源共享为目标，在对计算机技术和信息网络技术的研究和发明创造中，较多考虑的是计算机的兼容性和互联性，而互联计算机的信息隐私技术、网络安全维护技术一直没能成熟起来。[1] 网络自身缺陷具体来说有：

**1. 网络在通信线路上的缺陷**

网络间信息交互是有条件的，网络不是凭空连接的，需要通信线路传输数据才可以连接网络。但是通信线路在连接互联网的同时有着自己的缺陷，在大规模的网络信息系统中，通常用有线信道（同轴电缆、架空明线或光缆等）来作为通信链路。对有线信道而言，分布式网络易受自然和人为破坏，非授权用户可以通过搭线窃取攻击侵入网内获取重要信息，无线信道的脆弱性更加显而易见，几乎不可避免被动攻击。

**2. 网络操作系统、软件的缺陷**

操作系统对网络系统与计算机的安全起绝定作用，因为操作系统是连接网络、计算机、软件的中介，计算机中的所有信息都要经过操作系统的调制传送。软件则是计算机用户最直接使用的，信息也会通过部分软件来与网络进行传输。而无论是操作系统还是软件，都是代码编写的东西，而代码编写就会导致系统、软件存在漏洞，这是不可避免的。任何操作系统都不会是完美无漏洞的，而入侵者往往通过网络，只需找到一个漏洞就能轻易闯入计算机操作系统，窃取重要资料信息或破坏系统进行网络犯罪。而对于中国而言，还有一个问题，那就是大部分计算机采用的都是外国公司设计的操作系统，而这些操作系统除了天生的漏洞之外还被故意设计了一些后门，通过这些后门，外国势力就可以不费吹灰之力拿到他们想要的资料信息。对此，我国必须加大对国产操作系统的支持力度，对一些有重要资料存储的计算机要做到不联网。

[1] 金鑫：《青年网络犯罪防控体系研究》，东北师范大学 2012 年博士学位论文。

### 3. 网络协议缺陷

网络间计算机之间交换消息并不是简单的直接传输，计算机之间有自己的通话语言即网络协议，不同的计算机需要同样的网络协议方可交换信息。[1] 没有网络协议计算机之间就无法交换信息，也就无法连接互联网。网络协议也有自身缺陷，目前的互联网络所采用的主流协议 TCP/IP，由于在其设计初期人们过分强调其开发性和便利性，没有仔细考虑其安全性，因此很多的网络协议都存在严重的安全漏洞，给互联网留下了许多安全隐患。另外，有些网络协议缺陷造成的安全漏洞还会被黑客直接用来攻击系统。

## （二）法律的滞后性



立法者根据社会的现状制定法律，但社会不断发展，新事物不断出现，法律因此具有滞后性。

世界各国在关于网络犯罪的规定上已经比较完善，如美国的《计算机滥用修正案》。在我国，网络发展尤为迅猛，网络犯罪也越发猖獗，但相关法律法规的制定却明显滞后。除去《刑法》第 285 条、第 286 条规定的两条罪名外，对于其他网络犯罪基本没有单独分类只是当作其他犯罪的分支。甚至有一些网络犯罪，属于新出现犯罪，对它们无法依照刑法进行惩治。另外，从世界范围来看，各国关于网络犯罪的立法不统一，而网络犯罪又具有全球性的特征，这使得更难以惩治网络犯罪。

## （三）网络犯罪的低成本与高收益

网络犯罪的实施往往可以仅靠计算机就可以完成，行为人无须前往犯罪对象所在地。大多数网络犯罪就是依靠几台计算机、一些简单的道具和犯罪人才，坐在家中就有可能成功获得巨大利益。又由于网络犯罪的隐蔽性、瞬时性、跨国性，网络信息的虚拟性，网络犯罪的侦破极为困难。法律的滞后又造成处罚力度不够，使犯罪成本进一步下降。犯罪分子依靠较低成本就能得手，又有很大可能逍遥法外，这对犯罪分子无疑是一种诱惑。

## （四）民众网络安全意识薄弱

网络犯罪覆盖面广，比传统犯罪更容易侵害民众。维护网络安全需要社会民众的广泛参与和配合，不能仅仅依靠国家力量。网络在我国虽然早已普及，

[1] 张馨之：《我国网络舆论引导现状研究》，渤海大学 2012 年博士学位论文。

但关于网络犯罪的严重危害性并不为民众所知。一些网民虽然接触互联网已久，但是仍不能提防网络犯罪，不知道保护自身信息安全、网络安全，更不要提那些接触网络不深偶尔使用网络的民众。这主要是因为关于网络犯罪的宣传力度过低，导致民众网络安全意识薄弱。

### （五）道德底线的降低

由于网络世界属于虚拟空间，在网络中一般靠自律来控制自己的行为。但是过度的强调虚拟性会使人们在网络中丧失对自己的控制，人们会认为自己无所不能更无所顾忌。人们的道德行为常常是对他人进行表现自己的方式，是给他人看的。所以，一旦进入了反正没有人认识我的网络界面，奉行的就会是较低的道德标准，人的行为容易失控，往往会走上犯罪的道路。网络间相互辱骂、传播谣言、诽谤他人、偷窥隐私都比现实生活中出现的频率高得多，就是因为网络上人们道德底线的降低，人性中的阴暗面被放大。一些网络罪犯在现实中是遵纪守法的公民，但到了网络中就开始兴风作浪，大肆破坏网络安全。



## 三、网络犯罪的防控对策

网络安全和信息化是事关国家安全和国家发展、事关广大人民群众工作生活的重大战略问题，要从国际国内大势出发，总体布局，统筹各方，创新发展，努力把我国建设为网络强国。在网络犯罪猖獗的当下，如何加强防控对策是对网络犯罪研究的重点与难点。具体有如下对策可供参考：

### （一）加快网络犯罪刑事立法，保障网络安全

网络犯罪属于新型犯罪，法律又具有滞后性，我国网络犯罪在刑事立法现阶段存在巨大缺陷。

目前的问题主要体现在两个方面，一是关于网络犯罪的立法法律位阶低，权威性不足。目前，网络犯罪领域的立法除了《刑法》第285条、第286条规定的两项罪名外就没有其他刑事立法。而关于网络安全问题，除了全国人大常委会《关于维护互联网安全的决定》、全国人大常委会《关于加强网络信息保护的决定》和几部行政法规之外，大多是部门规章，甚至是一般规范性文件。一旦出现需要高位阶法律作为依据的情况，现有立法权威性明显不足，缺乏效率与震慑力。同时，以部门规章为主的立法格局，也导致各部门相互推诿或产生

管辖纠纷不能协调处理的问题。对此，应通过如下方法加快立法步伐：一是加强我国网络犯罪的立法力度，从我国网络犯罪猖獗的现状出发，站在国家社会安全的高度上构建网络犯罪在刑法中的基本结构，实现网络犯罪立法依靠基本法支撑的形势。二是在刑法中确定网络犯罪概念，对现有刑法不能处罚和没有顾及的网络犯罪问题进行添加完善。三是对待网络犯罪的特殊性要特殊对待，如降低网络犯罪的刑事责任能力年龄，提高惩罚力度，建立证据调取制度等。

### （二）借鉴其他国家网络犯罪防控手段并结合本国国情

"他山之石，可以攻玉"，网络犯罪是全球都存在的犯罪行为，借鉴其他国家的经验教训有利于我国防控网络犯罪。例如，韩国曾实施的网络实名制，网络实名制一直备受争议，世界上只有韩国真正实施过。韩国信息通信部调查发现，实名制实施后，诽谤跟帖数量从 13.9% 降到 12.2%，减少了 1.7 个百分点。更值得一提的是，以 IP 地址为基准，网络论坛的平均参与者从 2585 人减少到 737 人。[1] 可见，互联网实名制导致的"自我审查"可能在一定程度上抑制了网上的沟通。由此可见网络实名制在韩国收效甚微，且影响了网络交流。最终由于违背言论自由且与预期效益不符，韩国废除了网络实名制。我国银行账户、手机号码、网上银行均使用实名制，推行网络实名制有一定的基础。借鉴韩国失败的教训，我国如果推行网络实名制应该区分领域对应相应程度的实名制。例如，在金融领域实行最严格的网络实名制，网络娱乐领域次之，论坛交流领域不强求实名。

### （三）加强企业、民众网络犯罪防范意识

从现在网络安全问题来看，对企业用户而言，针对企业商业秘密的专业网络窃取、破坏情况不断出现；对个人用户来说，恶意软件、垃圾信息、伪基站等往往造成用户隐私泄露、通话被窃听、信息被盗用。面对日益严峻的信息安全威胁形式，企业应当保证自己的终端安全防护软件能够强大起来，除防病毒以外，还需要具有更多其他的安全防护能力建立自身的防护体系。可以采取简单的措施预防恶意软件感染，如保持上网使用的系统软件为最新版本，安装最新的防病毒及安全工具软件，同时保持病毒库的版本为最新，等等。同时，保管好自己的账户、密码，认清网站网址，提高安全意识。另外，在社会中要加大宣传力度，提高企业、民众对网络犯罪的识别、防范意识和能力。政府应当充

---

[1] 吴戈：《网络犯罪问题研究》，四川大学 2012 年博士学位论文。

分利用新闻媒体，在网络、电视、报纸、广播等信息传播平台上广泛播报网络犯罪的危害性与预防技巧。而各大网站媒体应该在醒目位置予以信息提示，提醒网民加强防范，防止成为涉网犯罪的侵害对象。

### （四）加强人才、技术、设备投入

建设网络强国，要汇集人才资源，建设一支政治强、业务精、作风好的强大队伍。“千军易得，一将难求”，要培养世界水平的科学家、网络科技领军人才、卓越工程师、高水平创新团队。比如，网络警察，是专门维护网络秩序的警种，但组建仅有几年，且只在少数地区设有。这一现状与当前面临的网络犯罪严峻形势相比，突出体现了网络犯罪侦查方面人手不足、经验不够的问题。国家应当重视网络人才的培养，对重要信息部门工作人员进行网络安全培训，采用国产高新设备保护重要资料。建立健全网络侦查部门体系，拨出专门款项用于网络侦查设备的购买与维护，保证专款专用。争取利用人才、技术、设备优势来打击网络犯罪，让犯罪分子不能、不敢实施网络犯罪。



### （五）规定延长运营商“网络日志”留存时间

由于网络犯罪的特殊性，要侦破网络犯罪案件，关键往往在于提取网络犯罪分子遗留的痕迹。而网络中各种犯罪痕迹非常容易隐藏或虚构，犯罪分子的上网历史在一定时间后就会消失，其他国家，留存上网日志的时间一般都能达到一年，而根据中国目前的法规，电信运营商留存的日志只有 60 天。公安机关查处一些网络犯罪案件很可能要查找犯罪分子几个月之前的上网记录，而按日志留存时间 60 天，想通过日志查询最早的涉案信息，就变成了不可能的事。更值得担忧的是手机上网已经越来越普遍，但电信运营商并不留存移动网络的网络日志，因为留存日志就要增加很多服务器，运行成本就会增加。对此，一方面应该硬性规定延长网络日志留存时间并增加留存移动上网的网络日志，另一方面对运营商因此增加的成本给予适当补贴。

### （六）加强国际司法交流与合作

网络犯罪具有全球性特点，很多时候单个国家不可能直接惩治网络犯罪，在司法过程中容易产生国际矛盾，最常见的就是关于管辖权的争议。早在 2001 年 11 月 23 日，欧洲理事会就在布达佩斯签署了《关于网络犯罪的公约》，这是国际范围内第一个关于控制网络犯罪的全球公约。加入网络犯罪公约能建立更广泛的关于打击网络犯罪的国际合作，对打击全球化的网络犯罪具有重要作用。因此，我国应积极申请加入此公约，从全球范围内加强对网络犯罪的防控与惩戒。只有加强国际协商交流，对管辖权进行协调，才可能有效打击跨国网络犯罪，形成全球防控体系，防止网络犯罪分子利用空间钻法律空子。

# 关于民间借贷案件审理情况的调研报告

湖北省宜昌市三峡坝区法院课题组*

近年来，随着国家收紧银根，部分中小企业融资出现困难，加上部分企业盲目扩张，使企业陷入亏损（如全通、江重、长江高科、联邦电缆、德凌铜业等），这些都促使部分中小企业不得不从民间资本市场寻求发展，致使民间借贷成为宜昌资本市场的重要来源，而民间借贷的各种深层次矛盾也不断显现。一些个人和民间机构为牟取利益，打着民间借贷的旗号，大肆从事高利贷等非法经营活动。近期，由于资金成本过高造成资金链断裂而导致企业停产停业，已出现企业法人代表自杀、逃跑、被抓、出借人资金收回无望而对债务人采取非法措施的恶性现象。

由于矛盾不断加剧，法院受理的民间借贷纠纷案件大量增加，据统计，我院 2012 年受理民间借贷纠纷 30 件，立案标的为 12571247 元，2013 年受案 40 件，标的为 19175062 元；2014 年 1—6 月已收案达 62 件，标的为 47759937 元，受案数和案件标的额都呈大幅上升趋势。

| 年　份 | 收案数（件） | 立案标的额（元） |
|---|---|---|
| 2012 | 30 | 12571247 |
| 2013 | 40 | 19175062 |
| 2014（1—6 月） | 62 | 47759937 |

## 一、我院现行民间借贷纠纷诉讼的特点

### （一）借贷金额大，时间长，利率高

此前，我院受理的民间借贷纠纷金额均在 100 万元以下，利率也在法定允

* 课题组成员：胡锦华、王庆、高云环、李广盛、黄薇、兰晓宇。执笔人：高云环、黄薇、兰晓宇。

许的 2% 左右，但现在借款金额少则几十万元，多则上千万元，利率一般为月息 3%—4%，最高达 8%—10%，且另约定的有违约金，多属高利贷。这些借贷纠纷中虽然双方约定的借款时间不长，但实际跨度时间长，借款人多数未及时主张债权，原因既有出借人贪图利润，也有债务人无偿债能力，借故拖延，这也导致借款方在诉讼中对诉讼时效进行抗辩。

### （二）借贷主体多元化、复杂化、职业化

早年的民间借贷多为发生在亲朋好友、熟人中的友情借贷和一般的普通借贷。而现阶段的出借人既有农民、个体工商户，又有拆迁户、公务员等，出借人几乎涉及社会各个层面，借贷主体呈多元化态势。同时，出现有专门从事民间融资的组织和个人，有的出借人本身自有资金较少，往往通过吸纳他人存款转借给他人，有的是通过企业平台获得银行贷款资金后放贷给借款人，从中赚取差价，即专门收取中介费的“信贷专业户”，这些专业放贷户对借款协议和内容已然格式化。同时，小额投资担保公司、典当行也如雨后春笋般出现，出借人不管对方的项目真实与否以及项目能否盈利，出于牟利的心理而出借。还有企业因自身经营效益下滑，在民间融资受限的情况下，安排职工以个人名义为公司借贷，由此引发的民间借贷案件数量增多。总之，借贷主体职业化、复杂化趋势已显现。

### （三）借款纠纷中涉及担保的越来越多

民间借贷中提供担保的多为人保，由于对担保的方式、范围等约定不明确、不具体，形同虚设，即使有物保，比如用车或房屋进行抵押的，一般未对抵押物进行抵押登记，在发生纠纷后通过担保和抵押实现债权的较少。也有在借款协议中签名人的身份不明确的，即没有载明该签名人是介绍人还是担保人，诉讼中易引发争议。

### （四）被告下落不明或拒不应诉的情况日趋普遍

因为发生在陌生人之间的借贷越来越多，很多案件在提起诉讼时，已无法联系被告，其所属的企业也已关门停业，因此公告送达缺席审理的较往年增多，这样既延长了审理期限，也对查明案件事实构成了较大的障碍，即在被告主体身份和借款事实是否存在等方面难以查明，严重影响了审判效率。案件自动履行很少，进入强制执行后执行难度大，执行到位率低。

## 二、民间借贷案件频发的原因

民间借贷有其存在的必然性和合理性，但由于现今我国法律制度的不完善、社会诚实信用的缺失、民间资本需求与金融机构放贷的严格限制之间的矛盾等原因，导致民间借贷纠纷层出不穷。概言之，引发民间借贷案件频发的原因大概包括：

### （一）法律制度的不完善

民间借贷是一种民事法律行为，通过借贷双方签订书面协议或达成口头协议，形成特定的债权债务关系。我国目前还没有专门的民间借贷法，有关于民间借贷的条文都分散在不同的法律中。《宪法》《物权法》确认了市场主体具有运用自有资金进行借贷获益的权利。《民法通则》《合同法》等法律承认有真实意思表示的民间借贷具有法律效力。最高人民法院《关于人民法院审理借贷案件的若干意见》规定民间借贷的利率最高不得超过同期银行贷款利率的 4 倍，限制了高利贷行为。《刑法》对于违反《证券法》《公司法》等法律的非法集资行为设立了"非法吸收公众存款罪""集资诈骗罪"等罪名。《公司法》则限制公司向其高管人员借款，《外汇管理条例》严禁擅自改变结汇资金用途进入民间借贷领域。

我国现行法律体系中关于民间借贷的规定过于分散，加上立法技术的不成熟，一些法律规定相互冲突，判断标准模糊，导致司法机关自由裁量权过大，不同地区、不同法院，甚至是不同的法官对于同一类案件可能作出相反的判决。先行立法之现状已不能满足规范和引导民间借贷活动的迫切需要，严重制约了民间借贷的良性发展。

### （二）社会诚实信用的缺失

违背诚实信用原则是民间借贷纠纷不断增加的重要原因之一。诚实信用，即要求不欺不诈，订约时诚实行事；订约后，重信用，不钻契约空子，具体而言，在民间借贷中，借贷主体从借贷到还款都要诚实、善意，缔结合同、行使权利、履行义务要守信用、重承诺。可是在现实社会中，由于民间借贷手续简便，有时甚至是口头协议，对一些条款缺乏约定，所以导致双方就还款期限、利率，甚至是否发生过借贷行为等产生纠纷，还有的借贷双方容易因利息产生矛盾，在实践中经常出现一方急需用钱而无融资渠道时，另一方趁机以高利贷等方式向对方放贷的行为，这些都是与诚实信用原则相违背的。

### （三）民间资本需求大与金融机构严格放贷的矛盾

随着我国经济的日渐发展，中小企业、“小微”企业如雨后春笋般涌现，虽然这些企业资金需求量不大，但是这些小额资金往往被那些以大企业为服务对象的金融机构忽略，因此只能寻求民间借贷。另外，商业银行放贷制度严格，办理贷款往往需要经过调查、担保、审批等多个环节，手续繁杂，耗费时间长，不能及时满足用户的资金需求，加上一些小企业、个体户信用度不高，又没有足够的财产作抵押，也难以找到有实力的担保人，所以很难满足银行的贷款条件，银行因此将贷款主要投放在优质客户上，绝大部分用户借贷无门，这种资金的不平衡加剧了民间借贷的膨胀。





## 三、民间借贷审理过程中的疑难问题及处理思路

### （一）举证责任的分配问题

根据最高人民法院《关于民事诉讼证据的若干规定》(以下简称《证据规定》)第5条的规定，“在合同纠纷案件中，主张合同关系成立并生效的一方当事人对合同订立和生效的事实承担举证责任；主张合同关系变更、解除、终止、撤销的一方当事人对引起合同关系变动的事实承担举证责任。对合同是否履行发生争议的，由负有履行义务的当事人承担举证责任”。在民间借贷纠纷中，出借方对双方之间存在借贷关系，以及出借方已将借款提供给借款人负有举证责任，而借款人则对于其已履行还款义务负有举证责任。

在审判实践中，有些案件中常常有被告对原告所提供的借据不予认可，否认借据上的签名系被告所签的情况。在举证责任的承担方面，笔者认为，原告出具借条主张债权，即已完成举证责任，被告对借据真实性存疑，按照“谁主张，谁举证”的原则，即应由被告承担相应的举证责任。例如，我院审理的刘某与邓某民间借贷纠纷案，邓某证实借条出具之时其人远在国外，在此情形下借条真实性严重存疑，主审法官向原告主动释明借条效力不足，须就借款事实另行举证，并出于审慎原则，明确询问原告是否申请对借条进行司法鉴定，将举证责任进行了正确分配。

若对借据真实性无异议，被告抗辩理由常为原告并未履行借款义务（全部或部分）或被告已经履行还款义务（全部或部分）。由于其中一方缺乏审慎，现

金交讫与书写条据并不一致的现象屡有发生，一旦发生纠纷，对钱款渠道、如何交付都纷争不下。借据收据虽为证据，但是也应重视任何一方的口头抗辩，庭审中应当听其详辩，问其细节，结合双方的借贷数额、借贷过程、交易习惯、经济能力等因素，判断原告是否实际借款、被告是否实际还款。

最高人民法院在 2011 年 12 月 2 日出台的《关于依法妥善审理民间借贷纠纷案件促进经济发展维护社会稳定的通知》，该通知针对不诚信诉讼日渐增多的实情，加重了债权人的举证责任，即对债权人提交的收条、欠条有瑕疵的，要结合其他证据认定是否存在借贷关系；特别是对于现金交付的，还要结合当事人的陈述对交付凭证、支付能力、交易习惯、借贷金额大小、当事人之间的关系查找有无直接漏洞，综合考虑判断交易经过等因素。在民间借贷中，城乡差异、职业经历、亲近疏远等情形不同，上述细节都会因此有所差异，主审法官在此通知的指导下应具体案件具体分析，恰当分配举证责任。

此外，当债权人以债务人出具的借条、收条等债权凭证提起民间借贷之诉，而债务人提供证据证明纠纷系其他法律关系引起时，人民法院在查明债务人辩解属实的情况下，应依照《证据规定》第 35 条的规定向原告进行释明，征询其是否变更诉讼请求，并在此基础上依据不同的法律关系，恰当分配原、被告的举证责任。若原告坚持民间借贷法律关系，拒绝变更诉讼请求，法院应当驳回其诉讼请求。例如，本院在审理张某与李某民间借贷纠纷一案中，张某提供了借条及转款凭证，但是李某提出该转款凭证是双方合伙时张某的投资款，借条是张某退伙时结算的凭证，并提供了相应合伙的事实证据及散伙结算依据，合伙协议和转账时间金额，与借条形成的时间、金额均能基本吻合，因此，法院要求原告提供新的证据，证明借贷事实真实存在，适当加重其举证责任。

### （二）民间借贷中的虚假诉讼问题

民间借贷案件法律关系较简单，借据或借款协议是主要证据，法律关系中一般不涉及第三人。因此，在一方有借据而另一方无异议时，法院很容易认定借贷关系的存在，而不再要求当事人提供其他证据。正因如此，给虚假诉讼留下了可钻的空子。在实践中，有的当事人出于对抗其他生效判决的债务履行或为了在离婚诉讼中分得更多的财产等目的，通过虚构债务，利用民间借贷合同进行恶意诉讼，规避法律、逃避债务，从而损害国家、集体以及其他人的合法权益。虚假诉讼一旦成功，因为有生效的法律文书作为凭据，权益受损人主张权益路径受阻，法院也处于被动，所以必须防备虚假诉讼的发生。

防范虚假诉讼案件，首先法官应当对债务人经营情况有必要的了解，其次要加强地方法院间案件信息的相互协查，最后庭审中要加强事实审查。法官在审理过程中，一定要查明借贷关系是否真实，特别是要结合双方的财务能力、借款的数额、分析交易方式的真实性，原则上大额借贷中打款凭证和借条缺一不可，可以通过银行交易来增强其真实性。实践中虚假诉讼极难防范，所以可以另辟思路，如果双方借贷事实无异议，还款无异议，可以建议债务人在同意还款或实际还款后申请撤诉，避免法院落入虚假诉讼的陷阱。

除了虚假诉讼，审判实践中还出现有因不法原因而引起的“问题借贷”，如因赌博、吸毒贩毒等原因而引发的借贷纠纷等。有相关法律规定“出借人明知借款人是为了进行非法活动而借款的，借贷关系不予保护”。但在此类情况中，关键要看出借人对于借款人从事非法活动是否“明知”，这需由借款人举证证明出借人确实“明知”。而在审判实践中，当事人不可能在借条中写明借款是出于赌博或吸毒等不法目的，而对未在借条上写明的事项，当事人又难以举证证明。故在审判实践中，难以认定“明知”，往往造成了司法困惑。

### （三）夫妻共同债务的认定问题

《婚姻法》第 41 条规定，离婚时，原为夫妻共同生活所负的债务，应当共同偿还。此条很明确地界定了夫妻共同债务的概念，即须是为了共同生活所负债务，或者说夫妻会因为该债务的发生而从中受益。最高人民法院《关于人民法院审理离婚案件处理财产分割问题的若干具体意见》也对夫妻共同债务进行了列举式的规定，大致分为：（1）夫妻为家庭共同生活所负的债务；（2）夫妻一方为履行法定扶养、赡养义务所负债务；（3）为支付夫妻一方或双方教育、培训等所负债务；（4）为支付必要的社会交往所负债务；（5）共同从事生产经营所负债务；（6）夫妻协议为共同债务的债务。同时，最高人民法院《关于适用〈中华人民共和国婚姻法〉若干问题的解释（二）》中第 24 条对夫妻共同债务也进行了规定，对于夫妻共同债务有共同的认识，但对于夫妻存续期间夫妻一方对外提供担保的债务是夫妻共同之债还是一方所负之债有不同的认识。

一种意见认为，根据《婚姻法》第 19 条和最高人民法院《关于适用〈中华人民共和国婚姻法〉若干问题的解释（二）》第 24 条的规定，夫妻关系存续期间夫妻一方以个人名义所负债务，原则上应按夫妻共同债务处理，除非债权人与债务人明确约定该债务属于夫或妻一方的个人债务、夫妻对财产约定属各自所有且为债权人所知晓、债务为恶债等。另一种意见认为，夫妻一方对外提供担保不具有为共同生活所负债务这一基础，且没有共同担保的合意，故应为一方所负的债务。

笔者更倾向于第二种意见。首先，保证是基于保证人向债务人作出保证承诺而产生的合同之债，因合同存在相对性、人身从属性等特征，而夫妻共同债务系夫妻存续期间为夫妻共同生活所负的债务，显然，保证债务非为夫妻共同生活而产生，夫妻担保另一方也没有以夫妻共同财产清偿的共同意思表示，故因担保产生的债务要求夫或妻另一方承担连带责任和主张不应得到支持。

### （四）利息的保护和调整问题

**1. 保护合法利息**

《合同法》第 211 条规定，自然人之间的借款合同对支付利息没有约定或者约定不明确的，视为不支付利息。自然人之间的借款合同约定支付利息的，借款的利率不得违反国家有关限制借款利率的规定。1991 年最高人民法院公布的《关于人民法院审理借贷案件的若干意见》明确规定民间借贷可以适当高于银行的利率，各地人民法院可根据本地区的实际情况具体掌握，但最高不得超过银行同类贷款利率的四倍（包含利率本数），超过此限度的，超出部分的利息不予保护。近年来，我国在司法实践中对高利借贷行为的认定也是依据该规定处理的，因此，在没有新规定的情况下，自然人之间借款的利率不得违反最高人民法院的有关规定。因此，对于借款双方约定的超过银行同期同类银行贷款基准利率四倍的“高利贷”法院不予保护，借款人已经偿还的款项中超过四倍利息部分可以充当本金予以扣减。

**2. 复利的处理**

司法实践中，计算民间借贷中的利息有两种方法，即单利和复利。单利是本金乘以借款时间再乘以利率来计算利息，所得利息不加入本金，复利是将应得利息加入本金再计算利息，即俗称的利滚利。利滚利的计息方式，极易导致贷款额的膨胀，特别是在双方约定的高利贷情形下，损害借款人的利益，其原则上是不予保护的，但如果借款双方约定的基本利率不高，总体计算未超过银行利率的四倍，可依照当事人意思自治原则予以支持，反之，超过四倍的一律认定无效，不予保护。

**3. 预扣利息问题**

预先扣除利息，俗称“抽头”，是出借人预先从本金中扣除利息的行为。预扣利息本质是变相提高贷款利率，是出借人牟取超过法定利息的高利贷行为。《合同法》第 200 条规定，借款的利息不得预先在本金中扣除。利息预先在本金中扣除的，应当按照实际借款数额返还借款并计算利息。《合同法》的这一规定属于禁止性规定，为强行性规范，当事人不得以协议约定排除其适用。如果合同中有预先在本金中扣除利息的条款，应确认为无效条款。但现在出借人为了规避此条规定，常用的方式是先将约定的借款数额全部支付给借款人，借款人于当日另行以现金的方式返还当月的利息，且出借人出具的收据滞后，此种情况存在隐蔽性，且借款人举证存在困难，但如果存在此种情形，依然按证据规则由借款人承担举证责任。

**4. 双方约定的实现债权费用及逾期还款违约金问题**

现行民间借贷协议中除利息的约定外，还有如借款人未在约定的期限还款应当支付违约金的约定，且该违约金均高于借款利率，因利率不得超过银行同期利率的四倍是原则，且不论是借款利率还是违约金均遵守这一原则，因此，法院的处理标准均不得超过四倍的标准。但对于借款双方约定的实现债权的费用，如进行诉讼的律师费、诉讼费和保全费等，应根据当事人的意思自治原则及出借人存在的损失程度予以支持，这既是对违约方的处罚，也是对守约方损失的弥补。



## 四、法院妥善处理民间借贷纠纷的措施

### （一）兼顾多方利益，分清情况妥善处理

对于真正有项目和发展前景的中小企业，一方面要保护债权人的合法权益，另一方面要保证企业的正常运转，可以通过分期付款等方式化解纠纷。对于恶意拖欠借款、故意逃债的，要依法保护出借人的合法权益，依法支持出借人利息、逾期付款利息等合法合理诉求。

### （二）注重加强对借贷关系真实性的审查

债务人对借据内容的笔迹或者签章的真实性提出异议的，法院应根据有效证据，结合案件相关情况，对借据的真实性进行综合判断审查。在借条存在疑点的情况下不能仅凭借条就轻易下判断，要严格审查借贷发生的原因、时间、地点、款项来源、交付形式、款项去向，以及借贷双方的经济状况等，对涉嫌虚假诉讼案件要加强防范。

### （三）严厉打击与民间借贷相关的刑事犯罪

针对非法吸收公众存款的，或以一项目多处骗贷的企业和个人，要根据情况及时与公安机关取得联系，互通有无，经调查发现具有涉嫌违法借贷情形的，

依法及时处理；对于涉嫌违法犯罪的案件，依法移送有关司法机关处理。

### （四）国家应该及时完善民间借贷法律制度

特别是对出借人的主体资格、业务范围、资金来源、借贷利率上限进行规定，利率不能高于市场可以接受的程度。另外，可借鉴温州建立大额借贷备案制和民间借贷征信系统的经验，宜昌地区现行的借款一笔或累计达千万元的民间借贷行为不少，如果进行备案，就可以增强交易公平性和透明。

# 论金融刑法的保护法益

蒋苏淮*



法益理论是德日刑法的"舶来品"。其强调法益理论是现代刑法的核心，是刑法建立刑罚正当性的前提与特定行为入罪化的实质标准。从法益理论的发展历程来看，其之所以会受到当代学界的重视，源自其对个体自由的充分尊重与保护的出发点，强调防止国家公权力的不当扩张。其后，为了适应社会需要，法益理论得到进一步的发展，表现为法益内涵由物质向精神扩张，法益的范围蔓延至超个人法益以及法益的基点扩展至非人本思维。[1]然而，晚近，法益理论受到了来自多方面的质疑。一种颇为流行的观点——风险刑法理论认为，刑法应以防范风险发生为目的，因而不再预设法益的特定内容，不关注个体法益的保护，仅以一般危险性和预防必要性作为划定可罚性的界限，以义务违反取代法益侵害作为处罚的基础，将违法性而非社会危害性作为犯罪的本质特征，以此否定法益理论。[2]另有观点从"法益论立法批判功能的弱化或丧失"以及"法益论解释机能的障碍"两方面对法益理论进行了批判。认为传统法益保护观念中的法益观，是一种个人主义的法益观，强调基于个人主义、自由主义的国家观，协调个人与国家、社会、他人的利益冲突。要实现这个目标，法益侵害说视野中的法益就应当是具体的、与个人有紧密联系的利益。然而，由于立法实践不断地突破这一界限，现行刑法处罚范围扩大化以及刑法不断早起化的倾向致使很多新增罪名的法益保护内容并不明确，这体现了法益理论立法批判功能的弱化或丧失。同时，刑法的过度扩张也反映了用法益理论来限制刑事立法边界的尝试以失败告终。[3]

---

* 蒋苏淮，江苏警官学院侦查系副教授，法学博士。

[1] 舒洪水、张晶：《近现代法益理论的发展及其功能化解读》，载《中国刑事法杂志》2010年第9期。

[2] 魏东：《风险刑法理论研究综述》，载《山东警察学院学报》2012年第9期。

[3] 舒洪水、张晶：《法益在现代刑法中的困境与发展》，载《政治与法律》2009年第7期。

对于上述观点，笔者的理解是，尽管法益理论的发展不断突破其最初的功能设定，呈现逐渐功能化的趋向，但仍不失为一种针对刑法干预的有效限制手段。诚然，法益概念的扩张稀释了法益理念，已经背离了法益理论创设之初的本意，这种法益概念的贬值，使节制可罚性范围的最初目的也难以达到。但其至少对立法行为设定了一个较为明确的界限。同时，在法益理论上，笔者更为赞同克劳斯·罗克辛教授的观点，也将在下文以该观点为主要出发点与论证工具进行讨论："刑法的任务在于，使其公民在由宪法所保障的基本权利获得维护的前提下，自由而和平地共同生活在一起。如果我们把这项任务归结为法益保护，那么法益指的就应当是所有的这些事实和目的设定，它们对于个人自由地发展自己，对于个人实现其基本权利，以及对于建立在该目标观念之上的国家制度发挥其作用来说，都是必不可少的……从这种法益理论出发，我们可以推导出一个至关重要的、对自由起着捍卫作用的结论，即如果罪刑规定既不是为了保护个人的自由发展，也不是为了保护实现个人自由发展的社会条件（如正常的司法和国家行政），那么该规定就不具有合法性。"[1]



## 一、金融刑法的保护法益归根结底是个人法益

对于金融刑法的保护法益，学界有不同的认识。

有论者提出集体法益的观点，认为金融秩序、公共信用等社会法益，以及国家安全、对国家起司法作用的国家法益，都属于集体法益范畴。其理由是：首先，否定集体法益，难以应对现代风险社会的风险；其次，集体法益具有广泛的包容性，在消耗上不具有相互竞争的效果，而具有不可分配性，这是集体法益独立存在的特质；最后，集体法益为法益的提前保护提供了可能。[2]

有论者从资源优化配置角度论证经济刑法保护的法益是公共利益。认为资源优化配置原则是经济法的价值目标与基本原则。其主要通过市场与计划两种方式实现。市场配置条件下：市场这只看不见的手指引着追求私利的个人从事社会公共事业，同时也促进社会公共福利的生产活动。从这个层面说，以市场为主体的资源优化配置是一种公共利益。[3]

有论者提出金融刑法的保护法益是金融秩序。[4] 以此来解释金融诈骗罪在罪

[1] ［德］克劳斯·罗克辛：《对批判立法之法益概念的检视》，载《法学评论》2015 年第 1 期。

[2] 王永茜：《论集体法益的刑法保护》，载《环球法律评论》2013 年第 4 期。

[3] 龙兴盛：《经济违法行为刑事制裁介入度研究》，湖南大学 2014 年博士学位论文。

[4] 刘远：《金融欺诈犯罪立法原理与完善》，法律出版社 2010 年版，第 328 页。

量标准上为何高于以财产利益为保护对象的单一侵财型犯罪：刑罚的设计主要反映法益侵害状况乃至全罪可罚违法程度。金融犯罪不仅体现被害人的财产损害，也反映对主要法益——金融管理秩序的侵害程度。因此，肩负双重任务的特别法条的犯罪数额高于仅需反映单一财产法益侵害的普通法条。国家的金融管理秩序还不至于脆弱到涉及两三千元就需要动用刑罚处罚的程度。[1]

还有论者通过对集体法益理论的批判，阐述刑法确定的国家法益以及社会法益能够还原为个人法益的观点。该观点指出，集体法益并非一个具有独立的存在特质的概念，首先，否定所谓的集体法益，并不会给应对现代风险带来障碍；其次，维持个人法益与集体法益的二元结构，难以解决二者哪个优先的逻辑问题；再次，所谓集体法益的包容性、消耗上的非竞争性、不可分配性更没有为集体法益的独立性品质提供任何根据，恰恰证明了集体法益无非是个人法益的集合体；最后，脱离个人法益，所谓的集体法益将会变成空洞无物的东西。[2]

尽管表述不同，但前四种观点有共通之处，即均承认超个人法益[3]是相对于个人法益而言的，二者是一种描述性的分类。但在超个人法益与个人法益的关系上，前三种观点与后一种观点存在本质上的差异。前三种观点主张法益二元观点，强调金融刑法保护的是具有独立特质的超个人法益（集体法益、公共法益、金融秩序）。超个人法益并非纯粹依附于个人法益上的非独立概念，而是一种“社会本位”的思考模式，由社会决定超个人法益的内涵。第四种则持法益一元论观点，强调以个人法益侵害为核心的结构，力求以个人法益所呈现的特色来理解超个人法益的概念内涵，并且强调所有的超个人法益均必须以还原为个人法益的侵害为限，才能得到保护。法益一元论将超个人法益视为个人法益的下位概念。

笔者赞同最后一种观点，即法益一元论。这也许与现主流观点存在巨大差异，甚至被认为与刑法现实发展脱节，但笔者仍坚持金融刑法的保护法益首先应是个人法益的观点，其对超个人法益（集体法益、公共法益、国家法益）的选择应以能还原为个人法益为限。在笔者看来，个人法益与超个人法益之间应存在一致性，在个人法益与超个人法益发生冲突的场合，立法应将个人法益保



[1] 王彦强：《犯罪成立罪量因素研究》，南京师范大学2013年博士学位论文。

[2] 雷东生：《刑法保护法益的判断规则》，载《法制与社会发展》2015年第6期。

[3] 根据王永茜博士的概念厘定，刑法理论基本上是在统一意义上使用全体法益、社会法益、超个人法益、普遍法益、公共法益、集体法益等概念。其中，超个人法益或集体法益是相关资料中出现的最为频繁的概念，以表征法益概念中与个人法益相对的、却具有关联性的那部分利益。在下文中，笔者也将从这一意义上使用“超个人法益”这一概念，以便于说明。

护置于优先考量的地位，以防止为了追求超个人法益保护而对个人法益保护可能带来的伤害。因为就本质而言，超个人法益是个人法益的下位概念。

这种坚持，基于以下理由：

首先，超个人法益无法脱离个人法益而独立存在，即明确超个人法益的独立性并不可行。若将超个人法益视为独立于个人法益的独立概念，就必须要赋予超个人法益以区别于个人法益的独立概念。按照法益二元论支持学者的观点，个人法益无法解决“量的集合”的问题，因此需引入超个人法益的概念：“在分析个人财产法益与公共财产法益的关系时，将公共财产作为个人财产的量的集合或许可能成立；但在分析个人生命法益与公共生命法益的关系时，将公共的生命安全作为个人生命的量的集合就是不可能的了。因此，一旦社会价值开始重视国家安全等超个人法益，个人法益与超个人法益在理论上的地位就必然随之发生变化。”[1] 超个人法益具有使用上的包容性，消耗上的非竞争性及不可分配性[2]，这是其独立存在的必要性依据。简言之，在法益二元论学者看来，超个人法益“具有不可分割性及其根源上的特殊性”[3]，这是超个人法益的独特性之所在。然而，究竟何谓超个人法益？王永茜博士在《论集体法益的刑法保护》一文中试图通过“集体法益的重要性”“集体法益的独特性”以及“提前保护的有效性”来论证集体法益（本文所使用的“超个人法益”，下同）保护的必要性及其特征，并通过“具有价值上的重大性”“排除不真正的集体利益”“具备必要的明确性”以及“符合比例原则”来限定集体法益保护范围，但由于其并未给出集体法益的切实概念，同时集体法益的保护范围也仅仅是描述性的，而使该理论框架只能是一种空中楼阁式的构建。王永茜博士指出，刑法所保护的集体法益应“具有价值上的重大性”，并提出这种价值衡量应该根据集体法益对具体



[1] 参见王永茜：《论集体法益的刑法保护》，载《环球法律评论》2013 年第 4 期。王永茜博士在文中使用的是“集体法益”一词，为了与前文保持一致，笔者将其文中“集体法益”全部替换为“超个人法益”以便说明。这种替换并不会改变作者的基本观点，因为在文中，作者指出，超个人法益与集体法益实为同一概念，只是表述不同而已。

[2] 雷东生博士批判道，这恰恰说明了集体法益无非是个人法益的集合体，正是因为所谓集体法益无外乎是个人法益的集合，所以所有组成集体的个人都可以“使用”；正是由于集体法益是每个个人法益的集合，所以在每个个人享有集体法益中的自己的利益时，并不影响其他的个人同样享有所谓集体法益中的自己的利益正是由于集体法益是不特定或者多数个人法益的集合，即所谓集体法益对某个个人而言，必然包含了不属于该个人的其他个人的法益，因此，集体法益不能整体地分配给组成集体的每个个人，这恰恰证明所谓的集体法益无外乎是个人法益的集合体，并不具有独立的品质。

[3] Soto Susana Navarro，*La protección penal de los bienes collectivos en la sociedad moderna*（Granada：Editonal Comares，S.L.，2003），p.194.

的个人可能造成的损害的反射效果来进行。这恰恰论证了“超个人法益无法脱离个人法益而独立存在”这个法益一元论观点。实际上，脱离了个人法益，超个人法益将或变成空洞无物的东西，或偏离法益保护的正当性：（1）法益二元论的支持学者认为提前保护的有效性决定了刑法对超个人法益保护的必然性。认为刑事立法应将特定领域的超个人法益作为对个人法益保护的前阶，直接将其作为刑法保护的对象，而不必等到对个人法益的侵害或者具体危险结果的实际发生，这对于法益保护来说，将更为有效。然而，显然，这里作为个人法益保护前阶的超个人法益仍然是以个人法益为内容的，否则无法实现其后与个人法益保护的衔接。而若超个人法益完全脱离个人法益的内容，那么究竟什么是集体法益呢？由谁决定超个人法益的内容呢？（2）对缺乏个人法益基础的所谓的超个人法益进行的保护可能对社会发展产生负面影响。以危险驾驶罪这一抽象危险犯为例，刑法设立该罪的目的并不是因为其对交通管理秩序的违反，而是基于其可能侵害他人（不特定或多数个人）的生命或健康法益。如果我们执意将交通秩序作为超个人法益，对所有违反交通秩序（如汽车压双黄线、闯红灯）的行为人都科以刑罚，最终导致的是有车一族再也不敢上路。

其次，超个人法益无须脱离个人法益而独立存在，即明确超个人法益的独立性并不必要。正如王永茜博士所言，各国立法例在保护个人法益（人身、民主、财产等）的犯罪之外，规定了侵害超个人法益（国家安全、公共安全、经济秩序、国防利益等）的犯罪。在这一点上，一元论与二元论并不存在分歧。[1] 换言之，法益一元论与二元论的分歧并不在于是否承认超个人法益，而在于是否承认超个人法益的独立性，在于对超个人法益与个人法益的位阶关系认识上。因此，以超个人法益的重要性以及提前保护的有效性来论证刑法对超个人法益的必要性，以此论证法益二元论的观点并不准确。因为法益一元论并不否认刑法对超个人法益的保护，只是强调这种保护应以个人法益保护为基础。就这一点而言，显然，即便不承认超个人法益，也不会给应对现代风险带来障碍。

再次，超个人法益不应脱离个人法益而独立存在。法益二元论之所以要强调超个人法益的独立地位，其目的无非是当超个人法益与个人法益发生冲突时，为刑法优先保护超个人法益做理论铺垫。然而，这种将超个人法益（集体法益）作为一个整体来衡量其对生活制度的重要性的集体至上的路径极有可能导致国家刑罚权的过度扩张，从而侵害个人利益。事实上，所有个人法益在刑法的评价上都应具有等值的性质，因此不应允许刑法为了保护多数人的利益而牺牲个

[1] 王永茜：《论集体法益的刑法保护》，载《环球法律评论》2013 年第 4 期。

人的利益。正如英国哲学家菲力帕·福特提出的电车难题[1]一般，唯多数人利益的处理方式（功利主义）[2]本身就是不公平的，极有可能带来多数人的暴政。

另有学者从自由主义和社群主义视角提出了“自上而下地建构一个合乎论者自身态度的、具备所谓批判功能的超个人法益”。论者认为一元个体主体法益观（自由主义法益论）的经验的或先验的个人形象，要么与其法益的整体价值相冲突，要么忽略了一个真实的人类社会之样态，均不能担当其超个人法益背后的主体角色。社群主义的超个人法益能够发挥风险应对机能、促进社群整合和认同机能、积极福利供给机能和文化契合机能，为环境犯罪累积犯提供正当的立论基础，为有关象征性刑事立法提供正当的立论基础，为国家的象征符号提供刑法保护的正当性基础，为社会安宁和秩序法益提供更为积极的保护。超个人法益更青睐刑法的保护法益原则，同时将控制刑罚权的任务交给了程序性的商谈原则。[3]



对此观点，笔者的回答是：论者利用社群主义理论批判了自由主义法益概念的基因缺陷，指出刑法中的超个人法益是个体法益存在的先在基石。这种将西方社群主义的观点不加论证拿来就用的做法使得该理论并不具有十分的说服力。因为如果学者使用自由主义观点展开论证，可能会得出完全相反的结论。实际上，当代西方自由主义与社群主义的争论核心是善与公正的问题。自罗尔斯对他自由平等人的观念进行修正，主张其只是一种对所有宗教、哲学学说均不持立场的关于公民的学说后，契约的方法变成了建构主义的方法，对争议稳定性的契合论证也变成了重叠共识的理念。[4]正如桑德尔教授所言：自由主义的自由人士为私有经济辩护，而平等主义的自由人士为福利国家辩护，社群主义者则为与私有经济和福利国家相适应的公共生活辩护。仅此而已。同时，[5]论者有关

---

[1] 英国哲学家菲力帕·福特提出，假设你驾驶一辆自己无法使其停下来的有轨电车，即将撞上轨道上的5个检修工作人员，他们根本来不及逃跑，除非你改变轨道，但是，备用轨道上却有1个人，是否可以通过牺牲这一个人而拯救另外5个人？这个案例经哈佛法学院教授麦克尔·桑德尔改编后，更具说明力：有个胖子站在列车前行路上方的桥上，将其推下可阻止列车前行，使轨道上的5人获救。这时应该牺牲胖子吗？

[2] 若我们承认集体法益较个人法益更具有保护大多数人利益的特质。则应选择拉杠杆，或将胖子推下桥，以拯救5人。然而，正如批判者所言，一旦拉了杠杆，你就是一个不道德行为的同谋，推胖子下桥更是一种罔顾生命的举动。

[3] 贾健：《人类图像与刑法中的超个人法益——以自由主义和社会主义为视角》，载《法制与社会发展》2015年第6期。

[4] 惠春寿：《人格的观念与政治自由主义的证成》，载《浙江社会科学》2016年第3期。

[5] 参见［美］迈克尔·桑德尔：《公共哲学——政治中的道德问题》，朱东华等译，中国人民大学出版社2012年版，第135—142页。

超个人法益的机能的论述更多的是从解释论上展开的，是对立法实践的一种事后理论解读而非建构，因而欠缺了独立的理论价值。

综上所述，实际上，不论是个人的法益，还是所谓的超个人法益，它们在最终的结果上都是为了保障个体具有发展的可能性而服务的。唯一的区别仅仅在于，侵犯个人法益的行为直接损害了某个特定人的发展可能性，而侵犯某种超个人法益的行为则间接地损害了所有人的发展可能性。[1]

而观察我国的金融刑事立法，尽管表述略有不同，通说观点基本都以“××制度”或者“××秩序”，抑或“××制度（秩序）+权益”的方式来揭示金融各罪客体。“制度”“秩序”表达的是对公共利益这一超个人法益的保护，而“××制度（秩序）+权益”则表达将超个人法益视为首要保护法益，而将个体权益视为次要保护法益的立场。

这样的客体规范模式有其合理性。正如前文所言，金融刑法保护法益与金融法法益之间有一致性与承袭性，换言之，违反制度（秩序）与侵害权利之间必然存在一定的联系：违反某项制度必然造成对某项权益的侵害，或者说侵害某项权益一定源于对某项制度的违反。这是法定犯的一般特征。

然而，必须指出，这种“××制度”“××秩序”以及“制度（秩序）+权益”的客体规范模式背后所蕴含的对超个人法益与个体法益保护的主次排序，是值得警惕的。例如，刑法中有关高利转贷罪与骗取贷款罪的规定。按照通说观点，此二罪犯罪客体均表述为国家对信贷资金的管理制度，还有学者提出，骗取贷款罪涉及金融秩序与安全。然而，若我们仔细考察上述犯罪立法的设计，不难发现，高利转贷罪与骗取贷款罪有明显的保护银行垄断地位倾向。依照《刑法》之规定，高利转贷罪为行为犯，而最高人民检察院、公安部《关于公安机关管辖的刑事案件立案追诉标准的规定（二）》（以下简称《追诉标准（二）》）中明确规定该罪的追诉以违法所得数额为标准，这表明，行为人只要实施该行为且违法所得数额达到追诉标准即可构成犯罪既遂，而无须等待金融机构损失等危害结果的发生；骗取贷款罪尽管规定了“造成重大损失”之结果标准，但同时还规定了“或者有其他严重情节”的入罪依据，根据《追诉标准（二）》，行为数额100万元与直接损失数额20万元处于同等可选择的入罪标准，这表明，在理论上，只要有虚构事实、隐瞒真相、骗取银行贷款100万元以上的事实，即便银行未遭受实际损失，亦可将行为人做入罪处理。正如有学者指出，当前我国市场经济发展水平不高，市场



[1] 参见［德］克劳斯·罗克辛：《对批评立法之法益概念的检视》，载《法学评论》2015年第1期。

信用体系不健全，在经济社会生活中还普遍存在欺诈行为。这些行为本应属于私法调整，为什么刑法单单将骗取银行贷款的行为犯罪化呢？[1]

究其原因，与国家宏观调控者及金融行业直接竞争参与者双重身份有关。我国的金融机构主要以国有资产或通过国家持股的形式而创办，因此，对金融体系的破坏被视作对国家所有权的侵害，以及对国家管理权威的蔑视。因此，作为最严厉的惩罚手段，刑法当然地成为保障转型时期国家对金融市场管理有序化的最后武器。[2] 然而，必须强调，金融管理制度设立的目的首先在于保护公民、法人的个体利益，不损害社会公共利益只是防止权利滥用的前提。而过度强调对金融管理制度（秩序）的保护，极有可能导致金融犯罪圈的不当扩大，使公权肆意干涉私域成为可能。同时，一味地强调金融刑法的目的在于对金融秩序的保护，极易使刑法变为执行金融管理法的强有力的手段，使刑法丧失其独立的部门法立场，形成对行政法的附属地位。[3]



## 二、金融刑法保护法益确定和缩限

作为金融市场健康运行的保障法，金融刑法是针对违反金融秩序这一派生生活秩序行为的刑法规制。与传统犯罪不同，金融犯罪具有较为明显的经济有益性，“如果我们用后现代理论去观察经济犯罪，就会发现其犯罪的价值具有相对性，即当用非线性的视角看待经济犯罪的违法性时，我们就会打破犯罪是一种绝对恶的话语模式，发现经济犯罪具有相对意义上的合理性”。这从投机倒把行为入罪到市场经济放开的历史中可见一斑。这决定了金融犯罪不像传统犯罪那样具有犯罪性质的可感性，这明显地降低了其道德评价负值——相较而言，假币犯罪的伦理非难性最为明显，金融诈骗犯罪次之，而对于骗贷、骗汇、逃汇、洗钱等损害国家利益或金融机构利益的行为，民众的犯罪感受性较弱。金融犯罪的法定犯属性决定了只有在相关金融法规中已对某行为做了否定性评价并配置了相应的行政处罚，方可进入刑法领域。

### （一）金融刑法保护的法益应与金融法法益存在一致性与承袭性

金融法是包括金融交易（服务）法律规范、金融组织法规范和金融监管法

---

[1] 何荣功：《经济自由与刑法理性——经济刑法的范围界定》，载《法律科学》2014 年第 3 期。

[2] 吴玉梅：《中德金融诈骗罪比较研究》，载《法学杂志》第 6 期。

[3] 何荣功：《经济自由与刑法理性：经济刑法的范围界定》，载《法律科学》2014 年第 3 期。

律规范的法律规范总称。从中外法律规范来看，均呈现二元规范结构。一方面，金融法规范平等主体之间的资本交易关系。在多层次、多种类的资本市场中，由资本需求和资本供给所形成的各种具体的社会关系，就其本质而言，体现的是平等主体间的交易关系。资本市场交易法则通过为金融市场的参与者提供公平、透明的交易规则，保护交易者（市场参与者）的合法权益，引导交易者控制风险、防范风险和化解风险，提出应对危机的指引。金融交易法律规范并不能代替资本市场上的交易者做出商业判断，而是通过为资本市场上的交易者提供公正平等的游戏规则，确保交易者能够基于正确认知而自主做出决断，其功能在于保护金融市场主体合法实现交易的自由与交易的创新。其落脚的基点在于对金融市场主体个体权益的保护。另一方面，金融法通过监管性条款维护金融市场的社会公共利益，这是因为，金融是一个有高度风险的领域，金融市场的参与者具有冒高度风险的偏好，金融市场主体（参与者）没有办法靠个别主体建立它存在和发展的秩序，即使他们自律也很难建立起一个所有交易者受益并顾及社会公共利益的资本市场秩序。解决资本市场秩序存在的问题和实现社会公共利益，超出了资本市场交易自由的范畴，这便是金融监管法机制的任务。



据此，金融法法益可以表达为金融市场主体、个体合法权益以及社会公共利益与社会经济秩序。这是金融刑法法益保护选择的基础。金融刑法应坚守“最后制裁法”的地位，对市场参与人的利益保护以及具体金融市场行为规范监管应由相关金融法律法规来完成，金融刑法的规定旨在强化对上述法益的保护。

### （二）金融刑法所保护法益是对金融法法益的选择与缩限

为了实现金融法保障金融市场主体合法权益以及社会秩序与社会公共利益的目的，各金融法均专章规定了“法律责任”，针对违反金融法行为，构建起民事责任、行政责任、刑事责任复合法律责任体系。从法律责任的功能来看，三大法律责任的设置都以恢复金融市场上被违法行为破坏而失衡的社会关系为宗旨，但各有侧重。民事责任侧重于修复作为金融市场参与者的违法行为人与受害人彼此之间失衡的社会关系，责任设置的重心在于补偿遭受违法行为之害的投资者，具有鲜明的私法规范属性，因而被认为是对投资者权益的直接保护。行政责任侧重于修复国家与违法行为人失衡的社会关系，肩负着维护社会公共利益和社会经济秩序为重的法律责任，责任设置的重心在于惩罚违法行为的实施者，具有鲜明的公法规范属性，其通过惩戒侵害社会公共利益行为，遏制和预防违法行为来体现对金融市场参与者个体权益保护。

而金融法中有关刑事责任的表述，则大多采用概括法条方式进行，如《证券法》第231条、《证券投资基金法》第149条、《保险法》第179条，均规定："违反本法规定，构成犯罪的，依法追究刑事责任。"这为所有违反相关金融法规行为入罪打开了通道。然而，"如果某种规定只保护特定的秩序，而不去避免具体的损害，那这些规定在刑法中就没有任何地位。它们实际上属于所谓的违反秩序法，这种法律并不把刑罚作为其制裁手段"。[1] 刑法法益具有防止刑法体系不当扩张的体系批判机能。尽管同为根据宪法的基本原则而明确由法律所保护的人的生活利益，但刑法作为整个法网体系的最后保障法，其法益的范围必然不得大于前置法所明确保护的法益范围。这是刑法谦抑性的必然要求。刑法对于法益保护仅具有辅助性，当且仅当在使用非刑法惩罚不足以保障实现其所追求的目的时，方可纳入刑法保护范畴，反之，立法者就应当将其规定为违反秩序的行为。因此，立法机构在制定刑法时，应当坚持"最后手段原则"与"必要限度原则"，理性界定刑法与前置法的边界。



### （三）金融刑法保护法益的选择应注重对金融市场主体合法权益及公共利益的保护

金融市场的核心内容是金融自由，保障金融市场主体自由、法律地位平等，是法治市场经济的必然要求。这就要求，首先，应明确金融犯罪的本质是金融市场主体滥用经济自由而导致对其他平等主体或社会、国家公共利益的伤害。这意味着当且仅当金融市场主体违反金融法所确立的经济规则导致危害他人利益或社会、国家利益损害时，方可考虑用刑法规制。这是自由的边界，只要在这些经济规则的范围内，每个人都应该享有完全按照自己意志进行经济活动的自由。[2] 法不禁止即许可。其次，作为金融刑法所保护的"公共利益"，应界定为自由公平的竞争秩序和国民经济利益。金融作为现代各国的经济命脉，其安全与稳定对社会稳定有着十分重要的意义。因此，有必要对金融进行特别保护。但须明确的是，金融刑法既保护公民、法人的个体利益，也保护社会公共利益，并且，对前者的保护是第一位的，不损害社会公共利益只是防止权利滥用的前提，刑法应该保护的仅限于直接关系社会公共利益部分。最后，在犯罪设计时，应清楚认识金融市场参与者的平等地位，不论是政府、金融机构还是投资者，不论所有制形式为国有还是非国有，不论属单位还是个人，在金融交易法律关

---

[1] ［德］乌尔斯·金德霍伊泽尔：《法益保护与规范效力的保障论刑法的目的》，载《中外法学》2015年第2期。

[2] 王海明：《论经济自由原则》，载《齐鲁学刊》2007年第3期。

系中，均处于平等的法律地位，理应受到刑法的平等保护。现行刑法在高利转贷罪设计上的对金融机构权益保障的显见偏向是学界诟病此罪的主要原因。也有学者指出，《证券法》第212条填补损失，与操纵及内幕交易并无实质区别，但因为该行为虽然损害了投资者权益，但不会造成交易秩序混乱，因此未入刑，这就是刑法保护法益的选择问题。

由金融法构建的经济规则的理想状态是达到“市场更有效地运作，增加社会福利，保护公共利益”之目的，然而，必须承认，出于无法克服的不完全信息和有限理性，以及不可避免的部门立法特点[1]，金融法的设计不可能完全避免瑕疵，也难免会做出偏离公共利益的行为，政府所拟定的经济政策也未必都符合社会公共利益[2]。注重对金融市场主体合法权益与社会公共利益保护将有效地避免刑法陷入工具主义的泥潭。不存在具体法益侵害只是对经济性质秩序违反的行为，不应纳入刑罚处罚（民间借贷行为大量纳入刑法范围体现的是刑法对金融活动的过度干预），因为现行制度管理不善或者经济市场化程度不够而造成“社会危害性”的行为（如恶意透支型信用卡诈骗）也应谨慎入刑。金融法的工具价值在于权利衡平与金融监管，而刑法的工具价值则在于保障，是被作为保证和加强已然存在并正在金融体系之中发挥作用的金融法的实效性而制定的，简言之，刑法以最高强制力保障金融法的实施，从而保障金融市场秩序与安全。正是由于二者不同的价值旨趣，金融法的研究与刑法研究对象、内容、思路都有很大的不同。金融法学者思考得更多的是如何实现不同利益主体之间的平衡，如何衡平个体效益与国家监管之间的关系，而刑法学者则更多的是在公正、人道、谦抑价值指引下思考刑法原则、目的、机能实现等问题。据此，笔者赞同



---

[1] 作为监管法，金融法不可避免在带有明显的部门立法特点，在现阶段，仍需警惕可能存在的部门利益法律化问题。当我们考察中国的立法现状时，不难发现，80%以上的法律都是由某一个具体管理部门草拟法律草案，然后逐级提交审议通过。由于参与立法的官员及法律精英难免的部门倾向，也因为参与立法的人大代表在专业知识和个人能力上的可能不足，使法律极易呈现争权、扩权、维护部门利益、回避义务等现象。这样的立法模式是亟须反思的。一方面，由于法律调整领域越来越呈现出高度的专业性和技术性的特点，也因为“依法治国”宏大叙事下的“有法可依”的迫切需要，这种官僚+精英的立法模式是必要的；但另一方面，部门主导立法极易滋生腐败，助长弄权，违背法律面前人人平等的宪法精神，同时，有利害关系的公民因为无知识、无能力、无影响效率等借口被排除于立法过程之外，这使该法常常因为不符合民意而在执行的过程中遭到抵制和质疑，从而严重伤害法律的权威性。面对这样的立法困境，越来越多的人注意到立法中公众参与的重要性。然而，不可否认的是，现行的公众参与立法还仅处于初级阶段，还有很多问题需要从理论上厘清并在践行中检验和校正。参见蒋苏淮：《中国特色社会主义法律体系建成后“立法中心主义”的转向》，载《河北法学》2012年第4期，第6—7页。

[2] 何荣功：《经济自由与经济刑法正当性的体系思考》，载《法学评论》2014年第6期。

这样的观点：金融刑法的保护法益应为金融市场主体的合法权益以及社会公共利益（自由公平的竞争秩序和国民经济利益）。前者界分了金融犯罪与纯秩序违反行为的区别，而后者则为界分金融犯罪与纯侵财型犯罪提供了依据。对仅违反金融行政管理秩序，而不会造成具体法益侵害的，应仅属于金融违法行为（行政违法），不可规定为犯罪。对于既违反金融管理秩序，又存在具体法益侵害的，根据违法程度的不同，分别规定为金融犯罪和金融违法行为。[1]



[1] 何荣功：《经济自由与刑法理性：经济刑法的范围界定》，载《法律科学》2014年第3期。

# 涉贷欺诈类案件法律适用情况调查研究

## ——以A省H市2014年至2016年案件办理情况为样本

唐海燕* 王占寻**

随着社会经济的不断发展，贷款和信用卡透支等日渐成为人们生活中非常普遍的现象。银行等金融机构推出的贷款、信用卡、（信用）票据、信用证等金融产品本质上均属于“贷款”的范畴。因相关诈骗或骗取“贷款”类案件的行为中均或多或少地存在欺诈成分，故为方便研究和论述，在不考虑主观内容不同的情况下，将其统称为“涉贷欺诈类”案件。该类案件主要包括涉嫌贷款诈骗罪、信用卡诈骗罪、骗取贷款、票据承兑、金融票证罪等罪名的案件[1]。为客观反映此类案件办理中存在的问题并切实提出有效的应对举措，笔者以A省H市在2014年至2016年涉贷欺诈类案件的司法处理情况为例，解析此类案件中刑事法律适用的相关问题。

## 一、涉贷欺诈类案件的司法现状

### （一）案件数量构成偏于单一化

据统计，H市2014年至2016年涉贷欺诈类案件有192件，共209人，其中信用卡诈骗案件数量为184件，占案件总数的95.83%（具体数据见表1）；信用卡诈骗案件中“恶意透支型”案件数量为177件，占信用卡诈骗案件总数的96.2%，占涉贷欺诈类案件总数的92.19%。显然，信用卡诈骗案件，尤其是“恶意透支型”信用卡诈骗案件在涉贷欺诈类案件中占绝大多数。

在相同时段内，与涉贷欺诈类案件相关的银行等金融机构工作人员涉嫌职

* 唐海燕，安徽省淮南市人民检察院副检察长。

** 王占寻，安徽省淮南市人民检察院公诉处检察员。

[1] 从刑法条文规定看，涉贷欺诈类案件还可能涉及票据诈骗罪、金融凭证诈骗罪、信用证诈骗罪等罪名，因该类罪名实践中较少遇到，故未予重点列出。

务犯罪的案件极少。其中，涉嫌违法发放贷款案件仅 1 件 1 人，涉嫌违规出具金融票证及对违法票据承兑、付款、保证类的案件均为 0 件。从被追责人员数量对比看，相对于 200 多名涉贷欺诈人被刑事追究，银行等金融机构被追责人员数量极少。

**表 1　H 市 2014 年至 2016 年涉贷欺诈类案件数量概况**

| 案件性质 | 案件数（件） | 人数（人） |
|---|---|---|
| 信用卡诈骗 | 184 | 186 |
| 贷款诈骗 | 3 | 6 |
| 骗取贷款、票据承兑、金融票证 | 5 | 17 |
| 合计 | 192 | 209 |



## （二）案件实体处理偏向罪责化

在案件实体处理方面，H 市 192 件涉贷欺诈类案件中有 170 件被起诉至法院，且均被作出有罪判决；有 22 件由被检察机关作不起诉处理，且均是相对不起诉。因相对不起诉系以“犯罪情节轻微”为前提，系认定“构成犯罪”而决定不起诉，从该角度理解，H 市 2014 年至 2016 年涉贷欺诈类案件的“有罪化处理”比例达 100%。

H 市起诉至法院并被判有罪的 170 件涉贷欺诈类案件中，无一人被判处免予刑事处罚，且均被判处较高额度的罚金。从涉贷欺诈类案件的数据构成来看，“恶意透支型”占绝大多数，此类案件一般情节均较轻微，在刑事诉讼中大多能还款付息，且基本没有再犯可能性（银行对有不良征信记录人员不会发放信用卡），此类案件一律追究刑事责任与当前欺诈类案件中提倡的“宽严相济”和“恢复性司法”的刑事政策精神不符。

## （三）羁押措施适用偏重追偿化

在强制措施适用方面，H 市信用卡诈骗类案件中拘留、逮捕等羁押性强制措施适用比例为 81.20%，贷款诈骗类和骗取贷款、票据承兑、金融票证类案件中羁押性强制措施的适用比例为 18.80%。在所有涉贷欺诈类案件中，因还款或承诺还款后变更为取保候审等非羁押性强制措施的人数量为 68 人，占被原拘留和逮捕总人数的 58.12%（具体数据见表 2）。

对于骗取贷款、票据承兑、金融票证类案件，因涉案数额较大或巨大，涉案人员还款难度亦较大。H 市办理的此类案件中，曾对一名涉案人员先是采取拘留、逮捕措施，待其签订还款协议后变更为取保候审，后因未有效履行还款协议又对其变更为逮捕。可见，H市涉贷欺诈类案件羁押性强制措施的适用和变更，带有较重的帮助银行等金融机构追偿欠款的色彩。

**表2 H市2014年至2016年涉贷欺诈类案件强制措施适用情况[1]**

| 案件类型 | 拘留、逮捕 | 直接取保 | 追赃变更取保 |
|---|---|---|---|
| 信用卡诈骗 | 95 | 91 | 63 |
| 贷款诈骗 | 6 | 0 | 0 |
| 骗取贷款、票据承兑、金融票证 | 16 | 1 | 5 |
| 合　计 | 117 | 92 | 68 |



## 二、涉贷欺诈类案件法律适用中存在的问题

### （一）打击方向失准，犯罪预防效果较差

2014年至2016年，H市涉贷欺诈类案件总数分别为47件、57件、88件，案件数量逐年增加，年度增幅依次为21.28%和54.39%。其中，各年信用卡诈骗类案件数量依次为45件、53件、86件（在各年涉贷欺诈类案件总数中均占92.98%以上），年度增幅依次为17.78%和62.26%（具体数据见表3）。

涉贷欺诈类案件属于经济领域的犯罪案件，极少出现偶发性的激情犯罪，其犯罪发生机制具有规律可循；银行等金融机构对有不良征信记录的“借贷人”（含信用卡持有人，下同）禁止发放贷款，对于同一行为主体，该类犯罪基本没有再犯的可能性。然而，H市此类案件频频高发，甚至逐年递增，足以说明关于此类案件的打击方向失准和预防犯罪效果较差。

**表3 H市2014年至2016年涉案欺诈类案件年度分布情况**

| 案件类型 | 2014年 | 2015年 | 2016年 |
|---|---|---|---|
| 信用卡诈骗 | 45 | 53 | 86 |
| 贷款诈骗 | 1 | 1 | 1 |
| 骗取贷款、票据承兑、金融票证 | 1 | 3 | 1 |
| 合　计 | 47 | 57 | 88 |

[1] 淮南市2014年至2016年涉贷欺诈类案件无适用监视居住情形。为防止重复统计，故将拘留、逮捕合并统计。

### （二）主观事实难明，适用推定较多

涉贷欺诈类案件中，较为棘手的问题当属行为人主观方面的查明和认定，以及被害人是否陷于“错误认识”并行使“错误处分”的证明，二者对案件定罪和量刑均有直接影响。对于前者，司法人员多从行为人的整体行为进行综合认定（或推定）；对于后者，司法人员多囿于“行为人主、客观一致原则”（常忽视行为与结果之间的因果关系），直接或间接地为银行等金融机构免责。

在骗取贷款、票据承兑等案件中，银行等金融机构工作人员甚至主动帮助行为人“制作”“完善”信贷材料，且在放贷之后对资金去向不管不问[1]，实践中，司法机关多以银行工作人员不能代表银行、不影响银行被骗的认定，直接认定行为人的行为符合欺诈类犯罪的犯罪构成（即推定银行被骗）；在信用卡诈骗类案件中，许多银行均系主动宣传和发放信用卡，在对开卡申请进行审核时，银行对申领人的资产和信誉情况基本不审查（往往只查询银行征信记录）[2]，在信用卡使用过程中又经常主动建议持卡人调整信用额度[3]，在持卡人透支后还款不能时，银行多选择向公安机关报案追责。在此种情形下，是民事纠纷还是刑事犯罪，常常难以界定和区分，司法人员大多依据司法解释规定的银行“催收次数”和“超过期限”推定行为人主观上系“恶意透支”。

### （三）追赃挽损优先，羁押措施适用失当

之所以发生涉贷欺诈类案件均因为存在还款不能情形，银行等金融机构是此类案件中当然的“被害人”。司法机关受理案件后往往将“追赃挽损”作为首要任务。在具体办案过程中，大多将“控制嫌疑人”作为第一要务，“以抓促还”，进而导致此类案件中羁押性强制措施适用过多甚至反复适用。

在骗取贷款及贷款诈骗类案件中，因案值较大，为最大限度实现“追赃挽损”，实践中常出现“先逮后放”“不还再逮”等情形。在信用卡诈骗案件中，除公安机关通知嫌疑人“立即”还款付息外，大部分案件均是先行拘留，拘留期限内仍不还款便采取逮捕措施，一旦嫌疑人还款付息，即变更为取保候审措施。

[1] 参见孙国祥：《骗取贷款罪司法认定的误识与匡正》，载《法商研究》2016 年第 5 期。

[2] 参见党小学、鞠璐：《除了发卡，银行几乎什么都不管》，载《检察日报》2012 年 9 月 5 日。

[3] 笔者 2017 年 2 月 16 日在某银行营业部还信用卡欠款时，柜台人员主动告知银行里最近有“额度”，问是否需要调整。

## 三、解决涉贷欺诈类案件刑事法律适用问题的对策

2016年11月4日，中共中央、国务院联合发布了《关于完善产权保护制度依法保护产权的意见》，规定各类产权的诉讼主体地位和法律适用一视同仁。司法机关在办理涉贷欺诈类刑事案件中，应当正确理解法律、准确查明案情、坚持公正司法，方能有效保证办案质量、提升办案效果并树立司法权威。

### （一）全面理解法律，厘清犯罪构成，准确适用法律

刑法的目的是“报应”和“预防”的辩证统一，打击犯罪的过程也是社会治理的过程，维护社会良好秩序，必须注重犯罪预防。预防犯罪分为“特殊预防”和“一般预防”，就涉贷欺诈类案件发案机制而言，“一般预防”更为重要。

从H市2014年至2016年涉贷欺诈类案件的发案情况可知，此类案件的“一般预防”效果较差。究其原因，主要有三：一是刑法关于银行等金融机构工作人员职务犯罪规定的构罪门槛较高，如违法发放贷款罪，系以“数额巨大”为前提；二是法律关于银行工作人员行为违法性的评价规制较为模糊，如违法发放贷款罪之“违反国家规定”缺少明确的法律依据，商业银行法未作出具体规定，而对其他规范性文件是否属于“国家规定”存在明显争议[1]，再如信用卡诈骗类案件中，则完全没有追究银行工作人员刑事责任的条文设置；三是法律性文件关于“借贷人”不当行为入罪规定的条文内容过于简单，如骗取贷款、票据承兑罪的追诉标准未区分自然人和单位，“恶意透支型”信用卡诈骗罪的主观认定貌似直接以银行催收“次数”及“期限”为准[2]。

相关“不当行为”入罪门槛差别问题属于刑事立法的范畴。作为司法工作人员，在办理案件过程中应重点关注对法律内容的正确理解和准确适用。银行等金融机构属于营利性机构，贷款、票据及信用卡业务等属于其主要经营内容，降低涉贷欺诈类案件数量及预防此类案件的再次发生，需将重点放在敦促银行等金融机构提升相关涉贷业务的规范意识和风险意识。有关机关将主要精力集中于“追赃挽损”及“惩罚借贷人”，明显不能有效实现刑法的社会预防效果，甚至会间接助长银行等金融机构忽视经营风险、盲目扩张业务，进而导致此类

[1] 参见沈鼎：《违法发放贷款罪若干问题研究》，载《唯实》2012年第10期。

[2] 根据最高人民检察院、公安部于2010年5月7日发布的《关于公安机关管辖的刑事案件立案追诉标准的规定（二）》第54条的规定，恶意透支，指持卡人以非法占有为目的，超过规定的限额或者规定期限透支，并经发卡银行两次催收后超过3个月仍不归还。

案件不降反升[1]。

### （二）准确查明事实，全面评价案情，严格主观认定

刑事案件查明的事实应当无限接近于客观事实，查明案件事实是准确适用法律的前提。因法律条文对于借贷人和银行等金融机构工作人员违法行为入罪标准的设定差异较大，加之当前办案机关“维护被害人权利”的意识强烈，在刑事司法过程中，银行等金融机构相对借贷人而言，处于明显的主导和优势地位。进而，此类案件客观事实的查明相对于普通刑事案件常常更为复杂，故司法人员在办理涉贷欺诈类案件时应当集中精力准确查明案件的关键事实。



行为及危害后果是评价法益侵害的直接标尺，认定犯罪应当以行为人的行为和后果为考察对象。涉贷欺诈类案件中，因行为人多有欺诈行为，基本可以认定其有欺诈的故意。但有欺诈故意不等于要追究刑责或科以重刑，还应根据因果关系的不同而有所区分。近些年，随着国家金融体制改革的逐步推进，银行等金融机构的业务竞争压力逐渐加大，许多银行主动上门找“优质企业”商请“放贷”，甚至主动降低业务操作标准（如对相关贸易真实性基本不做核实）或直接帮助造假（如帮助伪造相关业务背景的合同文本）。此种情形下，可以认定银行等金融机构对于“借贷人”相关资料的不真实性持“放任”或“明知”的态度，除银行工作人员与借贷行为人有共谋外，应当结合银行工作人员业务规范违反程度，认定银行工作人员的违规行为与案件后果之间是否存在原因力及原因力大小，并应据此适当减轻或减免嫌疑人的刑事责任[2]。

对行为的认知及对后果的心态是界定行为人是否具有犯罪故意及犯罪故意内容的直接依据。对于涉贷欺诈类案件中行为人对犯罪后果的认知及态度涉及罪与非罪或此罪与彼罪的问题，应当重点予以查明，如“循环骗取贷款、票据承兑”类案件，应当重点查明行为人的经济能力以及涉贷资金的用途，若行为人明显资不抵债，却仍将许多资金转移、隐匿或用于个人挥霍，应当依法认定其具有“非法占有目的”，系“贷款诈骗”的犯罪故意。

对于“还款不能”的“恶意透支型”信用卡诈骗案件，应重点区分是否属于民事纠纷。一方面，从银行经营信用卡业务本身的主观意愿考虑，持卡人违约是银行收取透支利息的前提（持卡人按期还款后银行无利息收入），从一定意义上讲，银行甚至希望持卡人（轻微）违约，H市个别信用卡诈骗案件中嫌疑

[1] 参见王爱莲：《从信用卡诈骗犯罪看银行管理漏洞》，载《法制与社会》2010年第24期。

[2] 参见庞良文、王占寻：《骗取贷款罪追诉问题研究》，载《中国检察官》2015年第20期。

人归还的利息甚至达到本金的43.76%[1]，但违约本身不等于犯罪；另一方面，从行为人透支当时主观方面认定角度考虑，应综合考察其行为是否具有或可能具有还款能力。因为家庭财产系共有，在没有分割前，所有家庭成员对家庭财产均有主张权利，故此类案件中行为人经济能力及其主观认知的查明范围应适当扩大至家庭范围。H市信用卡诈骗案件大多系由亲属代为偿还即为例证，即“还款不能”（无论如何拖延）不能直接等同于“恶意透支”，在不能认定存在“恶意”的情况下，应认定属于民事纠纷，应当由银行等金融机构按照民事诉讼程序进行追偿[2]。

### （三）坚持公正执法，规范羁押措施，提升办案效果



刑事追诉乃国家公器，司法机关应坚持公正司法。刑法及刑事诉讼法均将打击犯罪、保护公民财产作为核心任务，但刑事诉讼法同时将“正确应用法律”“尊重和保障人权”列为重要内容。金融行业是关系国家和社会经济命脉的重要行业，顺利“追赃挽损”是银行等金融机构的核心利益关切，许多涉案银行往往利用影响力对案件的司法处理施加影响。司法机关应当坚持公正执法的立场，坚持在依法准确查明案件事实的基础上“打击犯罪”和“保护涉案人财产”，并在此过程中“尊重和保障人权”。刑事追诉应当具有谦抑性和公正性，司法机关不应过度参与民事追偿，应当“让司法的归司法，让经济的归经济”。

刑事强制措施是保障刑事追诉活动顺利进行的措施，其适用和变更具有严格的法定条件。涉贷欺诈类案件均系经济型案件，尤其对于信用卡诈骗案件而言，极少有可能判处十年以上刑罚情形，行为人人身危险性较小，除“促使其还款”外，基本没有拘留和逮捕的必要。H市涉贷欺诈类案件羁押性强制措施适用比例过高甚至出现反复，均系“以拘促还”“以捕促还”办案心态的直接体现，此种情形明显属于强制措施适用不规范。法律的权威来自司法机关的办案规范，强制措施适用是否规范直接反映“尊重和保障人权”是否落到实处，一些办案机关以牺牲程序正义换取银行本息双收，进而导致司法机关办案形象受损，未免因小失大。

在执法办案中必须注重“三个效果”的统一，必须克服“本位主义”思想，方能有效实现案件的良性实体处理。当前，“立案数”“撤案数”“不起诉数”“捕

[1] 如康军信用卡诈骗案件中，透支本金数额为11.366万元，利息数额为4.9738万元，利息数额占本金数额的43.76%。

[2] 参见周兴宥、方晓亭：《从执行难看恶意透支型信用卡诈骗犯罪预防的路径选择》，载《犯罪研究》2015年第5期。

后轻刑率”“无罪”等属于办案机关的“核心业务考核数据”；检察机关不起诉需报经检委会研究决定，办案程序较为复杂；法院于罚金刑判处方面存有直接利益关联。故司法实践中，办案机关不乏从本位主义出发，常有“相互协调”“互相支持”及“效益执法”等现象。H市2014年至2016年度涉贷欺诈类案件中，公安机关立案后自行撤销案件0件；全市六个县区检察院办理的22件不起诉案件中，某区检察院不起诉19件，占全部不起诉案件比例的86.36%，其余县区检察院明显存在怠于办理不起诉案件的现象；所有起诉至法院的被告人均获有罪判决并全部被科以刑罚（其中缓刑案件占36.08%），其中，信用卡诈骗类案件所判罚金总额占该类案件总案值的47.13%。司法人员对于司法办案业务考核、办案程序经济及办案效益利益等问题，应当持有正确认识，只有依法办案、秉公办案、规范办案，方能提升案件质量、提升办案效果，进而实现刑事诉讼的良性推进。



## 四、结语

涉贷欺诈类案件，一方面，涉及银行等金融机构信贷资金的安全性而相对敏感；另一方面，涉及民刑交叉的界定与区分而相对复杂。在具体办案过程中，司法工作人员应当怀有高度的责任意识和使命意识，摒弃执法惰性、准确查明案件事实、正确厘清因果关系、深刻理解法律内涵，并将目光在案件事实与法律规定之间来回巡视，时刻秉持客观公正、严格规范的执法理念，方能有效实现执法办案“三个效果”的统一，方能切实树立法律和司法的权威。

# 关于银行卡犯罪与案件审理情况实证分析的调研报告

余德厚 * 姜新林 ** 李世寅 ***

美国于 1915 年发行了全球第一张银行卡，我国第一张银行卡于 1985 年 6 月在中国银行珠海分行发行。据统计，截至 2015 年第二季度，全国银行卡发卡数量已达 50.32 亿张，同比增长 10.85%，其中，借记卡在用发卡数量 45.99 亿张，同比增长 11.69%，信用卡和借贷合一卡在用发卡数量 4.33 亿张，同比增长 2.67%，银行卡消费业务高达 69.42 亿笔，消费金额达 14.11 万亿元。在银行卡经济日趋活跃的同时，随之而来的是银行卡犯罪也呈现高发、多发态势，成为当前金融犯罪中的突出问题，不仅扰乱了社会正常的金融管理秩序，还侵害了银行消费信贷资金与持卡人个人财产安全，具有相当的社会危害性。为妥善审理涉及银行卡犯罪案件，充分发挥刑事审判职能作用，维护正常的金融管理秩序，广东省中山市中级人民法院就此类问题展开专题调研，并分析其特点、审理困难，并就相关问题提出建议意见。

## 一、银行卡犯罪案件主要特点

根据中国人民银行颁布于 1999 年 3 月 1 日起施行的《银行卡业务管理办法》第 2 条的规定，银行卡是指由商业银行（含邮政金融机构）向社会发行的具有消费信用、转账结算、存取现金等全部或部分功能的信用支付工具，银行卡主要包括借记卡和信用卡、准贷记卡三类。根据 2004 年 12 月 29 日全国人大常委会通过的《关于〈中华人民共和国刑法〉有关信用卡规定的解释》，所谓信用卡是指由商业银行或者其他金融机构发行的具有消费支付、信用贷款、转账结算、

* 余德厚，海南省高级人民法院法官。
** 姜新林，广东省中山市中级人民法院法官。
*** 李世寅，广东省中山市第二人民法院法官。

存取现金等全部功能或者部分功能的电子支付卡。由此可见，在刑法领域，信用卡与银行卡是同义语，且刑事司法实践中，涉及银行卡犯罪案例绝大多数都是信用卡犯罪。一般来说，信用卡诈骗犯罪，是指以使用伪造的信用卡、使用作废的信用卡、冒用他人信用卡、恶意透支等形式，进行诈骗活动触犯刑法的行为。

## （一）该类案件基本情况

1. 案件数额及类型。2013 年至 2015 年，中山市两级法院共受理信用卡犯罪案件 286 件，涉及金额 3.83 亿元。其中，2013 年受理该类案件 36 件，涉及金额 903755 元；2014 年受理 58 件，涉及金额 6421208 元；2015 年受理 192 件，涉及金额 375870183 元。其中，10 万元以下案件为 195 件，10 万元至 100 万元的案件为 74 件，100 万元以上的案件为 17 件，最大涉案金额为 1145545 元，最小涉案金额为 14833 元。呈现案件数量逐年递增，涉案金额越来越大的特点（图 1）。

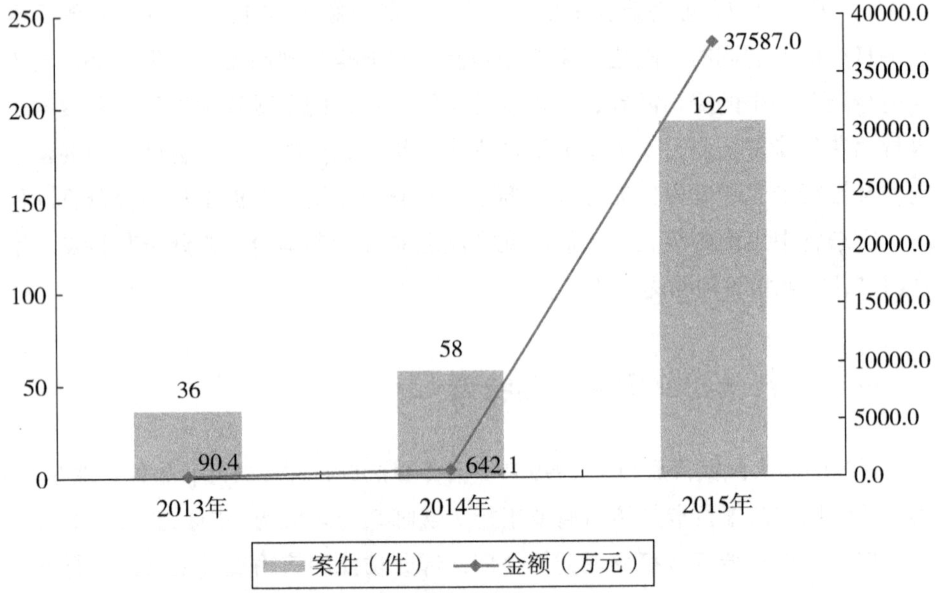


**图 1　信用卡犯罪案件数额**

案件类型以恶意透支信用卡诈骗犯罪为主要类型，3 年受理该类案件 241 件，占 84.3%：2013 年受理 35 件，2014 年受理 47 件，2015 年受理 159 件。伪造、变造金融票证（仅含信用卡）罪 2 件，占 0.7%：其中 2013 年 0 件，2014 年 1 件，2015 年 1 件。妨害信用卡管理犯罪 25 件，占 8.7%：其中 2013 年 1 件，2014 年 8 件，2015 年 16 件。窃取、收买、非法提供信用卡信息犯罪 0 件。非法经营（仅含信用卡套现）罪 18 件，占 6.3%：其中 2013 年 0 件，2014 年 2 件，2015 年 16 件。

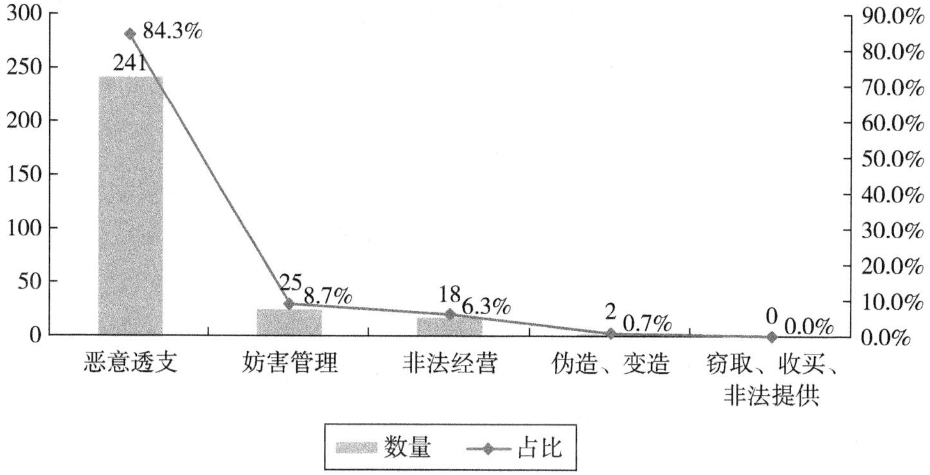


**图 2　案件类型及占比**

2. 被告人基本情况。该类犯罪被告人呈现外省籍被告人比例多、男性比例多、中青年比例多、学历低的特点。具体表现为：主要籍贯地在中山市的为 81 人，在外省的为 216 人。学历方面：大专以上学历的为 33 人，小学、初中学历的为 264 人。年龄方面：16 周岁到 18 周岁的为 4 人，18 周岁到 25 周岁的为 41 人，25 周岁到 60 周岁的为 250 人，60 周岁以上的为 2 人。

3. 案件审结情况。该类案件适用轻刑率较高。2013 年至 2015 年，中山市两级法院共审结该类案件 297 件（含 2012 年旧存案），大部分案件被告人被判处三年以下有期徒刑，其中缓刑与免予刑事处罚的比例较高。例如，判处缓刑的 100 件，免予刑事处罚的 31 件。免予处罚的原因主要有：归案后如实供述自己的罪行且犯罪情节较轻，有自首情节且犯罪情节较轻，无犯罪前科。

4. 涉及银行情况。信用卡犯罪案件涉及全市 18 家银行。其中，位居前列前三名的有国有大型商业银行 2 家，股份制商业银行 1 家，涉及案件数均在 50 件以上，最高的为 97 件。

5. 被告人自首率低、坦白率高。在 2015 年由检察机关提起公诉的 159 件信用卡诈骗案件中，认定具有坦白情节的有 135 件 140 人，分别占 89.7% 和 88.6%。而认定具有自首情节的仅有 11 件 11 人，分别占 6.9% 和 6.8%。

6. 案发后被告人还款率较高。以 2015 年中山市两级法院已审结 123 件信用卡案件分析为例，被告人在归案后偿还或部分偿还被害人或被害单位款项的为 85 件 86 人，分别占 69.1% 和 69.9%。在判处免除刑罚的 14 件案件中，被告人全部偿还了相关款项。司法实践中，是否偿还被诈骗款项是执法部门对被告人采取强制措施和从轻处罚的重要依据。被抓获归案的被告人出于自身利益的考虑，往往会在案发后积极偿还财物，争取宽大处理。

### （二）团伙作案增多，分工明确

在伪造、冒用他人银行卡类的信用卡诈骗及妨害信用卡管理犯罪中，犯罪分子往往组成团伙，内部分工明确、配合密切，采取多层结构、单线联系、自创暗语、互称代号等手法，最大限度地屏蔽自身身份信息，阻隔被抓获风险。专业分工明确，在窃取卡号密码、提供空白卡、伪造银行卡、持卡变现、联系销赃等环节均有专人负责，一些大型诈骗链条上甚至有多达15个不同工种。一些案件的犯罪团伙中还不乏银行、特约商户的工作人员，呈现内外勾结态势，这种制、售、用、销各环节分离的新特点导致难以将其一网打尽，社会危害性大。



### （三）犯罪手段多样化、科技化、智能化、国际化

克隆银行卡犯罪的手段主要包括：一是在商户POS机、银行自助柜员机等自助设备的键盘、插卡口安装微型盗码摄像头、设置假操作面板等盗取银行卡信息及密码的设备；二是商户在经营过程中故意向他人泄露储户的银行卡信息或与犯罪分子串通盗取银行卡信息；三是向他人高价购买银行卡卡片，通过复制或修改卡片信息伪造银行卡并持卡消费；四是使用木马病毒，在储户不慎进入流氓网站或非法网站浏览或进行操作时，窃取其登录用户名、密码以及绑定手机号码，由犯罪分子直接登录储户网上银行账户进行转账或消费操作，或者误导储户与第三方支付签订免密码支付协议等自行将储户款项转出。随着电子商务的发展及金融业务网络化，为克隆银行卡犯罪跨区，甚至跨国流窜作案提供了便利。犯罪分子往往跨地域甚至跨境进行突击性、连续性、流窜性作案，给侦查机关调查取证带来极大难度。例如，一些涉外银行卡诈骗案件犯罪分子将窃录银行卡信息的环节可放在欧美、中东等地区，把制作伪卡的环节放在广东省内的广州、深圳等地，把盗刷的环节又放在我国港澳地区，增加了侦查难度。

### （四）部分不法“特约商户”为银行卡诈骗犯罪提供便利

按照相关规定，“特约商户”必须按持卡人实际的消费额结账开票，不得向持卡人支付现金，但有些不法商户为了牟取蝇头小利，为个人、单位提供信用卡套取现金的渠道，帮助持卡人通过假消费等诈骗方式，套取银行资金。例如，中山市警方查获的横栏某酒行两个POS机在2013年至今有超过1000万元的流

水记录，其中银行卡划账金额超过400万元。中山市小榄镇某美容院女老板陈某为贪图小利，利用POS机协助他人非法套现，一次套现金额30000元或以下的收取50元手续费，超过30000元的收取100元手续费，一年多时间内，陈某利用POS机非法套现200多万元。有的POS机盗刷金额甚至高达8900万元。

### （五）涉网类新型银行卡犯罪呈现活跃状态

随着网上银行、互联网支付平台的发展，大众的消费习惯已逐步由现金转变为各类电子支付卡及网络支付平台。央行数据显示，2015年第三季度，非银行机构处理网络支付业务213.08亿笔，金额12.8万亿元，同比分别增长122.72%和102.21%。据互联网支付市场占有率近一半的支付宝统计显示，2015年支付宝移动支付笔数占整体比例高达65%，同比增长了15.8%。[1] 犯罪分子利用这一发展趋势，主要借助网络平台、第三方支付平台进行银行卡诈骗的犯罪活动越发频繁。例如，网络理财兴起后，出现了利用“支付宝”等网络支付手段虚假购物套取现金的新手段。中山市出现犯罪分子通过木马病毒，盗取被害人银行卡信息，通过网上银行融资平台操作，购买理财产品或贵金属，后又通过电话操控手法，骗取被害人动态密码，从第三方支付平台将被害人钱财转移到被告人账号的新型手法。



## 二、银行卡犯罪多发主要原因

### （一）信用卡业务监管机制不完善

银行信用卡申领手续过于简单，对申办人的资信状况审查不严。银行发卡时一般是依赖申办人的自报信息进行审核，有的银行只要申请人提出申请，提供必要的身份证复印件并填写申请表后，通过电话核实，就核发了具有透支功能的信用卡。领卡准入门槛较低，导致大量没有良好经济来源和信誉的开卡人很轻松地获得信用卡。银行超额透支权限过度放开、缺乏持卡数量规定等原因方便了恶意透支。根据调研，发现信用卡诈骗案件中，同一被告人持有2张以上不同银行信用卡的案件为42件，占所办案件的53%，甚至出现一人拥有几十张信用卡的现象，为实施诈骗活动提供了便利条件。

---

[1] 黄倩蔚：《互联网巨头竞相撒钱“社交+支付”》，载《南方日报》2016年1月27日，第A19财富版。

### （二）目前通用的磁条式银行卡存在诸多安全隐患

目前，大多数银行仍然使用磁条式银行卡，磁条卡是将银行卡有关信息录入卡片背面专用磁条内的银行卡。其磁条实际是一种原始的、被动的物理存储介质，没有技术手段能对其进行信息加密，存储数据极易被读卡装置读取，而银行终端系统只能识别银行卡记载信息的“对”或“错”，无法识别银行卡本身的真伪性。随着信息技术的发展及犯罪手段的智能化，磁条式银行卡的上述缺点导致银行卡极易被复制，为银行卡犯罪提供了便利。

### （三）持卡人风险防范及法治意识薄弱

在大部分银行卡犯罪案件中，被害人防范意识薄弱是促使犯罪分子轻易得手的重要原因。例如，被害人在 ATM 机上取款后忘记取回银行卡，被后续人员趁机取走钱款的情况时有发生；被害人在 ATM 机上取款时被排在其后的犯罪分子设法分散注意力后趁机更换银行卡的现象也较为常见。在恶意透支型信用卡诈骗犯罪中，一些被告人对恶意透支的法律后果认识不足，甚至认为这种透支行为只是一种民事借贷关系，并不构成犯罪。

### （四）公民个人信息泄露严重

根据调研，银行卡诈骗犯罪，犯罪分子容易得手的重要原因是掌握了公民大量的个人信息，有的信息种类甚至十分详细。例如，被警方破获的李荣庆案，李荣庆先后非法购买公民个人信息 168930 条及他人信用卡数据库内存有数量巨大的个人信息，可以按照省区市、地区、性别、职业、年龄等不同的检索条件进行查询，公民个人信息泄露严重，是导致银行卡犯罪增加的重要原因之一。

## 三、银行卡犯罪案件的侦查及审理困境

### （一）银行卡犯罪查处难

银行卡犯罪的犯罪手段智能性、隐蔽性强，被告人往往跨地流窜作案，流动性大，一经得手，便立即由多名被告人分头取款，案件查处难度大，如果消费行为发生在境外，侦查取证难度则更大。一些案件的取款行为甚至发生在我国港澳地区及国外。例如，2013 年 10 月 24 日，事主林某报案称其卡内存款被网络 ATM 机取走，后经查询发觉是在印度尼西亚网络 ATM 机取走款项，国内

还有犯罪分子借助俄罗斯搭建的话务平台网取走被害人款项的案例发生。

### （二）部分证据收集存在困难

由于银行卡诈骗犯罪中银行卡转账次数多，涉及调取银行单据多，从中进行筛选较为困难，被害人人数多的案件，由于分布区域广，犯罪金额存在查找难问题。一些案件，犯罪嫌疑人内部设置多重层级，对上线人员采取信息保护、过滤方式，难以查获。在电子证据如SchedulingAgent（木马）、TeamViewer8（远程控制）软件、CDR（通话记录）在审查上存在难度。例如，对电子作案工具——涉案光盘数据使用相同的IP段，是否属同一个计算机或工作站使用，即相同的被告人使用的证据审查认定问题。案件证据链条存在瑕疵，退查率、退回补充侦查率较高，如2015年某市检察机关已办结的123件信用卡诈骗案件中，退查案件为80件，比例约为65%。

### （三）违法成本低，威慑力不大

目前，涉及银行卡诈骗犯罪被全链条摧毁的案例所占比例不高。被查获的被告人多为取款人的最底层人员，虽然能定罪，但因为取证难，查证金额不大，大多数被告人均被判处三年以下有期徒刑，甚至缓刑。甚至有的被告人认为，用两三年的自由换上几十万元的“收入”，完全“划得来”。

### （四）法律及司法解释相对滞后

目前，我国银行卡立法工作相对滞后，相关行业规定仅有中国人民银行于1999年3月1日起施行的《银行卡业务管理办法》，该办法起草时间早、内容较简单、效力等级低。最高人民法院、最高人民检察院联合出台的《关于办理妨害信用卡管理刑事案件具体应用法律若干问题的解释》虽然对涉及信用卡刑事犯罪方面做了较为详细的规定，但在互联网金融及第三方支付平台、公民个人信息保护等方面仍缺乏明确规范。此外，对银行卡诈骗犯罪未遂问题、减轻处罚及免除处罚的适用问题也急需进行统一，以使裁判结果做到法律效果与社会效果的相统一。

### （五）执法观念存在差异

某信用卡诈骗案件中，一审判处被告人有期徒刑五年，并处罚金五万元。二审期间，被告人获被害单位谅解、其亲属缴纳罚金人民币三万元。二审改判被告人为有期徒刑三年，缓刑四年，并处罚金三万元。由于在法定刑下判处刑罚，需要省法院复核，省法院复核后认为，根据《刑法》第37条的规定，对于犯罪情节轻微不需要判处刑罚的，可以免除刑事处罚的规定，对案件发回重审，最后法院终审判处被告人免予刑事处罚。在另一案件中，有法官认为，应在司法审查中区分犯罪对象是借记卡（储蓄卡）还是信用卡（贷记卡），只有利用贷记卡刷POS机套现的行为才构成非法经营罪。因为贷记卡套现行为不仅容易滋生地下金融活动，扰乱国家金融秩序，而且套现行为会侵犯信用卡业务正常秩序，给发卡银行带来巨大的信贷风险，而借记卡没有透支功能，只涉及客户自己的钱，就不存在上述信贷风险。由于缺乏信用卡诈骗犯罪的最新司法解释，易导致检、法之间对案件情节判断的标准不统一，不同地区、不同层级法院之间的定罪、量刑标准也不相同。



## 四、克隆银行卡犯罪案件的解决路径

为预防银行卡犯罪进一步扩大，应该从完善法律、信用建设多方面入手，需要政府、银行、法院、个人等共同努力。

一是修改法律及司法解释。根据形势发展需要，应当适度拓展银行卡诈骗犯罪的调整范围，建立综合性的涵盖银行卡交易各个环节的法律规定。例如，美国对于信用卡管理方面有《公平信用报告法》《公平债务催收作业法》《平等信贷机会法》《公平信用和贷记卡公开法》等18项法律，涵盖信用卡交易各个环节。可考虑将出售、购买信用卡行为纳入出售、购买伪造信用卡行为，按照刑法以妨害信用卡管理罪处罚。完善对出售公民信息犯罪的规定条款，让嫌疑人不能够再轻易地使用他人身份证办理银行卡。出台对互联网金融方面第三方支付平台的管控，防止随意进行网络转款，尤其是大金额转款行为。建议立法部门出台互联网金融第三方支付平台管理规定，加强监管。借鉴国外立法，完善银行卡诈骗犯罪的法律规定，如国外在防范银行卡欺诈方面主要是通过规制“非授权交易”而实现的。美国《电子资金转移法》将“非授权交易”定义为“一个未经实际授权的持卡人以外的人，在持卡人账户实施电子化资金转移，而持卡人在本次资金转移中未获得利益”。美国《诚信贷款法》规定持卡人对未经授权的消费最多承担50美元的责任，《电子资金转移法》规定ATM卡（后扩展为所有的借记卡）持卡人的责任上限。我国有必要借鉴“他山之石”出台伪卡欺诈的损失分担机制的法律规定或司法解释，并限定合理限额，保护持卡人的合法权益及财产安全。

二是完善银行卡内部监管体系。银行应进一步规范信用卡发放及资信审核，严把申请准入关，提高发卡门槛。例如，加强对申办人身份的真实性审查，实行实名申办，并对其工作单位、收入情况、资产状况进行核实，同时要求其提供合法的保证人。经审查同意发卡的，应通知申办人本人领卡，不准任何人为他人代领主卡。领卡时还要认真查验申办人本人身份证件，必要时，要通知申办人和保证人一同前来领卡，当面签订领卡保证协议。各发卡柜台要配备经公安部门核准的身份证鉴定仪，以查验申办人、保证人身份证的合法性、真实性，排除欺诈性申请，防范风险。在申请办理银行卡时应着重提醒储户开通短信通知功能，确保其第一时间知晓账户资金变动情况。简化电话服务语音提示内容，尤其是银行卡挂失语音提示，确保在银行卡被盗或遗失后储户能及时办理挂失手续，避免不法分子利用此时机盗取资金。建立完善“专业开卡人”黑名单制度，发现有异常办卡、用卡情况，应立即向公安部门报告。加大对特约商户的准入审核与日常管理，严格特约商户准入条件，规范 POS 机日常管理，杜绝恶意串通提取现金的情况发生。

三是对现有银行卡及时更新升级。克隆卡能成功盗取资金的主要原因是自助设备存在无法识别克隆卡、伪卡等自身瑕疵，因此银行应提高银行卡的防伪技术，以及自助设备对克隆卡的外观识别，有效防止克隆卡在其他银行的盗取、盗刷。鉴于目前通用的磁条式银行卡已远不能满足防范银行卡业务风险的需要，推行芯片卡已成为提升银行卡安全等级、有效预防和减少银行卡犯罪的关键所在。例如，中国人民银行已经发文，从 2015 年 1 月 1 日起，不再发行磁条银行卡。完善 POS 机刷卡系统监管，健全第三方交易支付平台机制和管控措施。降低信用卡被克隆套现的风险发生。加强设备监管及建立自助设备巡查预警机制。银行应对其在各营业网点设立的自助取款机等设备进行日常维护检查，检查自助设备上有无安装读卡器、微型摄像机、夹卡器等装置，确保储户交易安全。银行应妥善保管近期（三个月内）银行卡自助设备交易环节的音像资料，在储户发现账户资金异常变动或司法机关提出协助请求时提供。

四是联合建立社会征信体系。建立银行和银行之间，以及银行和工商、税务、司法、海关、质检、电信等多部门之间的社会征信体系网络，以提高各部门的信息开放程度。例如，完善用卡人资信数据系统。将银行卡业务、房贷业务和其他个人消费贷款业务中收集到的个人信用信息进行分析判断，建立相关数据库，利用大数据分析系统，不断补充完善，最终实现相关金融机构间信息的共享，完善资信评估。建立银行卡身份信息共享平台，使用技术手段，对发现疑似克隆银行卡犯罪线索要及时预警，以有效减少克隆银行卡犯罪行为的发生。加快个人信用状况报告网络数据的更新速度，避免银行因为相关数据的滞后而无法及时制止恶意透支行为。建立信用考察和逐步升级制度，根据申请人的资信程度决定是否授信以及授信的额度，并根据持卡人的信用记录决定是否继续授信并逐步提高授信的额度。

五是加强宣传教育，普及法律、银行卡相关知识。充分发挥报纸、广播、电视等传统媒体与微博、微信等网络新媒体的法治宣传作用，加大对金融法律法规的宣传，以典型案例剖析等方式向公众宣传安全使用银行卡知识及银行卡犯罪的法律后果，教育持卡人树立正确、理性的消费观念，避免因盲目消费而导致恶意透支行为。例如，提醒储户在操作银行卡密码时注意防拍、偷窥，以及在商户消费时，注重观察 POS 机外观是否存在异常，刷卡时银行卡避免离开自己的视线范围，输入密码时注意遮挡，发现资金异常及时挂失、报警或就近在自助设备上进行操作等，强化其自我保护意识。在法治宣传方面，加强对信息获知程度不高的人群进行重点宣传，教育公民尤其是持卡人做好自身防范工作，提高银行卡片和密码信息的保密意识，银行在拓展业务的同时应向储户普及安全用卡知识。

六是加强执法部门合作，加大对银行卡犯罪打击力度。公安部门应加强对可疑人员和地点的排查，严厉打击伪造信用卡窝点，加强对信用卡冒领犯罪案件的打击力度。在内部协作机制方面，经侦部门要在内部加强与网监、情报部门的协作，加强情报信息的收集、整理、存储、分析和研究工作，加强网上巡查，对发现有非法买卖银行卡及公民个人信息的行为，及时进行监控，并协同固定证据，形成打击合力。成立反诈骗中心，整合打击合力。例如，中山市针对此类犯罪活动及电信诈骗活动，成立了反诈骗中心，强化警银合作机制，在被害人报案后，第一时间启动涉诈银行账号快速冻结机制，保障被害人资金不被转移，有效地减少损失发生。该中心仅运行 15 天就紧急冻结挽回个人资金 123.8 万元，效果良好。在外部协作方面，公安经济侦查部门要加强与银行、银监部门、工商、工信等部门的沟通协作，加强与外省市公安机关以及境外警方的信息交流通报和合作，提高侦破水平。

# “一带一路”资金融通的司法管辖研究

王玄玮* 李 震**

## 一、“一带一路”构想与目标

2013年9月7日，习近平总书记在哈萨克斯坦出访时提出：“为了使各国经济联系更加紧密、相互合作更加深入、发展空间更加广阔，我们可以用创新的合作模式，共同建设‘丝绸之路经济带’，以点带面，从线到片，逐步形成区域大合作。”同年10月3日，习近平总书记在印尼国会发表演讲时表示：“中国愿同东盟国家加强海上合作，使用好中国政府设立的中国—东盟海上合作基金，发展好海洋合作伙伴关系，共同建设21世纪‘海上丝绸之路’。”2014年，中共中央发布了《丝绸之路经济带和21世纪海上丝绸之路建设战略规划》(中发〔2014〕14号)；2015年，国家发展改革委、外交部、商务部联合发布了《推动共建丝绸之路经济带和21世纪海上丝绸之路的愿景与行动》。至此，以“一带一路”规划为核心的中华崛起倡议帷幕正式拉起。经过两年多的不懈努力，“一带一路”取得了举世瞩目的辉煌成绩。2017年5月15日，“一带一路”国际合作高峰论坛圆桌峰会在北京举行，《圆桌峰会联合公报》郑重宣布：“加强‘一带一路’倡议和各种发展战略的国际合作，建立更紧密合作伙伴关系，推动南北合作、南南合作和三方合作”。

“一带一路”，恪守联合国宪章的宗旨和原则，遵守和平共处五项原则，坚持开放合作、和谐包容、市场运作和互利共赢，贯穿了中国政府一直倡导的和平发展、合作共赢、相互支持的外交理念，以政策沟通、设施联通、贸易畅通、资金融通、民心相通为主要内容，建立和加强沿线各国互联互通伙伴关系，构建全方位、多层次、复合型的互联互通网络，对内发展、对外合作[1]，实现沿

---

* 王玄玮，云南省人民检察院民事检察处副处长，法学博士，全国检察业务专家，中国行为法学会金融法律行为研究会理事。

** 李震，中国人民银行昆明中心支行职员，法学硕士。

[1] 李永全：《“一代一路”建设发展报告（2016）》，社会科学文献出版社2016年版，第4页。

线各国多元、自主、平衡、可持续的发展。

## 二、“一带一路”资金融通——金融战略

众所周知，金融是现代经济的核心。在“一带一路”的“五通”战略中，资金融通成为“一带一路”建设的重要支撑。深化全方位的金融合作，就是资金融通的入手点。

### （一）开展多层次的金融合作 [1]



**1. 开展货币互换合作**

货币互换是指，持有不同币种的两个交易主体，事先约定好在某一时点交换等值货币，同时约定好，在另一时点再换回各自本金并互相支付相应利息。交易双方通常以签订货币互换协议的方式来认定货币互换的一系列交易行为。就交易的主体而言，可以是商业主体（个人或者企业），也可以是不同国家的中央银行。如果交易主体是中央银行，那么此类货币互换就称为央行货币互换。[2]

目前，作为“一带一路”倡议重要内容的“人民币国际化”正以前所未有的速度稳步推进。其中，货币互换是重要举措之一。近年来，中国人民银行推进中央银行间的货币金融合作。截至 2016 年年底，中国人民银行已与俄罗斯、新加坡等 24 家“一带一路”沿线国家央行或货币当局签署了货币互换协议。

**2. 成立政府性质的多边开发性金融组织**

2014 年 7 月 15 日，为了应对中国、俄罗斯、巴西、印度、南非这五个金砖国家出现的金融风险和危机，满足各国以及其他新兴市场和发展中国家的基础设施投资需求，金砖五国共同发表了《福塔莱萨宣言》，宣布正式成立金砖国家开发银行。该行初始资本为 1000 亿美元，由 5 个创始成员平均出资，总部设在中国上海，该行于 2015 年 7 月正式开业。作为国际性开发组织，金砖国家开发银行不以营利为目的，贷款利率是筹资成本加上一定的利差。[3]

2015 年 12 月 25 日，全球首家由中国倡议设立、57 国共同筹建的多边金融机构——亚洲基础设施投资银行（以下简称亚投行）成立。[4] 亚投行以满足

[1] 李永全：《“一代一路”建设发展报告（2016）》，社会科学文献出版社 2016 年版，第 290 页。

[2] 李冬青：《“一带一路”视阈下中国东盟货币互换法律机制研究》，载《上海商学院学报》2016 年第 3 期。

[3] 通常情况下，贷款利率是在人民银行基准利率水平上下浮动 10%—15%。

[4] 《亚洲基础设施投资银行协定》正式生效，标志着亚投行获得法律上的地位。

亚洲基础设施投资需求为目的，法定股本1000亿美元（其中，中国股本金占30.34%，为第一大股东）。亚投行的初期投资重点领域，包括能源与电力、交通和电信、农村和农业基础设施、供水与污水处理、环境保护、城市发展及物流等。

**3. 开展对外开发性金融合作**

2014年12月29日，由中国外汇储备、中国投资有限责任公司、中国进出口银行、国家开发银行共同出资，根据《公司法》的规定，按照市场化、国际化、专业化原则设立的丝路基金在北京注册成立，其重点是在"一带一路"发展进程中寻找投资机会并提供投融资服务。丝路基金定位为中长期开发性投资基金，以股权投资为主，采取债券、贷款、基金等相配合的多元化投融资方式，为"一带一路"建设和双边、多边互联互通提供投融资支持，在运作中遵循对接、效率、合作、开放四项原则。2017年5月，"一带一路"国际合作高峰论坛取得丰硕成果。中国财政部与亚洲开发银行、亚洲基础设施投资银行、欧洲复兴开发银行、欧洲投资银行、新开发银行、世界银行集团6家多边开发机构签署关于加强在"一带一路"倡议下相关领域合作的谅解备忘录。中国财政部还将联合多边开发银行，设立多边开发融资合作中心。[1]

**4. 开展商业金融业务合作**[2]

一方面，中资银行业金融机构积极"走出去"。截至2015年年末，共有9家中资银行在"一带一路"沿线的24个国家设立了56家一级分支机构，包括子行16家、分行32家、代表处8家。其中，工、农、中、建、交五大银行是对外业务扩展的主力，主要业务区域集中在东南亚和西亚地区。另一方面，外资银行业金融机构积极"请进来"。截至2015年年末，来自20个"一带一路"沿线国家的56家商业银行在华设立了7家子行、18家分行及42家代表处。

值得注意的是，伊斯兰金融是按照伊斯兰教义框架创立和运营的金融实体，由于我国推进的"一带一路"投资项目非常适宜伊斯兰金融的发展，伊斯兰经济当局对于加强与中国金融的合作也表示出很大的意愿。在2017年9月11日的"第二届中国—阿联酋伊斯兰金融论坛"上，阿拉伯联合酋长国的经济部副部长 Abdulla AlSaleh 表示，"伊斯兰金融资产已接近2.7万亿美元，'一带一路'对于伊斯兰金融机构是一个很大的机会。阿联酋已经充分准备好成为'一带一路'倡议融资中心，以及工程项目的伊斯兰债券中心"。[3]

---

[1] 佚名："一带一路"国际合作高峰论坛成果清单，资料来源于新华网，2017年9月16日访问。

[2] 中国银监会国际部：《"一代一路"金融合作概览》，中国金融出版社2016年版，第34页。

[3] 周智宇：《阿联酋经济部副部长 Abdulla AlSaleh：阿联酋准备成为"一带一路"融资中心》，载《21世纪经济报道》2017年9月13日，第5版。

#### 5. 加强金融监管机构合作

除了货币互换合作之外，中国人民银行还与39个境外反洗钱机构正式签署了金融情报交流合作备忘录，在银行业监管部门间的合作。截至2016年8月，中国银监会已与28个“一带一路”沿线国家的金融监管当局签署了合作备忘录，在证券业监管部门间合作。截至2016年8月，中国证监会已与59个国家及地区的证券期货监管机构签署了64个监管合作备忘录，在保险业监管部门间合作。中国保监会推动建立了在“一带一路”沿线国家的保险监管合作。

### （二）重视资金融通的风险 [1]

#### 1. 经济风险 [2]





“一带一路”和整个中国海外基础设施投资潮会，对中国贸易收支、资本项目收支和外资，以及对中国产业布局和劳动力市场的分布都产生了深远影响。此外，如何控制处理投资中的不良资产也是一个棘手的难题。

更为重要的是，战略风险会因对外投资而随之产生，特别是陆上中线的潜在战略风险。该条线路经过的沿线国家具有浓郁的伊斯兰色彩，社会稳定程度较低，途经这一区域的资金流动必将面临更大的风险。例如，海盗的掠夺、战争的危害、恐怖主义的威胁等。在未来10年到20年，新兴市场将进入动荡和剧烈分化期，而西亚北非伊斯兰国家将是新兴市场社会震荡与动乱的主要风险区。

#### 2. 政治风险 [3]

良好的政治关系是各国寻求经济合作的必要前提。但是，由于美国总统更迭对亚洲地缘政治产生一定影响，中国与一些“一带一路”沿线国家尚存领土或领海争端，以及有些沿线国家政局本身不稳定，势必会影响“一带一路”倡议的顺利实施。其中，中国南海问题引起国际高度关注，个别西方大国“借机”挑事，欲借南海问题遏制中国发展。客观地说，如果未能合理地解决南海问题，可能会阻碍“一带一路”倡议在东南亚国家的顺利实施。

以乌克兰为例，2013年爆发政治危机。至今，乌克兰境内经历了主权更迭、领土分裂、战争频发，包括美国、欧盟和俄罗斯在内的三方展开利益博弈，使乌克兰政局变得更加复杂、动荡。诸如乌克兰境内混乱的政治局面，必然会对“一带一路”产生不利影响。

---

[1] 陈元、钱颖一：《“一代一路”金融大战略》，中信出版集团2016年版，第321—345页。

[2] 梅新育：《“一带一路”险中取利》，载《北大商业评论》2015年第3期。

[3] 石林楠、郑玉琳：《我国与“一带一路”沿线国家金融合作面临的风险与对策措施》，载《金融市场》2016年第5期。

3. 法律风险

国际法律风险往往较为隐蔽，容易被忽略。现实中存在的法律风险主要包括：合同履行的法律风险，劳资关系与劳工权益保护的法律风险，环境与自然资源保护的法律风险，企业并购与资本运作的法律风险，以及国际贸易壁垒产生的法律风险。[1]

此外，由于“一带一路”的跨境特性必然涉及众多国际要素，法律冲突风险不容忽视。具体地说，在“一带一路”建设中，主要面临因制定国内法产生的法律冲突，因制定双边条约产生的法律冲突，以及因制定多边条约产生的法律冲突。[2]

4. 国家主权信用风险

“一带一路”战略是以基础设施投资和相应的融资平台建设，作为各国互联互通的突破口和主要途径，因此，基于国别的主权信用风险识别成为需要面对的首要问题。[3] 主要沿线国家中，除德国、法国、俄罗斯、沙特阿拉伯、新加坡和荷兰等国主权信用评级为A以上外，希腊、巴基斯坦、埃及、土耳其、塔吉克斯坦等国主权信用评级较低。[4]

## 三、“一带一路”资金融通的司法管辖概况

### （一）司法机关助力“一带一路”

1. 检察机关加强金融职务犯罪预防。2015年6月4日，最高人民检察院职务犯罪预防厅发布了《关于做好检察机关预防职务犯罪工作服务和保障“一带一路”战略的十条意见》。第5项意见指出：“围绕防范金融风险和投资安全提供预防服务。资金融通是‘一带一路’建设的重要支撑。各级检察机关预防部门要通过预防宣传和警示教育，进一步提高相关金融从业人员廉洁意识和腐败犯罪防范意识。协助金融机构和金融监管部门加强对金融从业人员异常行为的识别、评估，及时开展预防诫告，积极提出预防金融从业人员利用金融产品、融资工具、支付方式等实施的腐败犯罪的对策建议，防范金融领域腐败犯罪风

[1] 肖京：《“一带一路”战略中的法律风险防范》，载《中国国情国力》2016年第11期。

[2] 北京市律师协会外事委员会课题组：《关于“一带一路”法制建设和法律风险防范的思考》，载《中国司法》2016年第11期。

[3] 彭秀坤：《“一带一路”下防范主权信用评级风险的法律对策研究》，载《财经理论与实践》2016年第1期。

[4] 毛振华等：《“一带一路”沿线国家主权信用风险报告》，经济日报出版社2015年版，第67—78页。

险，切实维护投资安全。加强与金融机构以及亚投行、丝路基金等部门的工作联系，协商建立预防合作机制，积极预防金融领域腐败犯罪。”

2. 审判机关注重依法行使司法管辖。2015年7月7日，最高人民法院发布《关于人民法院为“一带一路”建设提供司法服务和保障的若干意见》（法发〔2015〕9号）（以下简称《意见》）。《意见》强调“司法管辖”，明确指出：“依法行使司法管辖权，为中外市场主体提供及时、有效的司法救济。要充分尊重‘一带一路’建设中外市场主体协议选择司法管辖的权利，通过与沿线各国友好协商及深入开展司法合作，减少涉外司法管辖的国际冲突，妥善解决国际间平行诉讼问题。要遵循国际条约和国际惯例，科学合理地确定涉沿线国家案件的连结因素，依法行使司法管辖权，既要维护我国司法管辖权，同时也要尊重沿线各国的司法管辖权，充分保障‘一带一路’建设中外市场主体的诉讼权利。”此外，“要根据第四次全国涉外商事海事审判工作会议精神，及时总结海事审判管辖制度改革试点经验，推广将与海事密切关联的部分海事行政案件纳入海事法院专门管辖等，从体制机制方面有效保护海洋经济和海洋生态文明，不断巩固我国在亚太地区海事司法中心地位”。



## （二）司法管辖

司法管辖权一般通过两种途径实现：当事人协议方式和规定司法机关处理案件。就本文涉及的管辖权而言，在推进“一带一路”资金融通过程中发生的争议，相当一部分是跨国纠纷。对此，司法机关更应重视涉外管辖权问题，遵守国际法规和我国缔结的条约，主动恰当地行使管辖权，在坚定地维护我国司法主权的同时，畅通“一带一路”参与者寻求司法救济的途径。此外，考虑到国际礼让原则，特别是互惠原则，还应尽量减少管辖权的积极冲突，和平处理管辖权纠纷。[1]

从国际司法实践来看，司法管辖主要有六项基本原则。[2]第一是属地原则。属地管辖即地域管辖，是以涉外争议与某一主权国家的联系为确定管辖权的根据。[3]第二是属人原则。属人管辖也称国籍管辖，是以当事人的国籍确定管辖权的标准和依据，即依据国籍行使管辖权，所以又称为“国籍原则”。第三是保护原则。非本国公民在国外实施侵害本国利益的行为，只要特定的行为违反本国的法律或侵害本国的利益，那么本国就具有管辖权。第四是普遍原则。根据国际法对于某些

[1] 孔庆江：《为“一带一路”建设提供有力司法保障》，载《人民法院报》2015年5月6日，第3版。

[2] 包勇恩：《论国际法中立法管辖与司法管辖：以管辖权依据多元化为视角》，载《中南财经政法大学研究生学报》2010年第5期。

[3] 宋建立：《国际民商事诉讼管辖权冲突的协调与解决》，法律出版社2009年版，第72页。

特定的国际犯罪，不论罪犯的国籍如何，也不论其犯罪地在何处，也不论其具体侵犯的是哪国或公民的利益，只要犯罪分子出现在某国境内，某国就应在其承担条约义务的范围内，行使刑事管辖权。第五是协议原则。双方当事人在不违背内国专属管辖的前提下，以协商方式选择管辖法院，是契约自由和意思自治原则在国际民商事领域的延伸。[1] 第六是专属原则。依照国际条约或者国内立法，对某些具有特殊性质的涉外案件强制规定只能由特定国家的内国法院行使独占排他的管辖权，从而排除或不承认其他国家法院对这些特殊案件的管辖权。[2]

### （三）"一带一路"沿线国家的国家豁免

由于金融是一个国家的经济命脉，中国金融沿着"一带一路"走出去之时，不可避免地会涉及沿线国家豁免问题，尤其是当我国金融主体与沿线国家政府或者沿线国家金融机构（含国有企业）产生争议时，了解各国有关国家豁免的规定则具有重大意义。

"一带一路"沿线国家主权豁免规定情况如表 1 所示：

**表 1 "一带一路"主要沿线国家豁免情况表**[3]

| 序 | | 国家 | 情况 |
|---|---|---|---|
| 蒙古国、俄罗斯及中亚五国 | 1 | 蒙古国 | 无明确限制或禁止放弃豁免的规定，借款人为政府部门或全资国有企业时，可以放弃主权豁免。依照法律，政府在参与商业交易时并不享受豁免权 |
| | 2 | 俄罗斯 | 承认主权豁免原则，但不适用于州政府实施的任何民商事交易及签署的协议 |
| | 3 | 哈萨克斯坦 | 无专门立法规定主权豁免，但明确以哈萨克斯坦政府（指定部门为财政部）名义签署的相关文件，享受国家主权豁免 |
| | 4 | 吉尔吉斯斯坦 | 法律规定，外国主体有下列情况之一的，在吉尔吉斯斯坦不享有豁免权：一是放弃豁免；二是在吉尔吉斯斯坦从事商业活动；三是吉尔吉斯斯坦国家政府的决定 |
| | 5 | 塔吉克斯坦 | 无专门立法规定主权豁免，但明确以塔吉克斯坦政府（指定部门为财政部）名义签署的相关文件，享受国家主权豁免 |
| | 6 | 乌兹别克斯坦 | 无专门立法规定主权豁免。在国家或其全权授权机构可以放弃主权豁免（采用有限豁免），并在民事合同中明确 |
| | 7 | 土库曼斯坦 | 资产交易只有在签订专门的国际协定或者放弃豁免权后才允许进行。放弃豁免必须得到政府部门的授权或批准 |

[1] 宋建立：《国际民商事诉讼管辖权冲突的协调与解决》，法律出版社 2009 年版，第 72 页。

[2] 宋建立：《国际民商事诉讼管辖权冲突的协调与解决》，法律出版社 2009 年版，第 72 页。

[3] 国家开发银行主编：《"一代一路"国家法律风险报告》，法律出版社 2016 年版，第 212—218 页。

续表

| 序 | | 国家 | 情况 |
|---|---|---|---|
| 东南亚十一国 | 1 | 越南 | 无明确规定主权豁免。即便是政府或者国有企业在合同中明确放弃主权豁免，但此类放弃在事实上的可执行力仍不明确 |
| | 2 | 老挝 | 采取绝对豁免主义 |
| | 3 | 柬埔寨 | 法律并没有对政府部门或国有企业的豁免权做出规定 |
| | 4 | 泰国 | 没有制定法律明确限制或禁止放弃豁免 |
| | 5 | 马来西亚 | 没有具体规定 |
| | 6 | 新加坡 | 主权豁免仅适用于国家与个人签订书面协议，且限定在特定交易或合同中。但是，涉及国际公法的事务以及所有权有关诉讼则不适用豁免权的规定 |
| | 7 | 印度尼西亚 | 经过政府批准，如果贷款协议的借款人是政府部门或全资国有企业，则可以放弃主权豁免 |
| | 8 | 文莱 | 没有具体规定 |
| | 9 | 菲律宾 | 没有具体规定 |
| | 10 | 缅甸 | 若借款人是政府部门或国有企业，可以在贷款协议中加入条款从而放弃豁免权 |
| | 11 | 东帝汶 | 没有具体规定 |
| 南亚八国 | 1 | 印度 | 印度政府及其财产在印度境内享有主权豁免。当政府所有的公司、企业和组织等商业机构进行商业活动时，其享有的主权豁免自动失效 |
| | 2 | 巴基斯坦 | 没有具体规定 |
| | 3 | 孟加拉国 | 无专门立法规定主权豁免。根据惯例，倾向于绝对主权豁免主义，若借款人为政府机构或者国企，放弃主权豁免需得到财政部和计划部的特别批准 |
| | 4 | 阿富汗 | 没有具体规定 |
| | 5 | 尼泊尔 | 没有具体规定 |
| | 6 | 不丹 | 国王不得因其行为被起诉 |
| | 7 | 斯里兰卡 | 如果政府部门或全资国有企业是借款人，可放弃主权豁免 |
| | 8 | 马尔代夫 | 没有具体规定 |

**续表**

| 序 | | 国家 | 情　况 |
|---|---|---|---|
| 中东欧十九国 | 1 | 摩尔多瓦 | 未明确采取何种豁免原则。实践中，法院认可放弃诉讼豁免权、执行豁免权及诉前保全措施豁免的声明 |
| | 2 | 白俄罗斯 | 国有企业不享有主权豁免，但是，如国有企业享有国家所有的财产权，则适用执行豁免 |
| | 3 | 波兰 | 采取绝对豁免原则 |
| | 4 | 捷克 | 采取绝对豁免原则 |
| | 5 | 斯洛伐克 | 法律未规定政府及国有资产在商业行为中享有主权豁免 |
| | 6 | 匈牙利 | 经过政府权力机关及司法机关批准，可以放弃豁免 |
| | 7 | 斯洛文尼亚 | 没有具体规定 |
| | 8 | 克罗地亚 | 政府部门、全资国有企业或者政策性金融机构在市场经济条件下与外国企业或金融机构开展业务时，放开了对主权豁免的要求 |
| | 9 | 罗马尼亚 | 没有具体规定 |
| | 10 | 保加利亚 | 除非得到政府部门的授权或批准，否则政府部门或全资国有企业不能放弃豁免 |
| | 11 | 塞尔维亚 | 没有具体规定 |
| | 12 | 黑山 | 政府、国会成员、总统、首相、最高法院院长、宪法法院院长享有豁免权 |
| | 13 | 马其顿 | 没有具体规定 |
| | 14 | 波黑 | 没有具体规定 |
| | 15 | 阿尔巴尼亚 | 没有具体规定 |
| | 16 | 爱沙尼亚 | 采取限制豁免原则，政府在参与商业交易时并不享受豁免权 |
| | 17 | 立陶宛 | 采取限制豁免原则，可以在相关合同中加入放弃主权豁免的条款 |
| | 18 | 拉脱维亚 | 采取相对豁免原则，政府在参与民商事交易中不履行任何公共职能且行为性质属于私法范畴，则政府不享有主权豁免 |
| | 19 | 乌克兰 | 放弃主权豁免的决定必须由乌克兰内阁通过 |

续表

| 序 | | 国家 | 情况 |
| --- | --- | --- | --- |
| 西亚、北非十九国 | 1 | 格鲁吉亚 | 放弃主权豁免的情况实属罕见，通常使用于政府之间的主权债务 |
| | 2 | 阿塞拜疆 | 无专门立法规定主权豁免，但《民法典》和《国际私法》规定，政府在商业活动中应被视为法律实体 |
| | 3 | 亚美尼亚 | 商业实体或者其财产均不在商业争议中享有任何豁免，但中央银行的法定资本除外 |
| | 4 | 土耳其 | 法院并不对政府和国有企业的起诉给予豁免 |
| | 5 | 伊朗 | 采取限制主权豁免原则。但是，无论政府是否实施商业行为，除非其明确放弃，否则其享有执行豁免权 |
| | 6 | 叙利亚 | 没有具体规定 |
| | 7 | 伊拉克 | 无专门立法规定主权豁免 |
| | 8 | 阿联酋 | 政府机构不能免予起诉，但可免予执行 |
| | 9 | 沙特阿拉伯 | 无专门立法规定主权豁免 |
| | 10 | 卡塔尔 | 无专门立法规定主权豁免。作为一般规则，国家的公共和私有财产可以免予被抵押 |
| | 11 | 巴林 | 国家及政府部门的公共财产可以享有主权豁免 |
| | 12 | 科威特 | 没有具体规定 |
| | 13 | 黎巴嫩 | 政府部门不能放弃主权豁免，但政府部门可以通过寻求仲裁程序放弃免予起诉的豁免权 |
| | 14 | 苏丹 | 无专门立法规定主权豁免，但实践中禁止扣押国家财产 |
| | 15 | 也门 | 没有具体规定 |
| | 16 | 约旦 | 禁止当事人放弃主权豁免。如果政府部门作为借款人申请放弃豁免，需得到权力机构的授权或批准 |
| | 17 | 以色列 | 如果政府部门或全资国有企业是借款人，可通过合同约定放弃主权豁免 |
| | 18 | 巴勒斯坦 | 主权豁免不能放弃 |
| | 19 | 埃及 | 采取限制豁免原则 |

## 四、“一带一路”资金融通司法管辖的思考

### （一）探索包含管辖在内的“一带一路”争端解决机制

司法管辖是“一带一路”资金融通纠纷处理的重要途径，但却不是唯一途径。根据国际司法实践，我国可以借鉴迪拜国际金融中心法院模式[1]，因地制宜，联合“一带一路”沿线国家达成一致意见，共同制定《“一带一路”公约》，在充分借鉴世贸组织争端解决机制和《联合国国际贸易法委员会仲裁规则》的基础上，自行构建并实施一套公开、公平、公正的争端解决机制，明确发生争议时的司法管辖及裁判的后续执行问题，为“一带一路”沿线国家的各类争端定分止争，为中国“一带一路”跨时代战略保驾护航。

### （二）明确国际金融组织的司法管辖豁免及限制

在国际法体系中，豁免包括外交豁免、国家豁免和国际组织豁免，国际组织一般情况下享有豁免权，但国际金融组织则是例外。[2]与其他国际组织基本文件对司法管辖的规定不同，国际金融组织通常对司法管辖豁免的范围和程度规定了详细的标准，并对管辖豁免有特定限制。国际复兴开发银行、国际货币基金组织、国际开发协会等机构，都规定了享有的司法管辖豁免是有限的。究其原因有四：一是有助于国际金融组织赢得公众的信任；二是有助于避免国际金融组织在与他人交易中滥用不公正的优势地位；三是有助于国际金融组织的市场准入；四是有助于国际金融组织能更好地在金融市场中发挥职能。在“一带一路”中，亚洲基础设施投资银行、金砖国家开发银行就属于国际金融组织。

### （三）明确商业金融机构司法管辖的优先顺序

商业金融机构采取设立分支机构与项目融资合作的方式促进“一带一路”的资金融通。在进入目标市场开展业务之前，应当研究国际民事诉讼管辖的协



[1] 徐光明：《“一带一路”背景下商事纠纷的多元化解决》，载《人民法院报》2017年9月15日。迪拜国际金融中心法院判决可以在本国以及海湾合作委员会内执行，可在共同加入的《1983年利雅得公约》国家执行，可与其他国家包括中国签订双边互惠协议执行，可根据普通法原则在美国、英国和英联邦国家执行。债权人可将迪拜国际金融中心法院的判决提交仲裁机构仲裁，实现判决向仲裁裁决的转换，使法院判决经过转化为仲裁裁决，借助1958年《承认及执行外国仲裁裁决公约》（简称《纽约公约》），在157个缔约国得到执行。

[2] 李赞：《国际组织的司法管辖豁免研究》，中国社会科学出版社2013年版，第47页。

调问题，注重属人管辖、属地管辖、协议管辖和专属管辖的规定。第一，尊重当事人自主选择管辖法院；第二，在尊重专属管辖权的基础上，以先受理管辖为主；第三，合理援引“不便利法庭”原则，尽管该国法院有权受理该案，但若由此给当事人造成权利不公，则法院可不予受理；第四，充分平衡各方利益，通过协商的方式解决管辖问题。[1]

### （四）明确刑事案件的排他性司法管辖

对刑事案件的立案、审判是刑事诉讼活动中非常重要的部分，由于沿线各国都有各自的刑事法律，对刑事案件的管辖规定必然出现冲突。我国检察院系统对于“一带一路”的保障主要考虑金融领域的腐败问题，但是，除了金融领域的职务犯罪以外，对于外国人或者外国机构实施的诈骗、洗钱以及危害我国国家安全的行为，我国司法部门应享有绝对排他的司法管辖权。[2] 与此同时，还应加强关于刑事案件管辖的合作，确保案件及时有效审结，保障当事人的诉讼权利。[3]



### （五）明确央行货币互换的司法管辖特例

“一带一路”倡议推进至今，我国已经与数十个国家签订了协议开展双边货币互换和本币结算。由于货币具有很强的主权属性，且签署协议的主体是作为政府部门的中国人民银行及他国的货币当局，所以，双方签署协议时都是代表主权国家。如果发生争议，双方的司法部门都没有司法管辖权，除非在货币互换协议中有明确主权豁免的限制性约定。

---

[1] 万娟娟等：《经略 21 世纪海上丝路之法律护航：国际法视野下的“海上丝路”》，载《海洋开发与管理》2015 年第 12 期。

[2] 值得深思的是，在金融危机期间，位居全球第一的伦敦银行间同业拆借利率（LIBOR）被巴克莱银行、瑞士银行、花旗集团等多家国际金融机构垄断操纵。美、英等国先后对涉案人员进行查处，有的国家甚至提起了刑事指控。英国严重欺诈办公室（SFO）已对部分涉案人员提起刑事指控，法院随后判处涉案人员十余年监禁，并罚款数百万英镑。其中，交易员汤姆•海耶斯（Tom Hayes）在 2015 年 8 月被重判 14 年监禁。由于操纵伦敦银行间同业拆借利率对中国不计其数的企业和个人产生负面影响，2013 年年底，十余家涉案国际金融机构在我国被实名举报。

[3] 孙明泽：《“一带一路”建设要加强刑事司法合作》，载《人民法治》2015 年第 11 期。

# 国内外恐怖融资研究现状及对策

兰立宏*



金融反恐与外交、司法、情报、军事反恐一起构成了当前国际社会应对恐怖主义的五大战略。通过预防和打击恐怖主义融资，切断、追查恐怖活动组织或个人的资金来源，以限制其实施恐怖活动的能力，锁定恐怖分子及其支持者，挫败恐怖分子的阴谋，是有效预防和打击恐怖主义的治本之策。自 2014 年以来，金融行动特别工作组针对恐怖融资问题发布了一系列建议、战略、报告，形成了新的国际反恐怖融资标准，并定期对我国相关法律机制的技术合规性和内容有效性进行评估。《反恐怖主义法》的通过，在一定程度上标志着我国反恐怖融资法律基本框架的初步形成，但我国反恐怖融资法律与国际新标准相比仍有一定差距，亟待细化和完善。《国民经济和社会发展第十三个五年规划纲要》明确要求“完善反洗钱、反恐怖融资、反逃税监管措施，完善风险防范机制体制”。国务院办公厅《关于完善反洗钱、反恐怖融资、反逃税监管体制机制的意见》(2017)，从总体要求、健全工作机制、完善法律制度、健全预防措施、严惩违法犯罪活动、深化国际合作、创造良好社会氛围七个方面，要求对未来三年在“三反”监管体制机制方面进行明确规定。

## 一、关于反恐怖融资问题之国内研究

### （一）专门研究之文献较少

反恐怖融资问题尚未引起反恐怖研究领域和反洗钱研究领域学者应有的高度重视，专门研究反恐怖融资问题的文献较少，而且主要是从反洗钱的视角研究反恐怖融资问题，以反恐怖融资的角度研究反洗钱问题或者以反恐怖主义的

* 兰力宏：公安部铁道警察学院科研处副教授、副处长，跨国犯罪与恐怖主义研究中心主任，加拿大麦吉尔大学法学院访问学者。

视角研究反恐怖融资的文献更少，反恐怖融资机制的独特性和体系性未引起应有的重视。

### （二）专门研究之文献较为分散

国内专门研究反恐怖融资问题的文献较少，并集中在刑法学、金融学、国际法学、国际政治学等学科。刑法学者运用刑法学原理，结合相关国际及国外立法，从协调资助恐怖活动罪与洗钱罪及相关罪名关系的角度，探讨了资助恐怖活动罪的犯罪构成、法定刑、法律适用、刑事政策及其完善之道。这类代表性文献包括于志刚《资助恐怖犯罪中资助行为之内涵——从国际社会立法差异性角度进行的分析》[1]、莫洪宪《略谈我国的金融反恐》[2]、王新《零适用的审判现状：审视资助恐怖活动罪的适用》[3]、黎宜春《论帮助恐怖活动罪的法律适用——以反恐怖主义融资为视角》[4] 等论文。



金融学者运用经济学原理，根据国际反恐怖融资标准的要求，提出了评估恐怖融资威胁及我国反恐怖融资机制有效性的理论模型，并结合我国国情实际予以验证，且在此基础上提出了完善我国反恐怖融资机制特别是反恐怖融资监管机制的建议，如侯合心《〈全球洗钱及恐怖融资威胁评估体系〉解析与借鉴》[5]、童文俊《基于层次分析法的中国反恐怖融资机制研究》[6]、张梅琳等《国际金融反恐：现状与启示》[7] 等论文。

国际法学者从履行国际反恐怖融资义务的角度，运用国际法和比较法的研究方法，对国际反恐怖融资机制的内容、问题与原因、完善之道及对我国的启示进行了研究，特别是对国际反恐怖融资法律之执行情况及联合国定向金融制裁决议的国内实施、涉恐资产冻结管理等制度进行了深入研究，取得了不少高质量的成果，如赵秉志、王剑波《金融反恐国际合作法律规范及其执行情况之

---

[1] 于志刚：《资助恐怖犯罪中资助行为之内涵——从国际社会立法差异性角度进行的分析》，载《云南大学学报（法学版）》2006 年第 2 期。

[2] 莫洪宪：《略谈我国的金融反恐》，载《法学评论》2005 年第 5 期。

[3] 王新：《零适用的审判现状：审视资助恐怖活动罪的适用》，载《政治与法律》2012 年第 7 期。

[4] 黎宜春：《论帮助恐怖活动罪的法律适用——以反恐怖主义融资为视角》，载《学术论坛》2016 年第 5 期。

[5] 侯合心：《〈全球洗钱及恐怖融资威胁评估体系〉解析与借鉴》，载《云南财经大学学报》2012 年第 6 期。

[6] 童文俊：《基于层次分析法的中国反恐怖融资机制研究》，载《金融理论与实践》2013 年第 11 期。

[7] 张梅琳等：《国际金融反恐：现状与启示》，载《上海金融》2007 年第 6 期。

考察》[1]、黄风《金融制裁法律制度研究》[2]和《国际金融制裁法律制度比较研究》[3]、孙昂《联合国安理会制裁机制的正当程序》[4]等。国际政治学者运用国际关系机制互动理论，对国际反恐怖融资机制的内部互动、外部互动、实效问题及改进之道进行了探讨，如王文华《论国际金融反恐的现状与反思》(2008)[5]、朱杰进《G20与中国反恐怖融资体系建设》[6]。

### （三）法学视角之系统深入研究缺乏

国内仅有的两部专著为上海大学法治建设与法学理论研究部级课题组的《金融反恐趋势与对策：以指标检测法分析》[7]和童文俊的《恐怖融资与反恐怖融资研究》[8]。前者从金融学的角度对金融反恐与反洗钱的关系、部分国家（美国、瑞士等国）的金融反恐机制、金融反恐监测指标的建立、金融反恐的发展趋势、我国金融反恐体系的完善等问题进行了较为系统的介绍和探讨。但是，该书整体上是在反洗钱的框架下探讨金融反恐问题的，对金融反恐的独特机制及其实施效果缺乏关注，而且也未探讨联合国、金融行动特别工作组等国际组织的金融反恐机制，因而对于探讨建立科学有效的反恐怖融资机制作用有限。

后者以金融学为视角，从恐怖融资资金的来源、转移及转移掩护三个方面，对恐怖融资的具体风险、手段、模型进行详细分析，进而从反恐怖融资法律执行机制和行政监管机制两个方面，阐释了金融行动特别工作组、联合国等国际组织的相关要求，并提出了构建我国反恐怖融资战略和实施机制的建议。但是未对我国反恐怖融资法律机制的具体完善和设计问题进行深入探讨，也未结合2012年以来出现的新国际反恐怖融资标准及相关国家的良好做法，提出完善国际及我国反恐怖融资法律机制的针对性建议。

总体而言，国内学界对反恐怖融资问题进行了一定探讨，取得了重要研究成果，对我国反恐怖融资和反洗钱法律机制的发展起到了重要的参考和推动作



[1] 赵秉志、王剑波：《金融反恐国际合作法律规范及其执行情况之考察》，载《刑法论丛》2016年第4期。

[2] 黄风：《金融制裁法律制度研究》，中国法制出版社2014年版，第45页。

[3] 黄风：《国际金融制裁法律制度比较研究》，载《比较法研究》2012年第3期。

[4] 孙昂：《联合国安理会制裁机制的正当程序》，载《国际法研究》2015年第6期。

[5] 王文华：《论国际金融反恐的现状与反思》，载《国际论坛》2008年第3期。

[6] 朱杰进：《G20与中国反恐怖融资体系建设》，载《外交评论》2011年第3期。

[7] 上海大学法治建设与法学理论研究部级课题组：《金融反恐趋势与对策：以指标检测法分析》，华东理工大学出版社2008年版，第147—162页。

[8] 童文俊：《恐怖融资与反恐怖融资研究》，复旦大学出版社2012年版，第167—184页。

用，也为本课题的研究提供了重要的理论支撑和方法论启迪。但由于成果完成时间较早、学科局限等原因，目前国内学界尚未从法学视角特别是国际法视角对我国反恐怖融资法律机制进行全面系统的研究，更未对 2012 年以来特别是近两年出现的国际反恐怖融资新标准，以及恐怖融资风险较大的代理行业务、非营利组织、虚拟货币等的反恐怖融资问题展开系统深入研究。现有研究大多在反洗钱理论框架下研究反恐怖融资问题，而从有效预防和打击恐怖主义的视角研究反恐怖融资问题的成果较少，在反恐怖融资框架下研究反洗钱问题的成果更少，反恐怖融资机制的独特内涵和重要价值尚未引起实务界和理论界应有的高度重视。





## 二、关于反恐怖融资问题之国外研究

与我国国内反恐怖融资研究多数体现在有关洗钱与反洗钱的研究之中不同，国外学术界特别是欧美学术界较早关注反恐怖融资机制的独特内涵和重要价值，自 2001 年“9·11”恐怖袭击事件以来，从有效反恐的目的出发，对恐怖融资的资金来源、资金转移渠道以及反恐怖融资机制的内涵、作用、发展历程、有效性、消极影响、完善之道等方面进行了较为全面深入的探讨。

国外学界对恐怖融资与反恐怖融资机制的探讨主要有五种思路：一是在分析恐怖融资内涵的基础上，考察不同地区或国家恐怖融资的现状，并比较其反恐怖融资战略的内容和有效性，如珍妮·吉拉尔多（Jeanne Giraldo）等的论文集《恐怖融资与国家应对：比较的视角》[1]。二是对洗钱与恐怖融资、反洗钱与反恐怖融资的关系进行深入剖析，强调要在了解恐怖融资的基础上建立独特的反恐怖融资机制，并结合反恐怖融资机制的实施效果，提出在制定和实施反恐怖融资战略的过程中注意平衡维护国家安全与保护公民权利间的关系。如科林·金（Colin King）等的《反恐怖融资：一种多余的碎片化？》[2]，阿摩司·贵奥拉（Amos Guiora）等的《使用和滥用金融市场：作为恐怖主义要害的洗钱》[3]，

---

[1] Jeanne Giraldo et al. *Terrorism Financing and State Responses: A Comparative Perspective*. Stanford University Press, 2007.

[2] Colin King & Clive Walker. “Counter Terrorism Financing: A Redundant Fragmentation?” . *New Journal of European Criminal Law*. 2015.Vol.(3).

[3] Amos Guiora et al. “Using and Abusing Financial Markets: Money Laundering as the Achilles' Heel of Terrorism” . *University of Pennsylvania Journal of International Law*. 2010. Vol. (1).

劳拉·多诺霍（Laura Donohue）的《英国和美国的反恐怖融资战略》[1]等。三是从正当程序和公民权利保护的角度，对联合国安理会恐怖主义制裁机制及其国内实施机制的正当性和协调性进行了探讨，并提出完善联合国和国内恐怖组织或个人认定机制及涉恐资产冻结机制的建议。例如，克雷格·福赛斯（Craig Forcese）等的《跌跌撞撞地走进未来：处于十字路口的联合国1267恐怖主义列名程序》[2]，彼得·马古利斯（Peter Margulies）的《一个愚蠢决定的后果："卡迪二审"案件之后的联合国恐怖主义制裁机制》[3]等。四是对国际社会及部分国家在某一方面的反恐怖融资措施的有效性和影响进行评估，在此基础上提出完善反恐怖融资措施的建议。例如，妮娜·克里姆（Nina Crimm）的《反恐怖融资措施的道德风险：破坏公民社会和国家利益的可能性》[4]，希玛·巴拉达仁（Shima Baradaran）等的《资助恐怖主义》[5]等。五是以某一国提出的"金融反恐战"要求为标准，对国际组织及部分国家的反恐怖融资制度的有效性进行评估，在此基础上，提出完善反恐怖融资制度之建议。例如，尼古拉斯·莱德（Nicholas Ryder）的《金融反恐战：2001年以来的反恐怖融资战略回顾》[6]一书等。





## 三、加强我国反恐怖融资对策研究之建议

为构建独特、高效的反恐怖融资法律机制提供理论支撑，建议在厘清国际反恐怖融资法律义务（《制止恐怖融资国际公约》、联合国安理会相关决议及金融行动特别工作组相关建议与报告等），特别是国际反恐怖融资新标准的基础上，借鉴美国、英国、以色列、瑞士等国的反恐怖融资良好做法，结合我国恐怖融资形势与法治实际，从以下方面提出细化和完善我国反恐怖融资法律机制之建议。

---

[1] Laura Donohue. "Anti-Terrorist Finance in the United Kingdom and United States". *Michigan Journal of International Law*, 2006. Vol.(1).

[2] Craig Forcese et al. "Limping into the Future: The U.N. 1267 Terrorism Listing Process at the Crossroads". *George Washington International Law Review*, 2010. Vol.(3).

[3] Peter Margulies. "Aftermath of an Unwise Decision: The U.N. Terrorist Sanctions Regime After Kadi II". *Amsterdam Law Forum*, 2014. Vol.(2). pp. 51–63.

[4] Nina Crimm. "The Moral Hazard of Anti-Terrorism Financing Measures: A Potential to Compromise Civil Societies and National Interests". *Wake Forest Law Review*, 2008. Vol.(2). pp. 577–626.

[5] Shima Baradaran et al. "Funding Terror". *University of Pennsylvania Law Review*, 2014. Vol.(3). pp. 477–536.

[6] Nicholas Ryder. *The Financial War on Terrorism: A Review of Counter-Terrorism Financing Strategies since 2001*. Routledge, 2015.

## （一）准确把握恐怖融资犯罪之现状

在分析恐怖融资的内涵与外延的基础上，梳理总结其发展特点与规律，这是研究以风险为本的反恐怖融资法律机制的前提。联合国和金融行动特别工作组均规定要求将恐怖融资作为一种独立的犯罪予以综合的界定，金融行动特别工作组《恐怖融资刑事定罪指引（建议五）》（2016）更是对恐怖融资的刑事定罪给予了详细具体的指导。恐怖融资的法律界定与恐怖主义、恐怖活动、恐怖活动组织与个人的界定联系紧密，不同国家的界定方式差异较大。我国刑法关于帮助恐怖活动罪的规定在适用范围、法定刑等方面较为简单粗线条，与《反恐怖主义法》等法律衔接不够，亟待细化完善。另外，了解恐怖融资与洗钱相比所具有的特点，是科学界定恐怖融资、构建独特反恐怖融资机制的前提和基础。尽管清洗恐怖融资所得资金使之表面合法化构成洗钱，恐怖融资资金的转移也经常借助洗钱手段，预防和打击洗钱犯罪有助于对恐怖融资犯罪进行防控，但是恐怖融资与洗钱在资金来源、资金数量、犯罪目的、运作过程等方面具有较大差异，使得反洗钱机制（如大额交易上报、可疑交易上报等）难以对恐怖融资进行有效监测、预警和制止，需要建立相对独立有效的反恐怖融资机制。[1]恐怖融资的资金来源可分为合法来源和非法来源，恐怖分子常常借助非营利组织、替代性汇款系统、现金走私等方式筹集、转移资金。在“伊斯兰国”迅速崛起、外国恐怖战斗人员“迁徙圣战”问题突出、利用伊斯兰教筹集资金较为普遍、利用网络犯罪筹集和转移资金渐成趋势的今天，对反恐怖融资机制的有效性和完善路径进行系统深入的研究，迫在眉睫。

## （二）完善反恐怖融资监督管理机制

加强反恐怖融资监管，构建预防性反恐怖融资法律制度，是反恐怖融资机制的基础和核心。采用风险为本的方法，在了解恐怖融资手段的基础上，结合金融机构及特定非金融机构与职业的恐怖融资风险，进行反恐怖融资分类管理，针对不同种类的反恐怖融资义务主体确立具有针对性的反恐怖融资义务，对义务主体的反恐怖融资工作进行指导和监督管理，从而对恐怖融资活动进行有效威慑、监测、预警和预防，是国际反恐怖融资标准规定的反恐怖融资机制的基本组成部分，也是反恐怖融资机制较为有效的国家的惯常做法。据联合国调查，

[1] 童文俊：《论恐怖融资与洗钱、反恐怖融资与反洗钱的主要区别与政策建议》，载《南方金融》2012 年第 3 期。

常规的反洗钱监管可能会漏掉30%的恐怖融资资金监管。当前，金融系统难以监控瓦哈比宗教极端思想传播所流入的资助资金，沙特等以国家背景的宗教组织、基金会通过伊斯兰银行系统提供奖学金、修建清真寺资金及赠送宗教书籍等方式，推动瓦哈比宗教极端思想在新疆快速传播。另外，“迁徙圣战”问题突出，外国恐怖主义战斗人员会利用银行系统将资金转移至叙利亚周边具有正式银行系统的国家（如土耳其），通过自动取款机在这些国家取出资金后，携带至叙利亚；或者利用虚假的身份在银行开立账户；或者腐败的银行职员为恐怖融资或银行贷款诈骗提供便利。目前，金融机构的海外分支机构、代理银行业务、慈善机构、境外非政府组织、虚拟货币存储与交易机构等金融机构与非金融机构，由于其业务的跨国性、服务分散化、现金密集、去中心化、匿名性等特点，其反恐怖融资监督管理较为薄弱甚至缺少，成为恐怖分子筹集和转移资金的新兴恐怖融资途径。

《慈善法》《境外非政府组织管理办法》仅对相关反恐怖融资监督管理作出笼统规定。《关于防范比特币洗钱风险的通知》（2013）属于规范性法律文件，不足以对比特币等虚拟货币的恐怖融资风险进行防范。建议依照《金融行动特别工作组建议：打击洗钱、恐怖融资与扩散融资的国际标准》（2012）、《打击非营利组织滥用的最佳做法（建议八）》（2015）、《关于虚拟货币的风险为本防止指引》（2015）、《关于代理银行服务的报告》（2016）及巴塞尔银行监管委员会《洗钱和恐怖融资风险良好管理指引》（2016）、《关于修订代理银行业务附件的建议》（2016）等，借鉴美国等国的良好做法，针对银行机构、虚拟货币交易商、慈善机构、境外非政府组织等，制定专门的反恐怖融资监管管理办法，或细化完善现有相关规定，对客户正当注意、交易记录保存、大额交易和可疑交易上报、反恐怖融资内控等方面义务作出具体规定，同时注意保护公民个人合法权利。

### （三）协调细化恐怖组织、个人认定及涉恐资产冻结管理办法

恐怖活动组织与人员的认定及其资产冻结机制是反恐怖融资机制最独特的部分。综合来看，缺少全面的国际反恐公约和缺乏统一的恐怖主义定义，再加上反恐国际合作的必要性，使得联合国对恐怖活动组织和个人的认定极具战略性和有效性，有利于从全球层面对涉恐资产实施及时有效的冻结。联合国对恐怖活动组织和人员的认定是由联合国安全理事会制裁委员会具体作出的，制裁对象关于解除制裁的申请则由其居住国或国籍国转给联合国安全理事会制裁委员会监察员办公室复核提出意见，最终由安理会制裁委员会或安理会作出决定。联合国安理会制裁决议的行政性和司法救济措施的缺少，使其面临正当性和合

法性方面的挑战。但是《打击洗钱、恐怖融资与扩散融资的国际标准 FAIF 建议》的建议六明确要求成员国实施定向金融制裁和恐怖融资资产冻结措施，且要求适用于所有自然人和法人；要求国家建立一种使联合国的冻结命令自动生效的国内程序，使金融机构和特定非金融机构与职业一得知联合国发布的冻结命令，即可冻结被制裁对象的相关财产；合理设定认定恐怖活动组织或个人的时间，以便一方面能够允许恐怖分子在一定时间内在组织网络内部资产转移，从而有助于识别之前尚未被识别的恐怖分子同伙或资产，或者有助于更清楚地了解其活动性质，另一方面能够及时有效地冻结恐怖分子的资产。

《反恐怖主义法》第二章对恐怖活动组织和人员的认定作出专门规定，确立了我国认定恐怖活动组织和人员的模式：双轨制，即行政认定与司法认定并存，并相互补充；《涉及恐怖活动资产冻结管理办法》对涉恐资产的冻结管理作出明确规定。但我国目前采用外交部下发通知的形式执行安理会金融制裁决议，缺乏在国内实施联合国金融制裁决议的法律规定，而且国内主管机关对恐怖活动组织和人员认定异议的裁决在理论上存在与联合国安理会金融制裁决议相违背的可能性，关于恐怖活动组织和人员的行政认定缺乏实施细则，《反恐怖主义法》规定的认定异议处理程序与涉恐资产冻结措施异议处理程序存在不协调的方面，涉恐资产冻结措施仅适用于金融机构和特定非金融机构，并非适用于所有自然人和法人，而且对特定非金融机构的界定范围与国际标准要求仍有较大差距等。所有这些问题亟待在借鉴外国良好做法的基础上，对我国的恐怖活动组织和个人认定及涉恐资产冻结管理规定进行完善。



### （四）加强对恐怖融资的刑事司法打击

对恐怖融资犯罪实施有效的刑事司法打击，及时调查、起诉和审理恐怖融资活动，以有力地威慑、预防和打击恐怖融资犯罪，构建合理的惩罚性反恐怖融资法律机制，是有效的反恐怖融资法律机制的必要组成部分。我国于 2001 年通过《刑法修正案（三）》规定了“资助恐怖活动罪”，但是长期以来适用该罪名进行刑事定罪的较少。这既和资助恐怖活动罪及相关犯罪的法律界定不科学不清晰有关，又和刑事司法机构侦查、起诉、审判资助恐怖活动案件的能力有关。长期以来，我国反洗钱工作的重心在于预防和打击贪污贿赂等犯罪，而不是包括资助恐怖活动罪在内的恐怖活动犯罪，反恐怖融资监管、侦查、起诉、审判机关与反洗钱部门重合，缺乏专门的反恐怖融资刑事司法机关。反恐怖融资工作的专业性、涉密性等特点，使得成立专门的反恐怖融资机关成为欧美国家在“9·11”事件后的普遍做法。例如，在美国，财政部专门设立了恐怖融资与金融犯罪办公室，联邦调查局在反恐处下设恐怖融资行动科，中情局也设立了专门针对恐怖融资犯罪的部门。在英国，伦敦大都市警察局反恐指挥处设置了专门侦查恐怖融资案件的“恐怖融资侦查科”，通过恐怖融资侦查为反恐调查提供金融情报和金融瓦解措施，并在英格兰、苏格兰和北爱尔兰设立了十余个“反恐中心”，对管辖区的恐怖融资案件进行侦查；英国国家反犯罪局反恐怖融资工作组负责识别、评估和利用提交上来的可疑交易报告。此外，美国等国对恐怖融资资产实施刑事没收和民事没收相结合的方法，也值得我国借鉴。

### （五）深化反恐怖融资国际国内合作

反恐怖融资国际国内合作是反恐怖融资高效运转的重要保障。在国内协调合作层面，我国建立了反洗钱部际联席会议制度，但是联席会议在统筹协调和分工配合方面亟待加强，宜结合反恐怖融资工作要求适当挑战部际联席会议的成员构成和功能职责分工，特别是中国人民银行反洗钱局、中国反洗钱监测分析中心、公安部经济犯罪侦查局、公安部反恐怖局等部门的职责分工与协调配合亟待细化和加强；慈善组织、境外非政府组织、虚拟货币交易商等易于遭受恐怖融资滥用的部门与反恐怖融资部门的密切合作，也是有效监测和防范新兴恐怖融资风险的关键。

国际合作领域宜包括法律政策制定协调、金融情报信息共享、监管合作、国际警务合作、刑事司法协助、学术交流合作等方面。实现联合国安理会金融制裁机制与我国反恐怖融资机制的良好衔接与互动，积极参与金融行动特别工作组互评工作并发挥更大作用，是我国在国际层面加强反恐怖融资合作的重点；不断加强上海合作组织框架内的反恐怖融资国际合作，不断加强与美国、英国、俄罗斯、哈萨克斯坦、巴基斯坦、泰国等国的反恐怖融资交流与合作，积极发挥在欧亚反洗钱和反恐怖融资组织、亚太反洗钱组织等地区性反洗钱和反恐怖融资组织中的作用，是从地区层面加强反恐怖融资合作的重点。

# 对盗窃银行承兑汇票并转卖行为的定性分析

王梦瑶*

## 一、问题的提出



随着市场经济的活跃，商事交往的频繁，目前使用大量现金直接参与交易的现象日趋减少，取而代之的是使用各种权利凭证作为支付手段，如汇票、支票等，司法实践中也出现了盗窃、抢夺、抢劫权利凭证的行为，如盗窃得到真实有效票据，自己不使用而出卖给他人，对其如何定性司法解释未予以明确规定，理论上存在很多争议。

一个典型的案例就是：史某系某私营企业的司机，某日史某开车与其公司老板祖某办理完业务后，祖某受他人委托帮其捎带三张银行承兑汇票。返回途中，史某趁老板下车之际，顺手从祖某放在车上的装有承兑汇票的特快专递信封内抽出一张 8 万元的银行承兑汇票。回到住所地后，史某立即从公司辞职，并通过在银行工作的朋友帮忙联系，将该承兑汇票以 77760 元卖给刘某。祖某在发现承兑汇票丢失后，当即和委托人一起申请公示催告，催告期满因无人申报此票据权利而被法院宣告无效。后刘某在办理业务时发现买到的承兑汇票已被宣告无效，遂要求史某返还价款。[1]

财产性利益能否成为盗窃罪的对象？如何认定盗窃财产性利益中的损失数额？盗窃承兑汇票后的转卖行为是否属于事后不可罚行为？对史某的行为如何定性，理论上存在不同的观点。

## 二、观点分歧及评析

### （一）观点分歧

第一种观点认为，史某的行为应定性为侵占罪。从史某与祖某的身份来看，

---

* 王梦瑶，西南政法大学法学院刑法专业 2016 级研究生。

[1] 马永平：《银行承兑汇票卖给他人的行为应如何定性》，载《人民检察》2010 年第 5 期。

二人是司机与老板的关系，在共同外出办理公司业务时，具有互相照顾对方、看护彼此财物的义务。即使祖某下车时未明确将承兑汇票交给史某看管，但作为祖某的司机，史某对祖某放置在车上的物品仍具有事实上的代为保管义务。因此，史某将涉案的承兑汇票非法占为已有、拒不退还的行为符合《刑法》第270条第1款的规定，构成侵占罪。

第二种观点认为，盗窃银行承兑汇票并转卖他人的行为，不论银行承兑汇票是否到期，均应认定为盗窃罪。

第三种观点认为，盗窃银行承兑汇票并不能即时兑现，行为人既没有取得相对应的财物，也没有给票据权利人造成损失。因此，根据刑法理论，单纯盗窃银行承兑汇票的行为本身并不具有单独评价的意义，而应重点评价盗窃后的转卖行为，即将盗窃与转卖行为分为无价值的盗窃行为与有价值的冒用行为分别评价。以此为逻辑起点，盗窃他人票据后加以冒用的行为应以重罪吸收轻罪的原则以票据诈骗论处。[1]



### （二）观点评析

笔者认为第一种观点忽略了史某占有辅助人的身份，司机仅仅是相对于老板的占有辅助人，从社会观念上来讲，不管是车还是车上的物品其实际占有人都是老板祖某，司机史某只不过是辅助占有人，其将票据拿走当然是违背老板的意志的，属于将他人占有的财物转移为自己占有，所以史某行为的盗窃性质毋庸置疑。而且前两种观点都没有评价转卖行为，不管是将转卖行为与前面的盗窃行为作为一个整体进行评价单认定为盗窃还是不予以评价认为转卖属于事后不可罚行为，都忽视了转卖行为侵犯了另一新的法益这一事实。第三种观点将盗窃行为与转卖行为都予以了评价，将二者视为重罪吸收轻罪的吸收犯。笔者并不赞同二者之间的吸收关系，认为盗窃罪具有独立评价的意义。

如有的学者认为，对于那些不记名、不挂失的金融票证或国家有价证券，如国库券、定额支票等，谁窃取了这些金融票证或国家有价证券，谁就等于窃取了票面数额记载的财物及应得的孳息、奖金或奖品等可得收益；对于那些记名的金融票证或国家有价证券，如信用卡、支票等，虽然谁窃取这些金融票证或国家有价证券不等于谁就实际窃得票面数额所记载的财物，但有些失主无法通过挂失、补领、补办手续等方式避免损失，或者即使有些失主可以通过挂失、补领、补办手续等方式避免损失，但在其实施这些避免损失的补救行为之前，

[1] 李永升、刘建：《金融刑法学教程》，法律出版社2014年版，第282页。

行为人往往已经对这些金融票证或国家有价证券予以兑现。可见，金融票证或国家有价证券作为人们日常生活中的重要财产凭证，持有人失去了对其的控制，便意味着持有人相应财产的实际损失或损失的紧迫危险，从刑法的法益保护目的出发，完全有必要将盗窃金融票证或国家有价证券的行为认定为盗窃罪。[1]笔者赞同这种观点，同时认为虽然一些有价证券可挂失、补办，失主可以通过这些方式来避免损失，但是失去了对这些权利凭证的控制便意味着有财产损失的紧迫危险，况且挽回损失是被害人积极采取的行为，不能作为认定行为人行为性质的依据，只能影响量刑。如果被害人未发现或者未来得及挂失补救，行为人构成盗窃罪既遂自然不成问题，如果是因为被害人的补救行为使行为人未能取得票面金额，属于行为人意志以外的原因未得逞的情形，应当认定为盗窃未遂。



## 三、盗窃银行承兑汇票触犯盗窃罪

盗窃银行承兑汇票并转卖有两个行为，一是盗窃行为，二是转卖行为，那么盗窃银行承兑汇票是否构成盗窃罪呢？这首先牵涉银行承兑汇票这类财产性利益能否成为盗窃罪的对象，其次就是如何认定票面数额，以及票面数额在盗窃罪认定中的作用。

### （一）财产性利益能否成为盗窃罪的对象

关于财产性利益能否成为盗窃罪的对象，理论上有不同的学说。大体而言，在此问题上存在三种不同观点：第一种观点认为，我国刑法中的财物一概不包括财产性利益，换言之，侵犯财产罪的对象只能是狭义财物（或普通财物）。[2]第二种观点认为，抢劫、诈骗、敲诈勒索等罪的对象可以是狭义财物与财产性利益，但盗窃罪的对象只能是狭义财物。[3]第三种观点认为，我国刑法中的财物既包括狭义财物，也包括财产性利益，所以，盗窃财产性利益的行为也构成盗窃罪。[4]笔者赞同第三种观点，理由如下。

首先，与德、日区分财物与财产性利益不同，我国刑法并未作如此区分。

[1] 古加锦：《金融诈骗罪的罪数形态探究》，载《政治与法律》2014年第2期。

[2] 陈烨：《财产性利益与罪刑法定问题》，载《上海交通大学学报（哲学社会科学版）》2013年第5期。

[3] 刘明祥：《财产罪比较研究》，中国政法大学出版社2001年版，第38页。

[4] 黎宏：《论盗窃财产性利益》，载《清华法学》2013年第6期。

所以国外盗窃财产性利益不构成盗窃并不能成为否认我国盗窃罪中的财物不包含财产性利益的理由。这种比较方式缺乏正当性和逻辑性，把德、日的法律规定作为大前提，进而生硬地将我国的法律规定解释为与之相符，属于不注重本土司法实践和经验的生搬硬套的做法。正确的做法应当是站在系统解释的立场予以客观比较。因为当德、日刑法明文区分了财物与财产性利益，将二者作为并列概念使用时，财物当然不包括财产性利益。但是，当我国刑法仅使用一个财物概念时，就不能以外国刑法中的财物不包括财产性利益为由，认为我国刑法中的财物概念不包括财产性利益，[1] 笔者对此深以为然。德、日对于盗窃财产性利益的行为也并非不处罚，而是通过增设使用计算机诈骗罪或者其他犯罪予以处罚。反观我国，在这些财产性犯罪的法条中仅仅有“财物”一词，而现实生活中却存在着大量针对财产性利益的犯罪，如果不将财产性利益纳入财产的范畴，便难以对盗窃、诈骗、抢劫财产性利益的行为予以处罚，从而会形成处罚漏洞，造成财产秩序的混乱。

其次，目前各种以债权凭证为支付手段的现象增多，司法实践中也出现了一些新案件，司法解释也承认了相应财产性利益作为盗窃罪的对象。为此不能因固守藩篱而对财物做表面理解，却不顾现实生活的变化。应当强调司法解释内容的合法性，否则存在司法解释与法律并列之嫌。况且财产性利益也具备财物的基本特征，它具有管理可能性、转移可能性和价值性，也在当今社会生活中发挥着重要的价值工具作用。为此应当将财产性利益纳入财物范畴。

最后，将财产性利益作为盗窃罪的对象并不违反刑法基本原则。这属于对“财物”所作出的符合社会现实的扩大解释，并没有超出财物可能具有的含义范围。反之，如果将财产性利益排除在盗窃罪的对象之外，则不仅难以保护财产法益，而且会造成处罚不协调的局面。这反而违背了罪刑相适应原则。

### （二）银行承兑汇票的数额认定及作用

关于有价证券的数额认定问题，1992 年、1997 年以及 2013 年的司法解释都予以了规定。例如，1992 年最高人民法院、最高人民检察院《关于办理盗窃案件具体应用法律若干问题的解释》（已失效）规定：“不记名、不挂失的有价支付凭证、有价证券、有价票证，不论能否随即兑现，均按票面数额和案发时应得的利息、奖金或者奖品等一并计算。不能随即兑现的记名有价支付凭证、有价证券、有价票证，或者将能随即兑现的有价支付凭证、有价证券、有价票

[1] 张明楷：《论盗窃财产性利益》，载《中外法学》2016 年第 6 期。

证销毁或丢弃，而失主可以通过挂失、补领、补办手续等方式避免实际损失的，不按票面数额计算，可作为量刑考虑的情节。”1997 年的司法解释的精神与此类似。2013 年的司法解释规定：“盗窃记名的有价支付凭证、有价证券、有价票证，已经兑现的，按照兑现部分的财物价值计算盗窃数额；没有兑现，但失主无法通过挂失、补领、补办手续等方式避免损失的，按照给失主造成的实际损失计算盗窃数额。”

根据以上司法解释可知，司法实践中是承认盗窃有价证券之类的财产性利益可构成犯罪的。至于这些有价证券的数额对盗窃罪认定的影响需要根据有价证券的类别进行认定。银行承兑汇票分为已到期和未到期的汇票，已到期的汇票自然属于可以即时兑现的有价证券，票据贴现的规定表明，即使是未到期的银行承兑汇票也可以从银行贴现提现金。在实际生活中，银行承兑汇票可以进入流通领域，被大量运用于交易中，可以自由流转，有观点据此认为银行承兑汇票有等同于现金的趋势，应属于可以即时兑现的记名有价证券。[1] 然而，有学者并不赞同这种观点，认为不能将不规范的操作现实等同于法律的规定，在规范的票据操作业务中，未到期的银行承兑汇票在贴现时，必须经过支付行的严格审查，并不具有见票无条件即时贴现、即时支付的特征。[2] 笔者赞同第二种观点，同时认为根据司法解释的精神，针对到期银行承兑汇票自然可以直接以其票面数额认定为盗窃罪既遂，但是对于未到期的银行承兑汇票，票面数额不影响盗窃罪的定性，因为根据票据的性质，这种行为本身就具有使票据权利人受到损害的紧迫危险，具有获得较大财产的可能，所以最终的数额能否实现只是影响行为人的量刑轻重。



## 四、转卖行为的定性分析

### （一）转卖行为是否属于事后不可罚行为

行为人实施盗窃后，为确保、利用赃物的经济价值或实现盗窃目的，通常伴有使用、毁坏、出售、伪造等事后处分行为。那么如何评价此类事后行为，是当然地不符合构成要件而不可罚，还是可以肯定构成要件的符合性而具有单独评价定罪的可能性，抑或是应当单独定罪且需要与盗窃罪数罪并罚？对此，我国现行刑法理论和司法实务尚未给出令人信服之解释。在盗窃后处分财物的

---

[1] 马永平：《盗窃银行承兑汇票卖给他人的行为应如何定性》，载《人民检察》2010 年第 5 期。

[2] 李莹：《盗窃银行承兑汇票并转卖行为定性问题研究》，载《中国刑事法杂志》2012 年第 3 期。

行为当中，究竟哪些行为是不可罚的，哪些行为是可罚的，此类问题在我国刑法中具有研究的必要，而不是一概将其认定为事后不可罚行为。

那么盗窃银行承兑汇票后转卖他人的行为是否属于盗窃罪实行后不可罚的事后行为？学界对此有不同的观点。这牵涉到对不可罚的事后行为的概念及其构成要件的理解不同自然会得出不同的结论。笔者赞同从后行为属利用、确保本罪不法利益且未侵害新的法益进行界定的观点。例如，有学者认为，不可罚的事后行为，是紧邻着第一次犯罪行为实施的确保、使用和利用其违法所得利益的构成要件该当行为，如果未侵害新的法益，且损失在数量上没有超出已经产生的程度，即成立吸收关系。[1] 黄荣坚教授认为，可罚的事后行为，意指行为人为了保全、利用或处分其先前行为之不法所得，所为之后行为，如果并未扩大先行为所造成的法益侵害，则为先前之犯罪所吸收，而不再另行处罚。[2] 这两种主张异曲同工，都比较清晰地勾勒出了后行为与先前行为的吸收关系，而且从法益角度来界定前后行为的紧密联系，易于操作且合理。很显然，转卖行为已经侵犯了新的法益——金融管理秩序，而且也出现了新的可能的被害人，这并不能为财产犯罪的法益所包含。因此，不能单纯地将转卖行为一概认定为不可罚的事后行为。这样既掩盖了该犯罪事实，又没有予以充分评价。况且，不管是盗窃承兑汇票后的使用行为还是转卖行为，都侵犯了新的法益，接下来需要讨论的是罪数论的问题。

### （二）转卖行为触犯票据诈骗罪

明确了转卖行为并非属于不可罚的事后行为以后，接下来需要研究转卖行为是否符合票据诈骗罪的构成要件，从而确定其是否触犯了票据诈骗罪。

首先，从票据诈骗罪的保护法益来看，通说认为，转卖行为侵犯了国家金融票据管理秩序和公私财产所有权。笔者认为该罪的主要法益是金融管理秩序，首先该罪是类罪破坏社会主义市场经济秩序之下的一类金融诈骗类的犯罪，转卖行为是一个独立的行为，该行为不但侵犯金融管理秩序，而且在该行为实施的过程中出现了新的可能的被害人，如果前行为中的被盗者采取了挂失、止付等补救措施，此时转卖行为中的受让者就必然会遭受损失。如果前行为中的被盗者没有发现票据丢失，到期之日转卖行为中的善意受让者取得了票据金额（毕

[1] ［德］汉斯·海因里希·耶塞克、托马斯·魏根特：《德国刑法教科书》，徐久生译，中国法制出版社2001年版，第897页。

[2] 黄荣坚：《基础刑法学（下）》，中国人民大学出版社2009年版，第348页。

竟票据是无因证券），此时受让者并未遭受财产损失，但是金融管理秩序依然遭到了破坏，那么此时只能认定为票据诈骗罪的未遂。

其次，从票据诈骗罪的客观方面来看，转卖行为是否属于票据诈骗罪中的冒用行为？理论上对“冒用”有不同的认识和理解，刘宪权教授认为，冒充他人的票据行为具有如下特征：其一，冒用的前提是有他人票据的存在；其二，冒用他人票据权利的突出表现是行为人在他人不知道的情况下，以他人的名义行使权利；其三，冒用他人票据中的“用”应以行使票据权利为宜。[1]笔者深以为然，第一，这里的冒用他人的汇票、本票、支票，一定是冒用他人的真实有效的汇票、本票、支票；第二，冒用是行为人冒充权利人，将自己假装成权利人行使票据权利；第三，只要行为人实施了冒用行为即可，其票据来源对案件的定性没有影响，不管是拾得、盗窃还是其他非法手段取得，都不影响冒用的认定。这一点可以从最高人民法院、最高人民检察院2009年12月3日发布的《关于办理妨害信用卡管理刑事案件具体应用法律若干问题的解释》中对“冒用他人信用卡”的解释得到印证。所以，案例中史某将盗得的银行承兑汇票转卖的行为属于票据诈骗罪中“冒用他人的汇票的”行为。

最后，转卖行为由于侵犯了新的法益，该法益不能被先前盗窃罪的法益所包含，而且转卖行为符合票据诈骗罪的构成要件，所以该转卖行为应当独立评价为票据诈骗罪。

## 五、结论

关于盗窃行为，盗窃罪成立不等于盗窃罪的既遂。符合盗窃罪的构成要件便成立盗窃罪，盗窃银行承兑汇票属于盗窃行为，而且受害人具有损失较大数额票面财产的风险，已经构成盗窃罪，至于行为人是否承兑了票面金额，被害人是否挂失止付阻止行为人取得票面金额，这些都是影响盗窃罪既遂与否的条件。如果因为被害人的挂失止付行为使得行为人未取得数额较大的票面金额财产，只能说明此种情形属于盗窃罪未遂，依然符合盗窃罪的构成要件，构成盗窃罪。否则，仅仅因为在盗窃以后不法状态持续的过程中是否有承兑或者挂失止付行为来决定事前的盗窃罪成立与否未免不妥当。

关于转卖行为，由于转卖行为侵犯了另一新的法益，产生了新的可能的被害人，为此该行为不能被先前的盗窃罪吸收，不能将其归为不可罚的事后行为。况

[1] 刘宪权：《金融犯罪刑法理论与实践》，北京大学出版社2008年版，第467页。

且该转卖行为是完全符合票据诈骗罪的构成要件的，理应被认定为票据诈骗罪。

至于两罪之间的关系，即罪数论的问题，有学者认为二者成立牵连关系，也有学者认为成立吸收关系，还有学者认为应当数罪并罚。笔者认为，二者并不存在普遍的、通常具有的牵连关系，盗窃以后并不必然伴随着转卖行为。而且也不存在吸收关系，盗窃罪并不能将后来的票据诈骗罪吸收，二者法益不同，也不存在主、次行为之分。二罪是相互独立的，只是在发展过程中存在前后延续状态，而且前后行为的最终损害结果是相对的，如果盗窃既遂，票据诈骗便构成未遂。如果盗窃未遂，票据诈骗罪便是既遂状态。

就本案而言，由于票据权利人的挂失止付行为，使行为人的盗窃罪处于未遂状态，后来转卖行为中的买受人因行为人的诈骗和前被害人的挂失止付行为遭受了最终的损失，因而票据诈骗罪成立既遂。在对本案被告人盗窃银行承兑汇票并转卖的行为进行处理的过程中，应当对二罪实行数罪并罚。

# 利用支付宝“取财”行为的刑法定性

张铃子 *



近年来，电子金融行业迅速发展，尤其是第三方网络支付平台如支付宝、微信钱包等以其“简单、安全、快速”的特点广泛应用于计算机终端的网络支付和移动手机端的电子支付中，但便民、快捷的同时也滋生了一系列与此种平台相关的犯罪案件，给被害人财产所有权以及互联网金融秩序造成极大的危害。此类犯罪案件手段多样，涉及法律关系复杂，司法实务中认定罪名时争议颇大，以致对盗窃罪、诈骗罪以及信用卡诈骗罪三种罪名认定混乱，出现同类案件不同判的现象。在此背景下，本文以当前国内用户占有率最高的第三方网络支付平台——支付宝为例，通过对利用支付宝账户的不同行为手段以及不同罪名罪质之间的分析，旨在厘清相关罪名的法律适用问题。

## 一、利用“支付宝”实施不法行为的主要类型分析

### （一）典型案例简介

案例一：2012 年 8 月，被告人李某某在四川省成都市购买了被害人姚某原先使用的手机卡号，后来发现该手机号绑定了姚某的支付宝和银行卡，遂利用该手机号重置了支付宝账号密码，并利用支付宝与银行卡的绑定关系，通过支付宝进行网上消费、转账，共计 14918.2 元。上海市金山区人民法院判决该行为属于冒用他人信用卡的诈骗行为，且数额较大，构成信用卡诈骗罪。

案例二：被告人陈某等人共同虚构买家身份，诱骗淘宝卖家用手机接收并安装其发送的伪装成购买货物图片的木马病毒，截获并转移对方手机短信，从而获取对方的验证码，进而对被害人的支付宝账户进行密码重设等操控，后通过信用卡还款、转账、手机充值、QQ 币充值等方式盗走被害人账户及关联银行卡

* 张铃子，西南政法大学法学院 2016 级刑法专业硕士研究生。

内资金。浙江省杭州市拱墅区人民法院判决其构成盗窃罪，二审法院认定原判定罪及适用法律正确。

案例三：2015 年 3 月 11 日，被告人徐某发现单位配给的手机中留有同事马某的支付宝账户，该账户内显示有余额 5 万多元。后徐某又通过其他途径得到马某支付宝的密码，从而将其支付宝账户中的 1.5 万元转到自己账户中。宁波市海曙区人民检察院以盗窃罪提请公诉，但宁波市海曙区人民法院经审理，最终判决被告人徐某犯诈骗罪。

案例四：2014 年 3 月至 4 月，被告人杨某通过在百姓网发布代办信用卡、提高信用卡额度等虚假信息，欺骗张某某等 7 名被害人在农业银行办理银行卡后存入一定数额的钱款，同时将银行卡与杨某的手机号绑定，再让被害人将身份证信息和银行卡信息通过微信或者 QQ 发送给他。获取上述信息后，分别用 7 名被害人的银行卡开通并绑定自己手机号的支付宝，将被害人张某某等 7 人在银行卡内共计 5 万余元的钱款转至该支付宝，再转入其本人的支付宝、银行卡内占为己有。上海市宝山区人民法院认为，被告人杨某冒用他人信用卡，骗取他人钱款，数额巨大，判决其构成信用卡诈骗罪。上海市第二中级人民法院维持原判[1]。

### （二）利用“支付宝”实施的不法行为类型分类

支付宝是阿里巴巴集团推出的独立第三方支付平台，主要提供支付及理财服务。涵盖网购担保交易、网络支付、转账、信用卡还款、手机充值、水电煤缴费、个人理财等多个领域，广泛应用于计算机终端的网络支付和移动手机终端的电子支付过程之中。使用支付宝账户及其绑定的银行卡进行转账、消费是其主要功能。上述四则案例都是行为人利用支付宝对他人账户内的钱款进行转账、消费的违法犯罪活动。笔者将上述涉支付宝犯罪的四则案例分为两大类：一类是直接冒用他人支付宝账户转移账户内及绑定的银行卡内资金的行为，如案例一、案例二及案例三；另一类是通过非法手段获取他人银行卡信息后通过支付宝相关联而转移其银行卡内资金的行为，如案例四。

### （三）利用“支付宝”实施的两种不法行为类型的不同点

虽然上述四则案例中，行为人都是利用支付宝账户，通过对电子网络终端的使用，非法将支付宝或者支付宝绑定的银行卡内的资金转账、提现或消费，

[1] 上海市第二中级人民法院（2014）沪二中刑终字第 1234 号。

从而导致被害人财产权丧失的行为，但两种行为类型的特征有以下不同：

首先，第一种直接窃用他人支付宝账户及绑定的银行卡内资金的行为类型，是重新控制他人已注册的支付宝账户，输入他人支付宝用户名和密码，直接将他人支付宝账户内零钱或者绑定的银行卡内资金私自转出的行为。第一种行为类型的作案方式有如下几种：（1）行为人通过骗取、窃取等方式获知他人支付宝账户及密码，登录他人支付宝账户对账户内余额或相绑定的银行卡内资金转移；（2）通过植入木马、非法侵入他人计算机系统等非法手段获取他人支付宝账户信息后登录他人支付宝账户，将账户或绑定的银行卡内的资产进行转移或其他服务；（3）拾得或意外获取他人手机后秘密使用他人手机直接通过支付宝客户端转移资金。由于支付宝用户在绑定其信用卡时就已经输入信用卡密码，并与银行签订了授权协议，在此后的转账、消费、提现的过程中，只需输入支付宝密码而无须再次输入信用卡密码即可。对于此类行为方式，犯罪分子只需要输入支付宝支付密码就可以支取支付宝账户内以及信用卡内资金。



其次，第二种行为类型是骗取或者以其他非法手段获取他人银行卡信息资料，通过支付宝关联该银行卡信息，将卡内钱款占为己有的行为。常见的行为方式有：（1）不法分子在捡拾他人的身份证、银行卡、手机之后便可以通过新注册的手机支付宝开通快捷支付，从而通过支付宝转移他人的银行卡内资金[1]。（2）通过欺骗的手段获取他人的信任，在取得他人银行卡的使用权后，将他人银行卡关联自己支付宝账户并进行资产转移或消费的行为。[2]第一种行为类型只需输入他人支付宝账户及密码即可将他人支付宝账户内及银行卡内钱款转出，较为简单。第二种行为类型需要通过获取他人身份证信息、手机号码、银行卡账号及密码将支付宝和他人银行卡绑定后再进行转账操作。

## 二、直接窃用他人支付宝账户及绑定的银行卡内资金行为的刑法定性

在司法实践中，对窃用支付宝账户金额行为存在盗窃与诈骗两种不同的判决，如上述案例二和案例三。有观点认为支付宝可以成为被骗的对象，在冒用

[1] 李星廷：《支付宝快捷支付与盗窃银行卡资金犯罪》，载《河北公安警察职业学院学报》2014 年第 1 期。

[2] 宫路、张恒阁：《涉支付宝犯罪案件的侦查研究》，载《中国刑警学院学报》2017 年第 2 期。

他人支付宝账户的情况下存在三角诈骗的情形[1]。根据我国刑法通说，盗窃罪是行为人以秘密窃取的方式取得公私财产的行为，不存在被害人因错误认识而交付财产的情形；而诈骗罪是基于被害人的认识错误自愿处分财物的交付性侵财犯罪。在诈骗罪中，当财产处分人与被害人不是同一人时，可能形成三角诈骗。在三角诈骗中，被骗人与被害人可以不是同一人，但被骗人与财产处分人必须是同一人，不仅如此，被骗人还必须具有处分被害人财产的权限或处于可以处分被害人财产的地位。[2] 因此，分析盗窃与诈骗罪质区别的关键在于被害人有没有错误处分财产行为。

同时，关于直接窃用他人支付宝账户及绑定的银行卡内金额的行为定性也有不同观点。有观点认为不法分子盗用他人支付宝账户，操作账户关联银行卡进行交易，属于"冒用他人使用信用卡"的情形，构成信用卡诈骗罪[3]；还有观点认为，此种行为并未妨害银行对信用卡的管理，并且支付宝不能成为被欺骗的对象，银行也未因此产生错误认识而支付资金，而是行为人通过秘密方式窃取他人财产的行为，构成盗窃罪[4]。

## （一）窃用他人支付宝账户内资金的行为

### 1. 支付宝的性质为非金融机构

支付宝是第三方网络支付平台，采用与相应银行签约的方式提供与银行支付结算系统接口和通道服务，实现资金转移和网上支付结算服务。2010 年《非金融机构支付服务管理办法》将包括支付宝在内的网络支付平台列为非金融机构。而 2004 年全国人大常委会通过的《关于〈中华人民共和国刑法〉有关信用卡规定的解释》中规定：信用卡是指由商业银行或者其他金融机构发行的具有消费支付、信用贷款、转账结算、存取现金等全部功能或者部分功能的电子支付卡。由于支付宝的开发公司不是金融机构，因此，支付宝不属于刑法中的信用卡。因此，未经允许使用他人支付宝用户名和密码将账户内资金转出的行为被排除构成信用卡诈骗罪。

---

[1] 许姣姣、晏阳、田鹏：《关于"窃用"支付宝账户行为性质的法律问题探讨》，载《金融法规》2015 年第 3 期。

[2] 张明楷：《诈骗罪与金融诈骗罪研究》，清华大学出版社 2006 年版，第 130 页。

[3] 项鸿鹏：《窃取、骗取他人信用卡信息充值支付宝消费如何定性》，载《人民检察》2014 年第 8 期。

[4] 刘海东、郑杰炜：《从他人支付宝账户偷转钱款如何处理》，载《检察日报》2016 年第 3 期。

### 2. 支付宝不能成为被欺骗的对象

首先，作为第三方支付平台的支付宝不满足诈骗罪的主体条件。

关于处分主体能否包含智能机器，刑法学界颇具争议。张明楷教授认为：构成要件是犯罪的定型要素，一个特定的罪名有着特定构造与模型，以诈骗罪为例，作为一种具体类型的罪名，行为人通过欺骗或者类似手段致使受骗者产生错误认识，从而处分财产。如果认为非自然人的智能机器也可以作为受骗对象，那么会使诈骗罪丧失其定型性，继而导致诈骗罪的构成要件丧失罪刑法定机能[1]，因而不主张智能机器能够成为处分主体。持相反观点的学者根据“电子代理人”理论，认为“电子代理人”是自然人创设的对其自由意志的延伸。因此，在一定权限内，自然人赋予了智能机器一定的处分权能，比如 ATM 机及网上银行。



虽然支付宝的运作流程通过互联网络终端完成，但是与作为实体智能机器的 ATM 机运作机理十分相似。支付宝客户需要先注册一个支付宝账户，经过实名认证后与支付宝公司在电子终端签订服务协议，支付宝所有者需要通过输入支付宝账户和正确密码来实现对支付账户资金的使用，这也类似于行为人在 ATM 机取钱的过程。但是笔者对于智能机器或智能程序能否作为处分主体持否定态度，认为作为处分前提的认知能力只有自然人才具有，而智能机器只是依照特定的指令程序做出机械反应，欠缺自然人的思维过程。支付宝在具体支付功能的实现上，行为人将他人支付宝账户内资金私自转出的行为是通过支付宝公司预设的一套程序进行的，笔者认为，智能机器和预设的智能程序不存在“冒用”与“诈骗”的问题，其始终不能具备人所具有的独特思维能力，而只是依照特定的指令程序做出的机械反应，不存在是否产生错误认识问题。从支付宝平台的功能模式来看，只要在输入正确的用户名和密码之后，登录人就可实现转账、支付等功能，而无法识别登录人的身份，也就不存在支付宝被骗的问题。因此，支付宝不满足处分行为的主体条件。

有观点认为，我国刑法和司法解释对于信用卡诈骗罪，冒用他人信用卡后，对 ATM 机使用的行为按照信用卡诈骗罪处罚，只将盗窃并使用的情况拟制为盗窃罪。最高人民检察院在 2008 年《关于拾得他人信用卡并在自动柜员机（ATM 机）上使用的行为如何定性问题的批复》以信用卡诈骗罪追究刑事责任。支付宝与 ATM 机都是通过预设程序，在接收用户输入正确的密码后就可以进行相关

---

[1] 张明楷：《也论用拾得的信用卡在 ATM 机上取款的行为性质——与刘明祥教授商榷》，载《清华法学》2008 年第 1 期。

交易，只是因为针对的对象不同，但在处分财物的能力、效果及权利人的授权几乎相同的情况下，却要认定为不同的罪名，是不符合法的期待性的，毕竟盗窃罪的数额标准低于诈骗罪。入罪，举轻以明重，支付宝作为一种比 ATM 机具有更强智能性的第三方网络支付平台也可以成为诈骗罪的对象[1]。但笔者认为，该观点持有者所援引的司法解释并不符合信用卡诈骗罪的基本原理，作为诈骗类犯罪以欺骗自然人为前提，对机器使用信用卡并没有欺骗任何自然人。而且，这一解释与最高人民检察院的相关解释相矛盾。最高人民检察院 2003 年 4 月 2 日《关于非法制作、出售、使用 IC 电话卡行为如何适用法律问题的答复》明确指出："明知是非法制作的 IC 电话卡而使用或者购买并使用，造成电信资费损失数额较大的，应当按照刑法第二百六十四条的规定，以盗窃罪追究刑事责任。"按照该学者的逻辑，将盗用他人 IC 电话卡，向自动售货机中投入假币而获取商品，破解他人安装的智能锁等行为都认为是诈骗罪，恐怕难以让人接受。所以，对于除 ATM 机及信用卡支付以外的智能程序，我们不能比照认为也可以被骗，否则，我们对一些程序性的设置要达到什么样的智能程度才能被骗需要一个标准，这显然不可能，也不具实践可操作性。因此，笔者认为，冒用他人身份在 ATM 机上使用信用卡，认为 ATM 机和它的银行可以被骗，是基于刑法和司法解释对银行金融秩序的特殊保护而作出的特殊规定，其他的智能机器和智能程序不应当比照这些条款，认为其构成诈骗罪。

其次，支付宝对被害人财产没有处分权。

在三角诈骗中，被害人和处分财产的人不是同一人。此时，要求财产处分者具有处分被害人财产的权限或处于可以处分被害人财产的地位。

根据《支付宝服务协议》的规定，支付宝账户所记录的资金余额不同于本人的银行存款，不受《存款保险条例》保护，其实质为委托支付宝保管的、所有权归属于当事人的预付价值。该预付价值对应的货币资金虽然属于当事人，但不以当事人本人名义存放在银行，而是以支付宝名义存放在银行，并且由支付宝向银行发起资金调拨指令。由此看来，支付宝相当于支付宝所有者的委托人，其不享有对支付宝所有者在支付宝账户金额的处分权[2]。因此，即使退一步不讨论智能机器能否被骗的问题，由于支付宝并不享有账户内金额的处分权，"窃用"他人的支付宝账户转移资金的行为同样不属于三角诈骗。



---

[1] 许姣姣、晏阳、田鹏：《关于"窃用"支付宝账户行为性质的法律问题探讨》，载《武汉金融》2015 年第 3 期。

[2] 黄本超：《窃用"支付宝"第三方账户的刑法定性》，载《江西警察学院学报》2017 年第 2 期。

**3. 该行为符合盗窃罪的犯罪构成**

无论行为人是通过熟人知晓被害人的支付宝账户，还是通过拾得他人手机登录他人支付宝账户，抑或是通过木马病毒破解他人的支付宝账户密码后转移其账户内资金，该种行为都属于未经支付宝所有者允许登录支付宝账户，输入支付宝密码后侵犯被害人财产所有权的行为。其犯罪行为都是违反被害人意志，通过秘密手段，而不是欺骗手段，取得对他人资金的支配能力。因此，该种行为符合盗窃罪的犯罪构成。

## （二）窃用他人支付宝所绑定的银行卡内资金



对于窃用他人已注册的支付宝所绑定的银行卡内资金的行为，司法实践常以盗窃罪和信用卡诈骗罪来定罪量刑。盗窃罪和诈骗罪的本质区别在于处分行为的认定，而信用卡诈骗罪与诈骗罪是特殊罪名与一般罪名的关系，特别法条的适用以符合普通法条为前提，构成信用卡诈骗罪的行为一般也满足符合诈骗罪的构成要件，那么按照这一逻辑，笔者前文所持的智能机器不能作为适格处分主体的观点，对于窃用他人已注册的支付宝所绑定的银行卡内金额的行为也应当认定为构成盗窃罪。有观点认为，由于信用卡诈骗罪涉及“信用卡”这一特殊要素，加之司法解释对信用卡诈骗罪行为构成的异化补充，单从法理上以处分行为的分析路径来解决窃用支付宝绑定信用卡行为已经捉襟见肘。司法实践首要遵守法律和司法解释，因此在对窃用支付宝是盗窃罪还是信用卡诈骗罪的定性上，其争议焦点在于现行司法解释与法理的冲突，认为窃用支付宝绑定的银行卡金额的行为构成信用卡诈骗罪[1]。笔者同意其部分观点，认同智能程序不能被骗，现行的信用卡诈骗罪的立法规定和司法解释是对金融管理领域的特殊规定，但是对于其认为窃用已注册的支付宝绑定的银行卡内资金行为符合信用卡诈骗罪的犯罪构成值得商榷，争议焦点在于行为构成及侵害的客体要件。

**1. 相关主体间的民事法律关系**

户主注册支付宝账户并和信用卡相关联的基本流程为：第一步，以个人信息注册支付宝；第二步，填写银行卡号、身份证号码、开户银行预留手机号；第三步，输入手机短信验证码完成支付宝与银行卡的绑定。在此后的转账、消费过程中，无须输入银行卡密码，只需登录支付宝，输入支付宝支付密码即可调动银行卡内资金。

首先，这里涉及的法律主体包括支付宝客户、支付宝公司及银行。基于我

[1] 黄本超：《窃用“支付宝”第三方账户的刑法定性》，载《江西警察学院学报》2017 年第 2 期。

国银行法的规定，如果提供结算业务和存贷款业务来确定银行的标准，支付宝存在了吸收存贷款的业务，可是并没有独立的贷款业务，并且支付宝的支付功能最终都要通过银行来完成的，只是依附于银行结算而产生，所以客户和支付宝的法律关系并不等同于其与银行之间的法律关系，应该是一种新的契约关系，产生新的权利义务关系。

其次，在支付宝快捷支付业务的法律关系中，调取信用卡内资金是支付宝发出的指令，银行的扣款行为缺乏与客户之间的合同依据。银行直接依据支付宝的扣款指令即从客户账户中扣划资金，并未验证客户支付指令的真实性，也未事先取得客户同意，银行执行支付宝扣款指令即进行资金扣划的授权，此种交易结构中银行仅与支付宝签订代扣业务合作协议，与客户间并没有任何协议约定彼此的权利义务[1]。





**2. 行为构成**

窃用支付宝所绑定银行卡金额的行为并不满足信用卡诈骗罪中“冒用信用卡”的行为构成。我国《刑法》第196条规定了信用卡诈骗罪，其中包括四种信用卡诈骗犯罪的行为方式，“冒用信用卡”是信用卡诈骗罪的行为构成之一。“冒用信用卡”的行为是指行为人对他人信用卡的冒充使用，包括对信用卡所有人意志的违反并进一步使用信用卡，擅自以信用卡所有人的名义对其信用卡进行提现转账等侵犯信用卡所有人的财产权行为[2]。2009年最高人民法院、最高人民检察院《关于办理妨害信用卡管理刑事案件具体应用法律若干问题的解释》（以下简称《解释》）第5条第2款中规定：窃取、收买、骗取或者以其他非法方式获取他人信用卡信息资料，并通过互联网、通讯终端等使用的属于“冒用他人信用卡”。那么，行为人通过窃取、收买、骗取或者以其他非法方法获取到的他人的支付宝账户及支付宝支付密码，是否属于信用卡信息资料呢？所谓信用卡信息资料，是指发卡银行在发卡时使用专用设备写入信用卡磁条中的，作为POS机、ATM机等终端机识别合法用户的数据，是一组有关发卡行代码、持卡人账户、账号、密码等内容的加密电子数据[3]。正如前文所述，支付宝的性质为非金融机构，并且支付宝所有者在第一次开通银行卡与支付宝的相关绑定业务之后的每一次转账、消费行为都无须输入银行卡支付密码，只需输入支付宝支付密码即可。行为人完成转账、消费的全程根本无须知晓被害人的银行卡卡号

---

[1] 廖蓉蓉：《支付宝快捷支付的法律风险分析》，载《法制博览》2015年第4期。

[2] 古加锦：《冒用他人信用卡型信用卡诈骗罪若干疑难问题研究》，载《政治与法律》2013年第5期。

[3] 黄太云：《刑法修正案及刑法立法解释》，人民法院出版社2006年版，第91页。

及密码等相关数据，而支付宝支付密码又并非信用卡信息资料。因此，行为人的此种行为并不符合《解释》中规定的“冒用他人信用卡”的行为。

**3. 行为所侵犯的客体**

由于在第一次开通支付宝快捷支付业务并输入银行卡密码后，在之后支付宝实现对所绑定的银行卡内资金的转账、支付过程中，无须信用卡密码，只需支付宝支付密码便可以完成转账、支付，对此，是支付宝对银行发出的调取资金的指令，支付宝客户和银行不存在民事法律关系。在此种情况下，让银行支付资金的指令来自支付宝，而不是犯罪分子直接和银行进行关联，一切的操作都遵循支付宝和银行之间的服务协议，并未妨害银行对信用卡的管理，因此并没有侵害银行对信用卡的管理秩序。而信用卡诈骗罪的犯罪客体是复杂客体，包括信用卡管理制度和公私财产所有权。本文所述的此类行为所侵犯的客体只是被害人的财产所有权。

综上，对于支付宝所有人、支付宝公司和银行间的民事法律关系，该种行为的行为构成以及所侵犯的客体分析，窃用他人已注册的支付宝所绑定的银行卡内资金的行为只符合以秘密手段侵害被害人财产所有权，此种行为符合盗窃罪的犯罪构成。

## 三、通过非法手段获取他人银行卡信息后通过支付宝相关联而转移银行卡内资金行为的刑法定性

### （一）所侵害的客体

该种行为所侵害的客体符合金融诈骗犯罪的罪质特征。在此种情况下，行为人通过支付宝对他人的信用卡进行绑定，或者对原先已经绑定的信用卡进行关键指令的修改，这些行为不仅侵犯了他人的财产所有权，而且已经直接妨害了银行的信用卡管理秩序。因此，符合信用卡诈骗罪中对于侵害客体的犯罪构成要求。

### （二）行为构成

对于以窃取、骗取等方式非法获取他人银行卡信息、身份证信息等资料后，通过独立第三方支付平台支付宝，将被害人银行卡内钱款转出或消费的行为，司法实践中有两种不同意见。第一种意见认为，以窃取方式获取他人信用卡信息资料并使用的行为，与盗窃他人信用卡并使用的行为并无本质区别，应当依

照《刑法》第196条第3款的规定以盗窃罪定罪处罚。以骗取他人信用卡信息资料并通过第三方支付平台使用的，属于“冒用他人信用卡”的情形。第二种意见认为，无论是窃取还是骗取他人的信用卡信息资料通过支付宝使用的，都符合2009年《解释》，即“窃取、收买、骗取或者以其他非法方式获取他人信用卡信息资料，并通过互联网、通讯终端等使用的”规定，属于冒用他人信用卡的行为，应以信用卡诈骗罪定罪处罚。

笔者倾向于第二种意见，对于以窃取方式获取他人信用卡信息资料并使用的行为不能认定为《刑法》第196条第3款规定的盗窃他人信用卡并使用，其行为符合冒用他人信用卡。

《刑法》第196条第3款中的盗窃他人信用卡并使用，是指盗窃他人信用卡后使用该信用卡购买商品、在银行或者自动柜员机上支取现金以及接受用信用卡进行支付结算的各种服务，诈骗财物的行为[1]。根据该款规定，对这种犯罪行为应当依照《刑法》第264条的规定以盗窃罪定罪处罚。一般认为，该款规定属于法律拟制。此外，盗窃他人信用卡并使用中的信用卡，仅限于他人的真实有效的信用卡，而且还要求是有形的信用卡卡片。行为人以秘密窃取的方式获取的是被害人的信用卡信息资料，和相关解释所规定的信用卡有本质区别，而法律拟制的规定不能类推适用，根据罪刑法定原则，不能认为此类行为中的行为人是盗窃他人信用卡并使用的行为，故对其应适用2009年《解释》：“窃取、收买、骗取或者以其他非法方式获取他人信用卡信息资料，并通过互联网、通讯终端等使用的”规定，属于冒用他人信用卡的行为，应以信用卡诈骗罪定罪处罚。



[1] 全国人大常委会法制工作委员会刑法室主编：《〈中华人民共和国刑法〉》释义及实用指南》，中国民主法制出版社2011年版，第89页。

# 第四编

# 金融监管与风险防范

# 试论“一带一路”投资风险与金融合作

陆国兴*



我国作为“一带一路”的倡导和发起国，秉持开放的区域合作精神，致力于打造维护全球自由贸易体系和开放型世界经济。2005年至今已有100多个国家和国际组织参与“一带一路”建设，30多个沿线国家与我国签署了合作协议，20多个国家与我国开展国际产能合作，一批有影响的标志性工程项目逐一落地。“一带一路”建设发展势头速猛，凸显阶段成效。

“一带一路”建设，需要国际多元化融资和巨大的资本投入。我国在“一带一路”沿线国家的投资项目领域广，注入资金大。消除和降低投资风险，加强金融监管与合作，是“一带一路”建设面临的重大课题，能否解决好投资资本的管理与利用，事关“一带一路”建设的成败。

## 一、“一带一路”的投资风险

当前推进“一带一路”建设的投资风险主要表现在以下几个方面：

### （一）现有单一的投资方式存在局限和保险不足

随着“一带一路”建设向各沿线国家的逐年延伸，其投资额也逐年加大。但现有的融资方式或单方的投资方式存在风险且投资主体存在局限性：

1. 目前我国推进“一带一路”建设仍处于起步阶段。这个阶段主要是开展政府间合作和启动政策性融资银行投资支持重大项目。但随着“一带一路”建设的加大推进，它内在的局限性逐步显现，难以适应“一带一路”更大的建设规模和可持续推进战略。另外，投资国暂时作为支配主体，项目风险由我国承担，风险集中在国家层面，可能给投资主体带来资金损失和造成投资风险。

2. 按照国家政策部门提倡，今后“一带一路”的融资和投资主体，在国家

* 陆国兴，中国行为法学会金融法律行为研究分会常务理事、海南保国农场场长。

参与贷款的基础上，推行多元化多层次投资方式，个人资本、私人公司、国民营企业或第三国企业均可参股。可利用这一投资方式加大在融资或资本上的项目建设投入，但较多地缘性政策障碍和局部政策边缘化问题的存在，也会对投资国和投资人产生不良影响，就此可能形成局部投资方式受制或投资人利益不保的风险。面对此类投资风险，我国的保险力度明显不足。

### （二）国外投资存在诸多风险，形成地域差异

由于国情有别，加上国际局势动荡，各国的投资环境不同，各种地缘风险愈渐叠加。主要体现在：

1. 政局风险。“一带一路”沿线的某些国家政治局势不稳，或政府更迭后与前任政府达成的合作投资项目发生变更，或无政府更迭而出现变数。这些原因造成我国与某国的合作投资项目难以继续，即使在我国政府做出相应的努力进行挽回后得以继续合作，但过程曲折，代价不菲。

2. 基础设施及环境风险。由于各国发展进程不一或资源掌握程度不一，造成各国的经济实力、基础设施参差不齐。特别是一些中东国家，基础设施十分落后，产能合作效益低下，若将资本投入这些国家可能面临丧本失金的风险。

3. 安全风险和政府管理风险。安全风险主要集中在中东、西亚和北美等地区。根据国际风险指数所示，以上地区的国家安全风险指数平均值在 70 左右，且其中一些国家安全风险值明显低于世界平均水平。地区政府管理风险也普遍存在，落后的管理效率对大项目的实施带来不安定因素，无疑存在巨大的投资风险。

有效地控制投资风险，要在扩大合作层面上进行系统的、有序的管理和推进，促进体系机制要素集成，加大国际金融监管与合作，从而有效降低风险，消除投资风险存在的可能。

## 二、加大国际金融监管与合作

### （一）发挥主导国金融管理作用，谋划金融合作新模式

习近平总书记在金融工作会议上指出：“要推进‘一带一路’建设金融创新，搞好相关制度设计。”银监会作为国家银行业监督管理部门，要加快推进与沿线国建立监管合作机制，推进国家签署双边监管合作。一方面，形成双边监管的有效机制，扩大信息共享范围，更要完善跨境风险应对方法和危机处置制度安

排；另一方面，要加强日常跨境资金的监管与使用的沟通协调，协助解决中资银行业金融机构在沿线国家开展业务中遇到的政策障碍，并开展与“一带一路”沿线国家监管当局与金融机构的交流和磋商，以进一步增强相互了解和互信，着力从管好、用好资金上打造双边金融合作的新模式、新路子、新办法。

### （二）推进合作战略部署，提升金融合作水平

顶层设计是基础，抓好金融合作部署是关键。国家金融机构要及时制定“一带一路”战略工作部署，拟定整体化推进和监管的实施方案。同时，要进一步完善机构和服务网络布局，进一步完善相关金融服务功能，以此助力“一带一路”国家战略实施与合作项目的有效对接。此外，还要积极推进“一带一路”重大项目信贷支持，执行多项信贷配套政策及措施，合理引导相关项目信贷投放，围绕“一带一路”积极开展金融合作，并且要不断丰富“一带一路”战略下的金融合作体系，解决好项目投资多元化金融服务需求，密切加强跨境资金风险的防范和合作。





### （三）把各国资金统筹起来，壮大资金合作实力

完善国际金融合作是解决“一带一路”建设资金来源的重要途径。首先，我们在筹资方面要把国内资金和国际资金融合起来，积极吸纳各国资金，推进多元融资。同时，多方面利用主导国和东道国资金，充分发挥两国资金的比较优势，提高项目合作和资金利用效率，从而优化主导国和东道国资金的项目选择，提高其资金的带动力和影响力。其次，把政府资金和社会资金进行捆绑，以弥补项目融资的资金缺口，提高资金使用效率。最后，还要把多元化融资渠道和建设资金统揽起来，以此壮大项目投放与资金使用规模，提高经济整合实力。

此外，在金融合作链条延伸方面要发展资本市场，建设功能完善的资本市场。把外币资金和本币资金统筹运用起来，拓宽外币和本币在国际项目中的应用领域，进而推进两币国际化使用进程。同时，有效借助国际货币基金组织这个大平台，协调处理好本币和外币在项目融资建设中的比重和关系，发挥其资金应用效能。一方面，在对内对外资金投放上要建立完善资金使用机制，加强我国融资方式与国际金融合作的制度建设；另一方面，强化主导国对资金的监管权和掌控权，实现金融合作公平公正的国际分配，促使金融合作成为一个高端的建设平台，实现投资双方互惠互利，同时带动和促进项目投资国的经济建设有序和可持续发展。

# 房地产众筹的法律定位、风险防范及权益保障 *

闫　海 **　孟　竹 ***

## 一、引言



基于“大众创业、万众创新”与“互联网 +”的政策导向，众筹在我国获得加速发展的良好契机，而房地产众筹也为我国传统房地产行业转型提供了新思路。房地产众筹体现互联网金融与实体经济的互动与结合，有助于达成各方多赢：就房地产开发商而言，通过众筹平台发布房地产项目既可以实现去银行化，减少融资成本，解决资金不足问题，又可以提前锁定客户，实现去中介化，缩短销售周期，提升影响力和品牌效应；就存在住房需求的购房者而言，可以获得房地产开发商因成本节约而让与的购房优惠，同时对房地产的规划设计拥有更多的参与权和话语权；就房地产众筹平台而言，作为房地产开发商和购房者的居间人，通过履行职责促成双方交易而获得相应报酬，实现了营利目的。总体而言，房地产众筹对于维护房地产市场稳定健康发展具有重要意义，同时作为一种“订制经济”，也与工业 4.0 和供给侧改革遥相呼应，在我国的发展可谓恰逢其时。但是，我国房地产众筹在 2016 年遭遇“深圳寒冬”而陷入停滞。2016 年 3 月 18 日，深圳互联网金融协会下发《关于严禁开展“众筹炒楼”房地产金融业务，加强金融风险防控的通知》；3 月 25 日，深圳市政府办公厅发布《关于完善住房保障体系促进房地产市场平稳健康发展的意见》，明确申明，“严禁互联网金融企业、小额贷款公司等金融机构从事首付贷、众筹购房、过桥贷等金融杠杆配资业务”；4 月 12 日，深圳互联网金融协会再次下发《关于停止开展房地产众筹业务的通知》。我们认为，房地产众筹的深圳事件说明，我国房地产众筹

* 本文系教育部哲学社会科学研究重大课题攻关项目“加快发展民营金融的法律保证研究”（12JZD012）的阶段性成果。

** 闫海，辽宁大学法学院教授、博士生导师，法学博士。

*** 孟竹，辽宁大学经济法学硕士研究生。

的野蛮成长存在发展方向混乱、法律风险聚集、购房者权益难以保障等众多亟待解决的问题，只有推进房地产众筹的法制建设，明确法律定位，强化风险防范，有效保障购房者权益，我国房地产众筹才能拥有美好的明天。

## 二、房地产众筹的法律定位

### （一）我国房地产众筹的实践类型

我国房地产众筹在发展初期，探索出多种多样的类型：以房地产开发商众筹目的为视角，可以分为融资开发和项目去化两类；以众筹出资者参与诉求为视角，又可以分为购房消费和投资理财两类，以上两两组合，形成四个象限，房地产众筹分为融资开发型、营销推广型、运营理财型和开发理财型四大类。[1]

#### 1. 融资开发型房地产众筹

该类型的开发商以提前锁定客户和融资为目的，购房者则以购房消费为目的。该类型又可以分为以下模式：（1）定向模式，以石家庄众美城项目为例，开发商与员工有住房需求的用人单位合作，购房者在拿地前即支付全部购房款，开发商仅获取管理收益。[2]（2）非定向模式，以平安好房——碧桂园众筹项目为例，开发商在拿地后建设前发布众筹项目，开发商借此提前锁定客户并获取项目建设阶段的资金，而购房者最终则以低于市场价的房屋价格获得房屋产权。[3]

#### 2. 营销推广型房地产众筹

该类型的开发商以项目去化为目的，购房者仅以购房消费为目的。开发商以房地产众筹为营销方式或营销噱头，以大幅房价折扣吸引购房者出资，具体而言又可以分为：（1）团购模式，以京东、远洋 5000 元 9 折购房项目为代表，与普通团购类似，开发商针对现房发布众筹项目，购房者将会获得最高 10% 的购房折扣。[4]（2）预先团购模式，以广州北部万科城众筹项目为代表，开发商取得预售许可前发布众筹项目，购房者筹得优惠购房的“期权”，当项目符合预售条件时，购房者可选择行使期权以 13% 的优惠购房，或者放弃期权，取得 3% 年化收益。[5]（3）抽奖模式，以京东、远洋 1.1 折购房项目为代表，开发商取得

[1] 耿靖：《分类解读中国房地产众筹》，载《上海国资》2015 年第 10 期。

[2] 雨山：《房地产众筹类型分析》，载《上海房地》2015 年第 3 期。

[3] 张浩：《碧桂园联手平安推出房产众筹项目》，载《经济参考报》2015 年 6 月 4 日，第 2 版。

[4] 王漪：《众筹买房：一场热闹的营销策划》，载《投资北京》2015 年第 1 期。

[5] 雷禹、陈文：《我国房地产众筹模式研究——平安好房网众筹模式分析》，载《新金融》2015 年第 4 期。

预售许可后发布众筹项目，购房者若为京东金融的“小金库”或“白条”用户只需支付 11 元，其他用户支付 1111 元就有机会获得 1.1 折购房的抽奖资格，众筹成功后，未被抽中的购房者的京东账户将在活动结束 30 日内收到其所支付的款项。[1]（4）彩票模式，以京东、远洋 11 元首付众筹项目为代表，开发商取得预售许可后发布众筹项目，购房者仅需支付 11 元便可参与，众筹成功后，从其中抽出一位购房者获得首付款，其他投资者则获得京东满 200 减 20 的优惠。[2]（5）拍卖模式，以苏州万科城 $100m^2$ 全装三房众筹项目为代表，开发商取得预售许可后发布众筹项目，购房者仅需支付 1000 元以上便可获得众筹成功后的竞拍权，中标者获得折扣购房权，未中标者享受拍卖溢价。[3]



**3. 运营理财型房地产众筹**

该类型的开发商以项目去化为目的，购房者以投资理财为目的，又被称为 REITs 型众筹。以中信泰达国际酒店式公寓众筹项目为例，开发商以销售房产为目的，在运营期发布众筹项目，参与项目的购房者将获得 8.8 折优惠购房权、两年内每年 7% 年化租金收益、定期免费入住权及退出项目后的物业增值收益。[4]

**4. 开发理财型房地产众筹**

该类型的开发商以融资开发为目的，购房者以获得投资收益为目的。以万达“稳赚一号”众筹项目为例，开发商在拿地后建设前发布众筹项目，投资者按需认购众筹份额后定期获得物业收入分配和物业增值收益。[5] 此种类型与运营理财型房地产众筹类似，但在筹资目的、投资门槛、年租金收益发放比例及变现能力等方面存在不同。

## （二）房地产众筹的制度定位

伊森·莫里克将众筹定义为，“筹资人为完成其发起的项目通过互联网众筹平台向出资者融资，出资者作为投资者从筹资者处获得实物（预期产出的产品）或股权回报”。[6] 众筹可以分为两个基本类别，即以股权为回报的股权众筹和以实物（产品）为回报的产品众筹。

---

[1] 贺骏：《“双十一”房企豪赌跨界营销远洋地产联手京东割肉 638 万元卖房》，载《证券日报》2014 年 11 月 11 日，第 2 版。

[2] 贺骏：《“双十一”房企豪赌跨界营销远洋地产联手京东割肉 638 万元卖房》，载《证券日报》2014 年 11 月 11 日，第 2 版。

[3] 顾修铭、徐鹏：《“六招”搞定房地产众筹》，载《城市开发》2015 年第 14 期。

[4] 顾修铭、徐鹏：《“六招”搞定房地产众筹》，载《城市开发》2015 年第 14 期。

[5] 张达：《万达首款众筹产品 50 亿秒光》，载《证券时报》2015 年 6 月 19 日，第 3 版。

[6] 雷禹、陈文：《房地产众筹发展模式研究》，载《南方金融》2015 年第 4 期。

房地产众筹是众筹在房地产行业的运用。若是将房地产众筹界定为股权众筹，大量购房者以获取投资收益为目的参与其中，难免发生“众筹炒房”的现象，以致房地产价格长期居高不下，这也正是房地产众筹深圳事件的根本原因。我们认为，开发理财型和运营理财型近似于股权众筹，其附加一定的金融理财功能，违背房地产众筹的目的，应当予以禁止。相反地，房地产众筹若定位为产品众筹则符合我国房地产发展的现实需求，既解决中小房地产企业融资难问题，购房者又能以优惠获得符合自身需求的实物回报。营销推广型房地产众筹虽然呈现团购、预先团购、抽奖、彩票和拍卖等模式，但不过是假借众筹之名的营销噱头，并非真正意义上的产品众筹。我们认为，我国房地产众筹应当以融资开发型产品众筹为制度设计的定位，即房地产众筹是指房地产开发商在正式建设之前通过互联网众筹平台发布项目，以给予有住房需求的购房者一定价格优惠为手段吸引其出资，最终完成房地产开发项目的融资方式。





### （三）房地产众筹的法律关系

基于产品众筹的制度定位，房地产众筹包括房地产开发商、购房者、互联网众筹平台等主体，彼此之间存在较为复杂的法律关系。

**1. 购房者与开发商**

开发商在众筹平台发布的项目主体、项目位置、众筹金额、购房优惠等项目详细信息，为商品房买卖合同的要约，购房者了解项目后接受要约并通过众筹平台购买众筹份额，为商品房买卖合同的承诺，合同成立。若规定时间内筹集的资金达到预先设定的资金目标则合同生效，房屋所有权转移及后续资金交付均为履约行为。若规定时间内未达到众筹资金目标则买卖合同不生效，购房者收回预付的众筹资金。《合同法》第130条规定，“买卖合同是出卖人转移标的物的所有权于买受人，买受人支付价款的合同”，因此我们认为，房地产众筹的购房者与开发商之间应当为附生效条件的买卖合同关系，生效条件为众筹项目在限定时间内所筹集的资金达到要求。[1]

**2. 众筹平台与开发商**

在房地产众筹中，众筹平台进行项目展示、项目结构设计，同时履行审核信息、披露信息等风险控制义务，其目的在于促成交易。2015年全国首例股权

---

[1] 郭中敏、朱国华：《产品众筹民事诉讼问题研究》，载《牡丹江师范学院学报（哲学社会科学版）》2016年第4期。

众筹融资案——北京飞度网络科技有限公司与北京诺米多餐饮管理有限责任公司居间合同纠纷案的（2015）一中民（商）终字第09220号判决书，确认二者为居间合同关系。《合同法》第424条规定，“居间合同是居间人向委托人报告订立合同的机会或者提供订立合同的媒介服务，委托人支付报酬的合同”，因此我们认为，房地产众筹虽然定位为产品众筹，但是众筹平台与投资者之间的法律关系仍是居间合同关系。

**3. 众筹平台与购房者**

在房地产众筹中，购房者加入众筹项目之前，众筹平台对众筹项目的展示、信息审核及披露等服务，促成购房者与开发商订立合同，因此众筹平台与购房者之间亦存在居间合同关系；但是，在购房者加入众筹项目之后，众筹平台基于购房者的利益对项目实施情况予以监督和披露，并受购房者委托将筹集资金转入开发商账户，众筹平台与购房者之间则为委托合同关系。综合而言，我们认为众筹平台与购房者之间应当为兼具居间合同和委托合同的混合合同关系。



## 三、房地产众筹的法律风险防范

因为我国房地产众筹的法律定位不明确，以及相关法律法规的缺失，导致在目前法律及政策框架下，房地产众筹面临涉嫌非法集资、与房地产预售界定不明、众筹炒房等诸多法律风险，因此防范法律风险是我国房地产众筹健康发展的关键。

### （一）房地产众筹的非法集资风险及防范

所谓非法集资，依据中国人民银行《关于取缔非法金融机构和非法金融业务活动中有关问题的通知》（银发〔1999〕41号）的规定，是指单位或个人未依照法定程序经有关部门批准，以发行股票、债券、彩票、投资基金证券或其他债权凭证的方式向社会公众筹集资金，并承诺在一定期限内以货币、实物及其他方式向出资人还本付息或给予回报的行为。国务院办公厅《关于依法惩处非法集资有关问题的通知》（国办发明电〔2007〕34号）将非法集资划分为债权、股权、商品营销、生产经营四大类。《刑法》并未单独设立非法集资罪，相关犯罪涉及七项罪名，2010年最高人民法院出台《关于审理非法集资刑事案件具体应用法律若干问题的解释》（以下简称《非法集资司法解释》）对其中非法吸收公众存款罪、集资诈骗罪予以阐释，提出认定非法集资须具备非法性、公开性、利诱性和社会性四个特征，[1] 同时明确列举，“不具有房产销售的真实内容或者不以房产销售为主要目的，以返本销售、售后包租、约定回购、销售房产份额等方式非法吸收资金的”，以非法吸收公众存款罪定罪处罚。

假借房地产众筹之名而行非法吸收资金为目的，应当依据非法集资相关规定予以处分，但是如果不能与非法集资的构成要件形成有效区别，房地产众筹还是难免有非法集资之嫌。参照《非法集资司法解释》所确立的非法集资四个必备特征，我们认为公开性、利诱性并非界分房地产众筹与非法集资的关键，房地产众筹应当把握非法性、公开性的要求。所谓非法集资的非法性，依据《非法集资司法解释》第 1 条第 1 款第 1 项之规定，是指“未经有关部门依法批准或者借用合法经营的形式吸收资金”。在我国，股权众筹受证监会监管，依据 2015 年证监会等部委印发《关于对通过互联网开展股权融资活动的机构进行专项检查的通知》（证监发〔2015〕44 号），具有公募性质的股权众筹，须经证监会批准；而私募性质的股权众筹被称为“私募股权融资”或“互联网非公开股权融资”，目前无监管细则，但实施备案管理。产品众筹在我国目前不受金融监管，因此房地产众筹倘若严格遵循产品众筹定位，应当不具有非法性特征。所谓非法集资的公开性，依据《非法集资司法解释》第 1 条第 1 款第 4 项之规定，是指“向社会公众即社会不特定对象吸收资金”。我们认为，房地产众筹防范非法集资风险应当重点加强对购房者即出资人的“确定化”，即通过众筹平台对购房者及其注册会员的深层特征加以研究。例如，以家庭生命周期（小太阳家庭、丁克家庭、单身、成熟家庭等）、支付能力（高、中、低）、房屋价值（工作场所、社会标志、生活保障、孩子成长等）为分析维度，根据家庭生命周期和支付能力以确定客户核心价值区域，[2] 再根据不同项目的房产位置及小区主题等房屋价值信息与客户核心价值区域进行一一对应，进而将不同类型的购房者予以分类对待。这不仅实现对购房者的一对一营销，还保证了购房者具备“确定性”。此外，房地产众筹的具体项目应当将参与的人数控制在 200 人以内。

### （二）房地产众筹的预售规制风险及防范

房屋预售有助于降低开发商的融资压力，而且可以消除未来需求的不确定性，[3] 但购房者面临较大风险，因此我国建立以预售许可为核心的规制体系。依

[1] 刘为波：《〈关于审理非法集资刑事案件具体应用法律若干问题的解释〉的理解与适用》，载《人民司法》2011 年第 5 期。

[2] 黄世松、陈红梅：《房地产企业创新——案例与启示》，中国建筑出版社 2007 年版，第 17 页。

[3] 雷兰：《商品房预售法律问题研究》，知识产权出版社 2007 年版，第 1 页。

据 2009 年修正《城市房地产管理法》第 45 条的规定，“商品房预售，应当符合下列条件：（一）已交付全部土地使用权出让金，取得土地使用权证书；（二）持有建设工程规划许可证；（三）按提供预售的商品房计算，投入开发建设的资金达到工程建设总投资的百分之二十五以上，并已经确定施工进度和竣工交付日期；（四）向县级以上人民政府房产管理部门办理预售登记，取得商品房预售许可证明。商品房预售人应当按照国家有关规定将预售合同报县级以上人民政府房产管理部门和土地管理部门登记备案。商品房预售所得款项，必须用于有关的工程建设”。

定位为融资开发型的房地产众筹，除部分非定向模式符合上述规定，绝大多数难以取得预售许可证，面临被房地产管理部门认定为非法销售的法律风险。[1] 我们认为，商品房预售是指房地产开发商将正在建设中的房屋预先出售给购房者，由购房者支付定金或房价款的行为而在房地产众筹中，购房者与开发商之间为附生效条件的买卖合同关系。因此，房屋预售与房地产众筹在理论上为两种不同的售房制度，房地产众筹项目不应受到房地产预售相关法律的约束。为推进房地产众筹在我国的稳健发展，我们建议以法律法规明确规定，房地产众筹不适用房屋预售法律制度。



### （三）房地产众筹的房地产调控风险及防范

我国房地产众筹实践中存在较为泛滥的促销、炒作行为，以致偏离众筹本质，变相为房地产市场的投机行为提供了“契机”，造成部分地区房地产需求量持续增加的假象，进而引发房价虚假上涨，危害我国房地产市场的稳健发展，甚至引发系统性金融风险，这就是房地产众筹深圳事件的肇因。

我们认为，保证购房者以居住而非投机为目的，是房地产众筹规避调控风险的最有效措施。在房地产众筹中，参与项目的购房者必须成为某个众筹平台的注册用户，因此众筹平台有义务对购房者予以资格审查。众筹平台进行资格审查的关键是从主观目的与客观需求两个方面明确购房者的购房目的：如众筹平台可以调查问卷形式进行实名初步审查，调查问卷不仅包括对购房者相关身份信息的调查，更为重要的是通过问题设计排除部分没有住房需求的购房者；众筹平台还可以与房产登记部门联网，加强对购房者的房产登记信息审核，排除不符合房屋限购政策的购房者。此外，我们建议对购房者退出房地产众筹项目予以一定约束，如房地产众筹项目明确要求，购房者众筹成功的房产应当符合特

[1] 贺倩民：《房地产众筹的法律问题及风险》，载《住宅与房地产》2015 年第 16 期。

定限制条件，以防止购房者的投机行为和再转让行为。

## 四、房地产众筹的权益保障

作为一种金融创新，我国房地产众筹的发展需要相对宽松的法律环境，但必须以保障购房者权益为前提，尤其关键的是购房者的产权保护、合同欺诈规制及资金安全保障等。

### （一）房地产众筹的产权规范设计

在我国，一些房地产众筹项目被拆分成较小单位，甚至存在以一平方米为最低众筹额。倘若众筹成功，多个购房者共同拥有一套房屋产权的情况便会发生，由于众筹平台上的流动性，各个购房者之间并无共同关系，此“一房多主”的共有关系在法律上应当为按份共有，即依据《物权法》第94条的规定，“按份共有人对共有的不动产或者动产按照其份额享有所有权”。我们认为，房地产众筹的购房者与陌生人按份共有抽象存在产权份额，不可能满足购房者的住房需求，亦会侵害购房者的合法权益。

我们认为，房地产众筹法制应当对最低众筹额予以规范，要求根据房屋初步设计的具体情况和购房者的实际需求将房地产众筹项目中最小户型的平米数设计为最低众筹额，一套房产原则上只能由一位购房者进行众筹，同时在房屋交付时，以房屋的实际平米数予以多退少补，以防止发生“一房多主”的现象。

### （二）房地产众筹的合同欺诈规制

房地产众筹通过互联网展开，购房者、开发商和众筹平台彼此往往以电子合同的方式确立关系，合同欺诈等乱象丛生。我们建议，完善众筹平台的信息审核和信息交流机制从内部防范合同欺诈的发生，引入信用评级制度从外部降低合同欺诈发生的风险，赋予购房者在一定阶段退出房地产众筹的“以脚投票”的权利。

**1. 完善信息审核和信息交流机制**

众筹平台作为房地产众筹的“守门人”，应当拥有专业的团队对开发商和购房者予以尽职调查：在发起众筹项目之前，众筹平台除了对开发商的房产项目披露信息和提交相应证明文件予以完整性、准确性的审核外，还应当对购房者予以资格审核；在众筹项目成功之后，众筹平台仍需对开发商的房产建设和资金使用情况予以完整性、准确性的审核，并且及时将相关信息反馈给购房者。众筹平台还应当建立供购房者和开发商的交流机制，要求开发商对购房者提出的问题做出相应回答，保障购房者对开发商行为的监督，促使开发商谨慎积极地完成项目，从内部确保房地产众筹的健康稳定。即使购房者退出众筹项目，亦可以通过众筹平台对开发商和众筹平台的服务给予评价和反馈。

**2. 引入信用评级制度**

我国信用评级的评级对象正在从债权可靠度逐渐发展到覆盖各个行业、各种层级，成为社会治理的有效手段。房地产众筹引入信用评级制度可以有效地解决购房者和开发商之间因信息不对称而引发的项目风险，保障购房者的合法权益。我们建议，众筹平台依托大数据、互联网的时代背景引入信用评级制度，对开发商自行提交的相关资料与市场上各类分散信息进行有效整合，比如对经营净利率、净资产收益率、流动比率、资产负债率等定量指标以及管理者素质和能力、经营目标和目标管理、企业创新能力等定性指标予以全面细致地考察，[1]通过价值挖掘手段取得具有意义的信用评级资料。众筹平台在平台上对发起众筹项目的开发商信用评级结果予以公示，由购房者根据评级结果自行选择是否参与项目。同时，平台上的信用评级结果并不是固定不变的，众筹平台对信用评级各项指标的变化进行动态追踪和阶段性记录，进而定期发布信用评级结果。



**3. 明确购房者退出机制**

若购房者一旦参与房地产众筹项目，便不允许其退出，就会加大合同欺诈发生的可能性，因此需要通过明确购房者退出项目的条件和实践以避免合同欺诈的发生。我们认为，在众筹开始后成功前，虽然买卖合同已成立，但合同尚未生效，购房者退出众筹项目对开发商的消极影响有限，应当允许购房者自由退出，但退出行为符合缔约过失责任的构成要件，购房者应当承担相应缔约过失责任；在众筹成功后，若赋予购房者任意退出的权利，势必影响房地产建设，损害开发商和其他购房者的合法权益，因此除特殊情况外不应赋予其退出的权利。

## （三）房地产众筹的资金安全保障

房地产众筹的运营流程通常为购房者先将资金汇入众筹平台的账号，若众筹失败，则众筹平台将资金返还购房者；若众筹成功，众筹平台会将资金转给开发商。随着我国房地产众筹的迅速发展，应当防患于未然，高度重视沉淀资金的安全保障。

**1. 确保众筹平台的中立地位**

目前，我国房地产的许多众筹平台与开发商属于“母子公司”或“姐妹公

[1] 丁振辉：《大数据背景下的小微企业信用评级研究》，载《征信》2014 年第 11 期。

司”关系，存在众筹平台通过虚假宣传或倾向性推广诱骗购房者的可能性，危害购房者的合法权益。基于融资型房地产众筹的定位，众筹平台应当处于为促成购房者与开发商交易、向双方收取相应报酬的中立地位。我们认为，应当通过规则设计确保众筹平台的中立地位，防止“关联众筹”危及购房者的资金安全，比如众筹平台与开发商在资金、经营等不存在直接或间接的拥有或控制关系；不得直接或者间接地同为第三者拥有或控制；众筹平台的股东、董事及高管不得持有开发商的股权。

**2. 引入第三方资金托管制度**

第三方资金托管是指由第三方托管银行对房地产众筹的沉淀资金开设托管账户，以防范平台自设资金池的风险，避免平台卷款跑路。我们建议，购房者参与房地产众筹项目后，众筹平台应当将收到的资金存入第三方托管银行账户：若众筹失败，则购房者可自行将资金转出，众筹期间的孳息归购房者所有；若众筹成功，各个购房者的众筹资金汇总依据众筹平台指令统一转入开发商在第三方托管银行开立的账户，第三方托管银行对项目资金予以有效监控，以最大限度地保障资金安全。

## 五、结论

融资开发型的房地产众筹符合产品众筹的本质和目的，是我国房地产众筹法制发展的法律定位。在此基础上，我国房地产众筹法制应当防范非法集资、预售规制、房地产调控等法律风险，加强产权规范、合同欺诈规制及资金安全保障等保障购房者权益的制度建设，以实现房地产众筹在我国的可持续发展。

# 我国股权众筹法律规制的困境与出路

宋寒亮*

## 一、引言



在我国乃至世界范围内，融资难一直是困扰中小微企业发展的主要问题。对于大多数中小企业，特别是处于创业初期的小微企业而言，缺少担保和信誉，很难从“风险厌恶型”的传统金融机构获得足够的信贷资金支持；而资本市场公开发行证券的高额成本，也令小微企业望而却步；加之我国长期金融压抑和对民间融资的限制，使得民间大量闲散资金难以通过合法渠道汇集并转化成企业发展的长期性资金。[1]然而，近年来，随着互联网技术的发展和全球互联网金融概念的深入，一种新型的融资模式进入人们的视野，即众筹。

众筹，译自“crowdfunding”一词，而英文中的“crowdfunding”则是由“crowdsourcing（众包）”和“microfinance（微金融）”两个词融合而成。[2]从字面来看，众筹即包含群众募资、大众筹资之意，其含义就是融资人借助互联网平台发布融资项目，吸引众多个体投资人进行集合性投资，从而为特定目标或企业经营发展寻求资金支持的直接融资模式。[3]以融资人向投资人承诺的回报类型为依据，众筹可分为四种类型：公益众筹、预售众筹、借贷众筹和股权众筹。[4]这四种众筹模式都是在互联网金融背景下诞生的新的筹集资金的方式。新事物在实践应用中必然会出现新问题，涉及资金流转一定会有新的法律风险存在，需

---

* 宋寒亮，海南师范大学法学院副教授，法学博士，华东政法大学博士后研究人员。

[1] 卢峰、姚洋：《金融压抑下的法治、金融发展和经济增长》，载《中国社会科学》2004年第1期。

[2] C. Steven Bradford. Crowdfunding and the Federal Securities Laws. *Columbia Business Law Review*, 2012, Jan.

[3] 刘明：《美国〈众筹法案〉中集资门户法律制度的构建及其启示》，载《现代法学》2015年第1期。

[4] 同上注。

要予以防范和监管；而监管的前提就是明确其法律性质，进而确定监管主体和监管对象。然而，从我国现行法律框架来看，公益众筹、预售众筹和借贷众筹在定性上争议不大，法律和资本市场所面临的最大挑战来自对股权众筹法律性质的界定。

股权众筹融资模式在当下中国越来越受到中小企业、尤其是迫切渴望融资的初创企业的青睐。筹资人（企业）以出让一定比例股份的形式，向多数投资人筹集资金来设立企业或为已存在的企业完成增资；而投资人通过出资入股企业，以股权变动或分红的方式获得未来收益。因为同时涉及"股权"和"众"这两个基本特性，使得股权众筹相较其他种类的众筹模式在法律性质界定上更为复杂。众所周知，以转让股权为条件向社会公众投资者募集资本，属于证券发行行为。[1] 因此，目前股权众筹面临的最大争议点为是否会触碰擅自发行证券等非法集资行为的法律红线，这也是股权众筹发展面临的主要困境。基于互联网金融背景下产生的这一新型融资模式，对于大旱望雨的中小微企业来说，究竟是"天使"还是"魔鬼"？稳定金融市场、保护投资人利益的"安全"和便利融资、推动实体经济发展的"效益"之间该如何权衡与取舍？作为金融创新的股权众筹，能否找到适合其生存与成长的制度土壤？





## 二、股权众筹项目融资流程和投资方式评介

股权众筹源于欧美，并迅速登陆我国。自2011年国内首家股权众筹平台"天使汇"上线以来，截至2015年年底，我国已有141家股权众筹平台，累计成功融资项目2338个，融资总额达近百亿元人民币。[2] 股权众筹平台上的项目基本上都是采取"天使投资"的形式来进行融资的，其运作流程如图1所示：

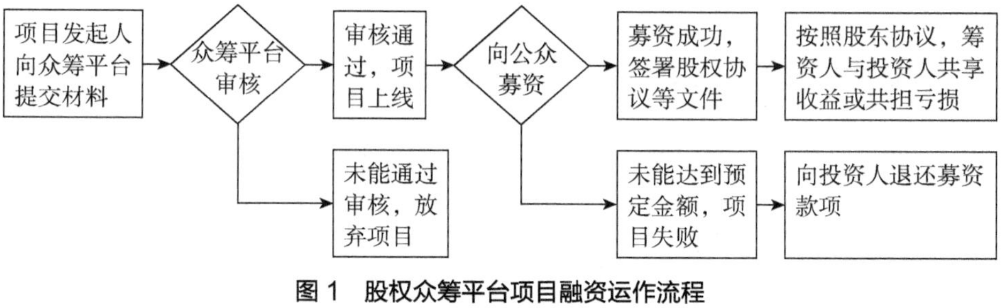


**图1　股权众筹平台项目融资运作流程**

[1] 刘俊海主编：《现代证券法》，法律出版社2011年版，第48页。

[2] 佚名：《2016年中国股权众筹市场研究报告》，资料来源于中国电子商务研究中心网，2017年8月4日访问。

需要补充说明的是：第一，在项目通过了平台审核之后，开始向公众募资之前，一般会先将项目进行“预热”，即虽将项目发布到众筹平台上，但是正式投融资还未开始；投资人可以事先了解到项目信息，并和项目发起人进行线下洽谈。融资人和平台希望通过这一步骤提前获得公众的关注，并在项目自正式上线伊始便可高效融资。第二，在募资进行过程中（目标金额达到之前或目标期限截止前），融资人一般不可以撤回项目，但投资人可以随时撤回其向该项目的投资。第三，项目融资成功后，平台会向融资人收取该项目融资额度一定比例的居间费；若融资不成功，则不收取任何费用。

如果从投资人角度来看，可以选择的投资方式有个人直接投资和集合投资两种。个人直接投资类似于网上购物，投资人在众筹网站筛选出感兴趣的项目或企业进行投资。鉴于投资者个体差异较大且往往投资经验不足，平台一般会提示投资风险，建议投资者采取单笔小额、行业项目多样化的方式来分散风险；有些平台还会为投资者代持股份和管理投资，并收取一定管理费。由于个人直接投资对投资人专业知识要求太高，而筹资人又需要花费大量时间和精力对每一个投资人都单独调查和咨询，因此，为了提高众筹效率、加快融资进程，股权众筹平台引入了一种集合投资方式——“领投 + 跟投（Leading Investor+Following Investor）”制度，这也是目前国内股权众筹最常见的投资形式。[1] 众筹平台会为领投人资质设立一个标准，通常是要具备雄厚的资金实力、丰富的投资经验或较强的专业技能，经过平台审核，投资人才有可能取得领投人资格。具有领投人资格的投资人可选择本平台上的众筹项目，向项目发起人提出成为该项目领投人的申请，由项目发起人最终确立一位领投人。领投人通过分享投资经验，引入跟投人与其进行集合投资；而领投人最终可以获得跟投人一定比例的收益分成和项目发起人的股份奖励。



## 三、我国股权众筹发展的法律困境

在我国，股权众筹面临的最大风险是很难与非法集资划清界限，这是界定股权众筹法律性质的最大问题，也是目前股权众筹存在与发展所面临的法律困境。从最早的凭证式众筹“美微创投”被证监会以“融资行为不合规”为理由被叫停，到股权众筹行业成功融资的项目和融资总金额都逐月呈几何级增长，股权众筹似乎一直在“金融创新”与“非法集资”的褒贬两种声音中成长发展。

[1] 柏亮主编：《众筹服务行业白皮书（2014）》，中国经济出版社 2014 年版，第 24 页。

判断股权众筹是否为非法集资，首先要从对非法集资的界定和解释入手。根据中国人民银行《关于取缔非法金融机构和非法金融业务活动中有关问题的通知》（银发〔1999〕41号）的规定，非法集资是指单位或个人未依照法定程序经有关部门批准，以发行股票、债券、彩票、投资基金证券或其他债权凭证的方式向社会公众筹集资金，并承诺在一定期限内以货币、实物及其他方式向出资人还本付息或给予回报的行为。国务院办公厅《关于依法惩处非法集资有关问题的通知》（国办发明电〔2007〕34号）又进一步将非法集资总结为债权、股权、商品营销、生产经营四大类。实践中，非法集资的表现形式多种多样，采取列举式必定无法穷尽。对此，最高人民法院《关于审理非法集资刑事案件具体应用法律若干问题的解释》（法释〔2010〕18号）的起草者总结了非法集资的构成要件，认为需要同时具备非法性、公开性、利诱性和社会性四个特征。[1] 同时，需要指出的是，在我国刑法中，并不存在“非法集资”这一具体罪名。非法集资案件涉及刑事责任的，通常由以下七个具体罪名来定罪：集资诈骗罪，非法吸收公众存款，擅自发行股票、公司、企业债券罪，欺诈发行股票、债券罪，擅自设立金融机构罪，组织、领导传销活动罪和非法经营罪。[2]



如前文所述，股权众筹融资人以与投资人建立股权关系为手段进行融资，属于发行证券行为。证券发行分公开发行（也称公募）和非公开发行（也称私募）两种形式。根据我国《证券法》第10条的规定，证券公开发行采取核准制，未经核准不得公开发行；而出现下列情形之一则应当被判定为“公开发行”：（1）向不特定对象发行证券；（2）向特定对象发行证券累计超过二百人；（3）法律、行政法规规定的其他发行行为。第三项属于兜底条款，因此判断是否为公开发行证券主要取决于发行对象的人数及是否“特定”。关于人数方面的限制较好操作，股权众筹平台一般都会规定领投人和跟投人投资的最低份额比例来控制人数上限。至于对象是否“不特定”，难以形成统一的判定标准。

张明楷教授认为，“不特定性意味着出资者是与吸收者没有联系的人或单位”，[3] 但这里所谓的“联系”又如何界定呢？为了使融资人和投资人之间建立某种“联系”或使投资人成为所谓的“特定”，众筹平台的“辩解”一般有两种：

[1] 刘为波：《〈关于审理非法集资刑事案件具体应用法律若干问题的解释〉的理解与适用》，载《人民司法》2011年第5期。

[2] 肖凯：《论众筹融资的法律属性及其与非法集资的关系》，载《华东政法大学学报》2014年第5期。

[3] 张明楷：《刑法学》，法律出版社2011年版，第686页。

第一，对投资人进行实名认证，使其注册成为平台会员；[1] 第二，划定合格投资人标准，只有符合相应条件并经过了平台的投资人资格认证程序的，才可以成为项目融资的对象。[2] 笔者认为，上述两种程序都有其存在的合理性，但是将其作为使融资对象特定化的解释都是无法成立的。对于实名认证、注册会员的认识，不可本末倒置，错乱了因果关系。众筹平台的绝大多数会员正是因为先看到了融资项目的宣传，产生了投资意向，才申请注册、进行实名认证的；注册、认证是手段，融资才是目的。而互联网又是一个开放的平台，任何具有完全民事行为能力的人都可以完成这项程序，而从众筹融资模式的发生学角度来看，借助互联网这一媒介来发布融资信息和寻求投资人，很难让人接受其是面向特定对象的定向发行。至于投资人资格认证的方法，本应是出于保护投资人利益而一定程度地抬高门槛设定的合格投资人标准，若将其解释为使募资对象特定化，实在是牵强附会。因为根据不同标准可以提炼出不同"特定对象"，如以国籍为标准，则"中国人"也可以成为"特定对象"。因此，"特定对象"本就是一个立法语言表述模糊的体现，在法律没有做出明确解释的情况下，人为地设定标准具有很强的主观性，并不能成立法律意义上的特定化。





当然，在处于似是而非的灰色地带的情形下，众筹平台与融资人也会设法规避法律，使其尽可能看起来清白。例如，当一个股权众筹项目筹资达到目标金额后，平台会先让所有投资人组成一个合伙企业，再整体入股到项目公司中。通常情况下，项目的所有投资人会成立一个有限合伙企业，其中领投人为普通合伙人，跟投人为有限合伙人。从形式上看，众筹项目出让的这部分股份的投资人就只有一个，符合对象特定和人数的要求。但是，这种"以合法形式掩盖非法目的"的行为还是难免有"变相公开发行证券"之嫌。

## 四、我国股权众筹法律规制的出路

2014 年 12 月 18 日，"在证监会创新业务监管部支持下"[3]，中国证券业协会起草了《私募股权众筹融资管理办法（试行）（征求意见稿）》（以下简称《办法》），

---

[1] 文海宣：《海淀法院公开宣判"全国首例众筹融资案"，确认众筹融资合同有效》，资料来源于海淀法院网，2017 年 8 月 4 日访问。

[2] 杨东、苏伦嘎：《股权众筹平台的运营模式及风险防范》，载《国家检察官学院学报》2014 年第 4 期。

[3] 中国证券业协会《关于就〈私募股权众筹融资管理办法（试行）（征求意见稿）〉公开征求意见的通知》，资料来源于中国证券行业协会网，2017 年 8 月 4 日访问。

将国内股权众筹融资活动定性为“私募”，在发行方式上再次强调“不得向不特定对象发行”和发行对象“累计不超过二百人”。如今已经过去两年多的时间，但《办法》仍然停留在征求意见阶段。笔者认为，《办法》其实是制定者出于鼓励金融创新和对股权众筹便于管理的考虑下所做的权宜之计或“障眼法”。因为，在我国现行法律框架下，股权众筹的出路只有一个——私募。所以，不管其是不是、愿不愿意，先被扣上一顶“私募”的帽子，由此也可以看出国家管理者对于股权众筹这个“不守规矩”却对金融创新有功劳的“徒弟”是持肯定与支持的态度的。但是，为了便于管理而为其扣上的这一顶名为“私募”的“紧箍咒”，恰恰泯灭了它的本性，使其无法施展拳脚。众筹融资的魅力就在于“众”字，而《办法》对发行对象为“特定”的再次强调，让股权众筹只能“戴着脚镣跳舞”。

最早对股权众筹做出法律规定的国家是美国，其给股权众筹设计的立法出路是豁免。美国是实行证券公开发行注册制的国家，加之证券小额发行豁免制度和非公开发行豁免制度的施行，为证券发行市场提供了更为宽松的制度环境，也为证券金融创新留足了余地。2012 年 4 月，美国总统奥巴马签署了《工商初创企业推动法》（*Jumpstart Our Business Startups Act*，以下简称“JOBS 法案”）中，该法案进一步放松了初创企业、小微企业私募发行证券宣传方式的限制，只要是面向合格投资人，融资人被允许采用广告或公开劝诱的宣传方式；并且大幅度提高了小额发行豁免下的筹资额度。“JOBS 法案”第三章还创新地规定了众筹豁免制度：对于通过网上集资门户（Funding Portal）进行的小额众筹融资有条件地实行注册豁免。“JOBS 法案”认可了股权众筹的公募性质，且为法律规定的单独豁免制度下的公开发行证券行为，相较于传统的公募发行具有其特殊性，因此“众筹豁免”可谓“JOBS 法案”为初创企业融资设计的制度创新。

“JOBS 法案”自出台以来就一直备受争议，而第三章“众筹法案”更是经过了长达三年多的讨论才获投票通过。即便是在资本市场较为成熟的美国，立法者面对股权众筹这一新型融资工具，也会在效率与安全的天平上百般慎重、难下砝码。而在我国，股权众筹一方面被寄予充实资本市场、便利中小微企业融资的厚望，另一方面却面临着被扣“非法集资”帽子的风险和尴尬，这使得立法者在众筹的制度设计时更加举棋不定。但是，结合美国立法经验和我国资本市场发展现状，有一点是肯定的——我国亟须发展和完善多层次资本市场，而股权众筹则是多层次创新的需要，也终将成为多层次资本市场的重要组成部分。

在股权众筹进入美国资本市场之前，纽约证券交易所、纳斯达克证券交易所、场外柜台交易市场、粉单市场、灰色市场的挂牌上市公司的数目呈正三角形结构分布，层次丰富，市场自由程度高，场外市场和民间融资活跃。相比之下，我国资本市场层次单调，结构不合理，主板、中小板、创业板、全国性场外交易市场（“新三板”）和区域性股权交易市场（“新四板”）呈倒三角形结构分布，场内市场庞大，场外市场势力微乎其微。[1] 中国是一个习惯了自上而下发展模式的国家，因此从资本市场的形成和发展过程来看，目前中国资本市场的倒三角形结构也有其合理性。而且在短短二十几年的时间里，我们的证券市场在“中国模式”下发展至今，成为全球金融市场的重要力量，已是奇迹。[2] 但是，从长远来看却又是不合理的，对金融可持续发展也是不利的。我国资本市场是随着经济体制改革的进程逐步发展起来的，起步较晚，发展思路一直以来都是重间接融资、轻直接融资，而在证券市场中，沪深两大交易所形成垄断格局，加之过度的行政干预，导致资本市场的自由程度不够。对于投资人而言，由于风险偏好不同、投资形态各异，不够自由开放、层次较少的资本市场是无法满足其投资需求的，这就有可能导致被动储蓄的现象，而且市场信息也会失真，资产价格易被人为操纵。所以，中小微企业发展资金不足，并非是缺乏资金供给，其实民间资本大量闲置而未获得投资，就是由于我国资本市场缺乏多层次特性导致的。




党的十八届三中全会决定指出，“应健全多层次资本市场体系，推进股票发行注册制改革，多渠道推动股权融资”。多层次资本市场的产生要靠金融创新和制度创新。[3] 股权众筹就是在促进中小企业融资和发展互联网金融大背景下的一项金融创新，它将成为我国完善多层次资本市场的重要补充，而相应的制度创新首要的应是对股权众筹的法律规制。2015 年 4 月提交全国人大常委会审议的《证券法修订草案》中，首次将众筹列为“公开发行证券”的方式之一，将众筹融资扩展至公募范畴。而法律体系构造具有整体性，往往会牵一发而动全身。在我国现行《证券法》的证券发行“核准制”下，市场化程度较高的股权众筹方式很难有其存在的空间，因此，此次《证券法修订草案》接纳众筹的前提乃在于该草案对证券发行审核制度的变革——由“核准制”改为“注册制”。由于《证券法修订草案》目前仅仅完成首次审议，因此，修订草案离正式通过还需一段时日；而关于股权众筹的细化规则也只有等《证券法》修改完成后才会出台。制度创新总是在一定程度上滞后于市场创新，而笔者认为，尽管草案还在审议

[1] 萧琛：《论中国资本市场“倒金字塔”结构的矫正——“简政放权”、“草根创业”与股市供应面改善》，载《北京大学学报（哲学社会科学版）》2014 年第 6 期。

[2] 施光耀等主编：《资本的奇迹——中国证券市场 20 年回顾与展望》，经济科学出版社 2010 年版，第 8—10 页。

[3] 周小川：《资本市场的多层次特性》，载《金融市场研究》2013 年第 8 期。

过程中，但是制度设计的整体思路应该是确定的：在证券发行注册制改革的大前提下，接纳股权众筹这一证券公开发行方式，并通过豁免注册等具体制度设计，赋予其更自由的发展空间。

由于法律的滞后性，股权众筹自一登陆我国便面临着存在非法集资风险的尴尬与困境，因此，股权众筹在我国生存与发展所面临的首要问题即为合法化问题。解决新兴事物的合法化问题，无外乎三种方式：第一，对新兴事物进行改造，使之能够融于现行法律框架之内。《私募股权众筹融资管理办法》就是一个例子，其结果无异于削足适履，使原本借助互联网这一开放的媒介来便利小微企业融资的股权众筹非要限缩到“私募”的范畴，使金融创新失去了应有的活力。第二，对现行法律进行解释，使其能够接纳新兴事物。若能通过法律解释的方式来解决问题，当然是成本最低的，也符合法律经济学的理念。但是若能有一个真正科学、合理的法律解释足以服众，也早就不会存在关于股权众筹的法律风险的普遍担忧了，否则绝不可以轻易下结论。股权众筹合法化问题指向强制性规范，甚至是刑事法律规范，可以解释的余地本身就很有限，法律解释必须最大限度地严谨。第三，修改现行法律，使新兴事物合法化。这是最具有革命性的方式，也是使合法化问题解决得最彻底的方式。笔者认为，当法律解释的局限性不足以解决合法化问题时，这便是最好的一种方式——立法论应是解释论的补充。具有价值的新兴事物常常是市场和社会革命的产物，那么服务于社会的法律也应做出相应的改变，即制度上的变革。“注册制”改革与股权众筹分别是我国资本市场自由化进程加快、资本市场逐渐发展成熟的制度应对和市场创新，因此可以说，没有“注册制”这一大前提，我们很难找到股权众筹得以生长的制度土壤，股权众筹无法得到法律上的认可与发行豁免。

尽管央行等十部委联合印发的《关于促进互联网金融健康发展的指导意见》（银发〔2015〕221号）已将股权众筹界定为“通过互联网形式进行公开小额股权融资的活动”，但从法律层面上对股权众筹的正式认可和对其证券公开发行属性的认定，仍须等待新《证券法》的出台。故而，对于中国的股权众筹而言，《证券法》修改迫在眉睫。“注册制”改革将使证券发行等金融环境更加宽松，资本市场自由程度更高，也会加速我国多层次资本市场的形成与完善。可以说，我们期待的新《证券法》是股权众筹等创新融资模式得以存在和成长的制度土壤。

## 五、结语

“十三五”规划建议提出，进一步完善多层次资本市场，鼓励融资方式创新，深化融资体制改革。《证券法》修改、“注册制”改革，是我国在健全多层次资本市场和资本市场走向发达与成熟道路的重要里程碑，而作为多层次资本市场重要补充的股权众筹融资模式也将得以正名。对于一个事物性质的界定，会由于所处的时代背景与立场的不同而大相径庭。就像在三十年前会被定罪的“投机倒把”行为，放在今天只是普遍正常的市场行为罢了。在现行法律制度下，股权众筹这一证券发行行为难以和“非法集资”划清界限；但是在顺应时代发展的市场与制度的变革后，股权众筹作为合法的融资模式会得到认可。只有生长在合适的制度土壤中，股权众筹的“春天”才会真正到来；只有通过制度创新与改革寻找到当前面临的法律困境之出路，股权众筹的“神通”才能有机会真正地发挥出来。在未来，股权众筹市场也许会被定位为中国全新的多层次资本市场中的“新五板”，在发展普惠金融、助力企业融资的道路上逐步壮大，成为推动我国资本市场走向成熟与繁荣的又一新兴力量。

# 域外金融监察制度对我国金融领域治理的启示

杨嵩涛[*]



近年来，金融业对我国 GDP 增长的贡献保持在 9% 左右，已经成为社会主义市场经济的重要组成部分。由于金融活动具有创新性、复杂性和专业性等特点，加之相关的监管制度机制不够健全或者执行力有待提升，使得金融领域中不规范、不合法以及涉嫌刑事犯罪等现象屡屡发生，不仅破坏了健康有序的金融秩序、损害了人民群众的合法权益，也对国家的金融安全构成了威胁。近年来，一些国家所施行的金融监察制度作为一种现代意义上的专业监察，其基本理念和具体举措具有一定的科学性和先进性，可以为我国金融领域的治理提供参考和借鉴。

## 一、新时期我国金融领域治理工作的特点和要求

### （一）推进金融领域治理是国家治理现代化和维护国家金融安全的必然要求

在现代社会，金融已经不仅仅是经济工具，也是国家治理和国家间竞争的重要手段。相应地，如何维护国家金融安全并推动金融业发展，已成为我国国家治理中的一项重要任务。同时，金融领域与我国广大人民群众的生产、生活已经密不可分，而且随着信息化时代的到来和金融全球化的不断加深，跨地区、跨国界以及跨区域的金融互动和往来日渐成为一种常态，使得来自国内外的金融风险相互交汇、共同存在。2017 年 4 月 25 日，习近平总书记在中央政治局第四十次集体学习时指出："维护金融安全，是关系我国经济社会发展全局的一件带有战略性、根本性的大事"，"必须切实把维护金融安全作为治国理政的一件大事，扎扎实实把金融工作做好"。2017 年 7 月，在北京召开的全国金融工作会

* 杨嵩涛，国家行政学院政治学部博士后，助理研究员。

议提出了未来金融工作的主要任务，即服务实体经济、防控金融风险和深化金融改革，为今后一个时期的政府金融工作指明了努力方向。从宏观上来看，我国金融领域的整体形势是好的，尚未产生不可控的严重金融风险，但是我们也必须正确认识金融领域中复杂多变的内外部环境因素以及各种潜在的风险，及时有效地解决一些现实问题和矛盾，提升金融领域治理的现代化水平，维护国家金融安全。

### （二）推进金融领域治理是全面推进依法治国和从严治党的深刻体现



金融领域涉及的利益关系错综复杂，加之相关的立法和执法环节存在着空白或者模糊地带，使得一些行使金融监管职责或者从事金融职业的人员在巨大利益的诱惑之下为谋取个人私利而实施违规、违法甚至犯罪的行为，如监管套利、关联套利、内幕交易、利用未公开信息交易以及行贿受贿，等等。近年来，随着我国反腐败工作的力度和深度不断加大，包括银监会、保监会、证监会在内的金融监管机构相关人员涉嫌腐败以及与金融机构工作人员内外勾结实施金融犯罪的新闻不断见诸报端。据统计，从2013年5月到2017年5月，中纪委在官方网站通报被查处的金融监管机构和国有金融机构工作人员共35人，其中既有承担具体日常监管工作的普通干部，也有如保监会原主席项俊波、证监会原副主席姚刚、证监会原主席助理张育军以及银监会原主席助理杨家才等金融监管部门高级官员。从总体上看，近年来我国金融领域犯罪具有发案率高、涉案金额巨大、涉案人数众多且往往内外勾结、社会影响恶劣等特点，而且相关人员借助于先进的科技手段使得违法犯罪行为更加隐蔽也更加复杂，导致还存在着一些未被发现和查处的案件。新时期，如何对我国的金融监管机构及其工作人员进行更加持续有效的监督，将权力装进制度的“笼子”里，是一项极为紧迫和重要的工作任务。为此，必须在金融领域深入贯彻落实全面推进依法治国和从严治党的相关精神和要求，有效预防、及时发现和严厉惩治金融领域的腐败行为。

### （三）推进金融领域治理对建立健全金融监管制度、机制提出了更高的要求

当前，金融领域已经成为我国国家治理和反腐败斗争的双重重点，相关的监管工作仍在向着纵深推进，对现行的一些制度机制特别是金融监管力量的调配也提出了更高的要求。对此，中央相关部门很早就作出了部署。党的十八大

召开不久，中纪委即在2014年年初的内部机构调整中专门将第四监察室的对口单位设定为金融单位。在2015年年初中央巡视工作动员部署会上，中央又决定对中管金融企业进行全覆盖式巡视；同年10月中央第三轮巡视中，31家被巡视单位中就有21家金融机构，包括中国人民银行、银监会、证监会、保监会等金融监管机构以及五大国有银行等中管金融企业。但是，一方面，纪检监察部门人员数量有限、工作任务繁重，难以对金融领域进行持续深入的全面全程监督，而且纪检监察部门往往是在接到违规、违法或者犯罪线索后才展开调查或在案发后才启动工作程序，无法在事前通过内部监督来及时发现并处理违规、违法或犯罪行为；另一方面，金融领域专业性强、分工较细并且相互交叉，对监管人员的专业知识水平和实践经验都有较高的要求。因此，为提升金融领域治理工作的成效，未来除了充分整合、调配现有监管力量之外，还可酌情设立专业监督机构，形成更加严密的监督体系。



## 二、域外金融监察制度的基本内容及运行实践

现代监察制度起源于北欧国家，其设立的初衷在于对权力进行监督，并为民众提供一种更加便捷有效的权利救济方式。之后，随着现代监察理念在世界各国传播，越来越多的国家纷纷建立了监察制度。近年来，经过长期的理论和实践探索，一些国家将监察制度的运用从公共部门延伸到了私人领域，在特定领域或特定行业建立了特色鲜明的专业监察制度，管辖范围更加宽泛而且独立性更强，取得了积极的成效。

### （一）专业监察的内涵及其定位

传统意义上的监察，是指专司监察职能的相关国家权力机构及其工作人员，依照法律规定对其他国家权力机关及其所属工作人员的职业道德和履职情况进行的监督，是一种覆盖面宽、权限充分的权力监督形式。专业监察，则是指专门监督某一特定领域或特定行业的日常活动，而且只能行使部分功能或单一功能的监察形式，又称为“特殊监察”。在实践中，隶属公共部门的监察机构开展工作可以采取弹劾、起诉、惩戒等较为严厉的措施，而非隶属公共部门的专业监察机构往往并不拥有强制性的监察权限，通常采取的是忠告、资商、表达意见、立法提议等较为缓和的工作举措。专业监察得益于传统监察制度的成功经验和基于分工互补的考量，在一些私人领域施行监察制度，能够强化对特定领域和特定行业的监督和约束，规范行业依法运行，更加便捷高效地服务民众，确保

不断提升监督成效。在不同的国家，专业监察机构的地位和隶属关系存在差异。例如，芬兰设立了包括少数族裔监察、平等监察、资料保护监察、消费者监察、破产监察以及儿童监察六个专业监察机构，它们隶属政府部门，主要扮演着“民众忠告者”和“政策建议者”等非强制性角色，承担着受理人民陈情、监督政府施政以及行使立法监督等职责；英国、澳大利亚的金融监察服务机构（FOS）则是由金融领域的众多金融机构发起并作为会员设立的，它们的独立性更强，而且与两国的国会监察专员不同，并不隶属国会，其私人领域行为监督和纠纷解决机构的特性更为突出。

### （二）域外金融监察制度的运行实践





20 世纪 90 年代末，一些监察制度设立时间较长而且较为成熟的国家开始倾向于将监察制度作为一种“解决争议替代形式”，如时任英国上议院议长麦凯（Mackay）在演说中提出：“借其（监察制度）速度、非正式性和节省成本的弹性平衡，解决争议时的公平性”，可以将之应用于更加广泛的领域。之后，一些金融监管体系较为发达的国家设立了具有专业监察性质的金融监察制度，还建立了相应的工作机制，如私下仲裁、评估性和协助性调解、斡旋、调解仲裁、协商、初期中性评估、裁决等，在强化金融行业监督、及时解决金融领域纠纷等方面发挥了积极的作用。例如，英国的金融监察专员（The Financial Ombudsman）属于私人领域的专业监察，其发展历程大致分为业内自发设立和法律强制要求两个阶段。1981 年，英国保险监察专员局（The Insurance Ombudsman Bureau，IOB）由三家较大的保险公司发起并率先成立，其宗旨在于独立解决保险纠纷。随后的十年，英国又有三百多家保险公司参与其中，保险监察很快成为主要的保险纠纷解决方式，也标志着现代监察制度正式在英国的私人领域建立和运行。之后，专业监察制度在英国的私人领域得到了更加广泛的传播和应用。到 20 世纪 80 年代末，英国又先后设立了投资监察专员、银行监察专员等 8 个专业监察机构。1999 年，英国议会将这 8 个涉及具体金融领域不同但职能定位相类似的监察机构进行合并，成立了金融监察服务机构（The Financial Ombudsman Service，FOS），其职能主要包括巩固民众信心、宣传金融风险、为消费者提供必要保护、协助打击金融犯罪等，为民众特别是金融领域的消费者提供了一种高效便捷但无须经由法律途径的非正式的纠纷解决方式，在督促金融业健康发展，维护民众合法权益等方面发挥了重要作用。此外，澳大利亚的金融监察服务机构（Financial Ombudsman Service，FOS）也是一个非属于公共部门的第三方独立金融纠纷解决机构，其参与成员主要是本国的各类金融机构，在处理民众与金融机构之间纠纷的过程中始终保持中立立场，并且不收取当事人民众一方的费用，包括因诉讼失败而产生的费用。据统计，2013 年至 2014 年，澳大利亚金融监察服务机构共受理金融纠纷 31680 件、处理金融纠纷 33450 件；截至 2014 年 6 月底，其成员总数达到了 15234 家。同时，澳大利亚金融监察服务机构会将其工作进度和处理结果等相关信息及时予以披露，大大提高了监察工作的社会透明度，在处理金融纠纷，维护民众合法权益方面取得了显著成效，也赢得了民众的信任。

## 三、域外金融监察制度对我国金融领域治理的启示



当前，金融领域已经成为我国国家治理工作的重点领域，而全面深化制度机制改革、着力提升监管成效也将成为金融工作的主题和重点内容。因此，新时期在继续健全和完善现行制度机制的基础上，还应立足国情实际，参考和借鉴域外金融监察制度的有益之处，既强化对金融领域的监督和制约，也提供一条可以有效解决金融纠纷或矛盾的途径。

### （一）坚持党对金融领域治理工作的领导，并以之指引金融监察制度的建构

坚持中国共产党的坚强领导，是我国社会主义现代化建设事业中必须毫不动摇始终坚持的一项基本原则。金融业与实体经济密切相关，可谓国民经济的重要命脉。要促进和确保经济与金融的良性互动，就必须做好金融领域的治理工作。在刚刚召开的全国金融工作会议上，习近平总书记指出：做好新形势下的金融工作，必须加强党对金融工作的领导。要坚持党中央对金融工作集中统一领导，确保金融改革发展正确方向；党要加强领导金融工作的能力；金融人才要德才兼备；党的领导要与国有金融机构公司法人治理相结合。因此，我国金融监察制度的建构也必须全面贯彻落实中央金融工作会议所提出的要求，认真执行党的路线方针政策，将各项工作统一到党中央对金融领域治理所作出的决策和部署上来，无论是基本理念还是具体工作都要始终处于党的领导之下。

### （二）构建金融监管与金融监察“双管齐下”的金融治理模式，形成强大的工作合力

金融监管，是指相关金融主管部门对金融行业的发展和金融机构的运行展开持续的监督和管理，从而促进各项金融活动依法依规进行，确保金融秩序稳

定。金融监察，则是国家监察体系的组成部分，是一种针对金融领域、具有特定目标的专业监察，其制度目标包括两个方面：一是监督金融监管机构及其工作人员的履职行为以及金融机构开展金融业务的行为是否合法、合规，并对相关人员利用职务便利实施的违法犯罪行为及时发现和依法处理；二是高效便捷地处理民众与金融机构发生的金融纠纷和矛盾，依法维护民众的合法权益。可见，金融监管与金融监察在职能上存有交叉，但是在行为主体、工作对象、工作方式等方面还有着较大差异。从当前世界各国金融领域的治理情况来看，金融监管在大部分国家特别是实行市场经济体制的国家普遍施行，属于政府工作的一项重要内容，但是金融监察仅在一些监察制度较为成熟、金融业发达的国家施行，如英国和澳大利亚的金融监管体系由央行、审慎管理部门、行为管理部门构成，三者都具备金融监管职能，但是行为管理部门中还包括金融监察部门。2017 年全国金融工作会议提出要对监管机构落实“严格问责”政策，即“有风险没有及时发现就是失职、发现风险没有及时提示和处置就是渎职”；地方政府的举债行为则实行“终身负责制”，这些都充分反映了未来在金融工作中引入纪检监察理念的趋势，对金融领域的具体治理方式也将产生重大影响。因此，在传统的“一行三会”等金融监管机构之外，建立金融监察机构可以有效地增强专业监督力量，有利于落实金融风险责任担当机制，提升金融领域的治理成效。

### （三）金融监察制度的建构应当与国家监察体制改革相结合，并为专业监察体系的建立积累经验

当前，我国尚未建立专业监察制度，但是随着金融领域治理的力度加强和行业分工的不断深化，在一些重点领域或重点行业建立相应的专业监察制度并使之成为国家监察体系的有机组成部分，不失为一种积极尝试和有益补充。近年来，我国正在进行的国家监察体制改革尚处于试点阶段，在监察机构的职责定位上是一种全面的、主要针对公权力部门和人员所进行的监督，如何更加有效地规范权力运行、预防和查办公职人员的腐败行为是其重点内容。尽管从目前公布的信息来看，国家监察体制改革尚未将专业监察体系的建立列入其中，但是可以在适当的时机尝试设立金融监察制度，推动金融监察的理论发展与实践检验相结合，充分积累正反两个方面的经验教训，从而为探索专业监察体系的建立打下良好的基础。

党的十八大以来，金融领域治理工作得到了党和政府的高度重视，我国的金融业继续保持着良好的发展势头，相关职能部门预防金融风险、维护国家金融安全的能力显著提升。但是，我们也必须清醒认识到当前金融领域中存在的

风险和危机以及金融治理工作中存在的问题和不足，立足我国国情，善于参考和借鉴其他国家的金融监察制度，积极推进制度机制创新，着力提升金融领域的治理水平和成效，切实维护国家金融安全、保护人民群众的合法权益，促进我国金融业健康有序发展。

# 从法律角度论高校网络借贷的监管

杜　婴*



2017年4月，厦门一名大二女生如梦（化名）因欠下今借到、闪银等多个校园网贷57.1万元无力偿还，于宾馆中自杀身亡；2016年3月，河南大学生郑某以28名同学之名，在14家校园借贷平台负债58.95万元，终不堪压力走上绝路。这样的案例并不少见，2016年借贷宝10G“大学生裸贷”照片、视频压缩包在网上流传，167位女大学生的个人信息、亲友联系方式以及私密照片、视频遭到泄露，震惊网络。进入“互联网+”时代，随着信息技术的飞速发展，P2P金融服务借助平台开始席卷全球，网络借贷也进军校园，迅速呈蔓延之势。一方面，高校网络贷款在一定程度上缓解了大学生在求学、消费、创业方面资金短缺的需求；另一方面，不良信贷平台引发的巨额利息、不良催债，甚至因“裸贷”而产生的“肉偿”、卖淫等乱象也不断地冲击人们的道德底线，引发关注。

## 一、P2P“校园贷”的现状及问题

P2P是英文“peer-to-peer”的缩写，意即“个人对个人”，又称“点对点网络借贷”，是互联网金融产品的一种，以具有资质的网络信贷公司为中介平台，借助互联网、移动互联网技术的网络信贷平台，为借、贷双方提供相关理财行为、金融服务的一种新型民间小额借贷。P2P网络金融在英美等发达国家发展已相对完善。在我国，P2P网络借贷平台于2006年兴起，2013年校园贷开始发展，2015年8月蚂蚁金服向趣分期投资两亿美元，标志着校园贷获得了资本市场的认可，并开始爆发式增长，以趣分期、爱学贷、分期乐、喵贷等为代表的大学生分期品牌迅速成长。截至2016年1月，网络借贷款额已突破4600亿元，较

* 杜婴，湖北省宜昌市中级人民法院法官。

2015 年增长 15 倍之多。[1] 同时，受到利益驱动，一些“高利贷”放款信息也出现在高校宣传栏、墙壁、电线杆甚至 QQ 群、微信朋友圈，为了吸引学生贷款，广告中甚至比比皆是“无抵押”“零首付零利息”的字眼。

### （一）借贷人数逐年增多

随着生活水平的日益提高，很多“90 后”大学生在家庭、社会和个人因素的影响下逐渐养成了过度超前的消费方式，享乐主义和攀比心理盛行，大学生随机消费、冲动消费现象时有发生。并且，大学生所处阶段“还很难根据自身情况定位合理的消费水平，但却比较容易受到外部因素的影响，从而比较盲目服从同伴的消费方式”。2015 年，中国人民大学信用管理研究中心对全国 252 所高校近 5 万名大学生开展调查，结果显示在弥补资金短缺时，有 8.77% 的大学生选择适用贷款获取资金，其中网络贷款又占据了近一半。另据速途研究院《2015 大学生分期消费调查报告》调查结果，61% 的大学生倾向于选择分期付款或网贷消费。而根据一项 2016 年武汉 9 所高校学生随机调查结果显示，有 76% 的学生或多或少了解过在线借贷平台，其中有 55% 的受访大学生表示进行过互联网信贷，高校网络贷款人数增多趋势明显。



### （二）放贷门槛较低

“校园贷”类 P2P 平台大多自我宣传“1 分钟申请，10 分钟审核，快至 1 天放款，0 抵押 0 担保”，申贷门槛低，手续非常简单，大多数学生仅需在网络平台提供学生证、身份证和个人学籍信息截图，就能完成注册和放款，甚至不需要贷款者本人亲自办理。[2] 如此一来，一些经不住诱惑或无偿还能力的学生可以轻易贷到款，但也放大了贷款的风险。以某校园网贷平台为例，大学生在申请贷款时，系统自动显示借款用途选项：消费购物、应急周转、培训助学、旅行、微创业、就业准备等，借款人可以随意填写“借款用途选项”，系统会自动进行默认。由于多数网贷平台都是通过网络审核借款人的基本资料、收入水平等条件，很难做到近距离的信用调查和借款用途调查，因此平台存在较大的资金管控风险。例如，前文中所述河南大学生郑某就冒用 28 名同学身份注册，最终欠下近 60 万元巨款，最后酿成惨剧。此外，目前市面上的校园借贷公司各自为政，

---

[1] 武长海：《应当尽快出台新规加强校园网贷监管》，载《中国经济时报》2016 年 4 月 21 日，第 7 版。

[2] 赵淑兰：《应当防范校园网络贷款风险》，载《经济日报》2016 年 3 月 25 日，第 7 版。

没有大数据共享机制，一个学生可以在多个平台申请贷款，很容易出现“拆东墙补西墙”的情况，陷入“借贷—消费—借贷—还贷”的恶性循环之中，最终债台高筑。[1]

### （三）高利率愈加隐蔽

高校网络贷款平台虽然放款门槛低，但手续费高昂，一些机构为了逃避监管，也为了让贷款利息看起来不那么夸张，巧立名目，将一部分利息改头换面，变成服务费或者手续费。以分期购物网站为例：购物网站在接到学生订单之后，首先从借贷公司借钱，然后再去品牌供应商或者线上的零售商处拿到学生订购的货品，再以分期付款（包含有服务费）的方式销售给学生，购物网站从中既赚取进货的价差，又赚取放贷的利率差。和分期付款一年的银行信用卡 7% 以下的年利率相比，校园贷的一年息一般高达 30% 以上，相当于同期银行贷款利率的 5 倍。同时，高额的逾期还款违约金也成为网贷的重要牟利手段。网贷平台经常要求大学生按照与实际不符的金额出具欠条并计算利息，在逾期不能还款的情况下，将利息也一并写入欠条，实现利滚利，在这种“利滚利”的方式下，借款实则为变相的“高利贷”。不仅如此，一旦发生还款逾期，随之而来的“利滚利”更是十分惊人。以“名校贷”为例，每天会收取逾期未还金额的 0.5% 作为违约金，而“趣分期”则每天收取贷款金额的 1%。还有少数小贷公司会收取贷款金额的 7%—8% 作为违约金。

### （四）违规违法操作较多

据长江商报报道，武汉“校园高利贷”周息达 10%，月息高达 45%；而据扬州时报报道，扬州某高校校园“高利贷”年利率高达 240%。并且，在借款时，手续十分简便，学生通常不需要签订合同只写借条即可。贷款公司对于贷款到期不能及时还款的学生通常使用威胁、恐吓等暴力手段来进行讨债。

另外，一种新的网络借贷模式频频闪入公众视野——女大学生的“裸条”借贷，这也是高校网络贷款新出现的变相“高利贷”。具体情形是指借款人在网络借贷平台申请放款时，除基本的信息外，还要通过手持身份证裸体拍摄照片作为担保的方式，约定当出现借款人不能按期还款时，放款人就会分批公开裸体照片。这种非法贷款方式放款门槛设置较低，甚至是零门槛，相应的放款速度较快。“裸条”借贷的利息为周息，一般在 30% 左右，这对于贷款的学生来说，

[1] 梅刘柯：《亟需规范的“校园网贷”》，载《河北日报》2016 年 3 月 22 日，第 8 版。

与高利贷无二，但对其人身权影响极大。

## 二、高校网络贷款的法律风险分析

### （一）借贷双方主体资格存在的法律风险

我国《民法通则》规定，只有具备完全民事行为能力的人才可以独立与他人进行借贷活动；限制民事行为能力人可以进行与其年龄、智力相适应的借贷活动。如果限制民事行为能力人进行超出其年龄、智力的借贷活动，必须征得法定代理人同意或者事后得到法定代理人的追认。对此，高校网络贷款需要确认借款人年满 18 周岁，符合民事法律关系中对借款人民事行为能力的要求，以避免借款合同效力出现瑕疵。不过，有的大学生可能未满 18 周岁，属于限制民事行为能力人。但是，部分高校网络贷款平台对借款人的资格问题规定模糊，如在《趣分期用户注册协议》的第 1 条“本站服务条款的确认和接纳”中的 1.2 规定，“您点击同意本协议的，即视为您确认自己具有享受本站服务、下单购物等相应的权利能力和行为能力，能够独立承担法律责任”，该条规定存在缺陷，“相应的权利能力和行为能力”对非法学专业的普通大学生而言，是一个模糊的概念，难以理解其含义。另外，其 1.3 规定，“您确认，如果您在 18 周岁以下，您只能在父母或其他监护人的监护参与下才能使用本站”。这条规定中的“监护参与”具体指的是什么行为？是否等同于“同意授权”？网贷平台是否有能力确保未满 18 周岁的未成年人确在受监护的状况下使用本站，显然都是问题。在《分期乐用户注册协议》中存在同样的问题，除第 1 条“本站服务条款的确认和接纳”1.2 规定“用户点击同意本协议的，即视为用户确认自己具有享受本站服务、下单购物等相应的权利能力和行为能力，能够独立承担法律责任”外，关于客户的资格问题未做其他规定。

### （二）超额借款利息存在的法律风险

按照最高人民法院《关于审理民间借贷案件适用法律若干问题的规定》第 26 条规定，借贷双方约定的利率未超过年利率 24%，出借人请求借款人按照约定的利率支付利息的，人民法院应予支持。借贷双方约定的利率超过年利率 36%，超过部分的利息约定无效。借款人请求出借人返还已支付的超过年利率 36% 部分的利息的，人民法院应予支持。

需要注意的是，根据《合同法》第 56 条的规定，“合同部分无效，不影响其他部分效力的，其他部分仍然有效”。可以说借贷合同中对利息的约定高于法律规定的条款无效，但不影响网络借贷合同的成立，未超过年利率 36% 的利息，仍属于有效利息。同时，超出银行同类贷款利率的四倍或者高于 24% 低于 36% 的利息，法律不予保护，“不予保护”并非指该约定违反法律规定，而是这部分利息需依靠借款人的个人信用来约束。即便约定的利息属于民间认为高利贷的范围，也并非属于违法行为，只要催债方式适当，单纯的催债行为不构成违法或犯罪。而现实中，为了规避法律和司法解释的限定，高校网络贷款向借款的学生正式收取的利息通常都在年利率 24% 以下，但如果加上各种手续费、管理费、服务费等，则可能远超过 36%。然而，我国现行法律与司法解释对利息的限定并未明确包括各种收费在内，使得高校网络贷款钻了法律空子。



### （三）合同约定与实际借款额不一致的法律风险

在实践中，放贷者在放款时，通过违规操作，要求借贷人与其在网贷平台上签订比实际借款金额更高的、看起来合法的协议，实际却和借贷人通过 QQ 等其他途径签订另一套约定，这其中可能会涉及民间借贷阴阳合同的问题，但是民法只是在建筑合同中有相关的明确规定，对于被隐藏的行为不因被隐藏的事实而无效，其是否有效要根据协议的约定是否违反法律禁止性规定判断，不能机械地认为阴阳合同中凡是阳合同均无效，阴合同均有效。若借贷阴合同中规定的利息不符合国家利率规定，那超过银行年利率 36% 的部分还是前文论述的无效后果。

高校网络贷款中合同约定和实际借款额不符的还有另一种情形。例如，某平台可为本科生提供 5000 元贷款，但是真正到账的金额并不是 5000 元，而只有 3000 元，差出的 2000 元被公司以“服务费”的名义暂时扣留，等贷款还清才会打给借款人。这就意味着借款人实际借到的只有 3000 元（实际可能更少），却支付了 5000 元本金的利息，对借款人显然不公平。在我们的实际调研中此种情况并不少见。高校网络贷款平台利用预先扣除所谓“保证金”的方式使自身风险下降，却损害了借款人正常使用资金的权益。《合同法》第 200 条明确规定，借款的利息不得预先在本金中扣除。利息预先在本金中扣除的，应当按照实际借款数额返还借款并计算利息。预先扣除的所谓“服务费”应当属于该规定中的“利息”。但在实践中很难处理此类事件。由于被预先扣除的所谓“服务费”在借款协议中没有约定，借款人无法举证证明这部分“服务费”的存在，在司法实践中法官不得不按照合同约定的借款额来计算利息。

## （四）巨额滞纳金引发的法律风险

在借款大学生逾期未还款时，一般都会向其收取一定的滞纳金或违约金。对于滞纳金的收取，一般校园贷平台的收取方式为：每日收取本金的 1%，麦子金服名下的名校贷，按照每日到期应付金额的 0.5% 计算（但还会收取一定数额的罚息），而我国商业银行对滞纳金的每日收取为本金的 0.005%，校园贷滞纳金收取比例是商业银行的 100 倍。根据最高人民法院《关于审理民间借贷案件适用法律若干问题的规定》第 29 条的规定，借贷双方对逾期利率有约定的，从其约定，但以不超过年利率 24% 为限。如果一年按照 360 天计算，一般校园贷的滞纳金每年高达 360%，名校贷的违约金也达 180%，已经远远超过了该规定。大学生逾期违约后，上文提到的那部分"服务费"被扣除，实质上转化为违约金。如果加在一起计算，可谓"天价违约金"。部分平台甚至以收取滞纳金为目的，短期内，不提醒客户偿还债务期限已到，以便收取更多的滞纳金，再加上变相的手续费、服务费（佣金）、咨询费，借款的大学生已不堪重负。

## （五）暴力催收的法律风险

由于高校网络贷款的盲目扩张和大学生的收入来源不稳定，到期无法偿还贷款的现象时有发生，校园贷平台通过中介公司暴力催收追债的事件层出不穷：有的打电话骚扰欠款学生的亲朋好友；有些在校门口围堵，对其语言威胁甚至殴打；甚至有些"裸贷"平台以在网络上公布不雅照为威胁。《刑法》第 274 条对敲诈勒索罪的规定中没有具体规定恐吓的手段行为，但我国刑法理论上一般将其表述为暴力、胁迫或其他方法，有学者表述这些方法："从内容上看有对被害人及其亲属以杀、伤相威胁的，有以揭发、张扬被害人的违法行为、隐私进行要挟的，也有以毁坏被害人及其亲属的财物相威胁的，还有以凭借、利用某些权势损害被告人切身利益进行要挟的，等等。"[1]恐吓的内容没有限制，包括被害人的生命、身体、自由、名誉、财产等，"如果不是以暴力相威胁，而是对被害人以将要揭露隐私、毁坏财物等相威胁则构成敲诈勒索罪而不是抢劫罪"。"此外以将来使用暴力相威胁也只能构成敲诈勒索罪。"借贷人到期无法偿还高额贷款本金及利息时，若放贷人具有非法占有他人财物的目的，以"将会散播借贷人的全裸照片及视频"的方式恐吓、胁迫借贷人，所实施的暴力、胁迫等方法尚未致使借款者不能、不敢反抗，从而向借款者强索超出法律规定的标准之外

[1] 周道鸾、张军主编：《刑法罪名精释》，人民法院出版社 2007 年版，第 532 页。

的财物，属于敲诈勒索的手段行为的表现，按照《刑法》第274条的规定，符合敲诈勒索罪的构成要件。

### （六）因"裸贷"引发的法律风险

"裸贷"是指在进行借款时，以借款人手持个人信息的无穿着图像、视频替代借条，以此从出借人手中获得金额不等的贷款。更为严重的是，"裸贷"已逐步形成了集放贷、拍照甚至肉偿贷款、介绍一夜情、包养等服务为一体的灰色产业链。放贷人在借贷人无法还清本利的情形下，以公开"裸条"为要挟，要求借贷人以"肉偿"即以性交易方式解决债务，这时的"肉偿"与之前要挟、强迫借贷人偿还高额本金和利息的行为相衔接，是放贷人在前期敲诈勒索未果后提出的抵"债"方式。根据《刑法》第358条的规定，放贷人为借贷人安排服务对象，以暴力、胁迫或者其他手段，强迫借贷人提供性服务的行为，涉嫌组织卖淫罪、强迫卖淫罪。借贷人主动要求卖淫偿还借款，虽然没有犯罪，但是可能触犯《治安管理处罚法》第66条"卖淫、嫖娼的，处十日以上十五日以下拘留，可以并处五千元以下罚款；情节较轻的，处五日以下拘留或者五百元以下罚款"。

同时，借贷群内经常出现"裸条打包出售"及"女大学生福利"的信息。并有人专门建立"裸条售卖群"和"福利（群主免费分享的裸条）群"，公开售卖和分享"裸贷者"的裸照、视频和个人信息。未经同意分享传播裸贷者的照片视频资料，泄露公民个人信息，明显侵犯了当事人的隐私权、名誉权，根据其是否牟利、传播量大小还可能涉嫌制作、复制、贩卖、传播淫秽物品牟利罪。

## 三、高校网络贷款的监管途径

高校网络贷款是伴随着金融创新进入校园的，其不仅满足了大学生的消费需求，还为学生创业提供了资金支持。虽然现今出现了一系列的问题，还涉及上述系列的法律问题，但不能因噎废食，高校网络贷款作为新生事物，其本身并无善恶之分，关键在于如何合理、有序的规范，具体建议如下：

### （一）加强行业自律

例如，由银监会等监管机构推动，鼓励、支持一些行业协会，尤其是中国互联网金融协、互联网金融千人会等行业自律组织发出自律倡导，可率先会同各高校网络贷款平台制定行业规则，督促高校网络贷款走上健康发展之路，在将来行业规则成熟之后，择机将一些规范纳入国家的监管办法中。在当前，这些行业规则可以考虑纳入如下基本精神：（1）严格根据2016年4月国家工商总局、中宣部、中央维稳办等十七个部门联合印发的《开展互联网金融广告及以投资理财名义从事金融活动风险专项整治工作实施方案》以及国家工商总局2016年7月8日公布的《互联网广告管理暂行办法》的法规精神，禁止高校网络贷款平台进行虚假和诱导性宣传，并在高校网络贷款平台的明显位置提示禁止不满18周岁的未成年人借款。（2）高校网络贷款必须预先在网站显著位置明示所收资费及收费方式和金额，包括手续费、咨询费、服务费、违约金和罚息等所有费用；收费限定在法律、法规许可且合理的范畴，并且所有可能收费必须在官网以举例形式明示。凡未预先明示的收费，不得在电子借款合同中出现，借款人有权拒绝并且可向行业自律组织或监管机构举报。（3）明确的风险提示，包括逾期的法律后果、催债的方式、逾期借款人可能遭遇的信用风险等。（4）提高在校大学生借贷门槛，限定大学生的借款用途，制定大学生的最高借款额度标准；当借款超过一定额度时，应当由有还款能力的第二还款来源方提供担保。（5）鼓励各类校园公益组织如法律援助机构积极介入高校网络贷款个案，帮助大学生维权。



### （二）狠抓部门监管

从行政监管的路径出发，由监管部门推动信息共享机制。一是中国人民银行征信系统应逐步向网贷企业开放。由于中国社会征信体系尚不健全，P2P平台不能接入中国人民银行征信中心，主要根据借款人提供的身份证明、财产证明、缴费记录、熟人评价等信息评价借款人的信用。此类证明易造假，可能会给信用评价提供错误依据。二是中国互联网金融协会、互联网金融千人会各行业组织应积极推动，尽快建设网贷借款人信息数据库，提供给接入信息的网贷平台共享，避免类似前述大学生如梦通过不同平台重复借贷，以贷还贷的恶性事件的发生。在当前，监管部门不提供征信支持，高校网络贷款平台数据无法共享，形成数据孤岛，无法查明个人的借贷情况。这些落后现象均有待改进。

### （三）强化学生教育

高校的教育工作者、学生工作者、辅导员、班主任等应该把教育学生树立正确的价值观、消费观放到很重要的地位，让学生保持警醒意识，从源头上遏制不良高校网络贷款的侵入。首先，教育学生树立正确的价值观、消费观。把主题教育常规化，树立勤俭节约、自立自强的典范，引导学生理性消费、适度消费、合理消费，教育学生不盲从、不攀比、不炫耀，纠正过度消费、超前消费、从众消费的错误观念，制订消费计划，结合实际，量入为出。其次，加强基本金融知识的学习。在过去，中国高校长期缺乏理财和金融风险教育方面的内容。随着移动互联网时代的到来，金融产品与服务如水银泻地，无孔不入。在这个时代，几乎没有哪个大学生能避免与互联网金融接触。因此，应加强大学生理财与金融风险教育，提倡理性消费。大学生即将步入社会，辨识金融风险和学会基本理财知识，将是其迈向社会后一项极为重要的生存技能。学校应开设相关的金融常识教育课程，引导大学生学会理性消费、管理自己的财富，规避金融风险。还可开展相关主题教育活动，增强大学生的信用意识，使其重视信用消费和信用借贷安全。





### （四）借鉴国外先进经验

各高校网络贷款平台自身应借鉴国内外的先进经验，加强身份信息审查，提高风险控制能力，减少大学生借款人出现更多的风险事件，缓和高校网络贷款整体“污名化”的趋势。在美国，学生贷款交学费的现象相当普遍，2016 年纽约联邦储备银行最新发布的《学生贷款借款和还款趋势》研究报告中指出，美国学生贷款总额为 1.23 亿美元，但并不存在专门为学生消费提供的贷款平台。专注于学生群体借贷而起家的美国 P2P 借贷公司 SoFi，在 2012 年便超越了信用卡贷款和汽车贷款，成为美国最大的贷款市场。它的特色在于根据学生所在的学校、成绩、努力程度等信息，为更优秀的学生提供更低利率的助学贷款。SoFi 公司的另外一个特色，是在学生贷款中加入了社交元素，利用“未来精英的目标人群 + 校友融资”的经营方式，约束其行为，从而降低了违约率。收费透明化是国外贷款平台的另一个特点，在 SoFi 平台上进行贷款，无须申请费或咨询费，不同的贷款期限对应不同的利率标准，所有缴纳费用一目了然，让学生在充分了解缴费规则的情况下自由选择贷款额度及方式，这些都是值得网络贷款平台高管借鉴的。

# 公安机关侦查集资诈骗案件法律适用难点问题研究

宣城市公安局法律研究小组*

习近平总书记在党的十九大报告中指出：要依法打击和惩治黄赌毒黑拐骗等违法犯罪活动，保护人民人身权、财产权、人格权。可见对于诈骗类犯罪的打击处理已经引起了我国高层的极度关注。当前作为诈骗类犯罪中的集资诈骗已经出现新的“变种”，逐渐形成以依托通过正当合法手段注册的公司、企业，在公司、企业的经营中以响应国家新型产业政策、投入新农村建设、精准扶贫等为幌子，混淆非法集资与合法融资的界限，在房地产开发、新型旅游发展、医疗养老、民办教育等行业，利用融资投资、互联网 + 商务、基金运作、新能源开发等“外衣”的新型非法集资犯罪活动。这些新型非法集资犯罪活动极具隐蔽性和欺骗性，案发后往往认定上存在法律适用的重重困难，同时围绕这些新型的非法集资诈骗判决产生的争议也日益增多。在以审判为中心的诉讼体制下，公安机关侦查中要做到精准严厉打击此类犯罪活动，就要求厘清非法集资诈骗犯罪在实践中出现的法律问题。课题组从公安实务出发，对非法集资诈骗认定难点进行研究，并提出对策建议。

## 一、集资诈骗概念的明确

我国《刑法》第 192 条规定，将集资诈骗定义为，以非法占有为目的，使用诈骗方法非法集资，数额较大的行为。2010 年 12 月 13 日最高人民法院发布的《关于审理非法集资刑事案件具体应用法律若干问题的解释》（以下简称《2010 年解释》）第 4 条第 1 款规定：“以非法占有为目的，使用诈骗方法实施本解释第二条

---

* 课题组组长：宣城市人民政府副市长、市公安局党委书记、局长田扬畅；副组长：宣城市纪委派驻市公安局纪检组组长、市公安局党委委员冯兴吾。成员：熊子伟、刘小飞（执笔）、张军、姜文、刘斌。

规定所列行为的，应当依照刑法第一百九十二条的规定，以集资诈骗罪定罪处罚。”

从以上法律和司法解释的规定可以看出集资诈骗首先是一种非法集资活动，并且是以存在非法吸收公众存款行为为基础，在客观上集资诈骗可以看作由诈骗他人财物和非法集资行为复合形成，集资诈骗罪在客观行为方式上与非法吸收公众存款罪是重合的。也就是说，理解集资诈骗的概念前提是要明确非法集资和非法吸收公众存款的概念。最高人民法院《关于审理诈骗案件具体应用法律的若干问题的解释》（以下简称《诈骗案件解释》）对“非法集资”的概念进行了界定：是指法人、其他组织或者个人，未经有权机关批准，向社会公众募集资金的行为。《2010年解释》对非法吸收公众存款的定义也有明确规定，即违反国家金融管理法律规定，未经有关部门依法批准或者借用合法经营的形式吸收资金，通过媒体、推介会、传单、手机短信等途径向社会公开宣传，承诺在一定期限内以货币、实物、股权等方式还本付息或者给付回报，向社会公众即社会不特定对象吸收资金的行为，除刑法另有规定的以外，应当认定为“非法吸收公众存款或者变相吸收公众存款”。



综上我们可以得出，集资诈骗就是行为人主观上以非法占有为目的，使用诈骗的手段非法吸收公众存款或者变相吸收公众存款的一种犯罪行为。

## 二、侦查实务中集资诈骗认定的难点一：“非法占有目的”的认定

既然非法占有目的是成立集资诈骗罪的法定要件，是区分集资诈骗罪与其他非法集资犯罪的关键所在。在侦查中，对于行为人“非法占有目的”的认定是整个侦查工作的重中之重，那么在理解集资诈骗的法律适用问题上，侦查人员首先应当对“非法占有目的”进行全面的认知。在一般情形的理解上目前是有司法解释可参考的。根据《2010年解释》的规定，使用诈骗方法非法集资，具有下列情形之一的，可以认定为“以非法占有为目的”：（1）集资后不用于生产经营活动或者用于生产经营活动与筹集资金规模明显不成比例，致使集资款不能返还的；（2）肆意挥霍集资款，致使集资款不能返还的；（3）携带集资款逃匿的；（4）将集资款用于违法犯罪活动的；（5）抽逃、转移资金、隐匿财产，逃避返还资金的；（6）隐匿、销毁账目，或者搞假破产、假倒闭，逃避返还资金的；（7）拒不交代资金去向，逃避返还资金的；（8）其他可以认定非法占有目的的情形。

然而，在侦查实务中发现，很多行为人在实施犯罪之前就隐瞒其非法占有

的目的，甚至用合法的经营行为掩盖非法占有的目的，将侦查机关的侦查方向向非法吸收公众存款罪上引导，甚至将犯罪行为包装成投资、融资、合作等合法行为，使侦查工作举步维艰，公安工作的现实需要侦查人员对于非法占有目的有更为深入的认知和理解。

### （一）犯罪的主观故意方面认定的偏差

2001 年 1 月 21 日最高人民法院印发的《全国法院审理金融犯罪案件工作座谈会纪要》（法〔2001〕8 号）（以下简称《座谈纪要》）及《2010 年解释》均对集资诈骗罪的"非法占有目的"的认定做了具体的罗列性的规定。这其中将多种关于隐匿财产、资金的行为认定为"非法占有目的"，然而通过传统理论对规定所述行为的分析，很难通过证据来判断隐匿财产、资金的行为人在实施隐匿财产、资金时就具有"非法占有目的"。

例如，《2010 年解释》第 4 条第 2 款第 1 项是关于集资款在具体使用时的不当也认定具有"非法占有目的"的规定，也就是说即使行为人并没有破坏集资款完整意义上的所有权，甚至行为人主观上并没有破坏集资款所有权的目的，仅仅是对集资款使用不当，也可以构成犯罪。我们认为集资诈骗罪是一种典型的目的犯。刑法理论告诉我们在认定目的犯时，特定的目的存在是核心要件。然而《2010 年解释》的这一规定通过行为人的具体行为推定其主观上具有"非法占有目的"，将确定"非法占有目的"的时间点延长到行为人实际获取集资款之后，本质上是认同和采纳了"事后故意"的理论，与传统的故意犯罪理论不相契合。

再如，《2010 年解释》第 4 条第 2 款第 5 项、第 6 项、第 7 项规定的行为，行为人的行为或许侵害了募款对象资金的所有权或占有权，但是并不能仅仅以此证明行为人具有完全阻断现有所有权或占有的心态，至多只能证明曾经有隐蔽的行为，至于隐蔽行为是否可能为了牟利后归还集资款也未可知。

课题组认为：犯罪主观态度决定着客观行为的具体表现及其实现，在故意犯罪的集资诈骗中，行为人进行骗取集资款这一核心行为时，必须具有非法占有目的的主观罪过，且这一主观要件的产生，应当在行为前或行为时。如果行为人在行为当时没有非法占有目的，而是在事后才产生此目的，则不能认定行为人具有金融诈骗罪的犯罪目的。[1]

[1] 赵秉志、许成磊：《金融诈骗罪司法认定中的若干疑难问题探析》，载《法制日报》2013 年 2 月 20 日，第 6 版。

## （二）犯罪的主客观相一致方面认识的偏差

主客观相统一原则即主观与客观相统一的刑事责任原则，是我国刑法中的基础性原则，它的基本含义是：对犯罪嫌疑人、被告人追究刑事责任，必须同时具备主客观两方面的条件。在侦查中适用法律发现，在《2010年解释》第4条第2款第4项中规定了将集资款用于违法犯罪活动的认定具有“非法占有目的”。这一规定直接从违法犯罪活动本身去认定行为人具有不归还集资款项的主观目的，是缺乏科学性的。实务中并不能排除从事高风险营利活动其在营利之后主动归还集资款项的可能性。否则，没有造成亏损就是一种非法占用资金的行为，如果造成亏损就推定其主观上具有“非法占有目的”，仅仅以造成的后果定罪，实际上就是在“客观归罪”[1]。



## （三）“非法占有目的”合理认定

将不法占有理解为不法所有，才是各种金融诈骗罪中“以不法占有为目的”的真正含义[2]，在我国，主客观相统一是刑法的基本原则，追究刑事责任必须同时具备主客观方面的条件，并要求主客观方面条件的有机统一[3]。

集资诈骗罪是典型的在主观上以非法占有为目的的犯罪，在侦查实践中认定是否具有“非法占有目的”，应当坚持主客观相一致的原则，侦查人员要避免陷入单纯根据损失结果客观归罪的情形，更不能仅凭被告人自己的供述而判断其是否具有“非法占有目的”。而应当综合全案证据进行全面系统分析，用客观证据和事实证实行为人的主观目的。众所周知，金融诈骗犯罪与普通诈骗犯罪的主观目的的外延是有所不同的，金融诈骗犯罪的主观目的既可以是实际占有，也可以是骗用或者获取其他不法经济利益。金融诈骗犯罪在客观表现上也有别于普通诈骗罪，主要表现为将资金非法处置和滥用。具体地说，对具有特定情形的行为，应当推定行为人具有非法占有的目的。因而，诈骗犯罪中的“不法占有”之主观心态需要通过整合诸多客观事实，在刑事证明原理的指导下适当地使用刑事推定等制度来认定“非法占有”。

课题组在通过整合相关解释，并结合司法实践中的具体经验，总结了几种比较成熟且完整的情形，如果侦查实务中存在下列客观情形，就可以认定为具

[1] 王立志：《论集资诈骗罪中的“非法占有目的”》，载《河南金融管理干部学院学报》2005年第6期。

[2] 马克昌：《金融诈骗罪若干问题研究》，载《人民检察》2001年第1期。

[3] 赵秉志主编：《刑法总论》，人民大学出版社2007年版，第62页。

有非法占有的目的：（1）以支付中间人高额回扣、介绍费、提成的方式非法获取资金，并由此造成大部分资金不能返还的；（2）将资金大部分用于弥补亏空、归还债务的；（3）没有实际经营、归还能力而大量骗取资金的；（4）将资金大量用于挥霍、行贿、赠与的；（5）将资金用于高风险营利活动造成亏损的；（6）将资金用于违法犯罪活动的；（7）携带资金潜逃的；（8）抽逃、转移、隐匿资金，有条件归还而拒不归还的；（9）隐匿、销毁财务账目或搞假破产、假倒闭逃避返还资金的；（10）为继续骗取资金，将资金用于亏损或不营利的生产经营项目的；（11）其他非法占有资金的行为[1]。

## 三、侦查实务中集资诈骗认定的难点二："使用诈骗方法"的认定





### （一）"使用诈骗方法"的含义

在我国刑法中存在一个"大诈骗"的范畴，其是由诈骗罪、集资诈骗罪、贷款诈骗罪、票据诈骗罪、金融凭证诈骗罪、信用证诈骗罪、信用卡诈骗罪、有价证券诈骗罪、保险诈骗罪、合同诈骗罪等构成。"大诈骗"中的任何一个诈骗罪都应当具备诈骗犯罪的本质，也就是使用"诈骗方法"获取他人财物。集资诈骗罪作为"大诈骗"中的一员同样不例外，也就是说，只有使用"诈骗方法"非法集资，才能构成集资诈骗罪。同样，《诈骗案件解释》也规定了"诈骗方法"的含义，是指行为人采取虚构集资用途，以虚假的证明文件和高回报率为诱饵，骗取集资款的手段。

由此可见，在刑法理论上集资诈骗罪的基本构造与诈骗罪的基本构造是一致的，即非法集资行为人实施了一个欺骗行为，这个欺骗行为使对方（受骗者）产生（或继续维持）错误认识，对方基于错误认识向非法集资行为人处分了自己的财产，非法集资行为人或第三者取得财产，导致被害人遭受财产损害。由此可以看出，侦查中收集行为人是否构成集资诈骗罪的证据需要围绕的关键核心内容是行为人是否向对方实施了欺骗行为。欺骗行为在实施犯罪行为中的具体表现为向受骗者表示虚假的事项，或者说向受骗人传递不真实的资讯，但这种欺骗行为必须要求能够使受骗者陷入或者继续维持（或强化）处分财产的认识错误的行为。若是被骗人并非基于行为人的欺骗行为而处分财产，而是基于

[1] 高憬宏：《审理金融犯罪案件的若干问题——全国法院审理金融犯罪案件工作座谈会综述》，载《法律适用》2000年第11期。

怜悯、同情、冒险等心态，就不能认定为诈骗或集资诈骗。

具体到集资诈骗，只要某种欺骗行为足以使对方陷入“行为人属合法募集资金”“行为人属正当募集资金”“行为人的集资行为获得了有权机关的批准”“出资后会有回报”等错误认识，进而导致对方“出资”，那么，这种行为就属于集资诈骗罪中的诈骗方法[1]。

### （二）“使用诈骗方法”的例外

然而在侦查实务中，集资诈骗行为的很多所谓的“受骗人”并未真正地陷入错误认知之中，不仅能清楚地认识到行为人的资金现状、经营现状和行为人的投资项目的具体情况，而且对于借款的风险和回报也有高度的认知。“受骗人”在明确知晓上述情形的状态下，抱着“赌一把”的心态，在经过风险评估和收益计算，认为最后能够收回本息，以“风险投资”的心态将财物借给行为人，企图以投机方式获取高额回报。也就是说在这种情况下，一般不存在借款人无意的被骗，集资参与人本身也有过错，因而基本可以排除“诈骗”要素的存在。正如有学者所言，如果被害人知道从事某项活动是危险的但仍然从事这一活动从而使自己承担了这样的危险，那么当危险发生时被害人就不能因此而获得赔偿，也即“自愿招致损害者不构成侵害”。若有充分证据可以证实此类情形，应认为不符合集资诈骗罪的犯罪构成。



例如，某市在侦办一起集资诈骗案件时，发现该案中涉及的大多数借款人对于行为人的实际状况，对其虚构的生意等都明确知晓，案发后，借款人也明确陈述，借款给行为人时也清楚迟早会“崩盘”，他们根本就不相信行为人的宣传，知道都是虚构的。但是借款人抱着“赌一把”的心态，想从中获取高额利息。最终法院在判决时对于此类借款人的借款行为未认定为集资诈骗罪。

## 四、侦查实务中集资诈骗认定的难点三：“社会公众”的理解认定

禁止非法集资的重要目的在于保护公众投资者的利益。非法集资的本质特征是向社会公众即社会不特定对象吸收资金，侦查中，侦查人员对于“社会公众”的理解一般仅从关系是否特定、单一方面和角度去考虑，实务中要比规定复杂得多，研究时，我们主要从以下几个方面理解：

[1] 张明楷：《刑法学》，法律出版社2016年版，第796页。

### （一）对象的广泛性

法律干预非法集资的主要原因在于社会公众缺乏对于投资的专业知识，且难以承受损失风险。集资对象是否特定，既要求集资人的主观意图是特定的，还客观地要求集资人具体实施的行为是可控的。如果出现集资人自己实际难以预料、控制所实施行为的辐射面，或者在蔓延至社会后听之任之，不设法加以阻止的，同样应当认定为向社会不特定对象进行非法集资。但是实务中，集资诈骗要求出资人与集资人之间是没有特定关联的人或者单位，所以一般向亲朋好友吸收存款不构成非法集资。

### （二）“对象的不特定性”的认定

集资诈骗对象的不特定性并非指借款人数的多少，而是指借款人群方向的不确定性。集资诈骗的成立要求非法集资的对象具有一定程度的开放性。刑法将集资诈骗的对象限定为“公众”的根本性原因在于，向较小范围内的特定对象非法集资不具有随时向不特定多数人扩展的危险性，其对金融秩序的影响还没有达到需要利用刑罚对其进行规制的程度。

判断非法集资人是否向“公众”募集资金的标准就是：“借款人”有没有随时增加的可能性，是不是任何人只要根据集资人的“要约”即可以按照其规定的时间、地点、数额、方式向其提供资金。如果集资人在集资之初就已经将集资对象限定于亲友、单位内部人员，由于其不具有随时向多数人扩展的危险性，不能认定其向“公众”吸收存款。但是，如果认定行为人的行为属于非法吸收公众存款，在认定涉案金额时，则不能将向亲友、单位内部人员吸收存款的数额扣除。[1]

## 五、侦查实务中集资诈骗认定的难点四：“向社会公开宣传”的认定

### （一）宣传方式的理解

《2010年解释》列举了非法集资者通过媒体、推介会、传单、手机短信等途径向社会公开宣传的方式，但是这几类仅仅是比较典型的方式，这只是例示

[1] 刘仁文、田坤：《非法集资诈骗犯罪适用法律疑难问题探析》，载《江苏行政学院学报》2012年第1期。

性的规定，实践中包括但不限于这几种。实践中常见的宣传途径不仅包括横幅、标语、宣传册、宣传画、讲座、论坛、研讨会等形式，还大量存在“口口相传”“以人传人”的现象。

实务中“口口相传”是否属于公开宣传，能否将“口口相传”的效果归责于集资人，是亟待解决的问题。这就需要根据主客观相一致的原则进行具体分析，对于通过“口口相传”进行宣传的行为，可以结合“集资人”对此态度如何，是否知情、有无具体参与、是否设法加以阻止等主客观因素，认定是否符合“向社会公开宣传”的特征要件。

### （二）集资诈骗的非法集资行为的公开宣传是否要求虚假性



集资诈骗的公开宣传同非法吸收公众存款的公开宣传不尽相同，虽然二者都要求公开进行宣传，但一般情况下，非法吸收公众存款并不苛求这种宣传为虚假宣传。但是集资诈骗的本质在于行为人采用欺骗的手段违反规定向社会公众吸收资金，该行为的目的是非法占有，那么实践中的集资诈骗通常会以实体公司的名义进行虚假宣传，蒙骗群众，其宣传方式都是为了非法占有而设定的虚假的、欺骗性的宣传。

# 会议综述

# 金融安全与法治建设会议综述

刘 建*





中国行为法学会金融法律行为研究分会与西南政法大学法学院联合举办的金融安全与法治建设年会，经过大家的共同努力，完成了各项议程，取得了完满的成功，达到了预期的目的和效果。综而述之，这次年会有以下几个特点：

第一，领导的重视。这次会议，我们总会的领导，包括我们分会的几个主要领导，都到会了，这次会议还得到了公检法部门、金融界、企业界、高等院校、新闻媒体界的有关领导的支持，所以我们这个会开得比较成功，蓬荜生辉。在今天的年会上李文燕副会长做了重要的讲话，另外，长城资产公司的原董事长、我们分会的张小松教授也做了一个主旨演讲。中国行为法学会副会长、我们学会的会长朱小黄也都做了比较重要的讲话，使我们这次会议有了一个正确的导向。

第二，能够围绕大局开展研讨。我们这个研讨会，原来是打算提前召开的，后来根据朱会长的指示，等党的十九大召开以后再开这次会议，这样能够按照习近平总书记在党的十九大报告中指出的一些金融机构改革的精神行事。习近平总书记关于金融工作的重要讲话和第五次全国金融工作会议的精神，对维护国家金融安全，加强金融风险的防范，打击新型金融犯罪，加强对金融犯罪案件的侦查、起诉和审判工作，完善经营监管框架，建立国家金融安全机制，防范外部对中国的金融攻击等问题均可进行全方位、多角度的思考与研究。

第三，研究的内容比较丰富。我们这次论文征集，共收到论文 51 篇，精选一些比较好的论文，实际上这些论文我基本上都看过，刚才王新教授也做了点评，就是说我们这个研讨会，这个年会，包括我们金融法律行为研究会的影响力确实越来越大；另外论文的质量也越来越高，我们写的很多东西，中国银行法研究会都会用到，这说明我们的金融法律行为研究会的影响越来越大。尤其是江西财政大学巫文勇教授写了四篇论文，其中有一些还没有编进去。特别是

---

* 刘建，海南省人民检察院法律政策研究室主任、中国人民大学刑事法律科学研究中心金融刑法研究所副所长。

关于习近平总书记的金融法律思想的研究，这篇论文是对习近平总书记金融法律思想进行的全面梳理，具有很强的指导意义。还有西南政法大学的李永升教授和张楚博士围绕年会主题撰写的关于金融安全的法律保障问题研究一文，具有很深的理论造诣和实际价值，刚才王新教授对其进行了点评。另外，安徽省淮南市人民检察院副检察长唐海燕和王占寻撰写的涉贷欺诈类案件法律适用情况调查研究一文，针对一些实证性的问题做了细致分析，具有很强的可操作性。另外，陕西师范大学国际商学院周晓唯教授及其团队也写了很多的论文，参会的人员也比较多，积极性比较高。另外，还有朱小黄会长，李小华副会长撰写的套路贷及其罪刑法定的适用，对一些新型金融犯罪做了比较深入的研究，也比较新颖。此外还值得表扬的是，湖北省宜昌市中级人民法院整个系统，从2016年到2017年对我们年会都很重视，宜昌的法院系统共提交了十五六篇论文，以审判一线的数据对完善和保障金融改革司法保障提出了很好的建议。总体来说，要开好这个年会，论文的质量很重要，如果没有高层次的理论和实际相结合的论文，那我们的研讨会就不一定会这么成功。

第四，研究的水平和层次越来越高。此次年会围绕金融安全与金融司法、互联网金融与风险监管两个专题，进行了具体深入的研讨，特别是主旨演讲和主题发言都充满了激情和智慧。尤其是这些作报告的同志，报告内容我都认真听了，听了以后，感觉极具学术性、前沿性、实用性，特别是各位专家的点评，让我很受启发，这些点评具有理论性、学术性、新颖性，对于我们在座的各位专家学者来讲，确实是一个难得的学习机会。

一个人不学习是不行的，没有知识便赶不上时代的变化，就像习近平总书记所说，要走进这个新时代，就要有新的思想。就说我们，我觉得整个研讨会，从我自己来讲，我不知道年轻同志怎么样，我觉得整个研讨会气氛热烈，是一次学术思想的碰撞和交流，使我们深受启发，拓宽了视野，学到了一些新的知识。各位女士、各位先生，大家牺牲宝贵的休息时间，有的同志工作很忙，有很多会议，能够从祖国的四面八方来到重庆，来到西南政法大学参加本次盛会，使本次年会蓬荜生辉，我衷心地感谢各位专家和作者坚守在金融法治的最前端，辛勤地耕耘、虔心地研究，为中国的金融法治建设做出了积极的贡献。孔子曰："有朋自远方来，不亦乐乎？"重庆是中国西部的金融中心，也是个充满光明发展前途的美丽城市，重庆给我们留下了难忘的印象。

金融法律行为研究会汇集了金融法治理论的研究者，执法、司法、法律服务工作者，来自不同方位的人才，相互支撑，形成学术创新的共同体，互相交流，增进了解，共同发展。另外，我们这次会议得到了中国新兴建设集团重庆分公司，西南政法大学法学院领导和以李永升教授为首的学术团队和师生的大力支持，尤其是张楚博士、袁汉兴硕士等同学，为这次年会的顺利召开付出了辛勤的劳动，还有新浪网以及维也纳国际大酒店的服务人员，为我们提供了优质的服务和后勤保障，在此我代表秘书处，对上述单位和同志所付出的辛勤劳动表示万分的感谢！

我们学会要按照李文燕老师还有朱小黄会长的指示，以学术活动培养人，以学术会友，以学术集才，以学术立命，大家既然走到了一起，每个人都应该为中国的金融法治建设发展、学术的进步多做贡献，使自己能够成为一个思想家、学问家，共同打造我们金融法律研究会与其他法学会不同的学术品牌，我们每个人都要坚守学术的理想，秉承学术的追求，仰望学术的星空，勇攀学术的高峰，共同为成就中国金融法治的伟大事业做出自己的贡献。

谢谢大家！

**图书在版编目 (CIP) 数据**

金融安全与法治建设研究 / 朱小黄，李永升，刘建主编 .—北京：中国法制出版社，2018.10

ISBN 978-7-5093-9803-6

Ⅰ . ①金… Ⅱ . ①朱… ②李… ③刘… Ⅲ . ①金融风险—风险管理—中国—文集 ②金融法—中国—文集 Ⅳ . ① F832.1-53 ② D922.280.4-53

中国版本图书馆 CIP 数据核字（2018）第 221966 号

责任编辑：侯　鹏　　封面设计：杨鑫宇

**金融安全与法治建设研究**

JINRONG ANQUAN YU FAZHI JIANSHE YANJIU

主编 / 朱小黄　李永升　刘　建

经销 / 新华书店

印刷 / 北京京华虎彩印刷有限公司

开本 / 710 毫米 ×1000 毫米　16 开　　印张 / 27.5　字数 / 493 千

版次 / 2018 年 10 月第 1 版　　2018 年 10 月第 1 次印刷

中国法制出版社出版

书号 ISBN 978-7-5093-9803-6　　定价：96.00 元

北京西单横二条 2 号　邮政编码 100031　　传真：010-66031119

**网址：http://www.zgfzs.com**　　**编辑部电话：010-66060794**

**市场营销部电话：010-66033393**　　**邮购部电话：010-66033288**

（如有印装质量问题，请与本社印务部联系调换。电话：010-66032926）